近代企業的商道、商術與商法

本書以多層次、多角度比較分析日本明治與中國20世紀初的兩大教科書出版企業，條分縷析近代中日兩國如何實踐從西方移植而來的企業制度，突顯推動和阻礙其發展的各種因素，展示了社會傳統、市場要素和文化特色在國家社會轉型中的影響。本書的一大特點，是以過去甚少受學界關注的出版類企業為分析對象：一方面，這類企業在運作和發展過程中有其獨特性；另一方面，它們與近代機器大工業的作用影響也有多種不同。本書將增強人們對近代中日兩國工業化時期異同的了解，也能彌補此前對兩國企業整體發展認識的缺陷。

**——朱蔭貴**
復旦大學歷史系教授

19世紀末西方企業輸入日本和中國的法律框架，徹底重塑了當地企業的經營環境。兩國教科書企業如何在策略、目標及倫理方面，作出理性選擇？本書雄心勃勃，旨在探索這個問題，從大量一手史料出發，剖析中日書商企業家很多獨特又時相矛盾的決策，展視他們對西方企業衝擊的複雜回應，讓讀者反思許多有關全球商業趨同的流行經濟史論述，以及企業家、股東、顧客及政府之間糾纏不清的深層次關係。

　　本書巧妙地探索了中國和日本兩大出版社在19世紀末至20世紀初的發展軌跡。這種引人入勝的文化交匯，不僅僅是西方模式的簡單移植，更展示了各方如何巧妙地運用西方公司法和商業實踐諸範式，促進本地公司治理模式的深刻革新。這部探討資本主義如何影響中日兩國政治精英、法律專業人士和企業家的專著，令人印象深刻，堪稱一部里程碑式的作品。本書重新審視了在東亞兩個最大都會內，移植的西方法律與本地的強韌商業文化之間，那種充滿活力的互動以及持續調整的過程。

**——吉浦羅（François Gipouloux）**
法國社會科學高等學院國家科學研究中心榮譽退休研究主任教授

這是一本別出心裁的著作，以中日新書業龍頭重鎮上海商務印書館和東京金港堂為主角，卻並不以全面論述兩家公司的歷史為主旨，而是從比較企業文化史出發，聚焦1930年以前兩家公司發展的若干重要特色，在相關史料的充分發掘與精微辯證基礎上，對中日書業「雙龍」的新商業實踐進行多層多面的比較，進而揭示兩家公司的不同取徑，生動展示商道、商術、商法之間的互動與張力。全書翔實而不細碎，篤謹而不空疏，講小故事能小中見大，談大問題則大而有當，堪稱近代企業史研究的一個範例。

——**周武**
上海社會科學院歷史研究所研究員、近代上海史創新團隊首席專家

《近代企業的商道、商術與商法》是一部討論近代東亞資本主義的引人入勝而重要的佳作。通過對日本及中國兩家主要出版企業的比較，以及廣泛的檔案分析，作者針對促成企業商業策略的文化、社會及政治因素，提供了批判性的洞察。無論是研究日本、中國的學者，還是商業、經濟及法律的歷史學家，都會發現本書在促進學術對話上極具價值。

——**城山智子**
東京大學研究院經濟學研究科教授

19世紀後期，中日兩國都相繼引進了西方近代企業經營模式及其資本主義商業倫理。但中日兩國近代企業的成長，既「異中有同」，又「同中有異」，或者說「一個模式，兩條軌跡」。何以如此？本書以上海商務印書館和東京金港堂兩家中日近代書業龍頭企業為個案，發掘新的史料，從道與術、虛與實、人與法三個層面進行深入、細緻的比較研究，給人以極大啓迪，堪稱近年來比較企業文化史研究的一部力作。

本書的論述令人信服地證明：從西方移植而來的企業模式和經營理念，只有植根於本國社會文化土壤，與傳統商道交融互滲，才能在「全球化」與「在地化」的雙向互動中創造出新的企業文化，為本土企業的「可持續」發展提供不竭的內生動力。這既是歷史經驗之歸納，亦為在當代建構不等同於西方的東亞企業家精神提供了可行路徑。

——**馬敏**
華中師範大學人文社會科學資深教授、中國近代史研究所所長

本書勾勒近代中日兩家最大出版社的雙軌發展，可謂是兩位傑出歷史學者最佳的合作成果。他們對多種語言的駕馭、史料的掌控、方法論和敘事建構方面都得心應手。本書刻劃人物細緻而感人、搜羅檔案不遺餘力，更以比較和全球視角分析企業會計帳目和管治結構，不啻商業史研究的範例。本書引人入勝，帶領讀者傲遊中日兩國在巨變時代的許多精彩情節，例如近代造紙業的艱辛、華文打字機的催生、近代教育及學校制度的冒興、傳媒的衝擊以及近代企業法規與組織的移植等。

——**馬德斌**
牛津大學經濟史教授、萬靈學院院士

中西商業文化、倫理、策略和法律於19世紀後期在東亞諸國交匯和碰撞，激蕩起伏，波瀾壯闊，學術文獻甚豐。蘇基朗、蘇壽富美的力作另闢蹊徑，置日本明治時期和中國20世紀初的兩大教科書出版商於學術顯微鏡之下，視角雖微，景象卻瑰麗奪目。全書史料翔實，分析細膩，論證透徹，立論高遠，實乃上乘佳作。

——**習超**
香港中文大學法律學院教授、副院長

通過中日兩間出版企業龍頭的比較，本書展示出近代中日企業的全球性及其本土調適過程的複雜性，不但探索了它們如何在商業倫理、商業策略及商業法律三方面作出調和、融合，力圖打破西方企業獨霸天下的局面，還發掘了不少寶貴史料，針對商務印書館的會計、打字機、紙張營運、公司管治等問題，拓寬研究視野。尤其有關商務與紐約麥美倫財務狀況的比較分析，更是全新的研究嘗試。

——**龍登高**
清華大學社會科學學院長聘教授

出版業作 一種新興的知識產業，在20世紀初東亞發生重大變革時應運而生。本書深入分析了東京教科書出版社金港堂與上海商務印書館之間的相互談判過程，在企業管理史，尤其是企業文化史研究方面具有開創性意義。本書創新性地探索企業家的人脈網絡，開闢企業文化史研究新領域。它力圖挖掘金港堂和商務印書館的歷史聯繫，量化分析其商業活動，同時爬梳從《論語》到諾斯的現代制度經濟學的古今中外商業理論，為現代企業提供啓示。

——**濱下武志**
東洋文庫研究員暨研究部長、東京大學榮譽教授、中山大學歷史學系教授

# 近代企業的商道、商術與商法

## 東京金港堂與上海商務印書館雜識
## （1875–1930）

蘇基朗、蘇壽富美　著

香港中文大學出版社

《近代企業的商道、商術與商法：東京金港堂與上海商務印書館雜識 (1875–1930)》
  蘇基朗、蘇壽富美 著

© 香港中文大學 2024

國際統一書號 (ISBN)：978-988-237-314-3

出版：香港中文大學出版社
　　　香港 新界 沙田・香港中文大學
　　　傳真：+852 2603 7355
　　　電郵：cup@cuhk.edu.hk
　　　網址：cup.cuhk.edu.hk

*Morality, Rationality, and Legality of Modern Corporation:*
*Tōkyō Kinkōdō and Shanghai Commercial Press (1875–1930)* (in Chinese)
  By Billy Kee-long So and Sufumi So

© The Chinese University of Hong Kong 2024
All Rights Reserved.

ISBN: 978-988-237-314-3

Published by The Chinese University of Hong Kong Press
　　　The Chinese University of Hong Kong
　　　Sha Tin, N.T., Hong Kong
　　　Fax: +852 2603 7355
　　　Email: cup@cuhk.edu.hk
　　　Website: cup.cuhk.edu.hk

Printed in Hong Kong

謹以本書紀念
2023 年 11 月 15 日遽然圓寂的池田大作先生

# 目　錄

# 第二編
# 道與術之間：企業家與企業文化

# 第三編
## 虛與實之間：企業業績與規模

# 第四編
# 人與法之間：商法移植的全球在地化

# 前 言

　　本書以東京金港堂及上海商務印書館為主角,展示1930年以前近代企業在中日兩國書業發展的若干重要故事,以及從比較與跨學科的角度,探討相關議題的歷史意義。

　　19世紀後期,東亞各國陸續引入近代企業經營模式。百年來,在有關中日經濟近代轉型的討論中,這種所謂近代企業的制度,一直都是繞不過的重要課題之一,而且有時被認為是成敗關鍵所在。上世紀比較流行的說法,認為近代企業不單是一種出現於近代的商業組織型態,它實際上也體現了一種新的商業倫理和價值觀,由於近代企業與西方資本主義同時輸入東亞,所以談近代企業,也往往設定了資本主義的牟取私利意識和市場價值觀作為制度的基調,並且認定其性質就是運用工具理性導向的市場商業策略,不斷謀求最大的成本效益,或最多的利潤。除組織及心態外,近代企業還有賴其所依存的社會能夠提供一個法律環境,足以配合和支撐其運作,否則亦難以持久,而這種法律環境則以西方近代法律為其典範。換言之,近代的市場經濟格局離不開近代企業,而具有近代企業形式的商業組織,如要通過以成本效益為本的經營策略來達致利潤最大化,也離不開與近代企業相應的資本主義心態和西方近代法制。

　　以上說法,經歷過去幾十年世情和學界天翻地覆的重大變遷,現在看來難免流於化約。什麼是近代?近代企業?近代企業的商業倫

理？近代企業所立足的商業法律？國家在市場經濟和企業發展的作用是什麼？企業家個人在近代商業環境裏有什麼創造性空間？他們可以如何自處和安身立命？凡此種種問題，似乎都有重新檢視、思考、想像的餘地。本書以近代企業的商道、商術、商法為主題，即本著以上關懷出發，但我們討論的切入點是實證的歷史個案，立足於史料發掘與辨正，嘗試從錯綜複雜的現實商業世界，觀察箇中人物事態發展的道理或軌跡，探索近代企業在制度、人事、心態、法理等層次的內在張力及外緣激盪，以及其後果。同時，由實際商業個案出發，亦可以進一步審視財務數字，藉以判斷近代企業成敗的虛實。進一步而言，除利潤以外，還有什麼重要的商業價值訴求？可以怎樣衡量？等等。職是之故，雖然本書論述的內容聚焦兩家公司，但歸根結底是一部探索近代企業的專著。

有關中日個別近代企業的研究成果，已經有一定積累，但要在實證的基礎上，作出總結性論述，則仍待學界繼續努力。跨文化、跨學科的比較，猶值得更多關注。本書的企業個案研究希望在這方面略有補充。在芸芸企業史研究中，銀行業、重工業、輕工業、百貨業、交通運輸、礦產動力等公司的個案研究較多，文化、信息、教育等企業的討論較少。後者的個案研究往往在思想史、社會史、文化史、教育史、出版史、新聞史等領域的範式內展開。本書討論的東京金港堂和上海商務印書館，在中日兩國的書業，尤其是教科書出版領域，都是全國首屈一指的龍頭企業。試想像在中日兩國剛開始引進西方近代知識和教育體制的 19 世紀後期與 20 世紀初期，視像及音響傳播工具尚未普及，能夠向公眾傳播新知識、新信息的有效渠道，主要還是依靠大量生產的紙本印刷媒體，包括書籍、報章、雜誌等刊物。其中新式學校使用的教科書，內容比較統一，普及全國城鄉各地；學生及家長作為讀者及消費者，亦需聽從學校決定採用什麼教科書，沒有自由選購的餘地，所以教科書影響力尤為廣泛和深遠，對中日兩國輸入西方文

化的重要性，理應更受重視。雖然這並非本書的主旨，但從企業史的
角度出發，中日近代教科書出版行業的冒興，正是新式企業與新式學
校制度交滙而成的新教科書市場所造成的現象。因此，觀察以新式企
業經營而脫穎而出的兩家中日書業龍頭，或許會給我們帶來意想不到
的啟示。

　　研究企業史，最重要的史料包括財務報表、董事會議錄、股東大
會紀錄、管理層的往來書信、文件、日記、報告等，一般收納在企業
檔案、行業檔案、專業會計師及律師的公司檔案或公會檔案、政府相
關部門檔案等地方；此外亦可能收錄入個別人物的資料集之內。這些
史料對研究企業史起著關鍵作用，但在文化史、出版史、教育史研究
而言，則不一定受到重視。坊間以商務印書館及其靈魂人物張元濟為
題的著作及學術論文，可謂數以百計；對商務在近代中國的文化、教
育、出版領域的貢獻，可說發掘得鉅細無遺，發揮得淋漓盡致，乃致
對近代中國稍有認識的人，都不會對商務印書館感到陌生。但在有關
商務的海量研究中，實證的企業檔案史料卻遺憾地相當貧乏，這是我
們以企業的角度來研究商務時遇到最頭痛的難題。除依賴前輩研究者
如汪家熔、周武等先生的成果，我們亦僥倖找到一點企業資料，勉強
足以處理本書一些重要問題，但更多疑問，則有待日後更多商務企業
檔案面世始能探究。

　　與商務印書館相比，以金港堂為主題的研究，直如鳳毛麟角，而
且泰半出自同一位學者稻岡勝先生之手。由於金港堂在1920年代以後
已經衰落，戰後更在日本書業消聲匿跡。時至今日，一般日本人對金
港堂的店名都十分陌生。正是在這種隱晦背景之下，東京都立圖書館
館員稻岡勝先生窮其畢生之力，盡量網羅斷篇殘章的相關史料，重構
金港堂企業史跡，俾不致繼續煙沒無聞，其志值得敬佩。但由於金港
堂實在沒落已久，東京亦經歷關東大地震與引起的大火災、戰時大轟
炸等，公私文檔均毀失嚴重，金港堂殘存史料本屬有限，實屬無奈。

故此，本書研究兩家當代龍頭企業時，能夠掌握的企業史料其實並不充分，只能作為階段性的成果，旨在發掘問題，多於確立答案。期待日後更多史料面世時，有志者庶幾可作更深入的探討。

本書分四編。第一編「中日書業雙龍記」一章，題為〈近代東亞書業的企業精神：1930年前的東京金港堂和上海商務印書館〉，從近代企業模式的角度，比較兩家企業在學術權威、教育政策、造紙業、印刷機械、教育設備、產業融資、批發與零售以及其與政府的關係等方面演變軌跡的異同，以及對此「雙龍記」故事的解讀。

接著是三編「雜識」，共12章，以不同手法論述「雙龍」的大小故事。

第二編「道與術之間」共五章，從商道與商術角度，討論企業家及其企業文化諸面相。首先深入剖析明治後期舉國震驚的教科書事件，再縷述金港堂跨國投資上海的因緣，並從疑屬長尾雨山致金港堂社長的信件，觀察駐滬商務日員眼中的上海生活點滴。貫通三章的主題是金港堂在近代企業經營的長袖善舞之餘，如何迷失於私利與公益之間的張力而難以自處。第5及6章探討商務印書館在1930年代前兩個重要的業務——華文打字機項目以及紙張經營，通過兩者觀察商務管理層在商道與商術之間的取捨考量。第6章附錄則簡述明治日本的洋紙工業以及金港堂主人原亮三郎如何傾力支持明治龍頭洋紙企業富士製紙株式会社，從而亦確保金港堂所需的大量洋紙供應無虞。商務與金港堂在洋紙商略上，可謂南轅北轍，在商道與商術之間的取捨分際，尤其鮮明。

本書第三編「虛與實之間」共兩章，均旨在展示企業業績盈虧與規模之大小，即使在近代企業會計財務專業的數字表述之下，仍不能避免虛實之間存在不確定性的解讀問題，而且若將其放在比較的脈絡之內，與相類企業作出比較，則可能觀察到更多數字背後隱藏的企業性質及面相。本編涉及的財務報表，來自商務印書館、金港堂、中華書局以及紐約麥美倫等公司。又本書旨在展示較罕見的會計史料以深入探討企業財務數字的虛實。進一步的財務分析將另文發表，這裏僅略作簡單述列。

最後一編「人與法之間」共五章，討論西方資本主義式的企業法律及商事仲裁法規，在移植到晚清民初的中國以及明治時期的日本後，如何創造出一套在兩國前所未見的嶄新規範框架，為商務印書館及金港堂的資本主義式經營，提供了體制基礎。同時亦展示了企業家如何在其身處的社會、政治及文化條件之下，嘗試駕馭新的法制及機遇，他們在公司管治等制度選擇上有何理性表現，以及由此而演生出來的企業歷史軌跡與歷史意義。

通過以上大小故事，本書比較了中日兩家新興龍頭出版企業的不同取徑，探討了商道、商術與商法之間的互動及張力。我們進行比較的目的，一則加深對兩家企業個別的微觀了解；一則增加對兩者發展形勢大局的宏觀掌握。本書亦探討了資本主義對中日兩國商業文化的洗禮，為個人及集體價值觀所帶來的衝擊，以及由此衍生的矛盾和融合。

本書以〈餘緒〉作結。建構本書大小故事的漫長過程，給我們帶來豐富的反思，〈餘緒〉稍事整理這些思緒，以為日後繼續努力的準備。

我們十多年來一起研究相關課題，現在出版本書作為初步成果。各章不同階段的初稿，曾分別在學術講座或研討會上作過報告。前者包括復旦大學光華講座以及在上海交通大學法學院、中國政法大學法律史學研究院、中山大學法學院等主辦的學術講座；後者包括美國亞洲學會多倫多年會、紐約賓漢頓大學、法國社會科學高等學院、西悉尼大學法學院、歐洲中國法研究協會、國際經濟史學會、加州大學柏克萊分校東亞研究所、歐洲大學學院、里斯本澳門科學文化中心、塞維亞巴勃羅·德·奧拉維德大學和西印度群島綜合檔案館、哈佛燕京學社、清華大學法學院、復旦大學歷史學系、華中師範大學中國近代史研究所、廈門大學法學院、海南大學法學院、中國法制史學會、中國經濟史學會、香港中文大學日本研究學系、法律學院及翻譯研究中心、香港大學香港人文社會研究所、歷史系等學術機構主辦的會議或研討會。感謝出席各次活動的專家學者，給予我們很多重要的指導和鼓勵，他們包括馬德斌、陳志武、徐國琦、吳偉明、葉文心、習超、

范堃、王飛仙、張海英、周武、馬軍、馬敏、濱下武志、戴建國、王迪安、冼玉儀、唐曉晴、鄒振環、Joshua Fogel、Elizabeth Köll、William Kirby、Kent Deng、Patrick O'Brian、Ghassan Moazzin 等教授。

我們必須向先師嚴耕望、余英時及全漢昇三位先生，業師王賡武先生，以及斯波義信、許倬雲、Madeleine Zelin、濱下武志、科大衛、譚汝謙、梁元生、郭少棠等諸位教授，乃至已經作古的 Ramon Myers 教授特表謝忱。他們在中國商業史、商業文化史、中國思想史、中日關係史、近代日本史、上海史等領域，帶給我們無比重要的啟迪及鼓勵。濱下武志先生撥冗審讀全稿，惠賜教益極多，銘感之情，尤難言喻。研究橫濱正金銀行的專家遲王明珠博士在日文資料蒐集、翻譯以及詮釋等各階段研究過程上，多所指引，傾力協助，本書因而得以完成。香港大學法學院吳海傑教授在商法及企業史方面的豐富學識，幫助我們解決無數難題。上海史及商務印書館史權威周武先生不特給予我們重要指引，並且無私地提供個人收藏的珍貴商務印書館企業史料。作為日本研究金港堂的權威，稻岡勝先生慷慨地給予我們很多史料方面的指引。我們在不同的研究階段，得到很多學者鼓勵、支持、襄助、指正、引介或啟發，重要者例如 Christian Daniels、王國斌、François Gipouloux、趙世瑜、傅曉青、李培德、和文凱、林展、彭凱翔、許紀霖、江利紅、佐藤仁史、松原健太郎、城山智子等教授。在研究過程中，我們也從不少學者的著作獲益良多，包括 Christopher Reed、樽本照雄、李歐梵、Cynthia Brokaw、Sherman Cochran、葉宋曼瑛、朱蔭貴、張忠民、汪家熔、汪耀華、范軍、郝延平、Wellington K. K. Chan、Michael Palmer 等教授，不能盡錄。

香港商務印書館陳萬雄前總經理熱心鼓勵；北京商務印書館于殿利前總經理熱情接待；張稷編輯讓我們有機會在北京商務印書館查閱他們珍藏的館史資料。澳門大學伍宜孫圖書館館長（前上海市圖書館館長）吳建中、上海市檔案館副館長邢建榕兩位先生慨予收集史料方面的寶貴意見。必須感謝斯波義信、濱下武志及松原健太郎三位先生，

協助我們到東洋文庫、東書文庫、東京大學法學部明治新聞雜誌文庫、日本文部省國立教育政策研究所教育圖書館、國立國會圖書館、東京都府立公文書館、東京都立圖書館、早稻田大學圖書館以及最高裁判所圖書館等機構從事研究，並且給予重要的指引。感謝哈佛燕京學社及哈佛大學法學院安守廉（William P. Alford）教授，讓我們得以充分利用哈佛大學各圖書館的藏書。我們得益於上海市檔案館、上海市圖書館、上海辭書出版社圖書館（原中華書局圖書館）、中國國家圖書館、香港政府檔案處、香港公司註冊處、香港大學圖書館、澳門大學伍宜孫圖書館、紐約公立圖書館、大英圖書館、倫敦及卡地夫英國公司註冊處、台北中央研究院近代史研究所檔案館、北京師範大學圖書館、人民教育出版社圖書館、英國麥美倫出版公司檔案部等機構職員的專業服務。多年來我們的研究曾經得到不少研究人員協助，前後包括盧懿、尤怡文、Charmaine Chan、Dorothy Wong、周明園、鍾澤銘、許文英、張笑然、石晟瑛、宋蕾、古詠軒、歐靜然等。對於上述各種助力，我們都銘感於心。

　　此外，我們也感謝各章初稿發表的刊物或編者，慷慨惠允本書再次使用相關材料。十年以來，我們先後獲得香港研究資助局優配研究金（GRF）及澳門大學SPG研究經費的資助，讓我們有足夠的資源完成相關的研究工作。我們特別感謝香港大學香港人文社會研究所所長陳志武教授及法律學院黃乾亨中國法研究中心的前後兩任總監吳海傑與張湖月教授，以及法律學院傅華伶院長與Shahla Ali署理院長，讓我們得以院士或訪問研究員身份，充分利用香港大學各圖書館的豐富法律資料和藏書，也可以和很多任職或訪問香港大學的專家學者，進行深入的交流和學習。香港中文大學出版社甘琦社長、葉敏磊編輯部主任及張煒軒編輯，提供高水平的專業編務協助及鼓勵，本書能夠以精美面貌展現在讀者之前，都是他們努力的成果。凡此種種，我們都衷心致謝。雖然獲得這麼多的幫助，但本書不足之處仍然很多，我們對此責無旁貸。

第一編

中日書業雙龍記

第 1 章

# 近代東亞書業的企業精神
## 1930年前的東京金港堂和上海商務印書館*

## 一、前言

Christopher A. Reed 指出，在 20 世紀初期，上海的出版業通過採用股份有限公司的企業模式，發展成為利潤豐厚的資本主義產業，並將西方技術應用到書籍的印刷、生產和銷售。[1]根據 Reed 的論述，中國教育改革帶來快速增長的書業市場，需求大量教科書和其他出版物。此外，新式商會的輸入，有助解決版權糾紛。Reed 對上海書業資本主義的研究，為西方企業制度塑造中國商業近代化的論述，增添了一個重要的實證案例。[2]

本章從比較的視角，論述了日本明治時期和中國 20 世紀初的兩大教科書出版商，如何實踐西方移植而來的企業模式，尤其是如何利用企業制度進行業內和跨界的整合。這兩家教科書出版商 —— 東京的金港堂 (字面意思是「金港出版社」，而金港即橫濱港的別稱) 和上海的商務印書館 —— 的故事，展現出新興的企業化教科書出版業兩條不同路

\*　本章取材自 Billy K. L. So and Sufumi So, "Entrepreneurship in the Textbook Business in Modern East Asia: Kinkōdō of Meiji Japan and The Commercial Press of Early Twentieth-Century China," *Bulletin of the School of Oriental and African Studies* 80.3 (2017): 547–569。我們感謝遲王明珠博士在收集有關金港堂的重要資料方面的幫助。就原文的寫作，我們同樣感謝兩位匿名評審人極有建設性的反饋以及蘇僑宇 (Duane Q. So) 先生的修訂建議。

徑。作為中日近代書業萌芽期的龍頭重鎮，他們的故事，因緣際會地匯流成本書的中日書業「雙龍記」。

雖然它們都是其國家引入西方公司法律時最早按新法律框架註冊為股份有限公司的少數企業，但它們都沒有利用西式企業所有權與管理分家的公眾投資制度特點，而是各自根據當地的情況，靈活運用西方企業模式以達到自己的目的。它們故事的差異，反映了20世紀初前後，兩家企業在經營牟利和教育重責之間所面臨錯綜複雜的諸多取決。這兩家主要教科書出版商的故事，也許相當獨特，但它們也揭示了近代東亞教科書業的重要企業模式。這一實證研究也有助於拓寬Reed關於上海印刷資本主義的論述。全面綜述兩家企業的歷史並非本書的主旨所在。我們更關注的是它們的新商業實踐，以及背後的商道、商術與商法。

本章使用的「公司」一詞，是指依法將所有權與經營權分離的公司組織形式，股東僅負上投資資本的個人責任。中文稱「股份有限公司」，日文稱「株式会社」。這種類型的公司，不同於日本和中國傳統商業組織的持股模式，沒有要求股東承擔無限責任。至少在理論上，公司模式對於公眾在與公司沒有任何聯繫的情況下，仍願意進行大規模的投資，至為關鍵。這種模式對於使用先進製造技術進行大規模生產的大型公司而言，尤其必要，因為這種商業組織模式更能吸引所需的大量資本。這類規模的資本，通常遠遠超過小型、私營或家族企業所能提供的上限。事實上，自19世紀中葉以來，這種公司在西方大規模製造業中相當流行。[3] 在19世紀末和20世紀初，日本和中國許多官員、商界領袖和學者都認為，這種模式的西方企業，較傳統的日本或中國商業組織更具競爭力，若不採用這種公司制度，便無法與西方商界爭一日之長短。[4] 事實上，Reed的論點就來自這一假設。關於近代公司制度、企業及公司法律的討論，見本書第9、10及11章。

此外，近幾十年來，學界對出版業歷史和印刷文化的興趣日益濃厚，已經形成了一種公認的觀點，即出版業在近代西方文化的傳播

中，發揮了重要作用。[5]如今，一些學者正在研究19世紀到20世紀出版業對於非西方國家的影響程度。對於日本明治時期和中國近代的出版公司，出現了許多新的案例研究。[6]毫無疑問，出版業在這兩個國家中扮演著重要的角色，因為它們為19世紀末和20世紀初新知識的移植和傳播，提供了一個最有效的平台。[7]

在明治時期和晚清時期，教科書所發揮的重大歷史作用，是今日教科書無法望其項背的。當時兩國均廢除了舊的教育制度，並仿效西方的教育模式進行改革，推出了義務初等教育等西式學校制度。在新教育體制下，教科書是向學生同時傳遞西方知識以及傳統或新價值觀的有效工具。當然，同時學習新舊世界的事物，可能充滿矛盾與困惑。其他出版物如報紙、雜誌和書籍，對其讀者同樣發揮了重要作用。然而，學校教科書除了吸引更多的讀者之外，其內容也更加標準化、普及化，並且不是讀者自由選購的結果。因此，對日本明治時期和中國晚清的教科書出版商進行比較研究，有助我們更加了解近代東亞書業在起步階段的複雜性。

本章首先扼要介紹中日兩家龍頭教科書股份有限公司，然後簡要地比較它們在教育、造紙、印刷機械製造、融資、銷售以及與國家關係等方面的不同發展路徑。本章最後一節總結了這些差異，部分課題也會在本書相關章節展開更深入的討論。


## 二、兩個案例：金港堂和商務印書館

金港堂和商務印書館在各自國家的書業界奠定了突出的地位。從1903年到1914年，兩者曾經合股經營達十年之久，而學術界對此事的理解存在爭議，[8]詳本書第3章。本章會集中作兩者的比較，而先略去兩者之間的互動。不過從本書其他章節，兩者的互動將隨處可見。以下分別略述兩者的創業及前30年企業史的梗概。

## (一) 金港堂

　　金港堂由原亮三郎 (Hara Ryōsaburō) 於1875年創立，十多年間便成為明治日本教科書業的龍頭。[9]他出身現今岐阜縣南部鄉間一個略有勢力的家庭，父親是村莊的高級役吏 (日語稱「苗字帶刀」)。原亮三郎曾經在當地的一所傳統鄉村學校受教育，然後在鄰近的名古屋藩洋學校習「英佛學」(即英語法語) 兩年。1872年，24歲的亮三郎搬到了明治維新以來作為日本首都的東京，學習儒家經典。不旋踵因生活窘迫，在神奈川縣一家郵局擔任低級職務，每月工資約為2.5円 (日元)。這可能相當於今天的50,000円，當時遠低於類似小學教師或警察這類低薪職位的工資。[10]1874年，他被任命為橫濱一個小區的低級官吏，負責監督該區新成立的小學。這一職責使他與書業建立了關係。當時他的工資也升到15円。翌年，27歲的原亮三郎辭去了工作，在橫濱創辦了自己的出版社金港堂。一年後，他將金港堂搬到了東京商業區的日本橋。從那時起，他開始單槍匹馬把金港堂發展成為一家出色的教科書出版商。他前後委託不少傑出學者和教育家編寫從科學到人文等多個學科的教科書。這些教科書的作者中，有許多在新成立的師範學院任教，包括後來被譽為明治史上最傑出歷史學家之一的三宅米吉。[11]金港堂建立了自己的編輯部門，並生產高質量的教科書。公司積累了大量財富，市場佔有份額在1890年代，亦即創業15年後，已經穩執業界的牛耳 (見第2章)。1893年明治政府實施了部分商業法規，提供了成立株式会社的法律框架，金港堂旋即註冊成立株式会社 (股份有限公司) (見第11章)。

　　然而，公司的主要股東仍是創始人的家庭成員。例如1899年時，金港堂是一家資本額達500,000円的公司，分10,000股，每股價格50円，但只有12名股東，其中一半以上是原氏家族成員或公司高層管理人員。此外，亮三郎和他的妻子禮子兩人分別共持有公司90%以上的股份。這無疑是一家典型的家族企業。他們對不帶私人關係的公眾投資，興趣不大。相比之下，另一家主要的教科書出版社大日本図書株

式会社的資本額僅100,000円，分2,000股，卻擁有141名股東。它的最大股東，大約只持有300股，事實上這個最大股東就是金港堂。大日本図書株式会社的股權結構，較諸金港堂，顯然對公眾開放得多。[12] 這意味著原亮三郎在參與其他会社時，會毫不猶豫地運用新的股份有限公司制度爭取最大的投資利益；但在成立自己的股份有限公司時，卻另有所謀。

金港堂一直不斷成長。不幸在20世紀初，包括金港堂在內的一批大教科書出版商，被牽涉入一宗重大的賄賂醜聞之中。此案被控受賄等罪而判刑的政府官員、地方學校校長、教師等達百人以上。當時金港堂由原亮三郎的長子原亮一郎任社長（經理），但原亮三郎仍被目為公司的實際負責人。原亮三郎在賄賂案中曾經被捕，[13] 但他的控罪後來因證據不足而被撤銷。窮畢生精力研究金港堂的稻岡勝認為，金港堂雖然在危機中幸存下來，但逐漸失去了在教科書出版業的影響力。[14] 關於金港堂在這宗貪污案件所受的衝擊到底多大，本書第2章將有詳細的剖析，第3章亦會進一步探討金港堂衰落的問題。不論如何，1910年以後，原氏家族開始減持公司股份。一些老員工收購了金港堂的分店店鋪，並將其作為自己的業務進行管理，同時保留了金港堂原名（例如仙台金港堂），但這些新的金港堂分支僅屬地方經營店鋪，和明治時期全國書業龍頭之一的金港堂，絕對不可同日而語。

誠然，不管是否因為教科書事件，金港堂正如稻岡勝所說，[15] 在20世紀初開始衰落，但事實上，1910年金港堂在高中教科書的銷售中仍然排名第四，[16] 所以也不能說是完全一蹶不振。在那個時期，原亮一郎仍然是包括金港堂在內三家公司的董事長，而他的父親原亮三郎，仍然是金港堂的總裁。[17] 直至1939年，在一份商業信息刊物上仍可找到金港堂的名稱，由原亮三郎另一位兒子原亮七郎擔任公司總裁。[18] 換言之，自上個世紀之交以來，金港堂書業仍繼續走了30多年的下坡路，及至戰後始完全消失於人世。本書將聚焦在金港堂前30年的歷史。

## (二) 商務印書館

　　中國近代出版商之中，為學術界研究最多的，無出商務印書館之右。[19] 據文獻記載，商務印書館由一班有友誼和親屬關係的中國基督教徒，於1897年在上海成立。作為一家印刷廠，商務生產宗教刊物等用品，啟動資金幾千元。共同的創辦人有夏瑞芳 (任公司總經理)、鮑咸恩、鮑咸昌和高鳳池，他們曾在一家傳教士印刷廠工作，並在那裏掌握了操作現代印刷機的技能。1898年，商務為中國英語學習者出版了一本附中文註釋的印度英語教科書，十分成功。後來，商務發展成為一家印刷出版企業，設有三個部門，分別管理編輯和翻譯、印刷以及圖書銷售。1902年，商務印書館得到張元濟和工業家印有模注資，使原為合夥公司的商務印書館成為一家股份制公司，資金5萬元。按洋務運動以來，出現不少自稱股份有限公司的華資商業組織，但由於當時中國沒有法律規管，所謂股份有限的性質是沒有法律保護的。

　　同樣在1902年，張元濟辭去在南洋公學的工作，全職加入了商務的編輯和翻譯部門，這被普遍認為是商務的一個轉捩點；第二年，他成為了公司的負責人之一。張元濟為1892年進士，舊學造詣甚深，同時諳熟現代西方知識。他曾在1890年代出仕朝廷，在1898年的百日維新中受挫，後來移居上海，加入了由身兼高官和企業家的盛宣懷所創辦的近代教育機構南洋公學。盛宣懷堅信西方的知識和商業實踐對中國非常重要，創辦公學目的便是推廣新知識。張元濟很快成為了南洋公學翻譯學院的負責人，主持學院為西方政治書籍、社會研究書籍和技術書籍進行中文翻譯的工作。隨後，他加入商務印書館主持出版工作，讓他感到壯志雄心，要通過傳播新知識來實現中國現代化。張元濟憑藉豐富的知識背景，以及與蔡元培和伍廷芳等具影響力人士的聯繫，把商務印書館這家仍然不起眼的出版社，打造成中國文化轉型的主要載體之一。

　　1903年，商務印書館與金港堂成立了一家中日合資企業。這家新企業實體保留了商務印書館的名稱，其後在1906年春正式向清廷根據1904年初公佈的《公司律》所設立的商務局，登記為設在上海的新型股

份有限公司。[20]該公司迅速從1903年末成立時的20萬元資本，擴張到
1905年末申請登記時的40萬元資本。自1906年開始，股東的數量和
多樣性逐漸增加。1913年的公司資本達到130萬元，股東超過130
人。[21]股東大多是公司的員工、和商務有關的作家以及現有的和潛在的
業務夥伴。換言之，雖然股東數量增加，但公司對沒有人脈關係的公
眾投資仍非中門大開。

1914年，商務印書館和金港堂達成協議，華資股東即時收購日本
股東持有的所有股份。這樣一來，商務印書館變成全華資經營，並成
為近代中國最大的出版社。該公司不久便通過出版教科書、翻印珍貴
的中國古典文學文本、中國文學原著、西方和日本文學作品的中文譯
本以及其他社會和自然科學有關主題的原著中文譯本，引領了中國教
育、學術和文學事業的發展。但在1914年收購日資消息登報的當天，
總經理夏瑞芳遭人刺殺，真相至今未明。[22]1915年教育部審批商務教
科書共426種，佔審批總數67%；北京及南北11省學校採用商務教科
書凡2,440冊，約當各學校採用教科書總數的65%。[23]發行所上海本館
及22分館員工共435人；印刷所1,330多人，在外印刷裝訂兼職約
1,000人，合2,330多人。內歐美人3名；日本人13名。上海以外有北
京印刷所，名叫京華書局，員工150名；天津印刷所，員工60名。編
譯所員工102名。三所人員共約2,800人。[24]

打從變成華資企業起，商務歷經印有模、張元濟、鮑咸昌、高鳳
池等任總經理或監理，到1920年代後期，該公司迎來其顛峰期，資本
達500萬元，擁有全國最好的圖書館之一東方圖書館，其編輯和翻譯
部門資源尤其豐富。它還通過生產教育設備、為現代銀行印刷紙幣、
製造印刷機械等業務，實現多元化。書籍直接被銷往全國二十多個主
要城市的分館。該公司同樣經營著一系列受歡迎的教育機構，包括職
業學校和函授學校。[25]關於商務1929年的財務狀況（見本書第7章）。

及至1930年王雲五接掌總經理之職，以極力提升效率及競爭的方
式經營出版。儘管商務印書館在1932年初上海事變期間因遭日軍攻擊

而損失了租界外大部分資產，但它設法維持了包括香港在內的其他地方的印務，並於當年稍後便恢復正常業務。此後，直到1937年抗戰爆發前，它還一直保持著在中國書業的龍頭地位，儘管不如1932年以前那般鶴立雞群。[26]1949年之後，商務分成兩個獨立的實體，一個在台灣，另一個在北京。這些故事亦十分引人入勝，但已逸出本書敘事範圍。本章對商務印書館的討論，聚焦於直至1930年的商務印書館，即是它成立的前30年，以期與金港堂的前30年進行有意義的比較。

# 三、一個模式，兩條軌跡

## (一) 學術權威和教育政策

本節比較金港堂和商務印書館的出版業務。前者比後者更注重教科書出版。金港堂雖然在不同階段出版了其他類型的書籍，例如文學作品和雜誌，有助於提高公司的聲譽，但無助於實現穩定和高盈利的業務結構。另一方面，商務印書館採取多元化的方式，出版了各種書籍，包括教科書、文學作品、中國古典文學、有關西方新知識在科學、人文、社會科學和商業管理方面的書籍、雜誌以及辭書。在教科書方面等，兩家公司都聘用了傑出的學術精英。[27]

兩家公司在各自的國家都有商業競爭對手。作為一家教科書出版商，金港堂必須與資金雄厚和多元化的公司競爭，例如1869年成立的丸善株式会社以及1893年由文部省發起成立而受政府支持的大日本図書株式会社。[28]對於非教科書類的出版，該公司面臨來自博文館株式会社的強大競爭，後者在1887年開業後迅速成為對一般讀者來說在雜誌、文學作品以及西方文化書籍領域無可爭議的首選書商。[29]由1910年代中期起，商務印書館受到迅速發展成中國第二大書店的中華書局的挑戰。這家新書店創辦人曾是商務印書館的主要教科書編輯。[30]雖然這兩家公司確實在中國的教科書市場上互相競爭，但商務印書館的領先地位，在抗戰前從未受到動搖。例如，在1930年，商務印書館的

營業額達到1,200萬元，是中華書局的三倍；商務印書館一直持有不低於60%的市場份額。[31]

金港堂必須應對獨特的情況，即文部省根據明治時期陸續推行的教育改革，對教科書的出版政策經常作出修改。政策的變化取決於誰負責教育政策的制定、他們所信奉的教育理念、他們對國家教育需求的看法，以及他們認為應該引入什麼教育目標。變化一直不斷，但是機會結構也在不斷的變化之中。[32]金港堂顯然能夠根據新的教科書政策，以及隨之而來的機遇，調整其業務運營。從1875年到1885年，根據「印刷許可」政策，文部省准許某些指定的印刷商，印製由文部省確定內容的學校教科書。金港堂就是其中之一。它配備了高質量的紙張和印刷技術，並且與政府部門建立了良好的聯繫。

根據1880年代中期至1900年代初的新政策，要求出版商自行編製教科書的內容，但須經文部省批准才能在學校中使用，並由各縣的官委圖書選採委員會成員進行審核以作出最後選擇建議，再經縣知事確認，由縣內學校統一使用，稱為「檢定制」。這種多元化的市場機制，要求高質量的教科書以及教科書作者的良好聲譽。為了應對這種變化，金港堂成立了編輯部，並聘請了一批在頂尖的師範學校教學而聲譽卓著的學者團隊。這一團隊在當時的教育改革中贏得了權威。因此，金港堂得以保持作為教科書出版領導者的地位，並享有最大的市場份額（見第2章）。

1902年底至1903年中的教科書事件，導致教科書市場生態徹底轉變，由市場主導內容的「檢定制」，變成由文部省主導內容的「國定制」，教科書的競爭不再是其內容之別，而是爭取在政府指定的銷售地域，代政府印製及流通教科書。有關「國定制」的複雜問題，詳見本書第2章。不過，儘管金港堂的地位大約在教科書事件以後，已經今非昔比，但它與政府的關係，並沒有因此而破裂。1909年，原亮三郎的長子原亮一郎，仍受政府委託，與其他幾家主要的東京教科書商，以東京書籍株式会社為名，合組一家新的教科書出版公司，成為政府指

定的三大出版社之一，負責在東京府為主的指定地區內發行及銷售由文部省編製的所謂國定教科書。[33]原亮一郎於1910年成為東京書籍的社長，反映開始時，原氏家族似乎已經控制了這家新的上市公司，有機會捨棄金港堂的舊招牌，在東京書籍的新品牌之下重建江山。然而六年後，他辭去了社長一職，並從1933年起不再擔任董事。[34]原家藉著東京書籍重振家聲的最後努力乃告落幕。儘管戰後東京書籍株式会社發展甚為成功，至今仍是日本主要教科書出版商之一，其內部圖書館「東書文庫」且被認為是日本最好的教科書圖書館，但原氏一族對這家新公司的影響，延續不及四分之一個世紀。時至今日，早已煙消雲散，了無痕跡。

在中國，隨著1905年科舉考試的取消，新的學校教育體制出現。[35]以西方和日本為藍本的教科書政策，逐漸發展起來。[36]在晚清政權統治不斷惡化的情況下，中國經歷了政治上的不確定和動盪，最終導致1911年辛亥革命以及隨後帝國秩序的瓦解。接著十多年，民國政權先後落入袁世凱及其後繼的北洋軍閥手中，直到1928年在南京建立了代表中國中央政府的國民黨政權。儘管從1905到1928年中國政局極不穩定，但該時期的教科書政策卻相對穩定，而且前後一致。[37]這可能是因為不斷轉變的中央政府都很弱勢，並且忙於政治的議題。正由於這種局勢，教科書生意得以自由營運，受市場力量推動，沒有太多來自北洋政府的干預。[38]職是之故，商務印書館和中華書局等上海教科書出版商，得以主導著全國的教科書市場。

教科書是由在中國的每一所學校或地方學校委員會作出採用決定的。因此，它們因地而異，代表了不同的教育理念和方向，並發展出多樣化的教科書市場結構。為了在這樣的市場中站穩腳跟，出版商必須樹立自己在教育界的權威聲譽，並贏得全國各地教科書決策者的信任和尊重。一家公司在行業中的聲譽，和其人脈關係同樣重要。商務印書館以出版暢銷書籍及教科書作為其商業策略，就好像將日本的金港堂在教科書出版方面的實力與博文館在暢銷書籍方面的實力結合在

一起。這種策略顯然有助於商務在全國教科書市場上鞏固其品牌，並擴大其市場份額。[39] 為了抗衡商務的壓倒性優勢，競爭對手中華書局採取了攻擊性的負面廣告策略，利用媒體針對商務進行負面宣傳，強調商務與日本金港堂的合作關係。通過這場宣傳運動，中華書局在1910年代中葉利用了抗日情緒和民族主義心理，不斷營造商務的負面形象。因此，在1914年即使冒著代價高昂的公司管治改革風險，商務的華資也決心收購日資，可說是為了保護其品牌。[40] 商務與中華最終為了商譽而公堂相見（見本書第13章）。

1928年以後，在南京國民黨政府的管治下，教科書的編製和內容，逐漸脫離了市場，越來越受政府控制，成為向學童灌輸國民黨三民主義的工具。[41] 1930年代初，即使在上海，南京政府也基本上左右了教科書內容。[42] 這種發展軌跡與明治「國定制」頗有雷同之處，亦是近代國家建構過程的普遍現象。[43]

## （二）造紙業

日本明治維新後，由於政府文書、紙幣、地契證書等需要大量印刷，加上義務教育逐漸開展，學校教科書及社會上書刊報章等的需求日增，所以價格合理、經久耐用而又適用於新式印刷機大量生產的紙張，變成越來越受渴求的工業產品。這種用機器生產的紙張有別於傳統的手製和紙，初時主要依賴從歐美進口，故統稱為「洋紙」，由1870年代開始，日本不少企業家亦嘗試成立生產類似紙張的本地洋紙製造廠。1887年，金港堂的創始人原亮三郎和一批企業家成立了「富士製紙株式会社」並在十年後一度成為日本規模最大的洋紙製造企業。1933年更與日本最大規模的另外兩家企業王子製紙及華太工業合併，成為佔市場份額80%以上的壟斷企業。戰後雖迭有變遷，但王子製紙至今仍為日本最大製紙企業之一。富士製紙創業時有三位執行董事，原亮三郎即其中之一。1900年之前，他也是六大股東之一。富士製紙初期與三井系的王子製紙競爭甚激烈，但最終合併。[44] 1880年代末之前，金港堂大量印刷

用紙都依靠從西方進口的洋紙，印刷教科書則按政府規定使用國產土佐紙。及後，富士製紙成功生產所謂「土佐代用紙」的機製洋紙而又得到政府批准，便成為金港堂的主要紙張供應商。1891年，時任日本國會眾議院議員的原亮三郎為保護國內造紙業，成功地發動了提高西方洋紙進口關稅的運動，最終於1898年爭取到保護關稅的成果。[45]關於富士製紙與金港堂以及原亮三郎饒有趣味的故事，詳見本書第6章附錄。

　　商務印書館最初是一家小型印刷廠，隨著其教科書和銷售書籍出版業務的興起，逐漸開始使用越來越多的新式印刷機器，進行規模日大的印刷生產，導致商務十分依賴紙張的市場供應。尤有進者，操作現代印刷技術和機器，需用機製的堅韌紙張如「新聞紙」或「印刷紙」，亦即日本所謂「洋紙」，以承受機器的高溫及輾壓。中國傳統手工製造的紙張過於精緻，或失諸粗糙，皆不宜機印。截至抗戰軍興之前，中國本土造紙業仍遠遠無法滿足這種機印紙張的需求，因此，現代中國印刷業主要仰給於進口的新聞紙。商務印書館在大量購紙自用之餘，亦經常將庫存進口紙轉售給其他出版書商。在1910至1920年代，商務印書館的管理高層如張元濟等，日常需要處理的業務，很多涉及各類國產及進口紙張的管理，例如購買、議價、庫存、分配等。[46]實際上，商務在1935年仍然透過上海書業公會向上海市社會局報告，認為紙張供應短缺乃書業最困難的一個環節。[47]在這背景下，1930年代中期前，商務印書館亦有響應國民政府為發展民族造紙產業而付出努力，但由於1937年戰爭爆發，結果沒有達成目標。[48]職是之故，商務雖然經常碰上紙張供應的困難，但1930年以前一直沒有發展製紙的策略（見本書第6章）。

## (三) 印刷機械和教育設備

　　金港堂和商務印書館起初都同時經營著自己的印刷業務，自行印刷出版物，而不是將工作外包給其他印刷廠。目前沒有記錄說明金港堂在現代印刷機器方面的投資策略；相對之下，商務在與金港堂合作前便曾重金購入上海最大的修文印書館及其機器，可見商務開始發展

時較金港堂更重視印刷業務。[49] 而兩家公司後來在處理企業印刷方面的
取徑，也有重要分別。金港堂本身沒有發展製造業務，但原亮三郎直
接參與成立了一家在明治日本有一定地位的機械製造股份有限公司，
名為「東京機械製造株式会社」，吸收其他投資者資金來發展與金港堂
息息相關的上游製造產業。

東京機械原是政府的機械車間，成立於1888年，開始吸引私人投
資。原亮三郎是13位大股東之一，其他人多具有政府或銀行業的強大
背景。[50] 儘管原亮三郎沒有在東京機械擔任高級管理職務，但可以將其
視為東京機械內部人員亦無不可。該公司成為金港堂印刷機以及教學
和醫療設備（包括用於科學實驗的專用工具）的主要供應商。顯然，它
的受歡迎程度和聲譽並不局限於日本國內。例如，在1907年出版的一
本中國高中物理教科書中，竟然刊登了東京機械製造的超過172種科
學設備的廣告，其中每一種均標出了兩種不同的價格，其中一種價格
針對直接下訂單的中國客戶。[51] 金港堂維持與東京機械的緊密聯繫，一
定程度上有助於出版公司在教科書市場上保持競爭優勢。1897年，金
港堂本身的印刷廠，變成了一家獨立公司，名為「帝国印刷株式会社」。

商務印書館沒有參與成立重要的機械製造企業，但據1929年《商
務印書館志略》所記，商務的印刷所除印刷業務外，有以下的敘述：

> 兼營製造。有屬於印刷業範圍者，如鑄字、銅模、製版及各種印
> 刷機械、油墨、膠棍等；有不屬於印刷業範圍而與教育至有關係
> 者，如儀器、標本、模型、文具、玩具、影片等。[52]

「兼營製造」一語，盡道其性質。而機械類的說明更云：

> 本公司初為自用便利起見，凡石印機、鉛印機、鋁版機、打樣
> 機、切紙機、訂書機、鑄字機、碾墨機，均自行製造。名目繁
> 多，不及備述。自用之餘，分別出售。各省開辦工廠，多向本公
> 司采購，極蒙嘉許。故本公司對此項事業，日漸擴充，另設華東
> 製造廠，請專門技師，主持其事。[53]

　　可見商務的機器策略是通過內部鐵工部，兼營生產自己使用的印刷機及其他為數甚多的相關機械，並通過商務印書館的零售網絡，將其製造產品出售給其他小型出版商或印刷企業。這家內部工廠還為學校生產教學儀器設備，如科學實驗工具、小型機器如中文打字機、各色各樣五花八門包括玩具在內的產品。本書第8章將聚焦討論商務中文打字機的生產及營銷。1929年，商務的鐵工部擴充改組並註冊為華東機器製造廠，開始自行經營，除製造印務機器外，兼製柴油引擎、抽水機、鍋爐、火爐等非印刷業產品，並承接各種機器修理等業務。但規模不明，其與商務的關係也不清楚，很可能只是商務的一家子公司而已。[54] 商務同時亦聘請著名的科學家和工程師進行研發、創造和生產新的高效機器。[55] 根據公司的宣傳材料，公司內部開發的機械產品曾在國內和國際比賽中獲獎。[56] 但是，沒有證據表明商務印書館的鐵工部或1929年以後的華東機械廠，像東京機械株式会社成為日本重要機械企業一樣，曾經成為中國的領先機械製造企業，或是一家獨立的股份有限公司。換言之，機器製造可能從未成為商務印書館戰略核心業務的一部分，只是一種沒有方向和重點策略的分散兼營業務。另一方面，直至1930年代初期，商務印刷廠仍然是公司業務的重要組成部分。1932年上海事變之前，商務印刷廠擁有1,200台印刷機和3,500名工人。當時中華書局僅有200台機器和627名工人，已經是上海僅次於商務印書館的第二大印刷企業，商務印刷廠的規模可見一斑。[57] 印刷廠不僅印製大量的書籍和其他刊物，而且如上所述，應新式銀行的要求，印製大量紙幣。然而，這項業務似乎未能為商務帶來可觀的收入。[58]

## （四）教科書產業融資

　　教科書的製作成本很高，包括機器、土地、勞動力和紙張等直接和間接成本，而這些成本的價格波動是常見的。在那段時期，由於從下訂單到接收貨物再出售書籍賺錢的過程十分漫長，導致在教科書業務上獲得合理的投資回報也需時甚久。因此，該行業不得不依靠信用

票據和其他信貸工具，並需要一個穩定的金融體系提供這種資金和信貸服務，主要就是近代的銀行系統。[59] 原亮三郎通過他自己的投資和管理手法處理了公司的財務。[60] 在1886年，他購入第九十五國立銀行的多數股權，並出任該銀行行長。此外，他在1888年與其他投資者共同創立了東京割引銀行，並成為該銀行的監事。他和川崎銀行持有人是該銀行的兩個最大股東。還應提及的是，川崎銀行持有人同時又是上述東京機械株式会社的13位大股東之一。1897年，政府發起成立日本勸業銀行，其所有權高度分散，以鼓勵貿易和支持當地產業，並應付來自其他國家的競爭。原亮三郎成為發起人和最大股東之一，金港堂亦成為該公司的機構股東之一。此外，在1900年日本銀行的股東大會上，原亮三郎當選為該銀行的監事。日本銀行是自1882年《日本銀行法》頒佈後，政府首次成立的中央銀行。原亮三郎在日本銀行成立時持有305股（每股200円），當時除持2,500股的大藏省（財政部）外，他屬九位持300股以上的最大股東之一。與其他大股東如三井系統的三井八郎右衛門（1,000股）、三野村利助（365股），以及安田系統的安田善次郎（500股）與川崎系統的川崎金三郎（400股）等銀行業鉅頭相比，原亮三郎的持股數差距亦不算太大。[61] 以上種種，可以說明原亮三郎雖然一直以教育出版家的身份自豪和定位，但他在明治時期無疑已經成功躋身日本銀行界的精英領袖圈子之內。

稻岡勝表示，原亮三郎積極參與日本的銀行業務，對於金港堂的教科書業務發展至關重要。[62] 他充分利用了股份有限公司（株式会社）的銀行，為金港堂透過銀行獲得融資。他或可獲取銀行的內幕消息，有助金港堂的運作及財務。此外，東京割引銀行為小企業發行貼現匯票，對象包括出售金港堂教科書的零售書店。此類業務的經濟回報緩慢，售賣金港堂書籍的書店不能缺少銀行的持續支持。儘管金港堂在東京市商業中心的日本橋區擁有頗具規模的營業本店（總店），但在東京以外的支店和銷售夥伴，業務規模都很小。金港堂的分銷網路，從未發展成一個足以維持公司財務穩定的綜合零售體系。因此，原亮三

郎在日本銀行業中的影響力,對金港堂乃至其銷售夥伴的生意成敗,至關重要。儘管現時尚不清楚有沒有特定的銀行在直接支持金港堂,但原亮三郎無疑很容易地從他所熟悉的銀行界獲得融資。關於原亮三郎在銀行界的地位及他的融資潛力,參見本書第3章以及第6章附錄的論述。

異於金港堂,商務印書館的資金主要來自投資者,而不依賴銀行業的財務資助。以商務業績之成功,如果他們要在上海經營的中、外資銀行取得商業貸款和信貸服務,絕對沒有困難,所以不依靠銀行也是一個策略選擇。此外,在1930年前,幾乎沒有跡象顯示商務印書館的首腦級人員,有類似原亮三郎一樣級數的活躍金融家。創始人兼總經理的夏瑞芳對金融不無興趣,可是他在1910年上海橡膠投機風潮期間,違規存放了商務近13萬兩公款於三間活躍於橡皮股票的錢莊(正元、謙餘及兆康)圖利,結果三莊倒閉,導致公司蒙受巨大損失,他個人亦陷入債務危機,飽受董事會及存款人如嚴復等的責難。幸得張元濟努力疏通解救,又得日本股東原亮三郎及山本條太郎等情商三井銀行得到五萬兩融通,始能渡過難關。這段插曲表明,與原亮三郎不同,夏瑞芳只是投機牟利,沒有投資銀行等金融業機構,為自己建立一位銀行家的地位。[63]當然在商務的董事會,還是有董事具有銀行背景的。例如,自1913年起在商務印書館任董事的葉葵初,就是浙江興業銀行的董事長。但是,他在商務決策過程中的作用,並不明顯,與同時作為銀行家及出版家的原亮三郎,無法相提並論。[64]1914年遇刺的總經理夏瑞芳有獨子夏鵬(夏筱芳),曾留學美國華頓商學院(Wharton School)及哈佛商學院,再遊歷英德考察出版業;1922年回國入職商務;1925年任董事;兩年後兼經理之職。大約同時期,夏鵬亦受上海商業儲蓄銀行陳光甫邀請,擔任該銀行的董事及監察人,參與該銀行及其保險業務的開展;1931年夏鵬主力創辦了該銀行屬下的華英合資寶豐保險股份有限公司。[65]所以在1930年代,夏鵬確兼任上海商業儲蓄銀行的重要高管職位。可是,1930年以後王雲五出任商務

總經理，夏鵬在商務等於淡出。而且不管在 1930 年前或後，夏鵬不論在中國銀行界的地位，或在商務的地位，與原亮三郎相比，也絕對無法望其項背。

按照當時大型公司的慣例，商務印書館的門市店可以為他們的客戶開計息存款儲蓄賬戶，當中包括商務自己的員工及作者。[66]除了銀行貸款、公司債券和股東投資之外，儲蓄存款為商務的業務運營提供了另一資金來源。應該注意的是，在商務擁有存款賬戶的客戶，不需要是公司的股東或職員，也不必對商務印書館的債務承擔任何財務責任，他們只是收取利息，唯一風險便是商務倒閉或違約（見本書第 7 章）。

## （五）批發或零售

零售在金港堂和商務印書館的業務中都發揮了作用。金港堂在東京府商業中心設有大型本店，並在其他城市設有多家支店，包括僅次於東京府的日本第二大城市大阪府。[67]為了滿足教科書市場漸漸遍佈全國，金港堂以寄售方式，建立一個零售商網絡，以便在各地出售金港堂圖書。[68]作為其競爭對手，博文館擁有更高效率的零售系統，包括了針對日本偏遠地區的零售店和個人客戶的郵購服務。然而，金港堂的零售系統不如博文館的零售系統高效，可能是因為擁有這樣一個零售系統，對作為學校教科書出版商的金港堂而言，其重要性不如以個別讀者為主要市場的博文館來得重要。換句話說，金港堂之所以能夠維持其業務，很大程度上是利用其教科書決策圈子的關係，即縣政府高層、縣級教育官員、學校校長、學校教師、師範教師等，以及其他能夠就採用什麼教科書作出決定的人士。一旦一個縣決定用什麼教科書，就可以通過學校系統流通教科書，而不用向個別學生和老師推銷。因此，金港堂的流通業務，主要以批發而非零售為主。

相對地，商務印書館似乎更積極地從事零售業務，並在全國各地開設了大量分館。他們在零售廣告和市場營銷方面也非常活躍和成功。[69]儘管我們對農村地區的圖書發行方式知之甚少，但在大城市，商

務印書館是沿襲了傳統的中國模式，維持著自己的獨立零售網絡。換言之，該公司在上海的總館位於公司三角型銷售層級的頂端，30家左右的分館直接受總店指揮，其他零售合作夥伴，則位於銷售底層。由於商務繼續專注於零售業務，而不是批發業務，這種商業策略促進了產品的全國性流通，包括教科書、雜誌、字典、有關傳統知識和新知識的書籍，以及學校所需的文具和設備、玩具等等各色各樣的產品，更不用說儲蓄存款之類的另類顧客服務了。

## （六）政府和企業

金港堂和商務印書館都與政府當局保持著密切的聯繫，但是方式卻有所不同。儘管出身卑微，但原亮三郎在創業僅十年後，便與明治政府中有影響力的人物建立了良好關係。[70] 例如，他與改革派時任文部相（1885至1889年）的森有禮成為密友。基於這層關係，原氏得以邀請到改革派「明六社」的成員參與金港堂教科書的編輯工作。「明六社」即森有禮和其他著名知識分子所創辦，旨在推動明治維新的精英團體。原亮三郎還結識到政府中有關銀行和金融部門的官員。他的一個女兒嫁給了一位著名商人，後來成為明治政府的財政大臣。不僅如此，原亮三郎本人曾獲選為眾議院議員。他與明治政府建立的緊密聯繫，不僅幫助金港堂鞏固了商場業務，而且讓金港堂作為向下一代傳播新知識和培養國民美德的政府工具。實際上，道德修養是金港堂與政府密切合作中主要關注事項之一，目的是根據西方和傳統的日本價值觀，編寫備受推崇的修身書。

民國時期的中國，教科書在促進國家努力建立現代中國的國家認同方面，也發揮重要作用。[71] 可是直到1930年代，雖然個別商務印書館董事與政府一直保持聯繫，但在政府的影響力卻不能高估。如胡適和蔡元培，都是有影響力的人物，但主要在學術文教方面。儘管蔡元培在1911年辛亥革命後，曾擔任過南京臨時政府的首任教育總長，但為時甚短，而且該政權也沒有發揮重要的管治作用。張元濟從來沒有

太靠近任何權力中心，並且進商務前，在戊戌政變時受過迫害。[72]其他有緊密政治聯繫的商務董事，還可數鄭孝胥和伍廷芳，但他們一則沒有成為左右商務印書館商業決策的核心人物，一則在官場失勢後才加盟商務。[73]在1911年辛亥革命爆發後，商務印書館拒絕立即發表孫中山的著作，這可能表明它與國民黨的政治精英畢竟也不是一夥。[74]在1930年王雲五上任總經理之前，這種情況一直沒有改變。[75]其後基於王雲五和蔣介石的關係，商務印書館與政府的聯繫自然密切得多，但與有孔祥熙及宋子文擔任董事的競爭對手中華書局相比，又不是同一個政治層次了。像金港堂一樣，商務印書館也致力在適學兒童的道德教育中發揮作用。但是，新文化運動和五四運動風起雲湧，傳統價值觀在中國備受批評，所以北伐成功前，中國修身科的價值觀內容較混雜，不若明治修身書那般舉國一致。[76]另一方面，商務與諸如胡適和魯迅等反儒家倡導者，聯繫密切，因此，商務更加注重推廣從西方引進的現代科學價值觀，例如進化論等，也就不足為奇了。

## 四、全球模式與本土企業路徑

上文比較了明治時期的東京金港堂和20世紀初上海商務印書館的一些重要側面。它們的主要創業者都在其國家面臨西方新思想和新制度突然湧入之際，崛起商界而成為國家的書業龍頭。兩家企業都採用了相同的西式股份有限公司模式，其創始人和管理者的企業技巧和商業頭腦，同樣引人注目。他們在通過新的商業實踐，為企業牟取最高利潤的同時，還積極參與履行改善社會的責任。然而，如上所述，這兩家公司之間，還是存在顯著的差異。

首先，在產業整合方面，金港堂更偏向於跨界垂直整合，而商務印書館則傾向於出版及印刷兩大業務的水平整合和擴大。前者通過其創辦人在上游(造紙、機械製造、銀行業)和下游(教科書零售)行業的聯繫和影響而興旺起來。當原亮三郎成為不僅是教科書行業而且是金

融領域的傑出領導者時，他對不同行業的投資變得多樣化，但其中大部分與金港堂的教科書出版核心業務有關。[77] 近代企業模式使他有機會吸納他人資金，藉以開拓跨界的整合，同時亦減輕了交易成本以及跨界風險。本書第6章附錄論述原亮三郎在明治造紙業的角色，便是很好的例子。後來金港堂也試圖使出版產品多元化，但這水平向度發展的決定，卻已經是姍姍來遲，沒有成功落地的機會。

　　相比之下，商務印書館通過創建大量分館實現了橫向發行擴張，並通過為不同的讀者發行各類不同的印刷物，成功實現了教科書出版以外的產品多樣化。公司開展了機械製造、印刷紙幣、提供存款服務等非出版業務。然而，這些業務從未被戰略性地融入到出版這項核心業務之中。與金港堂不同的是，商務印書館的策略是：發展其業務，使其成為一家多功能出版商兼印刷商，能夠自行編輯和印刷各種出版物，並自行兼營其他產品與服務，而不是透過企業融資而跨向其他行業，作出有利出版和印刷的垂直整合。本書第5及6章論述商務的中文打字機及紙張商業策略，可說提供了很好的例子。

　　簡而言之，金港堂採用西方資本主義企業模式，通過多元化投資到上下游企業，形成緊密相聯的支援網絡，而且那些企業主要靠吸納他人的資金以事經營，而金港堂則利用這些上下游企業來將教材出版的核心業務做大做強。商務印書館同樣採用了西方資本主義企業模式，但通過對同一行業的再投資，將其核心出版業務擴大到不僅包括教科書領域，還包括其他五花八門的印刷及製造範疇。然而，應當指出，這種差異是相對的：金港堂曾經試圖出版教科書以外的刊物和書籍；商務印書館也曾涉足造紙和機械製造，但它們在這些行業或開展得為時已晚，或對核心業務影響甚微。儘管存在差異，但兩家公司都成功地將出版與圖書銷售相結合起來。相對而言，英國出版業的情況，就沒有這樣的發展路徑，而是專注於出版，罕有橫向或縱向的擴展。這表明，在19世紀末至20世紀初，在英國、日本和中國，同樣的西方資本主義企業模式，在經營出版業務方面出現了迥異的路徑，這

是否反映了全球性的企業模式在不同文化社會落實時，可能呈現各色各樣的本土化現象？[78]

其次，1895年甲午戰爭結束後，金港堂乘著日本對華投資的大潮，在上海創辦了日華合資企業，成為上海商務印書館股份有限公司的聯合創辦人。這事意義重大，在新成立的商務印書館面對晚清因新學制而迫切渴求高質素教科書之際，金港堂除了投入重資之外，也派出高級編輯和印刷技術人員，到上海幫助商務提高產量和生產力。與此相反，第二次世界大戰結束前，商務印書館一直沒有在海外進行此類大規模的策略性投資，只在海峽殖民地等一些華僑社區從事零售業務。

第三，兩家企業在實踐西式資本主義企業制的同時，在處理家族及公司管治方面，亦有顯著差異。癥結在於所有權與管理控制的關係。金港堂株式会社成立於1893年，儘管原亮三郎對他創立的或與他人共同創立的垂直整合股份有限公司，特別是銀行業的公司，廣泛採用了股份有限公司管治模式和法律框架，但遲至20世紀初，金港堂的生意開始衰退之前，它的股份仍然主要為原氏家族所持有（超過90%）。原亮三郎決定保持教科書出版核心業務的家族模式，不能完全歸因於他過於保守，拒絕接受西式開放公司制度的理念及將金港堂開放予更多的投資者。他一定很清楚這樣做會帶來更多發展機會。但是，我們認為他的最終決定是他企業理性選擇的結果。

商務印書館則走了一條截然相反的路徑。與由原亮三郎一手建立的金港堂不同，商務印書館從親戚朋友之間的夥伴關係開始，並不斷擴大其所有權。到1903年，它變成了一間與金港堂平等合作的合資企業，這標誌著公司所有權結構的一個重大轉折點。隨著所有權的分散，這家公司越來越類似西方的公司管治模式。1905年左右，商務印書館擁有100多名股東，更像是一家「上市」公司。公司的業務是在董事會的領導下進行管理的。夏瑞芳、張元濟、鮑咸昌或後來的王雲五等高層，都只是眾多大股東中的幾位，對公司沒有絕對控制權，常常得與其他董事協商妥協，始能成事。因此，他們的角色與絕對控制金

港堂業務的原亮三郎的角色，絕不可同日而語。無論如何，商務印書館的故事，更多的是偶然的結果。似乎該公司歷任高層，往往是在缺乏長期戰略規劃、眾議紛紜、各懷盤算的狀況下，審時度勢，隨機應變，折衷調處，順著變動不居的機會結構，作出決策的。

第四點涉及兩家公司在教科書出版方面的決策。誠然，金港堂和商務印書館都緊密遵循各自政府的教育政策，並積極參與推進國家議程，以培養具有現代世界所需科學知識和技能的下一代。然而，由於創辦人的關係，金港堂與日本明治政府有著更密切的聯繫，日本明治政府試圖平衡傳統價值觀和西方意識形態，塑造人民的道德倫理，即1880年代以後成為主流的「和魂洋才」觀。因此，金港堂在明治政府的領導下，表現出對兒童道德發展和公民意識的堅定承諾。另一方面，商務印書館在推廣從西方引進的新式現代觀念和價值觀方面更為成功，同時努力將矛盾的新舊思想和價值觀揉合在一起。截至1920年代末，商務不需靠攏北洋時期歷屆的北京政權，故此有機會選擇自己的道路。

最後一點，涉及兩家企業的聲譽。[79] 金港堂曾經是一個知名的明治品牌，與原氏家族關係密切。下章將論述1903年教科書事件對金港堂的商譽雖有影響，但不應高估。儘管如此，1900年代以後金港堂漸走下坡則是不爭的事實。與此同時，原亮三郎長子原亮一郎於1909年受政府委託成立了一家新的教科書出版社，以東京書籍株式会社的新品牌，重新啟動原家教科書出版業務。然而，原氏家族在1910年代中期左右開始失去對東京書籍的控制權。看來原氏家族打算捨棄金港堂的舊品牌，並開發與該家族出版核心業務教科書相關的新品牌，只是最終沒有成功。商務印書館恰恰與金港堂相反，是一家擁有眾多持份者的註冊股份有限公司，無論誰擁有其股份，公司名稱都必須受保護。商務從來不是一家「家族企業」，商務的人都被屬於自己的「商務印書館」品牌團結在一起。直到1920年代，從印刷工人、編輯到高層，如非離開另闢天下（如陸費伯鴻等），而是選擇留在商務的話，對於公司

品牌多有濃厚的自豪感和認同感，像家人般投身商務。許多知名人士都曾經成為商務的一員，後來每當商務定期出版紀念文集，他們多會撰寫辭情並茂的動人文章。商務當然也擺脫不了大家庭常見的派系爭執及用人唯親等困擾，但這些人事上的糾葛，很少妨礙各人對商務的忠誠。職是之故，沒有人能夠像原亮三郎就等同金港堂那樣，可以獨自代表商務。換言之，是商務的品牌將員工凝聚在一起，他們是對作為一個企業或品牌的商務付出忠誠，而非向個別家族盡忠。而對於金港堂，原氏家族才是它的凝聚力來源，員工對金港堂的忠誠，就是對原家的忠誠。

## 五、結語

總而言之，新時代企業家金港堂的創辦人在保持個人財富的同時，積極並成功地採用了新移植的股份有限公司管治體制，以及維持業務投資多元化的法律框架。他之所以能夠做到這一點，是因為他在傳統價值觀與新商業實踐、民族主義承諾乃至謀取最大利潤之間建立了一種相輔相成的有機關係，也就是本書書名所說的「商道、商術與商法」的有機結合。商務印書館的領袖人物，採用了同樣的股份有限公司管治體制和法律框架。但是，後者更注重建立和維護以牟利為出發點的公司品牌聲譽，突出了公司追求經濟效益和生產力的現代觀念，當然公司同時也強調致力於非牟利的民族事業，即促進中國的現代化，所以同樣在「商道、商術與商法」的層面上，進行了有機結合。兩家書業龍頭的不同特點，導致1890年代初金港堂註冊成為現代股份有限企業之後，仍然維持家族的全面控制與垂直整合的傳統模式，也無意向公眾資本市場開放。相對地，直到1930年代初，商務印書館仍然是一家橫向整合而股份多元化的公司。這些差異，無疑塑造了兩家書業龍頭南轅北轍般的命運：前者一代而衰，後者百年不歇。真可謂雙龍展翼，各順其緣！

## 註 釋

1　Christopher A. Reed, *Gutenberg in Shanghai: Chinese Print Capitalism, 1876–1937* (Vancouver: University of British Columbia Press, 2004), p. 188.

2　參見Sherman Cochran, *Encountering Chinese Networks: Western, Japanese, and Chinese Corporations in China, 1880–1937* (Berkeley, CA: University of California Press, 2000)。關於中國公司法及其與國家的相互作用，請參見William Kirby, "China Unincorporated: Company Law and Business Enterprise in Twentieth Century China," *Journal of Asian Studies* 54.1 (1995): 43–56；方流芳：〈試解薛福成和柯比的中國公司之謎──解讀1946年和1993年公司法的國企情意結〉，載梁治平主編：《法治在中國：制度、話語與實踐》（北京：中國政法大學出版社，2002），頁280–318；張忠民：《艱難的變遷：近代中國公司制度研究》（上海：上海社會科學院出版社，2002）；David Faure, *China and Capitalism: A History of Business Enterprise in Modern China* (Hong Kong: Hong Kong University Press, 2006)。最近出版有關近代中國版權史的力作有Wang Fei-hsien, *Pirates and Publishers: A Social History of Copyrights in Modern China* (Princeton, NJ: Princeton University Press, 2019)，對中國近代出版企業研究也有很多啟示。

3　Alfred D. Chandler, *The Visible Hand: The Managerial Revolution in American Business* (Cambridge, MA: Belknap, 1977); Leslie H. Hannah, *The Rise of the Corporate Economy*, 2nd ed. (Baltimore: Johns Hopkins University Press, 1983).

4　有關中國背景的討論，見本書第9章。有關日本公司法和公司發展的研究，見Hiroshi Oda, *Japanese Law*, 3rd ed. (Oxford: Oxford University Press, 2009), pp. 218–221; Harold Baum and Eiji Takahashi, "Commercial and Corporate Law in Japan," in *History of Law in Japan Since 1868*, ed. Wilhelm Röhl (Leiden: Brill, 2005), pp. 330–401。參本書第10章。

5　John Feather, *A History of British Publishing* (London: Routledge, 1988); Roger Chartier ed., *The Culture of Print*, trans. Lydia G. Cochrane (Princeton, NJ: Princeton University Press, 1989); Robert Darnton and Daniel Roche eds., *Revolution in Print: The Press in France, 1775–1800* (Berkeley, CA: University of California Press, 1989).

6　Giles Richter, "Entrepreneurship and Culture," in *New Directions in the Study of Meiji Japan*, eds. Helen Hardacre and Adam L. Kern (Leiden: Brill, 1997), pp. 590–602; J. Thomas Rimer, "Iwanami Shigeo's Meiji Education," in *New Directions in the Study of Meiji Japan*, eds. Hardacre and Kern, pp. 136–150. 此外，研究商務印書館以外其他主要的中國出版社亦不少，如周其厚：《中華書局與近代文化》（北京：中華書局，2007）。

7　Giles Richter, "Marketing the Word: Publishing Entrepreneurs in Meiji Japan, 1870–1912" (PhD diss., Columbia University, 1999)；葉再生：《中國近代現代出版通史》，第2卷（北京：華文出版社，2002）；王余光、吳永貴：《中國出版通史──民國卷》（北京：中國書籍出版總社，2008）；Reed, *Gutenberg in Shanghai*。

8　例如，參見Reed, *Gutenberg in Shanghai*, pp. 197–198。他對雙方合作關係的解釋是基於葉宋曼瑛的《張元濟的生平與時代，1867年至1959年》（北京：商務印書館，1985）。該書由北京商務印書館於1980年代初委託出版。葉氏書的英文版，

從未廣泛流傳，在坊間可以見到的，只有葉宋曼瑛著，張人鳳、鄒振環譯：《從翰林到出版家》（香港：商務印書館，1992），頁105–111。葉氏的書出版後，另一種解釋開始出現。參見Douglas R. Reynolds, *China, 1898–1912: The Xinzheng Revolution and Japan* (Cambridge, MA: Council on East Asian Studies, Harvard University, 1993), pp. 121–122；樽本照雄：《商務印書館研究論集》（大津市：清末小説研究會，2006），頁7–42；《初期商務印書館研究》，修訂版（大津市：清末小説研究會，2004），頁160–212。

9　有關金港堂的研究者不多。稻岡勝對金港堂的研究最為深入細緻，本章敘述金港堂歷史，除部分為自己研究成果外，主要參考他的著作，其中重要的如稻岡勝：〈明治検定期の教科書出版と金港堂の経営〉，《東京都立中央図書館研究紀要》，第24號（1994），頁1–144；稻岡勝：《明治出版史上の金港堂：社史のない出版社「史」の試み》（東京：皓星社，2019）。另請參見稻岡勝：〈金港堂小史〉，《東京都立中央図書館研究紀要》，第11號（1980），頁63–135；稻岡勝：〈明治前期教科書出版の實態とその位置〉，《出版研究》，第16號（1985），頁72–125；稻岡勝：〈明治前期文部省の教科書出版事業〉，《東京都立中央図書館研究紀要》，第18號（1987），頁1–53。此外，Richter, "Marketing the Word," pp. 166–199有一節概述金港堂的盛衰歷程；又樽本照雄：《初期商務印書館研究》第3章（頁113–184）亦詳細介紹金港堂，均甚有參考價值。對於原亮三郎的早年生活，我們的說明仍主要基於他的傳記之一，瀨川光行：〈原亮三郎伝〉，載氏著：《商海英傑伝》，第9卷（東京：冨山房，1893），頁52–56。

10　週刊朝日編集部：《値段の明治・大正・昭和風俗史》（東京：朝日新聞社，1981）。

11　竹田進吾：〈三宅米吉の歷史教育論と金港堂の歷史教科書〉，《日本教育史研究》，第26卷（2007），頁1–37。

12　東京興信所：《銀行會社要録》，第三版（東京：東京興信所，1899），頁413–414、418。

13　井山孫六記原亮三郎是這起賄賂案被起訴的第88位被告。見井山孫六：《明治民衆史を歩く》（東京：新人物往來社，1980），頁213–215。感謝稻岡勝提醒我們注意井山孫六的著作。本書第2章有進一步討論。

14　稻岡勝：〈明治検定期の教科書出版と金港堂の経営〉，頁117–131。

15　稻岡勝：〈金港堂小史〉，頁119–131。

16　矢作勝美：《大日本図書百年史》（東京：大日本図書，1992），頁287。

17　高野義夫：《明治大正昭和東京人名録上卷》（東京：日本図書センター，1989），頁78。

18　帝国秘密探偵社：《大衆人事録》，第13版（東京：帝國秘密探偵社，1939），頁623。

19　研究商務印書館及其主要人物包括張元濟和王雲五的中文文獻可説汗牛充棟。重要的例如葉宋曼瑛：《從翰林到出版家》；王建軍：《中國近代教科書發展研究》（廣州：廣東教育出版社，1996）；汪家熔：《商務印書館史及其他——汪家熔出版史研究文集》（北京：中國書籍出版社，1998）；周武：《張元濟：書卷人生》（上海：上海教育出版社，1999）；吳相：《從印刷作坊到出版重鎮》（南寧：廣西

教育出版社，1999）；楊揚：《商務印書館——民間出版業的興衰》（上海：上海教育出版社，2000）；王建輝：〈舊時商務印書館內部關係分析〉，《武漢大學學報（人文科學版）》，第55卷第4期（2002），頁503–509；李家駒：《商務印書館與近代知識文化的傳播》（香港：香港中文大學出版社，2007）；汪家熔：《民族魂：教科書變遷》（北京：商務印書館，2008）；范軍、何國梅：《商務印書館企業制度研究（1897–1949）》（武漢：華中師範大學出版社，2014）；汪家熔：《晴耕雨讀集：出版史札記》（北京：人民出版社，2015）；柳和城：《橄欖集：商務印書館研究及其他》（北京：商務印書館，2020）。史料方面，重要參考資料有吳永貴編：《民國時期出版史料彙編》（北京：國家圖書館出版社，2013），第1冊所收入的幾種商務印書館由1914至1929年陸續編刊的館志（作《概略》、《志略》等名稱）；柳和城編著：《葉景葵年譜長編》（上海：上海交通大學出版社，2017）；蔣維喬著，汪家熔校註：《蔣維喬日記，1896–1914》（北京：商務印書館，2019）；蔣維喬著，林盼、胡欣軒、王衛東整理：《蔣維喬日記》（上海：上海人民出版社，2021）；張元濟著：《張元濟全集》（北京：商務印書館，2008）；董麗敏：《商務印書館與中國文化的「現代」轉型（1902–1932）》（北京：商務印書館，2017）；汪耀華：《商務印書館簡史：1897–2017》（上海：上海書店出版社，2020），等等。除Reed, *Gutenberg in Shanghai*, pp. 161–225外，有關商務印書館的歐洲語文專著還包括Jean-Pierre Drège, *La Commercial Press de Shanghai, 1897–1949* (Paris: Institut des hautes études chinoises, Collège de France, 1978); Florence Chien, "The Commercial Press and Modern Chinese Publishing 1987–1949," (MA thesis, University of Chicago, 1970); Robert Culp, *Articulating Citizenship: Civic Education and Student Politics in Southeastern China, 1912–1940* (Cambridge, MA: Harvard University Asia Center, 2007), pp. 19–54。Culp最近出版了關於20世紀中國出版企業的力作，參考Robert Culp, *The Power of Print in Modern China: Intellectuals and Industrial Publishing from the End of Empire to Maoist State Socialism* (New York: Columbia University Press, 2019)。書中討論近代部分有不少內容涉及商務印書館。此外，李歐梵對上海現代文化的研究，亦有不少篇幅論及他稱為中國「啟蒙商家」（Business of Enlightenment）代表的商務印書館，參考Leo Ou-fan Lee, *Shanghai Modern: The Flowering of a New Urban Culture in China, 1930–1945* (Cambridge, MA: Harvard University Press, 1999), pp. 46–64。

20　在1906年春於清廷設立的商務局註冊為在上海的股份有限公司之前，商務可能已於1905年在香港註冊。但此事有疑點，見本書第12章。

21　長洲：〈商務印書館的早期股東〉，載商務印書館編：《商務印書館九十五年》（北京：商務印書館，1992），頁642–655，特別是頁650；商務印書館：《商務印書館成績概略》（1914），載吳永貴編：《民國時期出版史料彙編》，第1冊，頁3–4；《申報》，1914年2月1日。

22　儘管刺客被捕並被定罪處死，但由於刺客被處決時夏家放棄了追捕主謀的要求，案件結果不了了之。有關案件複雜性的簡要說明，請參見Reed, *Gutenberg in Shanghai*, p. 216。柳和城總結此事時，認同當時商務董事長鄭孝胥在日記中所說，事為討袁時夏瑞芳拒絕支援國民黨陳其美於閘北而遭其報復，請參見柳和城：〈夏瑞芳被刺真相〉，載氏著：《橄欖集：商務印書館研究及其他》，頁

369–375。趙俊邁則考慮到討袁時，蔣介石率領的討袁軍進入閘北，商務印書館夏瑞芳等當地商家促工部局驅趕，討袁軍受鎮壓，被迫離開，因此與夏瑞芳結仇，或與後者的被刺不無關連，結語形容此案內情「深不可測」，是另一版本的「閘北說」，請參見趙俊邁著，汪班、袁曉寧譯：《典瑞流芳：民國大出版家夏瑞芳》（台北：台灣商務印書館，2014），頁11–27。按當時商務首腦之一並且常伴在夏瑞芳之側的張元濟，卻並不同意閘北之說，見張樹年、張人鳳編：《張元濟蔡元培來往書信集》（香港：香港商務印書館，1992），頁25收1914年2月19日致蔡元培信，云：「夏粹翁於一月十日被兇人在本店門首狙擊，當即殞命。兇手被獲，審係出資雇來，說語謂原因由於閘北一役。以私見揣之，未必盡然，大約主因皆由於同行嫉妒，未知卓見以為然否？本館之事照常進行，繼任總經理已推定印君錫璋，亦公司中之大股東，曾任董事多年，在上海商界甚有名譽。知系廑注，並以附陳。」另一封不註明日期的致蔡元培信更說：「夏粹翁猝遭慘害，實出意外，差幸兇徒就獲，當已引渡，藉申國典。惟主謀者早已聞風遠揚。世途荊棘，夫復何言。開吊尚未定期，可否乞賜銘誄，尤所禱盼。現任者為印君錫璋，館務一切照常進行，足紓廑念。專此奉復，敬頌台祺。」《張元濟蔡元培來往書信集》編者註謂：「原信無日期。據內容，應在夏瑞芳遇害後不久，約一九一四年二月。」按信文云「開吊尚未定期」，而夏瑞芳納棺在1月12日，出殯在1914年1月14日。則發信日期應在1月12日。張元濟欲言又止之際，仍透露出「大約主因皆由於同行嫉妒」、「惟主謀者早已聞風遠揚。世途荊棘，夫復何言」兩語，足見其心中已然認定幕後元兇為誰，因而他說起閘北事件當成幕後原因不「盡確」，並非無的放矢。按張元濟與夏瑞芳在當時商務同屬日夕共事的核心領袖，刺案發生前他本與夏瑞芳一起出門，因故返回樓上取物而逃過同遭刺殺的厄運，他在事後的看法，背後掌握的內情信息，恐非不是長駐商務的董事長鄭孝胥可以比擬的了。換言之，事情雖無水落石出的一天，但疑人總得符合「同行」及「遠揚」兩個由張元濟提供的事實元素，陳其美或國民黨人均不符合這些元素。當然後者含意亦可謂相當曖昧不明，這也可見張元濟當時必有其難言之隱。汪耀華：《商務印書館簡史》，頁50–56對夏瑞芳刺案敘事引用資料不少，亦可參考。按夏瑞芳追悼會則在該年5月9日始舉行。

23 有關其市場份額，見東亜同文会編：〈商務印書館〉，載《東亜同文会ノ清国内地調查一件／第九期調查報告書第四卷》(1-6-1-31_9_004)，〈第十卷其四／上海事情 第五篇 上海二於ル新聞雜誌並印刷出版業4〉，JACAR（アジア歴史資料センター），Ref.B03050536700，外務省外交史料館，頁15。

24 商務印書館：《商務印書館成績概略》(1914)，頁5–13。

25 見商務印書館：《商務印書館志略》(1929)（上海：上海商務印書館，1929）。

26 Florence Chien認為在1933至1936年間，該公司經歷了最具生產力的階段，主要基於每年出版的書籍數量，參見Chien, "The Commercial Press and Modern Chinese Publishing 1987–1949," p. 42。然而，在1930年代，一本歷史教科書的印刷量就超過了160萬冊。類似這樣的例子可能會增加有記錄的出版物的數量，參見畢苑：《建造常識：教科書與近代中國文化轉型》（福州：福建教育出版社，2010），頁158–159。關於王雲五在商務與學術精英之間的合作，見高哲一

(Robert Culp)：〈為普通讀者群創造「知識世界」——商務印書館與中國學術精英的合作〉，載張仲民、章可編：《近代中國的知識生產與文化政治——以教科書為中心》(上海：復旦大學出版社，2014)，頁67–97。本章後面將討論商務在1930年相對於競爭對手的主導地位。

27　稻岡勝：〈明治檢定期の教科書出版と金港堂の経営〉，頁39–64；李家駒：《商務印書館與近代知識文化的傳播》，頁49–82、161–171；Culp, *Articulating Citizenship*, pp. 43–52。

28　稻岡勝：〈明治檢定期の教科書出版と金港堂の経営〉，頁76–78。關於這三家公司之間的競爭，見矢作勝美：《大日本図書百年史》，頁39–52、313。

29　Richter, "Entrepreneurship and Culture."

30　Culp, *Articulating Citizenship*, pp. 43–52.

31　上海市檔案館，檔案編號：313-1-128-67。

32　有關明治時代的教育改革和教科書制度，請參見国民教育奬励会編：《教育五十年史》(東京：日本図書センター，1982)，頁223–248；矢作勝美：《大日本図書百年史》，頁13–38；唐澤富太郎：《教科書の歴史：教科書と日本人の形成》(東京：創文社，1956)，頁146–190、191–201；Byron K. Marshall, *Learning to Be Modern: Japanese Political Discourse on Education* (Boulder, CO: Westview, 1994); Mark E. Lincicome, *Principle, Praxis, and the Politics of Educational Reform in Meiji Japan* (Honolulu: University of Hawaiʻi Press, 1995); Benjamin Duke, *The History of Modern Japanese Education* (New Brunswick, NJ: Rutgers University Press, 2009)。

33　矢作勝美：《大日本図書百年史》，頁195；唐澤富太郎：《教科書の歴史》，頁201–227。見本書第2及3章。

34　東京書籍社史編集委員会編：《教科書の變遷》(東京：東京書籍株式会社，1959)，頁551–563。

35　金林祥、于述勝：《中國教育制度通史》(濟南：山東大學出版社，2000)。

36　王建軍：《中國近代教科書發展研究》，頁105–127；李華興：《民國教育史》(上海：上海教育出版社，1997)，第6章；Gang Ding, "Nationalization and Internationalization," in *Education, Culture, and Identity in Twentieth-Century China*, eds. Glen Peterson, Ruth Hayhoe, and Yongling Lu (Hong Kong: Hong Kong University Press, 2001), pp. 161–192; Culp, *Articulating Citizenship*, pp. 20–43；汪家熔：《民族魂》；畢苑：《建造常識》；吳小鷗：《中國近代教科書的啟蒙價值》(福州：福建教育出版社，2011)；川上哲正：〈清末民国期における教科書〉，載並木頼寿、大里浩秋、砂山幸雄編：《近代中国·教科書と日本》(東京：研文出版，2010)，頁23–65。

37　通常的做法是，允許私人出版商出版學校教科書，並授權本地學校理事會在公開市場上一系列教科書中選擇。

38　鄭鶴聲：〈三十年來中央政府對編審教科書的檢討〉(1935)，載吳永貴編：《民國時期出版史料彙編》，第16冊，頁1–48。

39　商務印書館：《商務印書館志略》(1929)；吳相：《從印刷作坊到出版重鎮》。

40　樽本照雄：《商務印書館研究論集》，頁318–385；沢本郁馬：〈商務印書館と金港堂の合并解約書〉，《清末小說》，第27號(2004)，頁93–133。

41　Culp, *Articulating Citizenship*, pp. 50–52; Culp, *The Power of Print in Modern China*, pp. 95–125。

42 例如，在1931年，上海市教育局發佈了一項指令，呼籲出版行業協會將國民黨思想納入上海出版的教科書中，據說這是由協會的出版成員實行的。見上海市檔案館，檔案編號：313-1-161。

43 參考黃東蘭：〈自我想像中的他者——日本近代歷史教科書的中國表述〉，載張仲民、章可編：《近代中國的知識生產與文化政治》，頁153–174。

44 參考四宮俊之：《近代日本製紙業の競争と協調：王子製紙、富士製紙、樺太工業の成長とカルテル活動の変遷》（東京：日本経済評論社，1997）；Richter, "Marketing the Word," pp. 101–127.

45 稲岡勝：〈明治検定期の教科書出版と金港堂の経営〉，頁72–75、85–86。富士紙業與王子製紙之間原有激烈競爭，隨後他們轉趨協調，合力營造對進口洋紙有競爭力的日本製紙工業，其間主要成就是提高進口洋紙關稅，保護國產洋紙。

46 張元濟：《張元濟日記》（北京：商務印書館，1981）中有關紙張的記載俯拾皆是。見本書第6章。

47 上海市檔案館，檔案編號：313-1-128-79。

48 温溪紙廠籌備委員會編：《中國造紙股份有限公司計劃書》（南京：温溪紙廠籌備委員會，1935）；全國經濟委員會編：《製紙工業報告書》（南京：全國經濟委員會，1936）。時任商務總經理的王雲五，被任命為擬在浙江温州成立的新造紙公司董事之一。有關該公司的更多信息，請參閱中央研究院近代史研究所檔案館，文件編號：18-23-01-72-08-040。另詳本書第6章。

49 稲岡勝：〈明治検定期の教科書出版と金港堂の経営〉，頁76–85。商務印書館成立初期的業務運作，見李家駒：《商務印書館與近代知識文化的傳播》，頁29；葉宋曼瑛：《從翰林到出版家》，頁145–146。Reed詳細介紹了技術轉讓和商務印書館印刷業務擴展的情況，參見Reed, *Gutenburg in Shanghai*, pp. 128–160。

50 東京機械的主要創始人是中村道太。他是1880年橫濱正金銀行的主要創始人之一以及第一任行長，並於1877年創立了第八國立銀行。中村與福沢諭吉關係密切，早期加入橫濱的丸屋商社，即後來著名的教科書出版商丸善株式会社。見稲岡勝：〈明治検定期の教科書出版と金港堂の経営〉，頁76–78。有關中村的銀行事業生涯，見高垣寅次郎：〈福沢諭吉の三つの書翰〉，《三田商學研究》，第4卷第4期（1961），頁1–18。

51 廣告中全部儀器價格總數超過1,500円。見陳文哲：《普通應用物理教科書》（上海、東京：昌明公司，1907），北京國家圖書館收藏，頁1–18。有趣的是，東京機械這份廣告幾乎佔了全冊物理教科書的一半以上的篇幅，這在筆者涉獵過的晚清教科書中相當罕見。

52 商務印書館：《商務印書館志略》（1929），頁43。

53 商務印書館：《商務印書館志略》（1929），頁43–44。

54 商務印書館：《商務印書館志略》（1929），頁18、43–47；天海謙三郎：《中華民國實業名鑑》（上海：東亞同文會編纂部，1934），頁1115。

55 例如，該公司的其中一個廣告突顯了最近招聘了經驗豐富的工程師周厚坤。該工程師在美國麻省理工學院接受教育，曾從事美國飛機製造業工作。見《農商公報》，1916年5月15日和1919年10月15日。

56　中國的打字機是1920年代後期的獲獎產品之一。儘管該機器在1930年代幾乎沒有利潤，但得益於政府為保護本地工業而給予的免稅待遇，得以幸存下來。參見中央研究院近代史研究所檔案館，文件編號：17-22-030-01，另詳本書第8章。

57　天海謙三郎：《中華民國實業名鑑》，頁1105、1115。商務印書館還設有一家印刷油墨廠作為其子公司，但至少在1927年之前，其產品能售出的只有20%（頁738）。

58　有關商務與浙江興業銀行的紙幣印刷交易，見上海市檔案館，檔案編號：6-268-1-606；有關四明銀行的信息，請參見上海市檔案館，檔案編號：6-4279-1-265-44；有關鹽業銀行和其他三家較小銀行的信息，請參閱上海市檔案館，檔案編號：3-4267-1-26-82。柳和城：〈商務印書館為浙江興業銀行兩次印鈔考〉，載上海市檔案館編：《上海檔案史料研究》，第13輯（上海：三聯書店，2012），頁61–73提供了深入的說明。

59　關於明治時期的日本銀行業歷史，請參見明石照男、鈴木憲久：《日本金融史》（東京：東洋経済新報社，1957–1958）；Norio Tamaki, *Japanese Banking: A History, 1859–1959* (Cambridge: Cambridge University Press, 1995), pp. 28–136. 有關中國銀行業及其與本地公司的關係，請參見杜恂誠的《中國金融通史第3卷：北洋政府時期》（北京：中國金融出版社，2002）；李一翔：《近代中國銀行與企業的關係：1897–1945年》（台北：東大圖書公司，1997）；Linsun Cheng, *Banking in Modern China: Entrepreneurs, Professional Managers, and the Development of Chinese Banks, 1897–1937* (Cambridge: Cambridge University Press, 2003); Brett Sheehan, *Trust in Troubled Times: Money, Banks, and State-society Relations in Republican Tianjin* (Cambridge, MA: Harvard University Press, 2003).

60　稻岡勝：〈明治檢定期の教科書出版と金港堂の経営〉，頁65–71。

61　時事新報：〈半世紀の財界を顧る（1）［その二］：大財閥の搖籃時代：紙幣整理期を背景に〉，《神戶大學新聞記事文庫》，日本，第23卷，記事番號43，《時事新報》1931年（昭和六年）4月1日至1931年4月18日，頁80b，https://da.lib.kobe-u.ac.jp/da/np/0100382760/?lang=0&mode=1&opkey=R170134557942600&idx=1&chk_schema=20000&codeno=&fc_val=&chk_st=0&check=00（2023年11月30日檢索）。

62　稻岡勝：〈明治檢定期の教科書出版と金港堂の経営〉，頁68–70。

63　周武：《張元濟》，頁99–104；李家駒：《商務印書館與近代知識文化的傳播》，頁28–29。關於1910年上海橡膠股票的風潮及三大錢莊倒閉事件，參考郭太風：〈橡皮股票風潮〉，載信之、瀟明編：《舊上海社會百態》（上海：上海人民出版社，1991），頁119–154。

64　關於葉葵初在1913至1932年間擔任商務印書館董事的角色，請參見梁長洲：〈商務印書館歷屆董事名錄〉，載宋原放主編：《中國出版史料：近代部分》（武漢：湖北教育出版社，2004），第3卷，頁35–37。有關浙江興業銀行的研究，見李國勝：《浙江興業銀行研究》（上海：上海財經大學出版社，2009）。

65　羅元旭：《東成西就：七個華人基督徒家族與中西交流百年》（香港：三聯書店香港有限公司，2012），頁303–305；上海興信所編：《中華全國中日実業家興信録（上海の部）》上卷（上海：上海興信所，1936），頁385–387，載不二出版編：《戰前期海外商工興信録集成》，第5卷（東京：不二出版，2010）。

66 吳相：《從印刷作坊到出版重鎮》，頁340。這種做法在民國時期的大型華人企業中很普遍，見李一翔：《近代中國銀行與企業的關係》，頁211–213。

67 稻岡勝：〈明治檢定期の教科書出版と金港堂の経営〉，頁18–28、86–93。

68 稻岡勝：〈図解・出版の歴史 (5) 明治檢定教科書の供給網と金港堂——『小林家文書 (布屋文庫)』の特約販売契約書〉，《日本出版史料》，第9期 (2004)，頁107–127。此文收錄一家書店和金港堂之間的零售合同樣本。有關通過指定地方零售書店進行的教科書供應鏈的信息，請參閱東京書籍株式會社：《教科書の變遷》，頁266–288。

69 李家駒：《商務印書館與近代知識文化的傳播》，頁173–205。

70 稻岡勝：〈明治檢定期の教科書出版と金港堂の経営〉，頁35–64；唐澤冨太郎：《教科書の歴史》，頁146–190。

71 Axel Schneider, "Nation, History, and Ethics: The Choices of Postimperial Historiography in China," in *Transforming History*, eds. Brian Moloughney and Peter Zarrow (Hong Kong: The Chinese University Press, 2011), pp. 271–302; Peter Zarrow, "Discipline and Narrative," in *Transforming History*, eds. Moloughney and Zarrow, pp. 169–207.

72 關於張元濟與維新派的往來及避免接受官職，見周武：《張元濟》，頁42–53。關於他與國民黨的關係，見同書頁84–92、200–205。

73 鄭孝胥：《鄭孝胥日記》(北京：中華書局，1993)，第2–3卷。

74 葉宋曼瑛：《從翰林到出版家》，頁84–92。

75 楊揚：《商務印書館》，頁83–85。

76 關於修身教科書和國家建設，見Yvonne Schula Zinder, "Propagating New 'Virtues' — 'Patriotism' in Late Qing Textbooks for the Moral Education of Primary Students," in *Mapping Meanings: The Field of New Learning in Late Qing China*, eds. Michael Lackner and Natascha Vittinghoff (Leiden: Brill, 2004), pp. 687–710; Thomas D. Curran, *Education Reform in Republican China: The Failure of Educators to Create a Modern Nation* (New York: The Edwin Mellen Press, 2005); Peter Zarrow, *Educating China: Knowledge, Society and Textbooks in a Modernizing World, 1902–1937* (Cambridge: Cambridge University Press, 2015), pp. 77–112；土屋洋：〈清末の修身教科書と日本〉，載並木賴寿、大里浩秋、砂山幸雄編：《近代中國・教科書と日本》，頁286–328。

77 博文館亦成功使用了垂直整合的模型，其航運和運輸業務，與其所出版的書籍和雜誌的有效流通關係甚深，見Richter, "Entrepreneurship and Culture"。

78 Frank Arthur Mumby, *Publishing and Bookselling: A History from the Earliest Times to the Present Day*, 5th ed. (London: Jonathan Cape, 1974), Part Two, authored by Ian Norrie, p. 235; 亦引於Reed, *Gutenberg in Shanghai*, p. 339, n. 82。我們感謝原文發表時一位匿名評審人提醒我們注意這一點。

79 商業史有關聲譽概念的討論，可參考Christopher Kobrak, "The Concept of Reputation in Business History," *Business History Review* 87.1 (Winter 2013): 763–786。

第二編

# 道與術之間：企業家與企業文化

第 2 章

# 金港堂與教科書事件
## 一個因緣湊合的貪污故事？

## 一、教科書事件

　　1902 年（明治三十五年）12 月 17 日，日本爆發了明治維新以來最轟動的官吏收賄事件，即所謂明治三十五年教科書收賄大疑案（以下簡稱「教科書事件」）。當日，以東京地方裁判所為主導，在東京開始大規模搜查並逮捕官員。他們涉嫌在某些府縣教科圖書審查委員會選擇指定轄下學校全部使用什麼書店的教科書時違法。翌日各報章均刊登了詳細報道。如《朝日新聞》的標題是〈官吏收賄事件の大搜查（教科書肆の家宅搜索）〉，報道內容提到川淵檢事正（總檢察官）、羽佐間上席檢事（高級檢察官）、中川上席豫審判事（高級豫審法官）及各檢察官與法官的緊急會議；其後中川、川島、潮、橫村等豫審判事與羽佐間、福井、溝淵、安住、杉本、青木、田島等 43 名檢察人員，連同警部刑事巡查（刑事偵緝警員）逾百人，搜查了東京下谷、本鄉、淺草等區十多處地點，涉及主要教科書書店金港堂、集英社、普及舍、目黑書店等，包括金港堂社長原亮一郎、同書店前營業副部長中村豬一郎、同書店營業部長小谷重的家宅，被逮捕的有歷職三重、石川、靜岡等縣的前縣視學官村上幹當及現任群馬縣群馬郡視學官太田鶴雄兩人。報道評論謂以往種種教科書採擇收賄醜聞，原來真有其事，現在被揭發出來了。[1]

緊接下來的半年時間，各大報章不斷作出有關本案的報道，包括
各種搜查、拘捕、訊問、起訴、保釋、豫審、公審、定罪、判刑、免
訴、上訴等刑事程序情節。縣知事 (縣長) 涉案者有新潟、宮城、栃
木、島根、群馬等五縣；府縣書記官、府縣視學、郡視學、師範學校
校長、教授、教諭 (教師)、高等女學校長、縣議會議長、縣參事會成
員、教科書書店社長、職員等被捕者，遍及鹿兒島、熊本、福岡、鳥
取、高知、神奈川、山形等七縣；書店涉案者除金港堂、集英社、普
及舍外，再有文學社、國光社、冨山房等。在東京地方裁判所等豫判
審理者 152 人、初審定罪判刑 112 人；部分其後上訴至控訴院 (上訴
法院) 甚至大審院 (終審法院)，最終定罪者，「官吏收賄罪」69 人、
「恐喝取財犯罪」一人、「瀆職違法罪」一人、「詐欺取財罪」一人、「違
犯小學校令施行規則」44 人，共 116 人。被判的刑罰或入獄，或罰
款，或兩者兼而有之。[2] 媒體窮追不捨、鋪天蓋地的報道，無疑大大
加強了社會對事件的深切關注，以致口誅筆伐。例如當時全國教育界
最具權威的帝國教育會，在事發後一個月左右的 1903 年 1 月 26 日會
議，便通過有關教科書事件的建議，提交總理、文部及內務三大臣考
慮。帝國教育會的決議針對事件作出極嚴厲的批評，認為不單毀壞教
育界的聲譽和信用，遺下千載不退的污點，而且令明治國家蒙羞，威
信受損。這種評語出諸帝國教育會的決議，並呈交內閣總理等三位
大臣，又在媒體上全文公佈，可謂代表了社會上下對教科書事件的
憤慨。[3]

官吏貪腐在明治後期的日本並非新聞，例如 1874 年 (明治七年) 及
1881 年 (明治十四年) 都曾出現引起公憤的重大貪腐政治事件，後者甚
至導致自由民權派大隈重信等失勢下台 (但不是被判貪污罪)。[4] 何以教
科書事件卻特別使人痛心疾首，引起社會巨大的迴響？原因可能是多
方面的。首先，社會對官吏以權謀私的貪腐行為越來越難以容忍。明
治維新初期，政府因為財政緊絀，需要得到財雄勢大的富商合作，所

以與重要的商界建立了密切的夥伴關係，通過各種專利專營，造就了一部分如財閥之類的大企業，但這些行為以國家財政為名，涉及的都是上層的高官及大商，與一般平民關係較為遙遠。然而隨著1872年新學制的啟動，社會識字率逐漸提升，1893年男女平均入學率已近六成，1902年則超過90%，[5]造成知識市場日益擴大，新聞雜誌大眾傳播媒體及書籍等商品，如雨後春筍在全國各地興起，輿論漸漸變成左右政治的力量。1874年開始的自由民權運動和農民抗爭事件，加上1890年實施憲法而在各地進行選舉，均令掌權官吏及議員的操守，進一步受到新興社會輿論的密切監視及督促。[6]其次，日本在1882年實施首部近代刑法（現稱「旧・刑法」），第284條已經規定了官吏受人請託、收受或承諾接受賄賂均屬刑事罪，均可被判處一個月以上一年以下重禁錮（徒刑），即附勞役的監禁（見同法第24條），並加四円以上40円以下的罰金，若涉及不正當地使用公共權力，刑罰更加一等。[7]但條文仍然較為空泛，沒有提到贈賄者，也沒有釐清賄賂的具體定義等檢控的界線問題，執法難度較大，[8]對貪腐行為阻嚇力度有限，輿論對賄賂文化的不滿因而繼續積壓，只待導火線引爆。再次，一般官吏的貪污，不論賄款多少，每宗案件直接受害者不多，雖然會引起公眾反感，但社會衝擊面畢竟有限，而且犯案者人數往往也很少，容易變成針對個別官員操守的非議，輿論在犯案者受罰後一般很快便能平息。今次教科書貪腐案獨特之處是，雖然個別官員賄賂金額不多，但由此引發教科書書價長期高企，影響遍及全國各地的義務小學校教育，直接剝削所有在讀兒童及其家長，不問貧富，悉受其害。尤有進者，犯賄者竟多是久享清譽、道貌岸然的教育界中人，並且一網打盡所有出版培育學生道德修身課本的主要書店，結果不得不引起公憤，造成了爆炸性的社會效應。

教科書領軍書商金港堂經過20年來悉心經營而被推崇為教育模範，不料一夜之間，搖身一變成為今次震驚全國大醜聞的頭號主角。

## 二、輿論醜角金港堂

早在1902年前，報章已陸續有教科書選用不當或涉賄的傳聞，[9]但公眾一直沒有看到可信的裁定案件的詳細情節。該年10月8日媒體傳說的「名村檢事案」，便猶如12月教科書事件的序曲。[10]當時官方公報的事實是，時任東京地方裁判所檢事（檢察官）名村伸被人告發，於1899年任代理檢事（代理檢察官）時，通過辯護士（律師）鈴木信任，收受金港堂賄金1,000円，換取不起訴金港堂在教科書採用過程中違規的案件。該案件先由文部省收到投訴，再轉交東京地判處理，當時名村代理檢事剛好負責此案。金港堂因此同時涉嫌兩宗貪污案：賄賂審查會採用其教科書以及賄賂檢察官員撤銷其案件。

此案在1902年10月時由於已超過三年的起訴時效，最終不能起訴名村。但案件由東京地方裁判所的川淵檢事正指揮，出動羽佐間及兼重兩位資深檢察官，不動聲色地秘密調查，至證據確鑿時始揭發案情。雖然名村逃過賄罪，但事件已令司法省上下及法律界中人，尤其是名村在職的東京地方裁判所在職人員顏面盡失，大為震怒。事件馬上轉交東京辯護士會進一步調查，10月16日該會通過調查報告，決議兩人有罪，建議法部大臣按文官高等懲戒機制處罰名村伸，另依法報請檢察總長懲戒鈴木信任。[11]《朝日新聞》全文刊登了辯護士會調查報告，案件情節乃公諸於世。事件行賄經過，大致是1899年由代表金港堂的辯護士鈴木信任，借故在家宴請名村伸，出席者還有杉原榮三郎及皆木卜一郎。皆木與名村為舊相識，曾有共宿之誼。席間鈴木談及自己受金港堂委託，處理該店被告發行賄的案件。翌日再通過皆木轉達信息，表示若名村能不起訴金港堂，事成後將會酬以「一箱的謝禮」。1899年8月至9月，鈴木另經第三者恒川太助之手，先後轉交名村數筆由300至1,000円不等的賄款。這些事實均由上述有關人士申述，確認為實情。雖然金港堂未受調查起訴，其涉案內情沒有公開，而且賄金由第三者易手，金港堂沒有直接參與，所以不算犯罪，但金

港堂納賄的傳聞，對公眾而言已經是空穴來風，未必無因，而對司法省、文部省及東京地判內部而言，更是心中有數。

　　1902 年 12 月 17 日教科書事件爆發時，前述第一批遭搜查的書商家宅都是金港堂要員：金港堂時任社長及取締役（董事）原亮一郎（原亮三郎長子）、前營業副部長中村豬一郎、編輯部長小谷重（媒體誤為前營業部長小谷靖）。兩天後再搜查另外六人家宅，包括金港堂總務部長加藤駒二及取締役堀田梅太郎。其餘屬於書店的人士只有集英堂監查役（監察人）永田一茂。可見金港堂一直是作為主嫌而受到調查。數天後，媒體傳出受查的原亮一郎在 1901 年 3 月至 1902 年 12 月間，於上野公園梅川樓出動知名藝妓豪宴相關官員、教育界及政客，費用合共達 3,000 多円。其他書店如集英堂小林清一郎、文學舍小林義則、冨山房坂本嘉治馬等，亦涉嫌宴請名妓、收賄對象等百餘人，饗宴次數過百，部分消費金額合計已在 5,000 円以上，當時傳召訊問者包括不少知名飯店店主及藝妓。[12] 可見此案秘密調查已久，情報證據及涉嫌者，均在檢察官掌控之內。當時有報道估計原亮一郎將成為大部分案件的主要證人，以後將經常被傳召訊問或出庭作證云云。[13]

　　翌年 1 月 8 日報載被捕者已達 73 人，內金港堂在職者五人：原亮一郎、中村豬一郎、小谷重、堀田梅太郎及藤原佐吉董事。[14] 原、中村、堀田及藤原均在受訊問調查後被控偽證罪，即作供不誠實或銷毀犯罪證據。[15] 小谷重罪名為在文部省任圖書審查官時收賄，與其金港堂現職無關。[16] 此外，樽本照雄認為總務部長加藤駒二也曾被起訴贈賄罪，但我們暫沒有發現相關報道。加藤駒二 1 月 13 日及 20 日曾受檢察局傳召訊問。[17] 據宮地正人研究，雖然收賄者眾多，當日竟因政治原因，最終無一人因贈賄被豫審。[18] 這說法不全面，因為報道上原亮三郎曾被控贈賄罪，見下文。但這也意味宮地看不到加藤駒二被起訴的記載。及至 4 月 11 日，原亮一郎、中村、堀田及藤原等四人豫審決定，全部因為偽證罪證據不足，無罪釋放。[19] 金港堂編輯部長小谷重在 4 月被訴於 1901 年任職文部省圖書課長審查官期間，先後收受集英堂小林

清一郎多次賄款，每次達300至1,000円不等，結果罪成，判徒刑兩個半月，罰款10円，追繳賄款300円。[20]但他上訴至控訴院，同年7月7日上訴成功，無罪釋放。[21]

教科書事件和金港堂相關發展最引人注目的，莫過於金港堂創辦人原亮三郎被捕及受起訴。根據《萬朝報》1903年3月8日的報道，他在前一天被捕，而且據聞涉嫌在受檢察官訊問有關愛知縣會議長內藤魯一案時，犯了偽證罪。[22]但兩天後《朝日新聞》更詳細報道他的罪狀，是違反了文部省1901年第2號令所列的教科書贈賄禁令，還可能被控其他罪名。[23]同月13日報道他辯稱涉案的金錢不是用作賄賂，而是借給內藤的貸款，但這辯護不為檢察官接受，所以仍然被拘禁。[24]及至5月2日《朝日新聞》報道內藤魯一豫審定罪時，提到同庭裁定原亮三郎免罪。[25]至此原亮三郎始不再直接成為被告人。

按內藤魯一為明治中期著名的自由民權運動先鋒，[26]初屬自由黨，後成政友會黨員，在愛知縣任縣議會長十年之久，為政界有力人士。他的案情必定為大眾所矚目，而且情節複雜，也反映當時教科書不當行為千絲萬縷，值得簡述如下。[27]1901年（明治三十四年）1月16日愛知縣會開會期間，內藤因事訪東京，在旅館見到冨山房教科書店主坂本嘉治馬，受其囑託在愛知縣小學圖書審查會推動採用其書籍，收到7,000円運動費。在回程下榻名古屋旅館時，見到當地總代理金港堂教科書的書店店主片野東四郎。片野遊說內藤謂金港堂已穩操勝券，其教科書一定獲得採用，內藤應該謝絕冨山房的收買，轉而協助金港堂，在縣會審議圖書審查費預算案時，讓議案盡快通過，成事後金港堂必有重酬云云。內藤同意並通過第三者井村輝太郎向坂本退還7,000円，其後在會議上極力支持預算案的通過。同月愛知縣圖書審查會通過使用金港堂的國語讀本等書籍。5月內藤到東京拜訪金港堂管理層堀田梅太郎，討取片野約定的報酬，希望以購買與內藤有關的明報株式会社股票3,000円的方式支付。堀田以片野的約定專斷自為而金港堂毫不知情為由，加以拒絕。內藤轉訪社長原亮一郎之父原亮三郎，告

知明報株式会社因紙價高企而陷入財務困境，懇求原亮三郎施以援手。背景是內藤因在1900年10月5日成立明報株式会社時，曾向鈴木司馬之助貸款1,600円，現在沒法償還。原亮三郎初以片野契約無效而拒絕，後經內藤苦苦哀求，最終開給他一張659円的淺草銀行支票。內藤透過片野母親片野鈴之手，交明報株式会社會計奧村哲次郎，再送給債權人鈴木司馬之助。至1901年9月30日，鈴木以債務違約查押了內藤的財產。翌月內藤再到東京金港堂請求支付酬金餘額。堀田梅太郎不接受，並召來片野鈴，告知片野東四郎與內藤私立契約為專斷不當，故此金港堂取消了片野家專營金港堂教科書的特約。片野鈴乃悻然回名古屋。11月中旬，經過明報株式会社會計奧村哲次郎及內藤魯一與金港堂溝通，結果明報株式会社社長先後收到金港堂1,300円。豫審時，法庭認為根據以上的案情，要確認被告原亮三郎贈賄內藤魯一作為請託協助通過審查費預算案之用，證據並不充分，據《刑事訴訟法》第165條，免訴原亮三郎，但同法庭認為內藤魯一收受原亮三郎、堀田梅太郎及片野鈴等人賄款的證據充分，判決他收賄罪成入獄。兩年後內藤魯一復出，成功補選為第九屆眾議院議員，又在1908年大選獲勝，繼續擔任代表愛知縣的眾議院議員，至1911年任內去世。

　　最後值得簡述一下涉嫌收受原亮一郎賄金的大地精一郎案，此案上訴至終審法院仍敗訴。其案情本較簡單，但反映了教科書事件的複雜法律問題；下文討論教科書事件的法律問題，將舉述名律師花井卓藏的評論，而他就是本案的辯護律師。該案於1903年2月18日豫審判決有罪，翌日《朝日新聞》報道案情如下：[28]大地精一郎原職愛媛縣越智郡視學。1901年（明治三十四年）1月初於廣島市大手町旅館，通過片岡珺光介紹，與金港堂社長原亮一郎晤面，接受原亮一郎囑託，在愛媛縣小學校審查會考慮教科書時，支持採用金港堂尋常小學及高等小學的讀本科教科書及其他科目用書，原亮一郎承諾事成後付給他報酬金1,000円。其後1月縣圖書審查會召開，大地以委員身份贊成採用金港堂前述的讀本等圖書，最後獲會議通過。同年3月大地到東京，從原亮一郎收到

1,000円等價的軍事公債證書百圓券12張。這些事實情節，控辯雙方均沒有爭議。據這些事實，豫審時判決大地的行為構成收賄，罪名成立。4月上訴院覆審及6月終審院終審，均不接納辯方的理據而維持原判。[29]

以金港堂為風眼的教科書事件，無疑是涉及上百名官員的大貪污案。賄賂是錢權交易，那麼事件的「經濟學」是什麼？

## 三、教科書事件經濟學

首先是事件前夕的教科書市場以及金港堂所佔的份額。

教科書成為競爭性市場商品，主要始於兩個制度的匯合。其一是學制的變遷，使教科書成為學生的必需品，隨著普及教育逐步推廣，就學人數上升，自然形成一個新的必需品市場。其二是教科書從何處來的問題。明治初期推行新學制，教科書主要由文部省編纂、翻譯及少量印刷出版，民間及地方政府自由翻刻，由地方政府或學校決定採用什麼教科書，結果書店爭相割價廉售，紙質粗劣，醜聞不絕。1885年廢太政官行內閣制，文部省開始嘗試統一出版教科書，但困難重重，最後仍回到民間出版的道路，但設立檢定制。辦法是書商自行編定教科書，各適其適，但均需通過文部省檢定許可，檢定標準主要在於是否「有害」，所以視乎官方認為有害的尺度，例如鼓吹自由民權之說，則可能不獲通過，是為檢定制。獲文部省通過的教科書，則可以列入府縣圖書審查委員會考慮書單內。各府縣圖書審查委員會按地方教育發展的具體情況，議定通過各科目該採用什麼書店的書籍，然後建議給縣長（知事）正式採納。一經採用，該書店教科書將被連續使用五年。1900年以後，府縣圖書審查委員會由府縣書記官任會長（主席），委員包括府縣視學官、府縣視學、師範學校長、師範學校教員二人、府縣立中學校長一人、府縣立高等女學校長一人、郡視學二人。這樣，每縣要用什麼書，就由十多名不是教科書購買者的委員，閉門討論拍板定案。雖然仍需由縣長出面確定，但不易遭翻案。[30]在這種市場運作之下，書

店的主要推銷對象集中在47個府縣的圖書審查委員會的多數委員，只要通過各種關係和疏通爭取到足夠票數，就不難達到壟斷市場的目的。

　　教科書事件爆發後10日，《朝日新聞》報道了當時各府縣採納教科書的市場調查。[31]這份調查對象包括普及舍、文學舍、金港堂、集英舍、西澤之助(前國光社)、冨山房、國光社、阪上半七、小野英之助九家主要書店，科目涉及修身科、讀書科、習字科、圖書科、作文科、算術科、唱歌科等，其中最重要的是修身科及讀書科，因為是各級必修科目之故。當時全國設47府縣，用金港堂讀書科課本的府縣有19個，佔全國府縣40%；用金港堂修身科課本的縣有20個，佔43%。樽本照雄亦注意到這個數據，並計算使用金港堂各科目課本的府縣總數為64個，其次是集英舍的45個，再次是普及社及文學社，各38個，認為由此顯示了金港堂壓倒性的市場佔有份額。[32]這數據包括同一府縣使用相同書店的多種課本，所以使用金港堂教科書的府縣總數64個，會大於全國府縣總數47個。不過，各府縣人口落差頗大，也應該進一步考慮當時的人口分佈。據《朝日新聞》所記，使用金港堂修身科及讀書科兩科課本的府縣，1903年時國家統計局有關府縣的市區、郡町村人口(即城鎮人口)數據加總如下：使用金港堂修身課本的20個府縣城鎮人口總數為3,861,783，佔城鎮人口總數38%；使用金港堂讀本的19個府縣城鎮人口總數為4,658,108，佔城鎮人口總數46%。1903年(明治三十六年)12月31日現住城鎮人口共10,087,464；該統計全國市區、郡町村人口佔全國人口45,546,000之22%。[33]由於修身科和讀書科均為所有學生必修科目，加上當時義務教育亦越趨普遍，若使用金港堂書籍的市區、郡町村人口比例有四成左右，反映其市場佔有率，無疑一枝獨秀。

　　其次是小學教科圖書市場的總值。菊池大麓文部相1903年2月向內閣報告國定教科書實行方案時，《朝日新聞》記載作為義務教育的尋常小學，最重要的修身科及讀本科兩科，即需要110萬冊。[34]另外《東京經濟雜誌》報道該方案讓民間負責大部分教科書的製作及印刷等業務，只餘一部分託政府印刷局印製。僅這部分印刷局相關費用，1903年估計

約需100萬円，以後逐年增至200萬円，意味著由印刷局出版的話，每冊成本約需1至2円。同時，小學教科書需求總數，每年達2,500萬冊，每冊用紙平均30張，每年用紙7億張以上，平均每日用200萬張云云。[35]

關於當時小學教科書的售價，據報載教科書事件前夕（1902年12月12日）由金港堂、集英堂、普及舍、冨山房等合組的帝國書籍株式会社與其最大競爭對手國光社達成書價協議，尋常小學用圖書一冊2錢（0.02円），高等小學用圖書一冊7.5錢（0.075円），紙張改良類另徵每冊0.25錢（0.0025円）。[36]在此之前，課本書價一定更高，但可以從存世的明治後期舊課本觀其端倪。以尋常小學必修的修身科課本為例，如渡邊政吉編《修正日本修身書：尋常小學用》（金港堂書籍株式会社，1901，修正3版）6冊，共39.6錢；由國光社編輯所編的《國民修身書：尋常小學校用》（國光社，1902）4冊共38錢；文學社編輯所編的《尋常日本修身書》（文學社，1901）4冊共50錢。[37]三家中以金港堂最便宜，6.6錢一冊共6冊，其他出版社每冊均在9錢以上但共4冊。所以書價協議的每冊2錢，確是大為降低價格，可惜已是檢定制競爭性教科書市場的黃昏。若以每冊平均10錢計算，每年需求2,500萬冊，已經是一個每年總市值250萬円的產業。1903年7月文部省發行的一本非賣品小冊子，記載了當時民間發行的尋常小學修身科教科書，定價平均每冊11.8錢，每冊平均用紙31張；讀本平均售價10.6錢，每冊用紙35張。[38]文部省前述國定方案僅由政府印刷局負責印製一部分教科書，每年預算在100至200萬円。菊池本人於1907年引用文部省數據，説1902年全國四年制尋常小學在讀學生人數約420萬，當年入學則超過100萬人。[39]這些數字可説互相呼應，僅尋常小學課本每年市值在200萬円以上，應該沒有問題。若當年書店間每冊書價協議能落實減至2錢的話，也有50萬円，但即便如此降價，各書店仍然有利可圖，可見教科書市場的盈利潛力。那麼這些價格及市值，在當時人的生活上，又代表了一個什麼概念？

先説工資。表2.1及表2.2選列了一些官民每月收入數據。政府高層人員的月俸，文部大臣500円、東京帝國大學校長333円、東京高等

師範學校長 250 円、兩校教授 77 至 186 円、兩大學職員約 15 円左右。縣知事 250 円，約當東京高等師範學校長。縣書記官 167 円，約當東高師的勅任教授。縣視學官 100 円則高於東大的助教授（65 円）及東高師的奏任教授（77 円）。低級政府人員的薪酬，例如文部省職員、兩大學職員、縣警察、縣知事官房職員等，約 10 多円。尋常小學教師，全國平均約 15 円，高等小學 21 円。公務員以外一般受僱勞工，收入視地域、工種、季節、供求等因素而異。年聘農工在東京最高可賺 3 円以上並包伙食，同工種在鳥取縣只有 1 円多。其他如漁工、苦力、下男等，地方差異較小，約 1 円或以下。技術工如活字印刷或製糕餅等收入亦不足 2 円。對月收百多二百円的高級公務員如帝國大學高級教授、縣知事、視學官等而言，賄金 300 円可能已足以令其心動，1,000 円則令很多人難以抗拒了。對月入 1 円的平民百姓來說，賄額可能太遙遠，但書價則迫在眉睫，全國不論貧富，在義務教育的政策之下，均須負起為子女供書教學的責任。家有一孩，不計學費等其他開支，每年購買縣指定採用的課本 5 科以上，以每科平均 8 錢計算，開支總數竟在 0.4 円以上，對於月入 1 至 2 円的家庭而言，負擔不可謂不重。[40]

表 2.1：1902–1903 年（明治三十五至三十六年）文部省官吏（男性）薪俸選例

| 職位 | 月薪：年俸折算（円） | 職位 | 月薪：年俸折算（円） |
|---|---|---|---|
| 文部大臣 | 500 | 東京高等師範學校長 | 250 |
| 書記官 | 175 | 東京高等師範學校勅任教授 | 167 |
| 視學官 | 129 | 東京高等師範學校奏任教授 | 77 |
| 圖書審查官 | 117 | 東京高等師範學校教諭 | 53 |
| 雇員（職員） | 14.6 | 東京高等師範學校雇員 | 15 |
| 東京帝國大學學長（校長） | 333 | 東京市町村尋常小學教員 | 17 |
| 東京帝國大學勅任教授 | 186 | 鳥取市町村尋常小學教員 | 13 |
| 東京帝國大學奏任教授 | 140 | 全國市町村尋常小學教員 | 15 |
| 東京帝國大學助教授 | 65 | 東京市町村高等小學教員 | 25 |
| 東京帝國大學雇員 | 16 | 鳥取市町村高等小學教員 | 18 |
|  |  | 全國市町村高等小學教員 | 21 |

資料來源：文部省編：《日本帝國文部省第三十年報》（明治三十五–三十六年）（東京：宣文堂書店，1968），第一篇，〈文部本省職員〉，頁 16–17、〈文部省直隸各部職員〉，頁 19–24；第三篇，表 24〈市町村立小學教員月俸額ノ一（本科正教員）〉，頁 52–53。

表 2.2：1902–1903 年（明治三十五至三十六年）東京府及鳥取縣官民工資選例

| 職位／職業 | 月薪（円） | 府縣 | 備註：月薪由日薪每月 25 日折算或年俸按 12 個月折算；若年內工資有起落則採用男工 3 月平均工資 |
|---|---|---|---|
| 縣知事 | 250 | 鳥取 | 《鳥取縣統計年鑑》明治三十六年，表 329〈縣官吏及傭人給別〉，頁 461–463。 |
| 縣書記官 | 167 | 鳥取 | 《鳥取縣統計年鑑》明治三十六年，表 329。 |
| 縣視學官 | 100 | 鳥取 | 《鳥取縣統計年鑑》明治三十六年，表 329。 |
| 縣市長 | 50 | 鳥取 | 《鳥取縣統計年鑑》明治三十六年，表 329。 |
| 知事官房等事務雇員 | 10 | 鳥取 | 《鳥取縣統計年鑑》明治三十六年，表 329。 |
| 知事官房等小使 | 7 | 鳥取 | 《鳥取縣統計年鑑》明治三十六年，表 329。 |
| 警察部巡查（警察） | 12 | 鳥取 | 《鳥取縣統計年鑑》明治三十六年，表 329。 |
| 農作年雇（包餐） | 3.9 | 東京 | 《東京府統計書》明治三十五年，表 232〈諸賃錢（平均）〉，頁 411–413。 |
| 農作年雇（包餐） | 1.8 | 鳥取 | 《鳥取縣統計年鑑》明治三十六年，表 144。 |
| 農作日雇（包餐） | 1.1 | 東京 | 《東京府統計書》明治三十五年，表 232。 |
| 農作日雇（包餐） | 0.7 | 鳥取 | 《鳥取縣統計年鑑》明治三十六年，表 144。 |
| 漁夫（包餐） | 1.3 | 東京 | 《東京府統計書》明治三十五年，表 232。 |
| 漁夫（包餐） | 1.6 | 鳥取 | 《鳥取縣統計年鑑》明治三十六年，表 144。 |
| 日雇人夫（苦力） | 1.2 | 東京 | 《東京府統計書》明治三十六年，表 232。 |
| 日雇人夫（苦力） | 0.9 | 鳥取 | 《鳥取縣統計年鑑》明治三十六年，表 144。 |
| 下男（包餐） | 0.4 | 東京 | 《東京府統計書》明治三十五年，表 232。 |
| 下男（包餐） | 0.3 | 鳥取 | 《鳥取縣統計年鑑》明治三十六年，表 144。 |
| 活版植字職工 | 1.8 | 東京 | 《東京府統計書》明治三十五年，表 232。 |
| 活版植字職工 | 0.8 | 鳥取 | 《鳥取縣統計年鑑》明治三十六年，表 144。 |
| 菓子製造職工 | 1.4 | 東京 | 《東京府統計書》明治三十五年，表 232。 |
| 菓子製造職工 | 0.9 | 鳥取 | 《鳥取縣統計年鑑》明治三十六年，表 144。 |

資料來源：東京府編：《東京府統計書：明治三十五年》（東京：東京府，1903）；鳥取縣知事官房編：《明治三十六年鳥取縣統計書》（鳥取：鳥取縣知事官房，1904）。

其次是物價。下表 2.3 列出鳥取縣十多種商品價目。鳥取縣位處本州西岸，與商業發達的關東關西交通並不便利，但漁農以外，造紙製鐵等工業亦有歷史，不算是窮鄉僻壤，其物價相對大城市必定較低。以中價米而言，一人每天三餐食用米飯的話，1 石米可維持 11 個月，每月約需 1 円。低價布料自製衣服，一個人約 1 円上下。雞蛋約 2

錢一顆。薪燃料20錢37.5公斤。前述每個學童一年課本開支在0.4円以上,約當一個人半個月的米糧支出,而且書價全國劃一,一經縣知事定案,五年不變,故此沒有地域、供求、季節等市場機制的調節。這些一鱗半爪的物價信息,進一步透露了義務教育必需的課本開支,對當時低級公務員及一般農工商平民而言,是十分沉重的。

表2.3:1903年(明治三十六年)鳥取縣物價選例

| 商品 | 價錢(円) | 單位 | 商品 | 價錢(円) | 單位 |
|---|---|---|---|---|---|
| 米(中價) | 13 | 1石 | 雞卵 | 1.8 | 100個 |
| 大麥 | 6.5 | 1石 | 牛肉 | 18 | 100斤 |
| 小麥 | 10.3 | 1石 | 和白砂糖 | 12 | 100斤 |
| 大豆 | 11.4 | 1石 | 和繰綿 | 29 | 100斤 |
| 鹽 | 2.6 | 1石 | 薪 | 0.2 | 10貫 |
| 清酒 | 31 | 1石 | 炭 | 0.5 | 10貫 |
| 美濃紙 | 4.4 | 1貫 | 白小倉(廉價絲布) | 1 | 1反 |
| 半紙 | 1.6 | 1貫 | 綟織(粗麻布) | 0.8 | 1反 |

資料來源:鳥取縣知事官房編:《明治三十六年鳥取縣統計書》,表116〈物價ノ二〉,頁131-134;表128〈織物製造高ノ四(綿織物)〉,頁151;表133〈製紙〉,頁155。

附註:明治時期度量衡制度,1石約等於180公升/150公斤;1斤約等於0.6公斤;1貫約等於3.75公斤;1反(即段或端)約等於34厘米乘10公尺,或3.4平方米(相當於一個人穿著的全身衣服布材所需)。

以銷售教科書為主要收入來源的金港堂,公司利潤具體如何?我們掌握的兩個數據或可透露一點信息。1899年東京出版的《銀行会社要錄》,記錄了當時包括股權及財務簡報在內的部分金港堂公司信息。[41]據此,金港堂當年利益金(利潤)120,504円,[42]股主配當金(股東股息)60,000円,規定是本金12%。當時原亮三郎及其妻禮子共持股92%,其次是即將接任社長的長子原亮一郎(5%),即當年原亮夫婦單是金港堂股息進帳5萬多円。以公司資本總額50萬円(實收股金25萬)計,盈利可觀。及至1900年《小學校令》後,就學人數增加,能佔有市場大份額的教科書商如金港堂,收入自應相對增加。1901年12月報載金港堂召開股東總會,通過利潤分配如下:本年度純益金(淨利)

197,520円、上年度繰越金（結轉）21,327円，合計218,847円；分配入積立金（預備金及公積金等）90,000円、株主配當金100,000円、下年度繰越金28,847円，合計218,847円。[43]可見在1900年《小學校令》推動增加就學人數比率以後一年間，金港堂的利潤增長達64%，股息總額增長為67%。原亮三郎夫婦當年從金港堂賺取股息9萬多円，股息年息20%。

這些盈利數字，亦可與兩家在1903年公佈半年業績的上市銀行作對比，以觀其含意。一是公私合營的特殊銀行勸業銀行，[44]另一家是大名鼎鼎的明治企業之父澀澤榮一（日語作渋沢栄一，或澁澤榮一）所設立的第一國立銀行。[45]我們可通過比較資本金與純利潤及股息的關係，以見金港堂為其最大股東賺取利潤的特色。由於金港堂數據為全年數而兩家銀行則為半年賬，故此姑將金港堂數據折半作比較。從表2.4可見，金港堂、勸業、第一銀行的實收資本金比例約1：13：20；三者半年純利實數比例是1：2.6：4；純利佔資本金比例約79%：8%：8%，即金港堂為兩家銀行的十倍；股息佔資本金比例約40%：5%：4.5%，即金港堂為兩家銀行的八倍；年度股息而言，金港堂仍為兩家銀行的兩倍，可見金港堂在三方面均遠勝兩家重要的銀行。[46]加上當時勸業銀行大株主（大股東）21人，原亮三郎位列第九，持300株（股），同株數另有兩人；持股最高700株、300株以上八人，每人平均不到500株。即雖然勸業銀行淨利潤全年可能達50萬円，較1901年的金港堂多四倍，派股息共34萬円左右，亦較金港堂的10萬円多三倍，但股東眾多，股權分散，個別股東從股息賺取利潤不會很高。第一國立銀行股權亦遠較金港堂分散。所以三者相較，金港堂對股東而言更為本少利大，殆無可疑。可見原亮三郎作為教科書的大龍頭，其出版利潤收入，可以比擬當時的銀行高層。難怪他雖然在銀行界十分活躍，投資甚鉅，但一直以教育家及教科書出版家自居。

表2.4：1901–1903年金港堂、勸業銀行、第一銀行的部分業績數據（單位：円）

| | 金港堂 (1901) | 勸業銀行<br>(1903上半年) | 第一銀行<br>(1902下半年) |
|---|---|---|---|
| 實收資本金 | 250,000 | 3,250,000 | 5,000,000 |
| 純利 | 197,000 | 252,500（半年） | 397,036（半年） |
| 股息 | 100,000 | 162,500（半年） | 225,000（半年） |
| 股息（年率計） | 20% | 10% | 9% |

資料來源：見註42至47。

# 四、教科書事件與文部省

教科書事件涉及眾多收賄官吏，在每年府縣圖書審查委員會前後，相關人士不當地授受所謂「運動費」或其他名目錢物的習慣，在1902年事件爆發前，傳聞已有十年以上，輿論及政界一直有人大力抨擊，但亦一直難以繩之於法。1882年刑法第284條官吏收賄罪也一直沒有發生效用。何以1902年12月忽然可以一網打盡？

關鍵是1901年1月文部省針對採用教科書的陋習，在前一年出台的小學校令條款上，作出省部級立法形式的追加修訂，[47]將此類有關採用教科書的私相授受行為，增列為指定的刑事罪行，嚴加禁止。這成為教科書事件控方的主要法律根據。條文刊登於1901年（明治三十四年）1月12日公佈的文部省令第2號，內容是對1900年8月21日《小學校令並小學校令施行規則》作出追加法規罰則。[48]追加條文最重要是以下三句：

第63條之2：在為小學教科書審查又或採定時，不論事前或事後，作出左〔下〕列任何一項行為者，將被判處不超過25天的重禁錮，又或不超過25円的罰款。

一、直接地贈予官員或學校職員金錢、物品、票據或其他利益如公私職務，又或由運動者間接地贈予，又或作出贈予的要求，又或中介者周旋勸誘以上的贈予；以及收受贈予又或同意贈予的要求。

二、不論用任何名義，直接又或間接以飲宴、遊覽方式進行招
　　待，又或接受招待，又或通過代辦人支付住宿費之類的旅費，又
　　或接受相關旅費，並且藉此形成約束，又或因而受到約束。

這些刑事罪行條款，清晰地規範了涉及教科書的具體貪污行為，
與1882年刑法第284條僅空泛地規定官吏受人請託、收受或承諾接受
賄賂便干犯刑事罪相比，檢控便容易得多。雖然刑罰低於1882年刑法
第284條的1個月以上1年以下重禁錮以及4円以上40円以下的罰金，
但對有一定身份和社會地位的官員及教育界公職人員來說，理應具有
足夠的阻嚇力。

問題首先是文部省於1900年8月20日頒行《小學校令》（勅令第344
號）及翌日頒行《小學校令並小學校令施行規則》（文部省令第14號），對
1890年10月7日的《小學校令》（勅令第215號）所建立的小學校制度作
出重大修改時，對府縣審查教科書的人事問題，仍採取非常寬鬆的政
策，例如繼續容許委員會成員參與審查關於自己或親屬著作、校閱或出
版的書籍。[49]何以三個月之後（1901年1月12日），卻突然改弦易轍，作
出這樣大動作的省部級嚴厲刑事化立法？這與政府內閣更替有關。

1900年8月當政的是山縣有朋內閣，文部大臣是樺山資紀。該閣
當年9月26日因與伊藤博文及其新組成的立憲政友會衝突而被迫總
辭，所以小學校令頒佈後，樺山文相任期只有兩個月。接著由伊藤博
文組閣，是第四次伊藤內閣，文部大臣換上松田正久，這次伊藤內閣
執政由1900年10月19日至1901年6月2日總辭。正是松田文相任內，
於1901年1月12日通過了文部省第2號令，此令針對1900年8月21日
樺山文相頒佈的小學校令施行規則有關教科書選採程序部分，追加了
幾條嚴懲在府縣選擇課本過程中授受錢物的條文。若沒有這項第2號
令，1900年8月的舊小學校令施行規則會繼續沿用，而整個教科書事
件亦根本不可能出現。所以在教科書事件的立法基礎而言，松田文相
絕對是關鍵人物，這樣便必須考慮到他的背景。

松田正久明治初留學法國，攻讀政治及法律，歸國即任職裁判所檢事。後來辭官，編《東洋自由新聞》，創立九州改進黨，為自由民權運動健將。1890年憲法實施，由佐賀縣選入眾議院為議員。1898年大隈重信內閣時，曾任大藏大臣（財相）。伊藤組織政友會時任總務委員，因功出任第四次伊藤內閣文部大臣。文部省第2號令出台不足五個月，松田乃隨內閣總辭而下任。但1906年1月至1908年7月政友會總裁西園寺公望第一次組閣時，松田再入閣，掌法務大臣，任內重大貢獻之一，就是聯結官員、學者及辯護士，組成「法律取調委員會」（法律調查委員會），在1907年（明治四十年）促成帝國議會通過基於德國刑法的新刑法（即「現行刑法」），取代了1880年以來以法國刑法為藍本的「舊·刑法」。該修訂刑律議案，自1890年以來，曾被議會否決五次，到松田手上始得成功。[50]「現行刑法」的官吏瀆職罪，顯然吸收了1901年文部省第2號令以及教科書事件引起的官吏收賄司法實踐，在條文方面分別針對了贈賄和納賄。賄賂的定義亦更清晰，確定了賄賂與官吏職務的關係、約束力的存在以及只要提出賄賂要求即可入罪等要素。[51]由此可見，具有西方法學訓練、檢察官實踐經驗以及議會修訂刑法辯論經驗的松田正久，在1901年推出第2號令時，極可能是從法律專業角度，企圖解決刑法對官吏賄賂一籌莫展的困境，可說是他在1907年推動現代刑法立法前的小試牛刀。

松田推出文部省第2號令，動機是希望將上百名官員及教育家送進監牢嗎？恐怕他並無此意。接任文相的菊池大麓就曾指出，松田立法的目的，主要是阻嚇官員、教授、校長們不要以身試法，但他沒有想到原來有這麼多人，真如傳聞一般，貪污到全國兒童的課本上。[52]這點從事件剛爆發便有四名政友會議員落網，可以窺見一斑。[53]如前所述，其中甚至包括他在自由民權運動時代的老戰友，當時同屬政友會黨員、大名鼎鼎的內藤魯一。所以對松田正久而言，後來株連甚廣，牽連黨友，應非其始料所及。

教科書事件發生在菊池大麓文相任內，他的角色又如何？隨1901年6月伊藤內閣總辭，屬山縣有朋系的桂太郎組閣，6月2日菊池出任

文部大臣。與松田正久不同，菊池是學者出身，明治初年留學劍橋習物理數學，1877年歸國後歷任東京帝國大學理學部教授、理學部長。1898年山內正一就任第三次伊藤內閣文部大臣時，接掌東京帝大總長（校長）；在東京帝國大學時，與大學首任總長加藤弘之、文學部長外山正一等共事。1890年勅任貴族院議員，1897年兼任文部省專門學務局長，旋升文部次官，曾歷佐濱尾新、西園寺公望及外山正一三位文部大臣。[54] 由此可見，菊池具有重量級學術背景，也曾任文部省要職，出掌文部省，無疑在以軍人為骨幹的桂太郎內閣內，是最具學術及教育實力的閣員。政治背景而言，他與伊藤及政友會一派較接近，但能為山縣派系的桂太郎提拔入閣，政治上也比較中立。在這些背景下，他會希望在文部大臣任內，爆發株連上百教育界及政界知名人士的醜案？這或許也不是他的初衷。關於菊池自己對事件的看法，事實上留下了三段夫子自道的文字。

菊池大麓1903年7月17日卸任文相（詳下文）。他卸任前，於6月6日在「幸俱樂部」就教科書國定制的推行，發表演說，對教科書事件有所評論。演說收在7月5日印刷的一本文部省官房編製小冊子《教科書國定二就テ》內。[55] 卸任後，當年11月有人為他輯錄一本文相任內的演說集《菊池前文相演述九十九集》。[56] 菊池為演說集撰寫序言，日期註明為9月5日，總結了其身為文部大臣兩年來的主要政績。他認為除大力改善小學至大學學制外，最重要的成果，就是促成多年來一籌莫展的國定教科書改革，將15年來建基於民間課本市場競爭的檢定制，改弦易轍成課本內容由文部省編定，再由書店印刷發行牟利的國定教科書制。[57] 在論述國定制時，他基本上複述了6月6月演說的觀點，那篇演說也收在這本演說集中。到1907年，菊池受邀在倫敦大學學院及倫敦政經學院講授日本教育，事後在英國出版，書中也有專章討論教科書，論及教科書事件及國定制，可謂事件冷卻後的反思。[58]

綜合而言，菊池所理解的教科書事件要點如下：(1) 文部省不可能為全國提供教科書，故此必需借用市場力量，授權書商出版課本，這樣

才能應付隨著教育改進而增加的課本需求。(2) 由 1886 年起確立的教科書檢定制，確保了書商編寫及印製的商品課本水平，必須達到文部省指定的國家要求。(3) 同時，縣政府亦需要為轄下市町村等地方行政單位營運的義務教育小學校，決定統一採用哪家書商出版、經過檢定的課本，以求地方基礎教育的系統性和一致性，同時統一採用相同教科書亦有經濟規模效益。為此全國 47 個府縣都成立了由名譽參事及教員組成的教科用圖書審查委員會，負責向縣知事推薦採用的課本，再由縣知事作最後決定。一經選用，將被連續使用四年。(4) 這個機制出現不少流弊，如被採用的書商等於壟斷了作為義務教育必需品的課本，為了節省成本和增加利潤，有些開始偷工減料，暗抬書價，甚至不向窮鄉僻壤的學校供銷足夠冊數。另一方面，在 47 個府縣圖書審查委員會爭取採用自己的課本，變成書商生死攸關的惡性競爭市場，為了爭取多數委員的支持，書店開始投入重本，通過餽贈、收買、宴饗或威嚇等不正當手段，運動相關委員投其一票。這必然造成賄賂的溫床，故此貪腐醜聞一直不絕於耳。(5) 1900 年小學校令改組了審查會成員，由縣書記任會長，成員包括府縣郡視學官、師範學校長、教諭、中學校長、高等女學校長等約 10 人，希望由地方官員及教育官員任委員減少貪腐問題。翌年，為針對贈賄的書商，前任文相松田正久特別頒發了文部省第 2 號令，試圖以嚴厲的罰則，阻嚇書商、其代表的運動人員 (説客) 以及相關教育官員，不再在課本採用決策上，繼續贈賄納賄。菊池認為這些新罰則應該是有效的，因為部分書商開始動員其政治勢力，向文部省施壓，鼓吹取消這些法規。(6) 不料該文部省令實施後，在審查採用教科書的運作上，仍然發生了大量的收賄行為，亦即利之所在，阻嚇歸於無效。(7) 雖然在一般情況下，這類收賄案件搜證公訴並不容易，但今次藉著偶然的機會，大量涉案的人證物證得以暴露出來，成為檢控的證據，所以能夠將大批收賄官員繩之於法。(8) 由於教科書事件，輿論嘩然，藉著這個大好時機，內閣遂得以正式通過教科書國定方案，於 1903 年 4 月 11 日以勅令第 74 號頒佈。

　　菊池也總結了國定制。關鍵首先是所有學校使用的教科書，版權歸文部省所有，主要科目如修身、讀本、歷史、地理等規定由文部省編定，其他可由文部省授權民間編輯，但版權仍歸文部省。其次是取消府縣圖書審查委員會，因為課本國定則無需府縣再作專業的內容判斷，但更重要的是此舉徹底清除了教科書貪腐的制度根源。此外，印刷、發行、運銷等事務，除小部分由文部省直接處理外，大部分外判民間投標承辦，文部省則監督其印刷、紙質及定價等，確保達到合約所定的水平，始能繼續承辦。

　　沒有跡象暗示菊池大麓有任何政治動機，在任內將一大批文部省官員學者繩之於法。文部省第2號令是前任松田正久的動作，和他無關。他自許重任是推動國定制。教科書事件爆發前，據他説有力書商已經通過政治勢力向他施壓要求修改罰則，但他頂住了壓力。[59] 及至事件發生後，他順勢利用事件的巨大社會反響，説服了內閣同僚，認為若要解決教科書醜聞不絕的困境，除國定制之外，已經別無他法。1903年1月內閣同意了國定方案，跟著上奏天皇，再轉樞密院審議及修訂。樞密院經詳細修訂後通過，建議天皇接受，最終在4月13日的《官報》刊登了勅令第74號。但接下來菊池按原來擬定的國定制方案，由文部省申請追加預算100至200萬円的編書費，卻遭內閣否決，只通過追加二萬多円。可是即使是這兩萬円的追加預算案，乃至勅令第74號以及國定教科書政策本身，仍在帝國議會受到諸多質疑和阻撓。在該年3月改選產生了第十八屆帝國議會眾議院。5月16日召開會議時，在新議會376席中佔175席的最大政黨立憲政友會，有議員強烈質問，認為教科書事件揭露了文部省薦人用人不當、紀律鬆弛、監督不力等行政失職。其後佔85席的第二大黨憲政本黨議員，進一步動議彈劾桂太郎全體內閣，要其為教科書事件問責。最終議會各黨派妥協，一致通過動議，要求文部大臣承擔全部責任下台，菊池大麓被迫於7月17日辭任。[60] 由此可見，教科書事件結果不單有大批涉案官員受刑，連菊池亦須賠上他的文相烏紗。當然，因為菊池在學術界地位崇高，

實力雄厚，所以下台後仍能繼續擔任貴族院勅選議員，後來歷任樞密顧問官、京都帝國大學總長及帝國學士院院長等重量級職位，可是菊池的政治前途，便因教科書事件劃上了句號。

就菊池而言，國定制無疑是他不惜政治代價都要達成的使命。如果說國定制對他只是解決賄賂問題的行政手段，顯然沒有太大說服力。那有什麼動力，讓他頂得住壓力，像頭拉馬車的馬匹般（用他自己的話是「馬車的馬」），勇往直前，義無反顧？關於國定制的評論，一個流行的論點認為國定制的出發點是國家主義，即隨著明治日本的國家主義日益發展，國家越來越希望透過教科書內容，向學生灌輸忠君愛國的價值觀，因此有必要將民間自由編寫的教科書，集中由國家統一編寫，以確保其內容符合國家主義及明治教育勅語的旨要。[61]在深入考察國定制政策通過前後相關政府公文書及人物文獻的基礎之上，梶山雅史便指出了國家主義論將國定制問題過份化約，實則當時雖有大力倡議用國定制來加強教育勅語的忠君愛國國民意識，但眾說紛紜，國定制與國家主義兩者的必然因果關係，並無共識。[62]檢定制與國家主義也並非不可兼容，事實上當時另一個甚為流行的倡議，是取消由縣統一用書的政策，進一步開放市場，讓每間學校自由選擇配合其教育理念與實況的課本，支持這倡議的人也很多，並沒有引起自由市場課本不利國家主義的反對聲音。[63]由此可見，菊池決心推動國定制，主要不是為了迎合國家主義，統制思想。

菊池何以不顧仕途也要強推國定制？答案恐怕與明治時期高等教育界一個主要文化潮流「言文一致」運動息息相關。這個運動目的就是大力提倡語體文作為全國通用的書寫語文。在明治時期，這意味著逐漸將從德川及明治初期以來日本語文甚為混雜的書面語，即由以漢字為本的數種文體，如「候文」、「漢文」、「和漢混交文」等，轉變為以平假名注音為主而輔以漢字的語體文，或所謂「言文一致」的文體。隨著明治中期以後和魂洋才意識的增強，言文一致運動可以成為建構國民意識和身份認同的關鍵文化手段，含有極大精神意義，因此也成為秉持此信

念的知識分子與學者一種強烈的使命感。[64]由明治初期開始，已經出現各種鼓吹改革語文的學術團體。可是由於日本各地方言差異極大，言文一致首先要指定一套方言，作為全國通用語言，即所謂「國語」；其次，口語標音所用的平假名書寫符號在明治初期也相當雜亂，必須全國統一。因此，國語的建設，遭受了頑強的抗拒。這些方言的選擇與假名的統一，需要強大的政治和學術權威，始能改變社會上根深柢固的語文習慣。在這背景下，教育界及學術界抱持這種信念的知名人士，慢慢凝聚成一股力量，而作為高等教育界殿堂的東京帝國大學，更匯集了一批志同道合之士，例如在學界與政府有甚大影響力的第一任總長加藤弘之、歷任東大文學部長及總長、第三次伊藤內閣文部大臣的外山正一、歷任東大理學部長及總長的菊池大麓、東大經濟學教授山崎覺次郎、東大文科教授三上參次、東大理科教授坪井正五郎以及東大言語學教授上田萬年等。他們不特為全國學術精英，而且在政治上也十分活躍，或是內閣大臣、或兼任政府官僚、貴族院議員、樞密官等，或在文部省任職，對推動「言文一致」運動起了極為關鍵的作用。這股力量的高潮是1901年初成立的「言文一致會」。2月即向帝國議會上書請求成立「國語調查委員會」，直接向文部省建議各種語文改革方案，藉以建構新的全國通用的國語。方案在1902年3月獲眾議院通過，但至翌年3月始獲貴族院通過。同時兼具政府及學術權威的國語調查委員正式成立，由東大的加藤弘之主持，經費由議會直接承擔。該年年底，委員會工作範疇基本上確定，重要的新國語政策陸續出台。[65]

　　新建構出來的國語，必須從基礎教育開始推廣，始能奏效。在1900年義務教育進一步發展之下，尋常小學的讀本科及其課本，通過日常生活應用來進行國民教育，在統一與普及全國通用的國語口語與文體方面，遂成為落實「言文一致」最重要的平台。當時通過檢定制出版的課本，金港堂是主力，包括其他出版社，其課本內容絕對符合國家主義忠君愛國的要旨，但在執行「言文一致」的新語文政策方面，則不一定達到「言文一致」運動的要求。對運動中人來說，只有將民間多

元化的教科書編寫權，統一集中到文部省，始能確保「言文一致」的精神和實踐，能夠落實到全國所有尋常小學統一施行，庶幾能讓新一代的國民都能掌握全國通行的書面語或文體，以及全國通用的口語。職是之故，將教科書由檢定制轉變為國定制，成為「言文一致」運動的主戰場，成敗在此一役。也正是在兩位前東大總長外山正一及菊池大麓出任文相時，在文部省引進不少東大「言文一致」派學者或其學生，如上田萬年、吉岡鄉甫等，使文部省擁有足與民間教科書編者匹敵的學術實力，開始勝任編纂供全國統一使用的高水平國語讀本教科書。[66] 也正是菊池大麓任內，推動成立了「言文一致會」、促成1902年的國語調查委員會、並且拒絕廢除1901年1月的文部省令第2號，讓嚴厲的教科書審查賄賂罰則繼續生效。對菊池來說，國定制是他義無反顧的志業。他在1901年7月14日於「言文一致會」發表演講，情理兼備地向上千聽眾痛陳言文不一致如何阻礙他自己思想自由的慘痛經驗，強調不單普通基礎教育必需「言文一致」，連專門學術知識如幾何及軍事等，「言文一致」也是必需的。[67] 教科書事件並非他的初衷，將貪官繩之於法亦非其本意。事件爆發後，他不惜冒著重大政治代價，利用事件強硬推行國定制，最後被迫請辭下台。事後自謂教育大業，是國家富強的泉源、國民休戚所由、帝國未來所繫，相對之下，個人利益、感情乃至政見，他根本就不放在眼內。[68]

綜上所述，教科書事件所針對的餽贈行為一直存在，輿論盛傳但止於傳聞，直至1901年1月的文部省令第2號，始有明確的刑事法規可作依據，對犯者繩之以法。本節論述文部省立法出於對改革刑法素有抱負的文相松田正久，立法目的主要在阻嚇。1901年6月起出任文部大臣的菊池大麓，主要的抱負是將教科書由檢定制改變成國定制，動機是藉此在全國推行「言文一致」的基礎教育。他原意也不是要解決賄賂問題，更沒有想到教科書事件會株連這麼廣，政治代價這麼大，最後甚至需要引咎辭職，賠上個人仕途。但他仍可以自我開解，認為國定制是為了國家，自己的犧牲也說得過去。

　　既然文部省只是虛張聲勢，志在沛公，不會積極執法，那麼教科書事件的執法動力從何而來？答案可能指向司法大臣及其轄下的東京地方裁判所。

## 五、教科書事件的不公義司法實踐

　　教科書事件的搜證、起訴、豫審及公審定讞，均以東京地方裁判所為主角。其他地方裁判所審理的相關案件不多，而且由東京地裁轉送為主。當時的司法機關體制，仍然建基於1890年《裁判所構成法》及同年的《刑事訴訟法》。東京地方裁判所除審理民事部和刑事部案件的判事（法官）系統外，同時設有負責公訴的檢事局，即檢察系統。後者雖然設在裁判所裏，但並不從屬於前者。兩個系統的人事及管理，均受司法大臣統轄，雙方人員經常互調或調升。原則上，判事與檢事事務上是互不統屬的。判事在審理案件時，不受檢事統領，但在刑事檢控案件方面，雖然裁決權仍在判事，但主理案件的檢事官，對審理結果卻可以頗具影響力。《裁判所構成法》第81條，實際賦予檢事官這種干預判事裁判事務的權力。第82條則明文規定檢事必須服從其上司。[69]1893年司法省修訂官制，明文規定司法大臣監督裁判及檢事局並且指揮檢察事務。[70]制度設計上，檢事系統與判事系統的微妙關係，確保了刑事司法結果，在西式司法獨立的大原則下，仍有受政府內閣監控的空間。[71]

　　前述1882年實施的刑法有明文禁止官員收賄，可是舉證匪易。然而舉證與否，歸根究柢，操之在東京地方裁判所手裏。名村事件說明，在自維新以來由舊藩士主導的司法系統，尤其是負責立案起訴的檢事局人員，對官員貪腐案，缺乏執法動力，甚至同流合污。所以在教科書事件前後，東京地方裁判所檢事局甚至整個司法體系，必然發生了變化，才會出現一股前所未有的新執法動力，不為涉案的強大政治勢力所震懾，仍然動員大量人力物力，堅定不移地徹底執法，務求

一網打盡。總的來說，這標誌著司法系統銳意革新的開始，目的是讓作為明治司法實踐樞紐的檢事系統，一洗顢頇腐敗的頹風。[72]這發展也更迎合西方列強當時的法治標準，符合1894年以來與列強陸續修正不平等條約中領事裁判權的承諾，以及配合甲午戰爭後日益強烈的脫亞入歐「開化民族」的自豪感。[73]

值得注意的人物，是事件爆發時在位的司法大臣清浦奎吾。作為司法大臣，清浦在事件中的態度，肯定起了決定性作用。沒有他的同意及維護，他轄下的東京地裁檢事局，不可能進行這樣史無前例的大規模執法行動。清浦出生僧侶之家，維新後由埼玉縣小學校長、官吏出身。1876年入職司法省，歷任檢事、內務省書記官等，參與草擬1882年實施的《治罪法》。1884至1891年山縣有朋掌內務大臣時，獲其重用，任內務省警保局長七年，是明治中期近代警政建設的要角，曾制定《保安條例》，改革警察及監獄制度等，屬山縣系重量級法政人物之一。1891至1892年曾旅歐考察。第二次伊藤博文內閣時（1892年8月至1896年9月），山縣有朋任法相，前法相山田顯義力薦清浦奎吾出任司法次官，以輔翼不諳法律的山縣。第二次松方正義內閣時（1896年9月至1898年1月），清浦首次入閣為法相。山縣有朋第二次組閣時（1898年11月至1900年10月）再任法相，與主催1900年第三次小學校令的文相樺山資紀同閣。及第一次桂太郎組閣，復任法相，由1901年6月2日至1903年9月22日卸任，由司法省司法總務長官波多野敬直接任，但清浦仍任農商務大臣，所以不是因為教科書事件失勢。1906年轉樞密顧問官後，在政府一直屬元老級人物之一。

從清浦前期簡歷，至少可以觀察到幾點重要信息。第一，在教科書事件時，清浦作為山縣系主力，在桂太郎內閣地位相當重要，沒有其他閣員在政治實力上可以和他對抗。第二，他是內閣唯一資深司法界人物，其他閣員無人能在司法事務上與他爭議。第三，他的法律專長就是執法與控訴。最後，他於1894至1896年日本修正治外法權的關鍵時刻，先後擔任司法次官及法相，對西方司法制度較一般官僚了解

更深，而且深知修正不平等條約得來不易，端賴明治法律系統所建立的國內外聲譽。可以想像，清浦對其法相任內的官員貪腐，尤難容忍。他與公佈文部省第2號令的伊藤派文相松田正久派系不同，但均曾在司法省長期工作，以改革法律為志業，對松田將教科書貪賄行為刑事化必然認同。及清浦自己任法相，更不能不切實執法。前述菊池頂著巨大政治壓力，不肯修改第2號令的罰規，相信清浦亦必給予支持。作為山縣派主將之一，對執法懲罰以立憲政友會為主的大批收賄官員，他也沒有太多政治上的顧忌。[74]當然，作為政治人物，他在教科書事件上的角色也不免帶有政治考量。前述沒有他的首肯，受他節制的東京地裁檢事局，絕不可能作出如此大規模的檢控行動。可是同時，檢事局對同樣違法的書商們，卻網開一面。當時傳說，原因是閣議決定推行國定制時，菊池提出文部省尚需數年預備，始能取代檢定制下由書商供應的全國教科書，若同時檢控違法的書商，按法例他們的書將被禁用，恐怕造成真空期，導致全國學生勢將無書可用，請求不要檢控書商。作為司法大臣的清浦奎吾不能不執行這個內閣決定，遂下令檢事局不要起訴書商。[75]這個傳說有時間差。按閣議在1903年1月通過國定制，唯一曾被起訴贈賄的書商原亮三郎，於3月7日始被捕，被控違反贈賄禁令。5月初豫審庭才說證據不足，無罪釋放。當時同案的內藤魯一被控收取原亮三郎賄金反而罪成。同一賄賂案，收賄有證，贈賄無據，成為司法實踐的諷刺。然而由此可見，清浦下令不向書商採取行動，可能確有其事，但不是在閣議決定採用國定制的1月，而是事件發酵到3月，株連甚廣之後，才作出限制，以免一發不可收拾。此外，也有傳說清浦下令無罪釋放千葉縣知事阿部浩，導致主管檢事辭職。[76]按主理教科書事件的東京地方裁判所檢事正川淵龍起及高級檢事羽佐間榮治郎，均繼續在位多年並且有晉升，[77]見下文。可見辭職實屬謠傳。阿部浩事件是否存在，有待進一步驗證。

清浦奎吾先後三次任法相時（1896年9月至1898年1月；1898年11月至1900年10月；1901年6月2日至1903年9月22日），對司法省

進行了改革，起用了一批有實力和決心的改革派司法官員，取代顢頇的舊法曹。這事在1898年達到高峰，引起舊人的反彈，他們得到6月出台的大隈重信內閣新司法大臣大東義徹支持，對革新派官員進行反擊。可是大隈內閣內部也有不同派系，如大藏大臣即松田正久，陸軍大臣即桂太郎，所以爭議不絕，結果四個月內閣便倒台（1898年6月30日至11月8日）。緊接著山縣有朋組閣，清浦重任司法大臣，改革動力旋即恢復，塑造了20世紀初明治司法近代化體系的面貌。新派司法官僚核心人物是清浦信任的橫田國臣，在改革高潮時曾任司法次官及檢事總長，也是舊法曹攻訐的焦點。[78]加上橫田提拔的檢事系統官員平沼騏一郎，以及圍繞平沼的一批新銳職業司法官僚，包括小林芳郎、小原直、松室致等。他們分佈在司法行政、檢事及判事等系統，疾惡如仇，互相激勵，彼此支援，以建設堪與西方列強分庭抗禮的司法系統為己任。[79]這一股司法改革動力，為1902至1903年東京裁判所檢事局對教科書事件的大規模執法，在司法省內部創造了有利的人事結構，也提供了上下一心的行動規範。在這個基礎之上，1907至1908年間隨即爆發另一宗涉及大批議員而震動全國的貪污案——日糖事件（見下文），此案被認為是明治司法史的分水嶺。當時能夠成功地大規模檢控涉案議員，端賴司法省刑事局長平沼、檢事總長松室及東京裁判所檢事正小林等新派司法官僚，合力抗拒總理桂太郎的政治壓力。[80]由此可見教科書事件的執法行動，絕非明治以來一貫慣例，但也並非偶然發生。事實上，這行動毋寧體現了司法省內部醞釀經年的一股強大執法動力，並且不是曇花一現。

教科書事件執法的主角，是東京地裁檢事正川淵龍起。川淵雖非平沼一脈，但背景氣質十分雷同，也是同時冒起的新銳改革派職業司法官僚，出身法律專業訓練，疾惡如仇，難以容忍政治權力滋生的貪腐，以建設現代法律正義為己任。[81]他1883年從法律學校畢業，1887年通過判事考試開始任判事。1890至1896年歷任大阪地方裁判所檢事、長崎控訴院檢事及佐賀地方裁判所檢事正。1897年3月任台灣總

督府法院檢察官兼總督府民政局事務官。1899年11月離台升任名古屋地方裁判所檢事正，1901年4月任東京地方裁判所檢事正，至1903年12月轉任函館控訴院檢事長。[82]1902年12月爆發的教科書事件大規模檢控行動，即在其領導下作出。他對事件十分重視，深明以原來東京地裁檢事局的建制，無法應付這種大型檢控作業，故此在原來四個刑事部之外，增設了刑事第五部，由原第一部判事望月源太郎作裁判長，另有陪席判事中尾芳助、秋山愛造以及檢事羽佐間榮治郎，作為公判的班子。[83]在面對連文部大臣都被迫掛冠的政治壓力時，究竟是什麼支撐川淵義無返顧地執法，即使越出自己司法轄區，也要到東京以外的地方縣府大規模地逮捕違法官員，並押解至他管轄的東京地方裁判所受審？梶山雅史懷疑線索在台灣總督兒玉源太郎身上，原因是兩人曾在台灣共事。[84]

　　日本放送協會1982年製作了特集《明治教科書疑獄事件—国定化への道—》。在整理資料時，研究員注意到國立國會圖書館的憲政資料室收有1902年9月18日台灣總督兒玉源太郎致總理桂太郎的信件，顯示他對教科書所涉及教育界貪賄義憤填膺，主張認真執法云云。按兒玉與桂太郎在陸軍部共事甚久，前者屬陸軍部學術派首領，後者為守舊派主力，但兩人交誼甚深，亦同為山縣有朋派系的要角。兒玉傳記之一《兒玉大將伝》，形容兒玉及桂兩人未嘗齟齬扞格，情同兄弟，肝膽相照，心腹之交，至死不渝。[85]此外，也提到兒玉雖是山縣派，但深受伊藤博文賞識，伊藤不特在第三次內閣時，任命他為台灣總督，復於第四次伊藤內閣以其擢兼陸軍大臣（1900年12月23日）。1901年6月2日桂太郎組閣，兒玉續任陸相至翌年3月27日始由軍部寺內正毅接任。由於山縣系的桂太郎受制於議會兩個最大政黨，即伊藤系的政友會和大隈系的憲政本黨，而同是山縣系的兒玉，卻與伊藤及大隈等元老及其派系關係融洽，故此在桂內閣時期，即使兒玉不再兼陸相，他也扮演著極之重要的調停人角色，為摯友桂太郎奔走折衷，爭取支持。[86]所以有理由相信，在教科書事件最關鍵的時期，即1902年末至

1903 年中，兒玉肯定對桂總理有巨大的影響力，而他的立場，由其書信可見，是力主嚴辦的，可說是另一股在總理身邊支持推動執法的動力。此外，1903 年 7 月文相菊池下台，接手的就是兒玉，並且同時兼任等於副總理的內務大臣，當時無疑是由他協助總理桂太郎整頓文部省。前述菊池提到文部省廢省的說法，當時傳言便是由兒玉主持，將文部省併入內務部。《兒玉大將伝》對此事極力否認。[87] 不管內情如何，兒玉旋因日俄關係惡化，開戰在即，9 月退去文相之職，專注備戰，五個月後，日俄戰爭即爆發，聳人聽聞的文部廢省之說亦不了了之。以下觀察教科書幕後執法動力之一的兒玉，與川淵有何關連。

上述川淵履歷時，提到他曾在台灣總督府法院任檢察官，並兼任總督府民政局事務官，時維 1897 年 3 月至 1899 年 11 月。按 1898 年 2 月，兒玉奉第三次組閣的伊藤博文之命，接替治台失敗的乃木希典出任台灣總督。他在 3 月抵台履職時，也提拔了衛生局長後藤新平，出任總督府民政局長，協助他進行改革。其後直至 1906 年兒玉離台轉任參謀總長，一直和後藤合作無間，大刀闊斧地展開民政改革，成功鞏固日本在台灣的管治。據兒玉的傳記，兩人治台，首務在精簡官府，嚴飭司法，肅清吏治。其間裁汰冗官 1,080 人，其中很多可能曾違反官吏不得受人囑託的規範。[88] 由此可見，兒玉及後藤治台開局第一年時，已經在台灣法院及民政局任職一年多的川淵，必然能夠向他們提供重要的當地人脈情勢等信息，他們始能在短期內將駐台日本官場的腐敗分子，一掃而空。川淵在兒玉治台的前 20 個月內，以檢事及民政官身份，相信與兒玉及後藤一定合作無間，立下大功，然後始有機會晉升為名古屋地方裁判所檢事正。川淵的晉升，不可能不獲兒玉總督向當時的法務大臣清浦奎吾大力推薦。兒玉為當時總理大臣山縣有朋的嫡系愛將，與山縣派的清浦關係也是不言而喻的。可見川淵與兒玉在對付貪腐官場的事情上，既是同道中人，也曾圓滿合作。川淵在教科書事件的積極執法，背後極可能得到兒玉通過他與桂總理及清浦法相的緊密關係，而給予重要的政治支持。

　　由上述教科書事件的執法背景可見，這次大規模執法，並非一般循例運作的司法行動，而是在內閣、司法省以至東京地方裁判所內，各種非常特殊的政治勢力剛巧在這時節互相交匯激盪，因緣湊合而產生的結果。職是之故，過程中難免出現種種不規範的做法。雖然執法開始時，打著掃貪除污的正義旗號，半年執法結果，卻遭法律界嚴重質疑，認為今次執法違反司法公義，為教科書事件蒙上了政治及司法迫害的陰影。

　　法律界批判教科書司法不公義，最詳盡而權威的，莫過於當時開始聲名鵲起的眾議院議員花井卓藏律師。花井1888年從東京英吉利法律學校畢業，年方十八，名列前茅。1890年通過辯護士考試，開始執業，漸漸以精通法理，雄辯滔滔的表現，成為刑事訴訟、法典編訂、國際法等領域的權威。歷任日本辯護士協會評議員兼編輯、東京辯護士會議員，參與創立江湖俱樂部、國際法學會、法制協會等專業組織，並負責編輯先後出版的《法理精華》及《法學新報》等專業刊物。1890年召開國會，花井在民法典論爭上，聲援延期派穗積陳重等法學家的立場，對大隈重信修訂不平等條約引入外國人法官一節，亦大力反對，引人注目。凡此皆見花井在法律界的異軍突起。1898年花井復當選眾議員，代表廣島三原，得以在議會平台上縱橫馳騁，聲譽日隆。[89] 在教科書事件中，他代表了一些被告作辯，包括前述的內藤魯一。花井對教科書事件的評論，最初基於他在上訴時的辯辭。[90] 其後整理為論文，發表在《法律新聞》第153號（1903年8月15日）。宮地正人曾經從該文摘要說明，以顯示當時執法的疑義之處。[91] 10多年後，花井再詳徵博引，條分縷析自己對教科書事件的看法。[92] 以下扼要列出他的論旨。

　　首先，花井引希臘雄辯家德摩斯梯尼（Demosthenes）為例，說明沒有廉正之心，在政壇上花言巧語最終也不會有好結果的。政治賄賂無疑最為毒害人心，古今中外無異。教科書事件嚴懲教育界貪官污吏，他絕對歡迎。然而，刑法第284條治官吏收賄，卻只能用來懲戒卑官

下吏，對達官權貴仍然一籌莫展。花井的比喻是「吞舟之魚，必亦吞網之魚」。第二，他論證本案起訴疑犯來自全國南北各地府縣，分別押解到東京地方裁判所受審，而非在其所屬府縣的地方裁判所受審，違反了刑事訴訟法第 34 至 36 條、第 64 條、第 164 條及《裁判所構成法》等規定地方司法管轄權的法律。第三，本案檢控使用的起訴資料並不合法，如主要利用由訊問嫌疑贈賄書店人員而取得的「聽取書」（供辭）、賄賂帳、證人誓詞、探偵復命書（專業人事偵探的人品調查報告書）等，違反憲法第 23 條、刑事訴訟法第 90 條及改正草案第 36 條等法律。第四，證人的可信性大有疑問，其一是過份依賴可能隱含冤情的自白和豫審認罪，這種自我入罪的做法有違其基本法律權利；其二是過份依賴不可靠的污點證人的證供，如贈賄書店的人員，由於法律上他們亦可能被控訴，等於污點證人。以他們的證供為關鍵證據，證明疑犯的犯罪動機，即疑犯收受證人金錢禮物時是否有意圖接受證人的「請託」，作為收受該等金錢或禮物的條件，這點很難從污點證人的單方面口供加以確認，必須加上十分扎實的旁證佐證，始能成立。花井認為今次檢控的敗筆之一，就是沒有滿足這種訴訟程序公義的要求。其三是過分依賴宣誓，作為建立證人證供可靠性的根據，同時亦缺乏足夠的「反對訊問」（交叉盤問，cross examination）。刑事案件定罪需要完全無可置疑的證據，證明犯罪行為以及犯罪動機。從花井的法律專業角度看，今次事件很多個案都不符合這最低標準，亦即已經定罪的不少是冤獄。最後，是法律不適用的問題。其一，刑法第 284 條官吏收賄罪的要件之一是「不當處理（公職）」。由於小學令規定教科書的採用權最終在縣知事手裏，所以本案只有縣知事符合這要件。圖書審查委員會只有建議之權，並無採用之職權，而且委員本身並非官員身份，只是另外委派的附加任務，不屬其本官官職一部分，所以對所有任委員的官員，這條法律都不適用。其二，收受金錢請託的時候，若仍未委任為圖書審查委員，則沒有請託可言，教科書事件的被告人，很多屬於這種情況。雖然刑法有「條件犯罪」，即行為完成時沒有犯

罪,但事後因為行為的結果,卻變成有罪,但由於刑法第284條沒有包括「條件犯罪」的情況,所以不能像當時大審院那樣,使用「條件付犯罪」(條件犯罪)的概念,處理官吏收賄案。其三,瀆職法(1901年法律第37條)第1條規定依法令任命的委員,因為委員職權而收賄亦受刑責。這法律適用於圖書審查委員會成員,但法令公佈於1901年4月,不適用於公佈前的行為。其四,1901年文部省令第2號小學校令施行細則追加第63條之2,規定該法令適用於採擇及審查兩個方面,所以在執行時亦要顧及。花井這裏可能暗示教科書事件各案都集中在審查階段的收賄行為,卻忽略了採擇方面的收賄問題。總結而言,花井認為事件懲貪的出發點正確,但司法實踐錯誤百出,判決結果顯得缺乏司法公義。

最後可以根據大審院在教科書案的「失態事件」(失職事件),總結該事件後來在司法實踐方面的拙劣表現。宮地正人對此事作了扼要的論述。[93] 時維1903年11月,教科書事件的尾聲。大審院刑事第一部公庭在審理教科書事件其中一宗上訴案,被告島根縣的橘量在一審及二審均判犯官吏收賄罪,刑罰為重禁錮一個月、罰款四円及追繳金150円。12月3日宣判,被告官吏收賄罪脫罪,改判違反文部省令,罰金25円。當時竟沒有注意到橘量收受金錢在1900年,而文部省令卻在翌年1901年才頒佈。辯護律師羽田彥四郎知道出現誤判,向大審院長南部甕男及書記官長北條直方聯絡澄清,數天後羽田收到判決書謄本時,已經改為無罪釋放。12月17日橘量投書《每日新聞》,要求全文刊登無罪宣判,以澄清日前該報稱他有罪的報道。事情遂為新聞媒體所知悉,引起震驚,爭相責難,作出「大審院失態」、「司法權危機」、「大審院犯罪事件」等報道,猛烈抨擊大審院破壞了帝國司法權的威嚴和信用,要求大審院相關判事辭職。事件驚動了正在召開會議的日本全國辯護士會,馬上選出七名調查員,追查事件真相。同時,東京辯護士會亦成立七人調查會,進行調查。12月26日再驚動9月才接替清浦奎吾的法務大臣波多野敬直,要向大審院提出質問書。1904年1月涉事

五名判事被迫辭職，另五人則離職。此事徹底暴露了當時司法系統，對付教科書被告人時但求入罪，不擇手段，無視司法公義。

簡而言之，教科書事件中，蓄勢待發的司法省及東京地方裁判所，從嚴懲貪官黑店的道德高地出發，以迅雷不及掩耳的姿態，一舉在全國拘留150多名官員，最終令上百人判罪受罰。可是在執法策略及程序方面，卻出現了許多漏洞，受到法律界權威的嚴厲批判，認為事件製造了大量冤案，不能確保司法公義。

## 六、贈賄者商譽猶存？

教科書事件後，負上贈賄污名的原亮三郎及金港堂，理應商譽掃地，一蹶不振。然而，事情發展又不按此理展現。1903年3月20日付梓的《商界の人物》，作者觀風庵主人精選20位明治以來在商界享譽甚隆並且足為模範的商界人物，作出評介並說明其成功之道。排名第一的是大倉財閥創始人大倉喜八郎，第二位是被譽為日本近代企業之父的第一國立銀行社長（行長）澀澤榮一，第三位是今天朝日麥酒株式會社前身的大阪麥酒會社社長鳥井駒吉，第四位是在中日兩國都十分成功的樂善堂製藥會社社長岸田吟香，第五位便是原亮三郎。以下才是甲州財閥雨宮敬次郎、藤田組財閥的藤田傳三郎、三井財閥重臣三野村利左衛門及中上川彦二郎、與澀澤齊名的第一百三十國立銀行社長松本重太郎、三菱財閥創始人川田小一郎等實業名家。可見作者對原亮三郎的看重。前述當年3月時，原亮三郎剛被拘捕及起訴贈賄罪，結果未卜，後來得以脫罪獲釋已經是5月的事。所以此書付印時，原亮三郎仍然身陷囹圄。作者的評論，應該一定程度反映了在教科書事件如火如荼之際，商界對原亮三郎商譽品格一個比較平衡的觀點。[94]

作者對原亮三郎的論述共分三段。第一段標題「苦鬥的歷史」，敘述他出身時經歷極為窮困艱苦的日子，但胸懷大志，以困境為修煉意志的機會，磨練出日後事業鴻飛的品格基礎。作者引述了原亮三郎自

道的一個故事,作為原氏人窮志不短的例子。故事大意是原亮三郎在東京苦學時,盤川不繼,隨身衣物刀劍均典賣餬口,僅餘舊衣一件,日久沒有洗澡,穢垢難忍,忽生一計,持舊手巾一條,逕往湯屋(澡堂)沐浴,事後假裝忘記攜帶浴錢,懇求湯屋主人許他以舊手巾為抵押,幸得同情,始能歸家。前後曾在三家湯屋重施故技云云。[95]這個故事在日本流傳很久,較接近的有十年前出版的瀨川光行《商海英傑伝》,[96]以及1900年出版的《實業家奇聞錄》,[97]都有不少篇幅談到此事。但故事的主要倫理教訓,在讚美原亮三郎發跡之後,仍懂得特意回舊地尋找當時的三家湯屋,希望拜謝微寒時容許他以舊手巾代澡錢之恩,並且贈以厚禮作為回報。這個以舊手巾抵作浴錢的故事,像中國韓信「一飯千金」的故事之類,是用來宣揚報恩倫理的。雖然《商界の人物》作者觀風堂主人在這裏沒有強調報恩,而是以此為例說明原氏後來立志成功,端賴這段艱苦日子的鍛練,但這個故事一直流傳為明治商界報恩的典範,當時閱讀這些商業倫理書的讀者,自然心領神會作者意在突顯原氏重恩義的性格。

第二段標題「(原)氏的出版事業」,概述原亮三郎的出版事業,如何白手興家,掌握時勢商機,受文相森有禮的啟發,以近代書業專業路向為商略,創立金港堂編輯所以聚教育及文化界英才於一堂,藉此躍居全國書肆之首,對教育建樹誠然功不可沒等等。然後特別針對教科書事件作出評論,先說原亮三郎大受輿論所恥,醜態畢露。作者認為原亮三郎本來營商有道,致富有術,無懈可擊,可惜一旦牟利過急,手段過當,種下腐敗禍根,端的是「千慮一失」,誠為可惜。[98]

第三段標題「氏的二(種)幸福」。作者認為原亮三郎雖然偶犯好利之過,但幸而本性急公近義,繼承中國文化較多,與「守財奴」之流不可同日而語。作者舉述原亮三郎在當眾議院議員時,在議會上為實業利權等議題努力不懈,在大學及商業教育方面也慷慨解囊,捐款資助清貧學子成材等等善舉,不特是原氏美德的發揮,同時也讓他的善名家傳戶曉。他的第一幸福,就是本性善良。加上夫人禮子極為能幹,

相夫教子，佳伴終生，輔助丈夫白手興家，功不可沒，是為第二幸福。結論是原亮三郎得此二福，不難在商界崛起而成書業翹楚，其成功根本，亦端賴於此。[99]

綜觀通篇，作者努力突顯傳主知恩圖報、樂善好施、不屈不撓、艱苦創業，始得執教科書業之牛耳，賄賂行徑則是一時貪念，失足飲恨，但仍然無礙其繼續成為全日本排位第五的商界典範。

另一篇原亮三郎簡傳見於日本力行會編的《現今日本名家列伝》，出版於 1903 年 11 月。按 1903 年中旬，媒體對教科書事件報道開始失去熱情。輿論的注意力已經轉移到日益緊張、戰雲密佈的日俄關係。在這時刻，以鼓吹苦學力行，「克己復禮、立心立命」等倫理要義為宗旨的日本力行會，[100] 到底會用什麼筆法，來處理剛剛脫身刑責但貪腐形象猶新的原亮三郎及其子原亮一郎？從他們的說法，或可窺見當時強調公德倫理的知識界群體，對原亮三郎及金港堂的看法。

在此書的〈實業家原亮三郎〉傳，敘事內容與其他原亮三郎傳記大同小異，但關鍵是絲毫沒有提到教科書事件，[101] 但這不代表作者沒有關注到該事件。相關的詳細評論，反而出現在原亮一郎的傳記裏，連提及原亮三郎時，也只是隱約地說原亮一郎的「乃翁」（父親）也牽連在內，矛頭好像主要針對兒子而放過了父親。作者的評語一方面重複時論的道德裁決，如認為腐敗空氣瀰漫全國教育社界（即教育產業界），沒有「節操」的「教育者」，不免為其污染，以為可以用「妙案」博取「奇利」，不料東窗事發，醜態畢露，天下共睹，法網不漏，輿論痛斥，可謂道德「罪人」、教育界「毒府」。另一方面，卻慨嘆強者不論為惡為善，均影響深遠，今次事件好像火燒「崑崙山」，「玉石」俱盡。作者又認為事件雖屬原氏自作惡業，但若因而促生了純潔的教育家及清廉的政治家，則毋寧是一人受刑而千人受惠。然則原氏今次成為「天下」之「怨府」（眾矢之的），豈非有類「俠義」之「死」？最後作者坦承自己撰寫這篇傳記時，感觸滿懷，是非難斷，落墨為艱。[102] 由此可見，與教科書事件初起時，一面倒地責罵原亮三郎的輿情相比，作者在譴責其非

之餘，亦不忍一筆抹殺其人的善良公義品性及其對日本教育的長期貢獻，以至有難以下筆之憾。但作者將原亮三郎的角色，隱藏在原亮一郎的傳內，這種曲筆手法，豈非反映了作者對原亮三郎亦不無包容之心？

綜上所述，以原亮三郎為代表的金港堂贈賄雖有確據，聲譽仍未盡毀。其間道理何在？原氏其人一向的品格行止及輿論口碑固然重要，但若非時勢和合，恐怕他的聲譽亦不會有人如此維護。以下從五個方面，嘗試解讀金港堂商譽屹立不倒的外緣因素。

首先，前述1903年4月經內閣通過及樞密院審核，然後以天皇名義頒佈的第74號勅令，固如菊池文相之願，確立了國定制，但由於強調了改行國定制的原因，是因為行之已久的檢定制，方是引發教科書事件的罪魁禍首，所以非廢除不可。這種推銷國定制的說辭，實質上令教科書事件的個人貪腐行為問題，一變而為文部省的拙劣制度問題。在上述及5月召開的第十八回帝國議會中，佔議會幾七成議席的兩大政黨，向文部省甚至內閣發動猛烈抨擊，以其在教科書事件上極度失職，不能監督管理屬下由中央到地方各級教育體系內的大批官員，並且製造了誘人犯賄的壟斷性教科書地方採擇制度，令書商不得不行賄以求壟斷，或求生存。議會攻擊的結果，造成菊池文相於7月引咎辭職。他掛冠而去，又等於承認責任在文部省。事件發展至此，文部省才是罪魁禍首，一眾賄犯皆屬受害之身，遑論早經免罪的原亮三郎。此外，東京地方裁判所檢事局乃至大審院在事件過程中，顯示出諸多有違近代法律公義的司法行徑，亦大大削弱了懲治貪腐案件所應有的正義感，甚或使人對已入罪者產生同情之心，對脫罪者更不得不還其清白。在事件中唯一受起訴贈賄的原亮三郎，5月已經無罪釋放，若論者仍繼續直斥他貪污，不啻用無證無據的道聽塗說入人以罪。這類謠言公審，在有公信力的輿論平台上，也不好延續。

其次，是適逢日俄戰爭爆發。日俄這次戰爭的直接導火線，是1903年4月俄國延遲撤走在八國聯軍之役時佔據滿洲的俄軍，要求清

廷簽訂新的條款，讓俄國長期控制中國東北，因而與同樣企圖插手滿洲的日本發生重大利益衝突。8月雙方展開外交談判，但一直不果。翌年2月6日日本終止談判並與俄絕交，8日戰爭遂爆發。由1903年仲夏開始，兩國關係非常緊張，開始戰雲密布，對事件的報道，成為日本媒體的焦點，亦是舉國密切注目的新議題。明治維新以來，雖在甲午戰爭取勝，但與西方列強之一開戰還是首遭，勝負未卜，國家命運安危所繫，而且勢將動員社會大量人力物力，對各社群及個人必然帶來巨大衝擊。這個新議題，自然成為社會視線聚焦所在。在媒體上已經成為過氣話題的教科書事件，實不值得糾纏下去。

再次是書商送「禮」給圖書委員會委員等官員，答謝其支持之恩，就明治時期的文化風俗而言，究竟是贈賄，抑或餽贈？這點似乎值得商榷。大體上，由明治維新至第二次世界大戰結束，以西方近代價值觀為代表的現代觀念與日本傳統價值觀，在日本社會互相激盪以及融會，但從1880年代開始，全盤西化論退潮，各種形態的「和魂洋才」觀念，基本上主導了維新及近代化的思想及政經界精英。在這種「和魂洋才」大潮之下，傳統風俗價值對社會上下的思維及行為，影響仍然極為深遠。例如作為「和魂洋才」高潮的明治憲法，就十分強調來自西方的憲政，必須立足於日本社會傳統及文化之上，始有成功之望。[103] 目前有關明治文化風俗方面的研究，主要來自社會學及人類學家，對20世紀中葉以後日本社會傳統所作的觀察。[104] 他們所描繪的20世紀中後期日本社會傳統，大致上仍然反映了教科書事件時代，日本社會的一般風俗人情。而與本章密切相關的，就是有恩必報的報恩觀。

Benedict曾論述日本傳統報恩觀的日本特色。簡言之，她認為作為「義理」（日語「ぎり」）的重要構成元素，「報恩」在日本傳統文化，是一種對個人行為具有極強烈制約力的社會規範，其壓力來自恥辱感。即受人恩惠則必須回報，即使不甘願亦不能逃避，否則會為社會所不恥，被譏貶為不懂義理。對天皇及父母的忠孝固然如此，在一般社會事務上，受人餽贈或得人襄助，都產生必須回報的「義理」或「恩」。[105]Befu總結日

本社會饋贈風俗時，提到都市化及現代化後出現的饋贈型態之一，就是饋贈者懷抱不情之請的居心（ulterior motive）致送厚禮，有踰相關社區群體約定俗成的常規，收受者禮貌上雖然不便辭卻，可是一旦收受，即負上回報的「義理」，即須為饋贈者作出本來無意或不會作的事。這種懷有特殊目的的饋贈，表面上沒有契約的法律義務束縛，只有社會倫理無形無聲的約束。Befu認為這類授受行為，在美國社會可能構成行賄，但在日本社會則毋寧是一種「義理」的表現，不一定當作賄賂行為。[106]Rupp在縷述其田野調查對象家庭如何看待踰矩饋贈的文化含意時，總結出三種決定特大饋贈價值的因素，其中之一便是感恩回報。[107]由此可見，即使在20世紀後期的日本，報恩作為影響饋贈風俗的價值觀，仍在發揮重要作用，何況在1903年？以饋贈禮物來表達報答恩義之情，無疑是明治社會重要而流行的風氣。教科書事件大部分案情，都是被告人收受某書店（店主或其代理人）的饋贈禮物，大部分是金錢或實物（如名貴時鐘等），也有貸賒借款、豪奢饗宴等形式。收受這些饋贈時，可能作出口頭承諾，在府縣圖書審查委員會會議上，支持該書店某科目課本，入選為相關府縣所有尋常小學採用的指定教科書，供縣知事取決，或在過程裏作出直接間接的支持，或不加阻撓。雙方沒有任何契約，也沒有執行的第三方規管。書商受官員支持而感恩致送禮物，並無違背報恩的風俗。禮物對當事雙方而言，是否賄款，則是一個語意學問題。他們在辯護時，往往否認是賄款，而要證明兩造蓄意進行賄賂，也確非易事。前述金港堂1899年利益金120,504円，其中10%的12,050円，即用作「賞與」及「交際」開支。在媒體報道、證供及賬項上，另一個涉案者經常使用的名詞是「運動費」，中文一般稱活動經費；在政治競選時為選舉費，在美國有所謂遊說費（lobbying cost），在商業上現在也常稱交際費、公關費（public relations expense）或傳訊費（communication expense）。「運動費」這個名詞本身沒有刑事性質，亦不代表賄款。本節開始時，提到原亮三郎一向以不忘報恩見稱，是堅守義理的明治商人模範之一。教科書事件展

示了金港堂習慣上向支持其課本的官員，回報了價值數百円至千円左右的禮物，與其他競爭書商所贈送的禮物，價值相當，應該是當時相關教育專業群體約定俗成的送禮規矩。這事實固然不足以説服所有人，撤去金港堂收買官員的貪腐責難，但從報恩義理的文化角度看，其行為的倫理判斷亦非黑白分明，無可辯駁。故此，原亮三郎能得到當時部分人的同情和原諒，也不是難以想像的事。

此外，明治後期重臣與財閥關係緊密，其官俸薪津與其奢華生活，往往並不相稱，與一般民眾相距甚遠。以與三井財閥關係密切的山縣有朋為例，在東京、京都、神奈川大磯町及小田原等地，擁有多所附設精美庭園的私人名宅。與三菱財閥相善的大隈重信，據云亦收受過不少房地產餽贈。這類傳説在明治後期的媒體上甚為風行，但罕有證據或受到調查。[108]Walter McLaren 於 1908 至 1914 年曾在慶應義塾(今天的慶應大學) 執教經濟與政治學，目睹了明治、大正政府上下錢權交易盛行、選民集體出賣選票等現象。他在 1916 年出版的著作裏作了扼要論述，認為是制度產生的結構性困境，社會上已經習以為常，不再關懷道德上貪腐與否的問題。[109]從上述刑法官吏收賄條文及其他司法法規可見，除非發生大規模政治清洗行動 (如 1881 年政變)，否則極不容易出現涉及政府元老級人物的貪腐案件。社會對此類錢權交易，既然無可奈何，不以為怪，若非對原亮三郎另懷深仇大恨，否則不致對他過於苛責。前節記述花井卓藏對教科書事件的總結，可謂一語中的：「吞舟之魚，必亦吞網之魚！」

再看原亮三郎雖然在書業獲利甚豐，但他的財富在東京富豪之中，畢竟不算耀眼。例如 1887 年出版的山本東策《日本三府五港豪商資產一覽》，分別列出東京府資產 100 萬、50 萬、30 萬、20 萬、10萬、5 萬円以上富商名單，其中 10 萬円以上者共 82 人，原亮三郎為唯一的書商，資產才在 10 至 20 萬円間。但 15 年之後，在 1902 年 6 月出版的山本助治郎編《日本全國五萬圓以上資產家一覽 (全) 》，東京府 5萬円家產以上的名單內，並無原亮三郎，惟 100 萬円以上，則見到新

崛起的博文館出版商大橋新太郎之名。[110]同年9月出版的墨堤隱士《明治富豪致富時代》，收富豪43人致富故事及逸事，內含原亮三郎，所以他被視為當代富豪之一，殆無疑問，但同書附錄轉載1901年9月22日版《時事新報》報道〈日本全國五十萬圓以上の資產家〉，東京府列出150人，內含非工商界的元老松方正義、山縣有朋等，但缺原亮三郎，而書商只有博文館大橋新太郎一人。即在教科書事件爆發前夕，原亮三郎的公開資產實際上由1887年的10萬円以上，大幅下降至不足5萬円，與後起之秀而坐擁百萬円財富的同行書商大橋新太郎相距甚遠。[111]當然原亮三郎僅在金港堂一家株式会社，即握有千多股，每股原值100円，如股價不變，總額也應在10萬円以上。不同作者對其資產估值均在5萬円以下，則可能是金港堂股票或遭低估，或沒有算入其個人資產之內，但不論原因為何，均說明在當時的商業社群眼裏，原亮三郎在東京群富之中，不外小魚而已，遑論成為社會上仇富的對象。

最後，1909年爆發了前述有稱之為明治司法史分水嶺的日糖事件。[112]教科書事件與之相比，不啻小巫見大巫。「日糖」為「大日本製糖株式会社」簡稱，是明治後期日本內地最大規模的以科技為本的精糖製造株式会社。[113]1909年4月，東京地方裁判所檢事局展開大規模逮捕，最終20多名在職及前任眾議院議員被起訴，犯了瀆職法所列的經選舉擔任公職人員收賄而不當地行使公職權力之罪。案情所見，涉案議員集體貪污，呼朋引類，結黨營私，賄款動輒上萬円，有據可稽的情節，犯案歷時兩年之久。日糖一方，社長酒匂常明引咎自殺，多名管理高層被控贈賄、偽造賬目等罪；贈賄、收賄兩批被告，大部分初審時罪名均告成立並判刑，但數人獲緩刑。當年年底前上訴基本結束，大部分維持原判。由於檢控得宜、證據確鑿，部分被告如今田鎌太郎等一開始便「自白」（招供）以求減刑，故此事件在司法程序上沒有引起重大爭議。這起貪污案遠較教科書事件震驚全國，因為在有組織地收賄的議員中，赫然包括不少政界知名之士，如當時第一大黨立憲

政友會幾佔議院一半議席，其幹事長橫井時雄、幹事松村愛藏及該會北信、關東、九州、近畿、東海諸團體的十多位議員均墮法網。其他政黨議員包括大同俱樂部幹部橫田虎彥、同黨議員臼井哲夫、憲政本黨西川真太郎等。[114] 與教科書事件時官位最高者僅數位縣知事相比，日糖事件牽涉眾議院百分之五以上的民選議員，他們手執國計民生政策的取捨大權，對社會道德的衝擊既深且鉅，[115] 與文部省府縣低級視學及教育官僚在採用課本時貪圖小利而有所偏袒，豈可同日而語？由此可見，日糖事件一出，教科書事件遂不免黯然失色。

## 七、總結

　　1902年底爆發的教科書事件，涉案的教育官僚、教師、校長等定罪者過百，贈賄書商多家，金港堂首當其衝，見報率最高，雖沒有定罪，但已經成為醜聞主角。造成教科書貪賄行為的誘因，是全國40多個府縣各由其教科圖書審查委員會，從文部省檢定符合標準的書單內，採用供各科使用的圖書，經縣知事批准，即通用於全縣。這個制度等於讓獲選書商壟斷市場，迫使書商必須維持壟斷以求生存；商業上的運動經費，不免成為餽贈委員以酬答其支持的開支。教科書採擇制度的壟斷性質，難免引起業界落選者不平，旁觀者質疑並認為可能有利益衝突，輿論漸漸認為背後必有貪賄黑幕，引起教育界及議會關注。當1900年義務教育進一步普及，學生人數增加至400萬，教科書市場的市值亦增至數百萬円，成為引人垂涎的教育產業。由於金港堂十多年來已經成為教科書業界龍頭，在內容、教法等方面久享聲譽，資本雄厚，人才濟濟，所以市場佔有份額最大，一枝獨秀。按當時工資物價而言，教科書書價並非廉宜，金港堂的利潤相當可觀。職是之故，金港堂的首腦原亮三郎，遂變成眾矢之的。

　　在檢定制圖書採擇前後，各書商餽贈相關委員以酬謝其支持，屬一貫的商業做法，並沒有違反任何法律。同樣的行為，經熟悉刑法專

業的文部大臣松田正久於1901年1月公佈文部省令第2號，才明確成為刑事違法行為，但他不料觸犯此令的教育官員原來有這麼多，也沒有想到他們不受阻嚇，依然故我。及1902年冬，任文部大臣的前東京帝大校長菊池大麓銳意推廣所謂「言文一致」的國語運動，作為文字建國大業的使命。他矢志將檢定制下各種文體及假名紛陳混雜的民間教科書，收歸文部省統整掌管，由國家決定其主要內容及文體假名等書面語，即將檢定制轉為教科書國定制。這個新教科書政策，遭到教育界、出版界、商界以至政界很多人強烈反對。菊池最終以教科書事件為藉口，將以前文部省設立的檢定制標籤為罪魁禍首，論證必須實施國定制，才得以爭取到內閣及樞密院同意，再以天皇勅令頒佈。他的出發點，既非痛懲貪官污吏，也不是加強國家主義的忠孝灌輸。他的目的就是要讓文部省內提倡「言文一致」的官員，可以完全控制全國的義務教育教科用書內容，藉此在全國範圍內有效地統一假名系統及文體。不料結果株連上百官員，包括不少知名的政黨人士，因而引起眾議院佔七成議席以上的兩大政黨的猛烈攻擊，追究文部省嚴重失職，有議員甚至要求內閣總辭。最後各方妥協，菊池被迫引咎辭職。菊池求仁得仁，一方面完成了國定制「言文一致」的使命，另一方面則犧牲了自己的仕途，可謂教科書事件一個消極的關鍵人物。

事件的積極執法動力，實際來自司法省及其轄下的東京地方裁判所檢事局。時任司法大臣的清浦奎吾，是刑法及司法程序專家，山縣派實力人物，一直以革新明治法律，趕上西方列強法治水平為己任。教科書事件嚴厲執法，必獲他支持。更重要的是清浦帶引出道的新銳司法省官僚團體，包括橫田國臣、平沼騏一郎、小林芳郎等，與明治以來日益嚴重的貪腐政治，漸成水火。東京地方裁判所檢事局，亦有新銳檢事正川淵龍起，曾在台灣總督府任法院檢察官兼民政局事務官，與台灣總督兒玉源太郎共事，整頓該地日本官員的貪腐，卓有成效。兒玉與桂太郎相善，對內地政治十分了解，亦積極關注教科書問題，一度繼菊池出任文相。兒玉很可能在幕後通過與川淵與桂太郎的關係，鼓

勵了教科書事件的嚴厲執法。事件的大規模執法，並非一般司法行動，而是在內閣、司法省以至東京地方裁判所內，各種非常特殊的政治勢力剛巧在這時節互相交匯激盪，因緣湊合而產生的結果。職是之故，過程中亦出現種種不符規範的做法。雖然執法開始時，打著掃貪除污的正義旗號，但執法半年的結果卻遭法律界嚴重質疑，認為事件製造了大量冤案，違反司法公義，為教科書事件蒙上了政治及司法迫害的陰影。

原亮三郎雖然在事件中成為醜聞風眼，但商譽卻得以保存，繼續成為明治時期的商人模範。當時以至稍後的商人傳記，評價他的主調，大致仍是賞識多於苛責，婉惜多於貶斥。估計原因可能有五：其一，政府既已宣稱教科書貪腐的罪魁禍首是檢定制，則犯賄定罪者不啻受害人，更何況是在法律上證明是清白的原亮三郎？其二，日俄衝突日甚，戰雲密佈，轉移了社會的視綫。其三，商人向曾襄助生意的人餽贈財物，以示感恩之情，是明治社會通俗，所以教科書事件的贈金，到底是賄款抑或謝禮，見仁見智，可以有很大的爭議性。若從法律加以界定，則令在公堂上判定沒有犯法的被告如原亮三郎繼續以傳聞入罪，判決亦將失去公信力。其四，明治社會對政府高層的錢權交易，已經習以為常；尤有進者，原亮三郎雖然販賣教科書牟取大利，他的資產在事件前後，已經不再在東京富豪榜上出現，不會成為仇富的對象。最後，1909年日糖事件爆發，對社會的衝擊更大，涉案的眾議院議員達20人以上，除最大黨政友會之外，也涉及憲政本黨和大同俱樂部的議員，而且包括了政黨的高級幹部，賄款動輒上萬円，拉幫結派，在有利日糖議案上集體收賄，不當地行使議員的職責。此外，日糖多名高層亦被控贈賄及偽造賬目等罪。這次大規模執法十分周詳、證據確鑿，絕大部分疑犯成功檢控定罪判刑，建立很好的司法公信力。教科書事件與之相比，不論在賄款及不當行使公職權力方面，都屬於小巫見大巫，完全不可同日而語。所以日糖事件一出，教科書事件即不再成為錢權交易的焦點。

## 註 釋

1  《朝日新聞》，1902年（明治三十五年）12月18日。樽本照雄：《初期商務印書館研究》，頁131–150提供了以《萬朝報》報道為主的事件輪廓。有關明治教科書事件，當時及後世的論著汗牛充棟，但評議者眾，研究者稀。較深入的分析，可參考梶山雅史：〈明治教科書疑獄事件再考〉，載本山幸彦教授退官記念論文集編集委員会編：《日本教育史論叢：本山幸彦教授退官記念論文集》（東京：思文閣，1988），頁19–38。稻岡勝：〈教科書疑獄事件とジャーナリズム〉，《国文学論考》，第40號（2004），頁98–107；稻岡勝：《明治出版史上の金港堂》，頁307–337；Richter, "Marketing the Word," pp. 194–199。

2  宮地正人：〈教科書疑獄事件－教科書国定への過程として－〉，載我妻栄等編：《日本政治裁判史録・明治後》（東京：第一法規出版株式会社，1969），頁351–378。

3  帝國教育會決議的相關文句如：「教科書問題は明治維新以來未曾有の大疑獄となり」、「我教育界の神聖を汚し、我國家の威信を傷けしもの盖し之より甚だしきはあらざるべし」、「斯かる大獄を惹起したる一大弊源は小學校教科書撿定及び採定の方法其宜しきを得ざりしに職由せずんばあらず、願はくは閣下此際一日も速に該件に關する諸種の法令を悉く改廢して、先づ其一弊根を絕ち、全國の教育者及び理事者をして再び斯かる慘禍に遭遇するの虞を抱かず、各々安じて其任務を盡すを得せしめ、將に失墮せんとする教育界の信用を恢復せられんと(こ)を」、「是れ志士仁人の見聞に忍びざる處にして、實に本會員等が全國教育者と共に日夜慨嘆し措かざる所なり、嗚呼明治の教育界に千歲拭ふ可らざるの汚點を刻したる者は、小學校教科書用圖書審査採定に關する規定に非ずして何ぞや。」見帝國教育會：〈教科書事件に関する建議〉，《東京經濟雜誌》，第1168號（1903年1月），頁23–24。

4  牧原憲夫：《明治七年の大論爭：建白書から見た近代国家と民衆》（東京：日本経済評論社，2003），第5章。明治十四年政變大隈重信下台始末，參考尾佐竹猛：《日本憲法制定史要》（東京：育成社，1938），頁147–158；北海道開拓使官方資產疑遭賤賣的醜聞，引起興論猛烈抨擊，事件見頁152–153。承和文凱教授提示此背景，謹誌謝忱。

5  Kikuchi Dairoku, *Japanese Education* (London: John Murray, 1909), p. 137.

6  Carol Gluck, *Japan's Modern Myths: Ideology in the Late Meiji Period* (Princeton, NJ: Princeton University Press, 1985), pp. 163–174.

7  明治十三年（1880年）《太政官布告》第36號刑法（現稱「旧・刑法」）第284條：「官吏人ノ囑託ヲ受ケ賄賂ヲ收受シ又ハ之ヲ聽許シタル者ハ一月以上一年以下ノ重禁錮ニ處シ四圓以上四十圓以下ノ罰金ヲ附加ス∥因テ不正ノ處分ヲ為シタル時ハ一等ヲ加フ。」關於明治十五年施行的刑法及其精神，可參考付立慶：〈日本近現代刑法的制定、修改及其評價〉，《南京大學法律評論》，第2期（2016），頁207–222。

8  關於1902年時檢控收賄官員在執法上的困難，教科書事件檢控的主角川淵龍起在其回憶錄也有提及。詳本章第五節。

9  自1886年教科書實行檢定制以後，一直有貪腐的醜聞傳說。和教科書事件較接近的，如《朝日新聞》1897年（明治三十年）2月27、28日及3月2日「新潟縣教科

書審查事件」，報道了金港堂大力動員遊說審查會採用其教科書，出動了地方報章及議員乃至擔任審查會會長（主席）的縣書記官等襄助，與得到警部長支持的另一家書店國光社激烈競爭。在不能獨佔時，金港堂又聯合多家書店，推動審查會在某些科目採用並列方式，同時選用數家書店的書，結果維持金港堂在書籍選用上的優勢。不料遭人檢舉而導致七名不同書店運動員（遊說運動營業員）及數名審查會委員一度遭警察拘留調查。當時涉案的金港堂運動員名加藤駒二，後來成為書店的管理層。《朝日新聞》1898年（明治三十一年）9月2日「金港堂大詐欺に罹る」曾報道，金港堂主原亮三郎涉嫌詐取埼玉縣書商櫻井為之助千餘円。《朝日新聞》1900年（明治三十三年）2月7日「靜岡縣教科書審查會の怪聞」報道傳說該縣審查會決定使用金港堂讀本書及集英社修身書背後涉及縣知事、議員、官員、師範校長與教授、中學校長與教員等錯綜複雜的貪腐運動，並且揭露了縣知事等人每人賄價情報，金港堂尋常小學讀本5,000円、高等小學讀本3,000円、國光社尋常小學修身書2,000円、高等小學修身1,000円，每人共11,000円。不同流合污者則被群起排斥對付，被撤職或調任。《朝日新聞》1901年（明治三十四年）9月18日「教科書運動」報道了金港堂在兵庫縣教科書審查會會議期，投入重金進行遊說。《朝日新聞》1902年6月17日報道金港堂等在三重縣等地涉嫌粗製濫造教科書。以上事情，最終都不了了之，沒有進一步發酵，但都涉及金港堂的名字。

10　《朝日新聞》，1902年10月8日。

11　《朝日新聞》，1902年10月19日。

12　《朝日新聞》，1902年12月21日。

13　《朝日新聞》，1903年（明治三十六年）1月13日。

14　《朝日新聞》，1903年1月8日。

15　《朝日新聞》，1902年10月19日。

16　《朝日新聞》，1902年10月23日。

17　《朝日新聞》，1903年1月14及21日。樽本照雄：《初期商務印書館研究》，頁137說加藤犯了贈賄罪，但沒有說明其史料根據。

18　宮地正人指出雖有贈賄事實，東京地方裁判所檢事局本意按文部省1902年第2號令有關贈賄的條款，一併檢舉贈賄者，但菊池文相在閣議討論教科書國定案時，提出各大涉案教科書店對國定教科書實行時保證全國的持續供應至關重要。法相大臣清浦奎吾因而下令東京地判檢事局不追究贈賄者，故此最終無一人入罪。見氏著：〈教科書疑獄事件〉，頁365。

19　《萬朝報》，1903年4月12日。

20　《萬朝報》，1903年4月16、21、25日。

21　《萬朝報》，1903年7月8日。

22　《萬朝報》，1903年3月8日。

23　《朝日新聞》，1903年3月10日。

24　《朝日新聞》，1903年3月13日。

25　《朝日新聞》，1903年5月2日。

26　關於內藤魯一對自由民權及憲法主義的貢獻，見川口清栄：《政機線上之人物：一名・代議士人物評》（東京：現代社，1909），頁84–86。

27 《朝日新聞》，1903年5月2日，並見《讀賣新聞》同日報道，兩報互有詳略。

28 《朝日新聞》，1903年2月19日。

29 此案上訴見《朝日新聞》，1903年7月28日。終審記錄見大審院：《大審院刑事判決錄》（東京：新日本法規出版株式會社，1969–1970），第4冊第9輯，頁1176–1187。

30 關於明治學制與教科書制度的複雜變遷過程，可參考梶山雅史：《近代日本教科書史研究：明治期檢定制度の成立と崩壊》（東京：ミネルヴァ書房，1988）。

31 《朝日新聞》，1902年12月27日。

32 樽本照雄：《初期商務印書館研究》，頁133。

33 參考內務省內閣統計局編纂：《国勢調査以前日本人口統計集成8（明治三十六至三十七年）》（東京：東洋書林，1993），數據見各相關府縣。

34 《朝日新聞》，1903年2月17日。

35 《東京經濟雜誌》，第1169號（1903年7月2日），頁25–26。

36 《朝日新聞》，1902年12月12日。

37 渡邊政吉著：《修正日本修身書：尋常小學用》，修正三版（東京：金港堂書籍株式會社，1901），https://nieropac.nier.go.jp/lib/database/KINDAI/EG00014560/900097475.pdf；國光社編輯所編：《國民修身書：尋常小學校用》（東京：國光社，1902），https://nieropac.nier.go.jp/lib/database/KINDAI/EG00014747/900099416.pdf；文學社編輯所編纂：《尋常日本修身書》（東京：文學社，1901），https://nieropac.nier.go.jp/lib/database/KINDAI/EG00014541/900097308.pdf。以上各明治時期教科書見日本文部科學省国立教育政策研究所教育図書館「近代教科書テジタルアーカイブ」，https://www.nier.go.jp/library/textbooks/，此外國立國會圖書館及東書文庫均有豐富收藏。

38 菊池大麓：《教科書國定ニ就テ》（東京：文部省官房，1903），頁53–54。該書並未列出著者是誰，但通觀全書則是菊池的演講辭無疑。收藏該書的國立國會圖書館，標舉作者為「菊池大麓述」。

39 Kikuchi Dairoku, *Japanese Education*, p. 114.

40 書價每冊0.08円、市場總值200萬円、每月收入1円等這些概念，也可以折算為今日的幣值作粗略比較。按國立國會圖書館：《レファレンス協同データベース》，平成十年（1998）企業物價指數為687.5，明治四十年（1907）企業物價指數則為0.632，故前者為後者的1,088倍，即每冊87円、總值2億多円、月入1,088円。https://crd.ndl.go.jp/reference/detail?page=ref_view&id=1000046202。

41 東京興信所：《銀行會社要錄：附．役員錄》，第三版，頁418–419。

42 利益金分配共四項：諸積立金32,600円、賞與及交際費12,050円、配當金（年一割二分）60,000円、後期繰込15,854円。此四項之和共120,504円，即當年利潤。

43 《朝日新聞》，1901年（明治三十四年）12月10日。

44 按日本勸業銀行是特殊銀行，1897年根據日本勸業銀行法創立。當時準備募集資本金1,000萬円，每股200円。法律規定成立後十年內，如派發股息不到年率5%，政府便補貼足數，但上限為資本金的5%。見《日本勸業銀行法》，第2、3、55條，載日本勸業銀行調查課：《日本勸業銀行法並定款沿革》（東京：日本勸業

銀行調查課，1933)，頁 1、30–31。創業時資本金只有 250 萬，在 1902 年下半年
期 (第 11 期) 實收資本增至 325 萬。見豐田久和保編：《日本勸業銀行三十年志》
(東京：日本勸業銀行，1927)，頁 82–84。

45　第一國立銀行創立時資本金為 2,440,800 円，每股 100 円，71 名株主。明治三十
二年 (1899) 已增資至 500 萬円。見長谷井千代松編：《第一銀行五十年小史》(東
京：第一銀行，1926)，頁 123–131。

46　1903 年 7 月報章報道了兩家銀行的半年期財務狀況，亦可參考。勸業銀行當期
總益金 (總收入) 852,655 円、當期總損金 (總支出) 600,155 円、差引利益金 (純
利) 252,500 円，加上前期繳越金 (上年結轉) 132,328 円，合計 384,828 円；內損
失補填準備金 40,000 円、 配當平均準備金 10,000 円、 第一配當金 (年 5%)
81,250 円、重役賞與金 (高管獎金) 25,200 円、第二配當金 (年 5%) 81,250 円、
後期繳越金 147,128 円。再看第一國立銀行，總益金 408,655 円，其分配為賞與
金 8,597 円、積立金 50,000 円、配當金 225,000 円 (年 9%)、後期繳越金 125,058
円。見《朝日新聞》，1903 年 7 月 28 日。有關財務解讀承遲王明珠博士協助，謹
致謝忱。

47　明治時期省部級在刑法以外，立法懲處違規行為，見川口由彥：《日本近代法制
史》(東京：新世社，1998)。

48　原文第 63 條第 2 項，說犯了下列各款情況之一即可定罪，相關刑罰為何，跟着
舉出五種情況。和本文最有關的是第 63 條第 2 項罰則和 5 款中的第 1、2 前兩
款，前後共三句。本章引文是我們的中譯，原文見《官報》，第 5256 號，明治三
十四年 (1901) 1 月 12 日：
文部省令第二號　小學校令施行規則中左ノ通追加ス
明治三十四年一月十二日　文部大臣　松田正久
第六十三條ノ二　小學校教科用圖書ノ審查又ハ採定ニ關シ其ノ前後ヲ問ハス
左ノ各號ノ一ニ該當スル所為アル者ハ二十五日以下ノ重禁錮又ハ二十五圓以下
ノ罰金ニ處ス
一　直接又ハ間接ニ金錢物品手形其ノ他ノ利益若ハ公私ノ職務ヲ官吏學校職員
若ハ運動者ニ供與シ又ハ供與センコトヲ申込ミタル者又ハ供與若ハ申込ヲ承
諾センコトヲ周旋勸誘シタル者並ニ供與ヲ受ケ若ハ申込ヲ承諾シタル者
二　直接又ハ間接ニ酒食遊覽等其方法及名義ノ何タルヲ問ハス人ヲ饗應接待
シ又ハ饗應接待ヲ受ケタル者又ハ旅費若ハ休泊料ノ類ヲ代辨シ及其ノ代辨ヲ
受ケタル者並ニ此等ノ約束ヲ為シ又ハ約束ヲ受ケタル者

49　如文部科學省：《学制百年史》，資料編，《小学校令施行規則 (抄) (明治三十三
年八月二十一日文部省令第十四号)》，第 1 章第 5 節「図書審查及採定」第 58 條：
「委員ハ自己又ハ親族ノ著作、校閱、出版ニ係ル図書ノ審查ニ參与スルコトヲ
得ス」，https://www.mext.go.jp/b_menu/hakusho/html/others/detail/1318017.htm。關
於教科書的版權，檢定制時屬出版書店。國定制實施則屬文部省所擁有。見
1903 年 (明治三十六年) 4 月改正小學令：「小学校ノ教科用図書ハ文部省ニ於テ
著作権ヲ有スルモノタルヘシ」。有關明治內閣制施行後前後三次頒佈小學校令
而奠定明治近代學制的過程，以及教科書由檢定到國定過程的官方論述，見文

部科學省編：《学制百年史》，https://www.mext.go.jp/b_menu/hakusho/html/others/detail/1317552.htm。

50　西原春夫：〈刑法制定史にあらわれた明治維新の性格 —— 日本の近代化におよぼした外国法の影響・裏面からの考察〉，《比較法学》，第3卷第1號（1967年2月），頁51–94；西山由理花：《松田正久と政党政治の発展：原敬・星亨との連携と競合》（京都：ミネルヴァ書房，2017）。

51　1907年（明治四十年）新刑法第197條：「公務員又ハ仲裁人其職務ニ關シ賄賂ヲ收受シ又ハ之要求若くハ約束シタルトキハ三年以下ノ懲役ニ處ス因テ不正ノ行為ヲ為シ又ハ相當ノ行ヲ為ササルトキハ一年以上十年以下ノ懲役ニ處ス」，見山野金藏編：《新旧刑法対照》（東京：有斐閣，1908），頁122。第198條：「公務員又ハ仲裁人ニ賄賂ヲ交付、提供又ハ約束シタル者ハ三年以下ノ懲役又ハ三百圓以下ノ罰金ニ處ス」，頁124。相對於「旧・刑法」第284條：「官吏人ノ囑託ヲ受ケ賄賂ヲ收受シ又ハ之ヲ聽許シタル者ハ一月以上一年以下重禁錮ニ處シ四圓以上四十圓以下ノ罰金ヲ附加ス // 因テ不正ノ處分ヲ為シタル時ハ一等ヲ加ス」（頁122–123），新刑法在舉證及執法上，肯定認真得多。

52　菊池大麓：《教科書國定ニ就テ》，頁3–5。

53　《朝日新聞》，1902年12月21日。

54　參考曾根松太郎：〈菊池大麓君〉，載氏著：《當世人物評》（東京：金港堂，1902），頁102–124。

55　菊池大麓：《教科書國定ニ就テ》。該書為非賣品，該年7月5日印刷，7月8日發行。距菊池卸任九天。

56　菊池大麓述，田所美治編：《菊池前文相演述九十九集》（東京：大日本図書，1903）。

57　菊池大麓述，田所美治編：《菊池前文相演述九十九集》，〈序〉，頁1–31，當中頁27–28載「其所にも有る通り此事件は實に不祥の極で有るけれ共、多年の積弊を一掃し、國定教科書の制を實行するには復得可からざる好時機で有るから、何んでも之を遂行しようとして隨分苦心した、種種の方法を以て事の進行を妨害された、然し余は在任の終りまで馬車馬的に進行して行つた、最早今日では動かす可からざるものと信ずる。」

58　Kikuchi, *Japanese Education*, pp. 324–330; Christopher T. Husbands, *Sociology at the London School of Economics and Political Science 1904–2015* (London: Palgrave Macmillan, 2019), p. 27.

59　菊池大麓：〈序〉，《菊池前文相演述九十九集》，頁28。這裏提到他卸任文相前後，竟出現文部省是否應該廢除的爭議，贊成一派支持者不但為數不少，更猛烈攻擊文部省。這事與國定教科書至少有制度上的關連。假如當日文部廢省議獲通過，亦即意味著國定制無法執行，可見菊池任內所承受的巨大壓力。

60　梶山雅史：《近代日本教科書史研究》，頁324–351。相關的議會辯論，見大日本帝国議会誌刊行会編：《大日本帝国議会誌》，第五卷（東京：大日本帝国議会誌刊行会，1927）。

61　關於教科書事件國家主義論，是戰後反國家主義氛圍下一個相當普遍的看法，大致認為國家主義思想統制是推行教科書國定制的主要動力，希望將教科書由自由市場收歸國家直接主導和控制，教科書事件是政府執行國定化的行政手

段，目的是震懾反對的書商及官員。參考文部省編：《学制百年史》；梶山雅史：
〈明治教科書疑獄事件再考〉；稻岡勝：〈教科書疑獄事件とジャーナリズム〉及《明
治出版史上の金港堂》，頁 307–337；唐澤富太郎：《教科書の歷史》，頁 191–
210；宮地正人：〈教科書疑獄事件〉，頁 351。梶山及稻岡對此均有所商榷。

62  梶山雅史：《近代日本教科書史研究》，頁 352–355。

63  菊池大麓：〈〔九六〕幸俱樂部に於ける教科書國定に關する演說（明治三十六年
六月六日）〉，載菊池大麓述，田所美治編：《菊池前文相演述九十九集》，頁
474–479。他總結自己反對由學校自由採擇教科書的理由如下：(1) 各校課本不
一，學生轉校困難；(2) 偏遠學校用書量太少，供應困難；(3) 書商無法提供所
有學校其樣本以供選擇；(4) 書商仍會運動爭取更多學校採擇其課本，結果數以
萬計的校長及教員可能墮入貪賄的陷阱；(5) 學校校長自由採擇，結果由郡縣教
育會及其他有力人士、團體等地方勢力或縣知事所左右，無法真正地讓教育者
自由採擇，而且無法問責，較現行府縣審查會制更差。由這些反對自由採擇制
的理由，可見菊池當時也沒有提倡國定制會較民間市場力量更宜於宣揚國家主
義。事實上，當時的有力團體如帝國教育會，亦向議會正式建議除修身科課本
由國費編纂以外，其他各科課本悉由民間編輯，文部省採定，廢除地方審查，
各小學校自由採擇。見《東京經濟雜誌》，第 1068 號 (1903)，頁 24。關於學校自
由採擇課本論的正反兩面議論，可參考木塲貞良：〈行政學問題トシテノ教科書
問題〉，《國家學會雜誌》，第 197 號 (1903 年 7 月 20 日)，頁 1–43。

64  關於明治後期國家意識形態的泛濫，參考 Gluck, *Japan's Modern Myths*。

65  Paul H. Clark, *The Kokugo Revolution: Education, Identity, and Learning Policy in Imperial
Japan* (Berkeley, CA.: Institute of East Asian Studies, University of California, Berkeley, 2009).

66  Clark, *The Kokugo Revolution*, pp. 78–132。當時亦有人批評文部省內的東京帝國大
學一派，有「赤門派」之稱，與東京高等師範學校的「茗溪派」時相傾軋。見菊池
大麓述，田所美治編：《菊池前文相演述九十九集》，〈序〉，頁 30。

67  菊池大麓：〈〔九九〕言文一致會に於ける演說（明治三十四年七月十四日）〉，載
菊池大麓述，田所美治編：《菊池前文相演述九十九集》，頁 557–567。

68  菊池大麓：〈序〉，載菊池大麓述，田所美治編：《菊池前文相演述九十九集》，
頁 30–31。

69  《裁判所構成法》第 81 條：「檢事ハ如何ノル方法ヲ以テスルモ判事ノ裁判事務ニ
干涉シ又ハ裁判事務ヲ取扱フコトヲ得ス」；第 82 條：「檢事ハ其ノ上官ノ命令
ニ從フ」。見《法令全書》明治二十三年 (1890) 第 6 號《官報》2 月 10 日〈法律〉（東
京：內閣官房局，1890)。

70  「司法省官制第一條司法大臣ハ各裁判所及檢事局ヲ監督シ檢察事務ヲ指揮シ恩
赦及復權ニ關スル事項其ノ他諸般ノ司法行政事務ヲ管理ス」《司法省官制改正
第一條・御署名原本・明治二十六年・勅令第百四十三號》，https://www.digital.
archives.go.jp/DAS/meta/listPhoto?LANG=default&BID=F0000000000000015550&ID
=&NO=&TYPE=PDF&DL_TYPE=pdf。另參宮地正人：〈教科書疑獄事件〉，頁
365。

71  關於明治後期的司法制度概況，見小田中聰樹：〈明治後期司法制度概說〉，載
我妻荣等編：《日本政治裁判史錄・明治後》，頁 572–587。

72 根據平沼騏一郎的回憶錄，Richard Yasko 對世紀之交的明治司法省及檢事系統變革，作了很詳細的整理。參考 Richard Yasko, "Bribery Cases and the Rise of the Justice Ministry in Late Meiji—Early Taisho Japan," *Law in Japan: An Annual* 12 (1979): 57–68 及 Richard Yasko, "Hiranuma Kichirō and Conservative Politics in Pre-War Japan," (PhD dissertation, University of Chicago, 1973), esp., pp. 33–43。

73 富井政章：〈法制史略〉，載大隈重信編：《開国五十年史》，上卷（東京：開國五十年史発行所，1907），頁383–408；王鉄軍：〈近代における日本と欧米諸国との不平等条約改正について〉，《中京大学大学院生法学研究論集》，卷20（2000），頁1–38。

74 關於明治時期的清浦奎吾，可參考後藤武夫：《子爵清浦奎吾伝》（東京：日本魂社，1924）。

75 宮地正人：〈教科書疑獄事件〉，頁365：「ところが、文相菊池大麓が『国定教科書案』なるものを閣議に提出した際、『教科書会社が検挙されれば、小学校施行規則六十三条三項により教科書会社の出版教科書が不採用になつてしまう。だが国定をやるとしても数年はかかる』との理由で、省令違犯の検挙励行は当分見合わせてもらいたいと提議し、これを受けて法相清浦奎吾が検事局に對して厳命したためであつた。」

76 Richard Mitchell, *Political Bribery in Japan* (Honolulu, HW: University of Hawaiʻi Press, 1996), p. 20.

77 前述川淵仕途，不見其因教科書事件請辭。羽佐間榮治郎資料很少，但據國立公文書館藏檔案《叙位裁可書・明治四十四年・叙位巻二》第19件文書〈檢事從五位勳五等羽佐間栄治郎等旨叙位ノ件〉載，1911年2月27日司法大臣致總理桂太郎推薦檢事羽佐間榮治郎由從五位進位一級至正五位，以其「高等官奉職十年以上勤勞不尠，且目下病氣危篤……」，https://www.digital.archives.go.jp/DAS/meta/listPhoto?LANG=default&BID=F0000000000000050277&ID=&TYPE=dljpeg。總理同日奏請明治天皇特旨如所請。可見羽佐間一直沒有辭去檢事之職。

78 關於橫田國臣的事蹟及他在司法改革中發揮的作用，參考三田商業研究会編：《慶應義塾出身名流列傳》（東京：実業之世界社，1909），〈大審院長・橫田國臣氏〉，頁324：「〔明治〕九年二月司法省に入りて十二等出仕に補せられ、尋で檢事補となり、民法編纂掛兼務を命ぜらる。爾來檢事、司法省權書記官統計委員參事院員外議官補司法少書記官等に歷任す。十九年歐米に留學し、在留中司法部內行政及裁判事務取調を命ぜらる其間東京控訴院檢事に補す。途次佛獨兩國に於ける司法事務を巡視し、二十四年歸朝せり、後勳六等に敍し司法省參事官を兼任し、尚ほ刑事局兼務を命ぜらる。次で專任參事官となり、兼て法科大學刑法講座を擔任す。二十五年民刑局長に任じ、法典調査主查委員を命ぜられ、翌年正五位勳四等に陞る。二十九年十月司法次官に任じ從四位勳三等に敍し、高等官一等に陞る。三十一年更に檢事總長に補せられ同年十月本官を免ぜらる。其故に司法官就職以來司法部大刷新の計畫を有せしが、計畫實行の中途に憲政黨內閣の新設に際し、老朽輩の讒誣の爲め、大隈總理及大東司法大臣と論爭し、內閣も殆ど轉覆せんとするに至れり。然るに內閣は卑怯未練の一策を搜出し氏が各大臣に回送したる書面に賤劣なる文字を使用したるは大臣に對して不敬なりとの口實を以て懲戒免官に處せしが、內閣も亦

日ならずして更迭したり、當時詩あり『官海風波雲漠分、犬猿何事忽提携、堪憐堂改纔三月、唯議横田一問題』三十二年東京控訴院檢事長に補せられ、三十七年檢事總長となり、夫より行政裁判所長官に任じ三十九年大審院長に親補せられ以て今日に至る。」

79 Yasko, "Hiranuma Kichirō and Conservative Politics in Pre-War Japan," pp. 33–43; Yasko, "Bribery Cases and the Rise of the Justice Ministry in Late Meiji—Early Taisho Japan," pp. 57–68; Mitchell, *Political Bribery in Japan*, pp. 24–26.

80 Mitchell, *Political Bribery in Japan*, pp. 23–25。雨宮昭一：〈日糖事件－汚職事件と檢察權の拡大－〉，收我妻栄等編：《日本政治裁判史録・明治後》，頁486–526。此案日糖高層8人被起訴，1人自殺，7人定罪。立憲政友會議員22人被起訴，16人定罪。

81 關於川淵龍起的職業官僚自覺，可由其《川淵龍起自歷譜》手稿，窺見一斑，當然自傳亦有其局限性，不能盡信。該自歷譜由梶山雅史從川淵後人處取得，見梶山雅史：〈明治教科書疑獄事件再考〉，頁24–25。自傳略云：「余は小學教科書選定に關し幾多の大小官が書肆より收賄せる瀆職事件の潛在することを知り、之を檢挙せんと志し密に着手し漸く大体を得るに逮んで其醜汚の余りに深刻なると、特に知事以下の地方官にして之に関与するものゝ頗る多數なるに吃驚したり。…… 然れども之を檢挙することの最も困難なるは勿論、事全國に渉り而も我が管轄外に係るもの多きに居るを以て余は深思熟考を重ねたる末、自己の毀誉褒貶と利害得失を一切顧みず一身を挙げて事に此に従はんことを決意するに至れり。…… 明くれば十七日朝まだき…… 二十余箇所に亘りて同時刻一斉に家宅捜索を始むることゝし……。斯て幾時の後続々引揚げ帰る中には当時業務の最も隆盛なる書肆金港堂、集英堂、普及社及び文学社等にて頗る重要な証拠書類帳簿等を得、荷車に滿載せるものあり。…… 一時上下を震駭し世間の耳目を聳動せしめたるは時に取て職司上沊に已を得ざるに出てたりとは言ひながら復た一面深く自ら之を遺憾のことゝせり。」

82 人事興信所編：《人事興信錄》，初版 (東京：人事興信所，1903)，〈川淵龍起〉，頁379–380：「君は土佐の人明治十三年 (1880) 法學生徒申付られ同十六年 (1883) 法律學校を卒業し同二十年 (1887) 判事登用試驗に及第し同年檢事に任じ同二十三年 (1890) 從七位に叙せらる大阪地方裁判所檢事に補し同二十六年 (1893) 長崎控訴院檢事となる翌年 (1894) 佐賀地方裁判所檢事正に榮進す同三十年 (1897) 臺灣總督府法院檢察官兼總督府民政局事務官に任じ後高等法院檢察官に專任し同三十一年 (1898) 勳六等に叙せらる覆審法院檢察官長を經て同三十二年 (1899) 名古屋地方裁判所檢事正に補し同三十四年 (1901) 東京地方裁判所檢事正に轉ず同三十五年 (1902) 正五位勳五等に昇叙せらる」(據原文不加標點)。又加藤純二根據《廣島市議会史》關於川淵龍起擔任市長的記載，補充了相關的任職月份。參考加藤純二：〈明治教科書疑獄事件と根本正代議士 (後編)〉，《根本正顯彰会会報》，第71號 (2012)，頁4，https://nemotosyo.secret.jp/k71.pdf。

83 宮地正人：〈教科書疑獄事件〉，頁362。

84 梶山雅史：〈明治教科書疑獄事件再考〉，頁37。

85 森山守次、倉辻明義：《児玉大將伝》（東京：星野暢，1908），第2篇，頁41–
50。此傳記在1906年兒玉病逝後不久出版，獲山縣有朋、桂太郎以及於1902年
3月27日接替兒玉任陸軍大臣一職的寺內正毅三人題字。三人與兒玉關係密切，
等於確認了該傳記內容非虛。

86 森山守次、倉辻明義：《児玉大將伝》，第1篇，頁327–328。

87 森山守次、倉辻明義：《児玉大將伝》，第2篇，頁94。

88 宿利重一：《児玉源太郎》（東京：國際日本協會，1942），頁332–336。該傳記載
乃木督台時代，官吏「請托」、「苞苴」「白晝行」，疑獄不達高官，黨同伐異，醜
狀不堪目。兒玉首務是整飭綱紀，敕任及判任官員有犯「囑託」者1,080人，遭
「罷免」。森山守次、倉辻明義：《児玉大將伝》，第1篇，頁291–292則說「汰」冗
員1,080名。當時在台灣官府結構性貪腐的土壤之上，兒玉能迅速進行這麼大規
模的整頓，涉及去職回本土的日本官員千人以上。他既有堅實的執法基礎，又
能圓滑地以精簡機構為名目進行，不入人以罪，大大減輕了執法成本，同時避
免了政治風波，確是深謀遠慮。

89 花井截至1903年的履歷，見人事興信所編：《人事興信錄》，〈花井卓藏〉，頁116–
117：「君は廣島縣士族立原四郎右衛門の四男にして明治元年六月十二日備後御
調郡三原町に生る同二十一年先代花井いちの養子となり其戸主となる凤に東京
に出で和漢學竝に英學を修む歲十八英吉利法律學校を卒業し優等賞を得更に東
京法學院高等科を卒へて法學院學士の稱號を受け歲二十にして辯護士試驗に及
第し開業十年の久しきに渉り方今特許代理業者破產管財人たり嘗て日本辯護士
協會評議員兼編輯主事東京辯護士會議員等に選ばれ江湖倶樂部國際法學會法制
協會等を創立し又法理精華法學新報の編輯に從事す明治二十三年國會開設時の
法典問題起るや極力これに反對し大に延期說を主張す曾て大隈伯の條約改正案
に反對し外人法官の非を唱導し興論を喚起せり君年僅口に（二）十七八明治三十
一年八月廣島縣第七區より選ばれて衆議院議員となり同三十五年再選す君尤も
國際法に精通し其著に非常國際法あり。」（據原文不加標點）花井評傳亦見飯山
正秀編：《成功名家列伝》，第3編（東京：國鏡社，1909），〈眾議院議員辯護士花
井卓藏君〉，頁605；山口孤劍：《明治百傑傳》，第1編（東京：洛陽堂，1911），
〈法曹界の麒麟兒花井卓藏先生〉，頁119–129。按花井在1906年出版有關河合案
及野口案的案例書，獲東京大學法學教授及法科學長穗積陳重作序，對花井的法
理學及法律技術，讚賞有加，可窺見當時花井在業界的地位。見花井卓藏：《空
前絕後之疑獄》（東京：鍾美堂書店，1906）。各序頁數獨立，穗積序共八頁。為
該書作序者，還包括內務省警保局長古賀廉造、東京大學精神病學教授吳秀三、
東京大學漢學講師信夫粲、東京大學佛學印度學教授高楠順次郎等司法及學術界
名人。

90 《朝日新聞》，1903年7月2日及3日。

91 宮地正人：〈教科書疑獄事件〉，頁366–369。

92 花井卓藏：〈教科書事件〉，載氏著：《訟庭論草〔第一〕‧雞肋集》（東京：春秋
社，1930），頁1–45。對教科書案大審院使用法律失當的類似評論，亦見於佐佐
木清綱：《大審院刑事判例批評》（東京：巖松堂書店，1926），頁155–159。

93 宮地正人：〈教科書疑獄事件〉，頁370–372。

94 観風庵主人：《商界の人物》（大阪：小谷書店，1903），〈目次〉，頁1–2。

95 観風庵主人：《商界の人物》，頁36–37：「……氏は あらゆる困苦に會して僅々
錢湯の費用をも給する能はざるに至り その財産は一筋の古手拭のみとなれり
氏の行事を知れるものは、當時の困苦を語りて曰く、初めは衣服刀劍の類を
典賣して糊口の資に當てたりと雖も、今は只弊衣領あるのみ既に髮を梳らず、
湯に浴せざること數ヶ月汗垢身を埋めて、不快云ふべからず、氏忽ち一策を
案じ、古手拭一筋を攜へて洗湯に趣き、快く沐浴して將に皈らんとする時に及
んで、遽かに湯錢を忘れし体を裝ひ その古手拭を抵當として皈れること前後
三ヶ所に及へりと云ふ。此一事を以てするも如何に氏が艱苦と奮闘し苦痛に
遭逢し、以てあらゆる貧困の苦き味を嘗めて、自己の意志智力を修煉したる
かを想見するに足らずや、氏が苦痛は則ち苦病なりと雖も、これある意味に於
て、將た全体の大局に於て、寧ろ氏の為めに喜ぶべき歷史を開展したりと言
ふべき乎、氏が商界に雄視するの素質は素より一時に修得したるものに非ず
して這般苦闘の歷史を起點として、修得せられたるものにあらずや、換言すれ
ば、氏が苦闘の時代は氏が修養の地盤を築く時代たりし也、他日の鵬翼を舒は
すべき基礎を作る時代たりし也、氏が立志成功の原因は誠に此際にあらずして
何ぞや。」

96 瀨川光行：《商海英傑伝》（東京：瀨川光行，1893），頁9–53。

97 實業之日本社：《実業家奇聞録》（東京：実業之日本社，1900），頁180–181。

98 観風庵主人：《商界の人物》，頁39–40：「然れども近時新紙の上に於て是も恥
辱とすべき大打擊を受けたるが如き醜態を呈するに至りては、決して賛同の意
を表する能はざるのみならず、寧ろ進んで之を排斥するの要あるを見る、素よ
り商業と云ふ以上は、一種の策畧を要し、一種の政策を用ふることなきにあら
ずと雖も あまりに極端に走りて、腐敗の根本を形成するが如きは、自己の面
目、名譽を毀損すること少からざる也。要するに原氏が手腕は着々として成
功的秩序を經過し、且つ設備の點に於ても、見るべく成すべきところなきにあ
らずと雖も、利を獨得するに急なるが為めに手段を選ばざるが如きは、思慮の
慎密を欠き、前後の思索を誤れるものにあらざる乎、氏の如き事務家も亦時
として千慮の一失を脱却し去ること能はざる乎、これ誠に氏のために惜むべき
ことにあらずや。」

99 観風庵主人：《商界の人物》，頁40–42：「氏をして若し單に利をのみ目的とす
る人物たらしめん乎、氏が名望は氏の利得と共に反比例して逆下したるべし、
幸ひなる哉、氏は此点に於て、支那人の血脈を受けざりき、猶太人と因緣を
絕ちたりき、氏の一面を見れば如何にも慾張男にして利を釣るに急なること、
沙魚釣の漁翁のそれよりも猶甚しきが如しと雖も、一面には公供の為めに盡
くさんとするの精神、歷々としてほの見ゆるに至りては又一概に守錢奴の嘲
笑を加ふるの理由を見出す必要あらざる也、氏が第二議會の際、國會塲
裡、討論せらる、ところは單に權利問題の外に出でざるを概し、自ら奮て議員
に選舉せられ、實業問題のために千丈の光焰を吐きたるは、幾分快心の事た
るを失はず、殊に大學及び商業學校に年々金圓を寄附して、貧しき秀才を養
成せんと力めたることは、又一美舉として推賞することを惜まざる也、これ氏

が美性を發輝したるところにして、又これと同時に氏が名譽を作るべき幸福な
る一個の武器なりと言ふも敢て不可なからむ。若し氏をして貞淑賢明の夫人
なからしめんか氏の事業はしかく着々として成功せざりしならん、或人は氏の
今日あるを以て主に夫人の敏腕に依るところ多しと云ふは少しく過當の語な
れども、此一言は以て夫人が如何に氏に對して内助の功多かりしかを知るに足
る、思ふに人生の幸福は必ずしも爵位の高きところにあらず、金錢の富裕なる
ところに存せずして、寧ろ一生の佳伴を得るにあり、氏の如きは即ち真の幸福
を享受したるものにして、氏が唯一の鋭利な武器なりと言ふも決して不可なか
るべし。氏が右の二幸福を擁する以上は、商界に起ちて名望を收め、地位を
獨占すること必ずしも難きに非ず、今日の成功、主としてこれ等の点に負ふと
ころ深きは、氏自らと雖も之を採綮すること能はざらんか。」

100 日本力行会編纂：《現今日本名家列伝》（東京：日本力行会，1903），〈卷首に叙
　　す〉，〈序〉及〈凡例〉。凡例説明本書為2,000名各行各業的「名家」立簡傳，採擇
　　標準包括贊同該會宗旨的力行家、達官顯宦、在朝在野的遺賢、為國家盡力的
　　冒險家發明家、言行足為後進法的模範者、為公益著書立説者六類人物。

101 日本力行会編纂：《現今日本名家列伝》，〈實業家原亮三郎〉，頁86：「書肆を以
　　て教育界に盡せし人は原亮三郎君なり君は濃州の八羽栗平方村に生る十六歳
　　にして父の職を襲ひ大庄屋となる既に林欽次氏の門に入り專ら佛語を修む明治
　　五年東京に上り藤川三溪氏の門に遊ぶ幾くもなく學資欠乏して驛遞の雇吏とな
　　り暫く苦學力行す後前島密氏によりて神奈川縣史生に任ぜられ七年權少祿に
　　進み四小區戶長に轉じ一等學區取締を兼て頗る令聞を博せり次で管内に區會
　　を開設し地方自治の基礎を立つ盖し本邦區會の嚆矢なり九年官を辭し少資を
　　携へ横濱辦天通に一小書肆を開き專ら文部省編纂の小學校教科用書を飜刻して
　　發賣す金港堂即ち是なり尋で店を東京に移し更に諸種の出版業を營む數年な
　　らずして其代理店天下に洽く教科書々肆中優に其第一位を占るに至る十七年
　　金港堂編輯所を設立し三宅米吉を聘して之を歐米に派遣し泰西大書肆の實況
　　を視察せしめ以て氏を其所長に推す爾來益々擴張して日に隆盛に赴く是に至
　　て君の富既に巨萬に上り名聲都下に鳴る是より先き西村貞氏等と謀り東京教
　　育會を組織し大に教育の普及を講じ同會の大日本教育會と改稱するや君若千圓
　　を寄附し以て益々其發達を圖れり尚他の各地教育會帝國大學及各種學校に寄
　　附するもの頗る多し十九年第九十五銀行の整理に與り其頭取に推され爾來富士
　　製紙會社及其他諸會社の重役に推撰せらる廿五年岐阜縣第三區より撰出せら
　　れて衆議院議員となる然れども切りに黨に偏せず別に團體を組織して力を實業
　　奬勵の上に傾注す後責任内閣の實舉らざるを慨して之を辭す廿六年金港堂書籍
　　店を株式會社の組織となし自ら其社長となる又三十三年日本銀行幹事となる夫
　　人禮子君は其性貞靜舉止閑雅最も交際に巧なり君が未だ其地位を得ざるに當
　　り大に君を助けて自ら幾多の男女を使役し出納の責に任じて内顧の憂なか
　　らしめしもの蓋君の今日ある與りて功ありと云ふべし。」

102 日本力行会編纂：《現今日本名家列伝》，〈金港堂書籍株式会社社長原亮一郎〉，
　　頁87：「彼の三十五年末破天荒の教科書事件は乃翁の經歷上又君の經歷上逸す
　　べからざる大事項なり先きに全國の教育社界に腐敗の空氣傳播するや節操なき

教育者は自ら賣つて此の惡空氣を呼吸し得々人に誇りて奇利を博し奇功とな
し以て妙案となせり而して一たび其の秘密の蓋を開くや百鬼面を衝て躍出し天
下眼を磨りて司法の檢舉を快とせざるなし同時に擯斥彈指の聲は恰も輿論の
如く君が會社を圍繞せり君等素より期するところなきにしもあらざるべけれど
豈多少寢耳に水の感なからざらんや爲めに攻められて道德上の罪人となり目せ
られて教育界の毒府となれり然れども破壞は成立の元素惡に強さ者亦善に強し
斯かる讒誣の天下に起るなくんば遂に火崑崙の山を燒きて玉石共に盡くるの
嘆を遺すべきなり斯くして純潔の教育者も現はるべく斯くして清廉の政治家も
出づべし一人を刑して千人を喜ばしむ君が天下の怨府となるもの或は義俠の死
に近きなからんや君の傳を草して感胸を衝き筆の茲に及ぶなきを得ず是乎非乎
墨根消えて去る所を知らず。」按此段文字原文直排，全段旁加重點標號（、），
表示屬於重要信息。

103 參考蘇基朗、蘇壽富美：《有法無天：從加藤弘之、霍姆斯到吳經熊的叢林憲法
    觀》（香港：香港中文大學出版社，2023），第2章〈和魂洋才：加藤弘之的優勝
    劣敗憲法自然主義與天皇國體〉。

104 較經典的戰後論述，可參考 Ruth Benedict, *The Chrysanthemum and the Sword: Patterns
    of Japanese Culture* (Boston: Houghton Mifflin Co., 2005), pp. 114–145。Benedict 的研
    究發表於1946年，但她並非「日本通」，且其論述主要建基於居住在美國的日僑
    社區樣本，所以能否反映當代日本文化，尚有爭議餘地。但戰時美國日僑長
    者，正是教科書事件時代受教育的幾代人，所以他們的傳統面相，對了解明治
    大正年代的日本社會文化，倒是有一定參考作用。其他較晚的社會人類學研究
    可參考 Harumi Befu, "Gift-Giving in a Modernizing Japan," *Monumenta Nipponica*
    23.3/4 (1968): 445–456; Katherine Rupp, *Gift-Giving in Japan: Cash, Connections,
    Cosmologies* (Stanford, CA: Stanford University Press, 2003), pp. 34–50。

105 Benedict, *The Chrysanthemum and the Sword*, pp. 113, 114–117.

106 Befu, "Gift-Giving in a Modernizing Japan," pp. 453–454.

107 Rupp, *Gift-Giving in Japan*, p. 50.

108 Mitchell, *Political Bribery in Japan*, pp. 21–22.

109 Walter Wallace McLaren, *A Political History of Japan During the Meiji Era 1867–1912*
    (London: Frank Cass, 1965; first pub. by Allen & Unwin, 1916), pp. 368–370。日本戰
    後美式民選政府亦爆發重大貪污案如洛克希德事件，這類有關日本選舉貪腐的
    社會結構問題，成為不少研究的課題。可見明治後期的情況，有其超乎憲法以
    外的社會根源，如 Mamoru Iga and Morton Auerbach, "Political Corruption and Social
    Structure in Japan," *Asian Survey* 17.6 (1977): 556–564。

110 山本助治郎編輯：《日本全國五萬圓以上資產家一覽（全）》（東京：中央書房，
    1902），頁2–8。

111 墨堤隱士：《明治富豪致富時代》（東京：大学館，1902），〈原亮三郎〉，頁161–
    164；附錄〈日本全國五十萬圓以上的資產家〉（時事新報轉載），頁8。按《時事
    新報》本文刊登於1901年9月22日。

112 日糖事件起因是日俄戰爭爆發後不久，日本及美國不景氣，日糖受到糖貨滯
    銷、出口不振、庫存急增、糖價下跌、融資收縮、過度擴張、負債累累、管理

不善等一系列內外不利因素影響，公司財務陷於困境。此時日糖管理層決定採
用積極的行賄策略，直接收買大批眾議院議員，以圖在議院內爭取通過有利日
糖的法案，如「原料輸入砂糖戾稅法改正案」（退稅法案的延長修正法案）及「砂
糖官營法案」。事件由於日糖股東懷疑公司管理層偽造賬目而曝光。當時是第二
次桂太郎內閣，法務大臣為岡部長職，他曾留學劍橋，為前外交次長，也是活
躍的貴族院議員，又與總理大臣桂太郎同屬反政黨的山縣派「研究會」並出任幹
事長。岡部本身不諳法律，但政治實力在桂太郎之上。日糖事件執法行動針對
政友會等敵對派系，岡部法相即使不積極贊同，也不致阻撓，更可能是在幕後
給予支持。前述司法省內部慢慢冒出一股新銳的青年專業司法人員勢力，在教
科書事件時已漸成氣候，現在更團結在民刑事務局長平沼騏一郎之下，形成平
沼派，成員包括檢事總長松室致、東京地方裁判所檢事正小林芳郎、日糖案主
理檢事小原直等。據平沼回憶錄所記，當時他為偵辦此案而動用了7萬円調查
費。他也提到案件初起時，桂太郎一度怕牽連太廣，引起政壇動盪，不可收
拾，意欲結束調查，但他最後爭取到收窄檢控，只起訴已經拘捕的20多名議
員。時任內務大臣的原敬在回憶錄亦謂當時收賄議員，漏網之魚甚多。凡此皆
見日糖事件所揭露的錢權交易，猶冰山一角而已。日糖事件詳見雨宮昭一：〈日
糖事件〉，頁486–526。另可參考 Mitchell, *Political Bribery in Japan*, pp. 22–26; Yasko,
"Bribery Cases and the Rise of the Justice Ministry in Late Meiji—Early Taisho Japan,"
pp. 62–63。平沼一派的分析詳見 Yasko, "Hiranuma Kichirō and Conservative Politics
in Pre-War Japan," pp. 43–47。日糖案亦涉及日糖企圖通過公司假賬，資助承諾支
持日糖的議員參選，這類有關日本選舉的社會結構問題及戰後貪污研究，見 Iga
and Auerbach, "Political Corruption and Social Structure," pp. 556–564。

113 關於日糖早期社史，見澤全雄編：《製糖會社要鑑》（東京：澤全雄，1917），頁
1–20。按澤全雄當時任職日糖工部技師長，對日糖社史資料應有第一手掌握。

114 據時人的評論，犯賄者如橫井時雄及松村愛藏等，很多一向人格高尚、得鄉黨
信任、篤信宗教，多類清廉而為民請命之士，或被許為有國士氣概。評者對他
們的貪腐行為，不特不大加鞭撻，而且充滿婉惜之情。見関壯一郎：《政界疑獄
史》（東京：日本書院出版部，1930），頁159–162。

115 大體而言，明治後期社會上對很多政治人物不再如明治初年般恪守自己的清廉
形象，似已無可奈何地加以接受。可參考若月保治的評論，見若月保治：《政治
家の犯罪》（東京：聚芳閣，1924），〈日糖事件圈裡の政治家〉，頁44。

第 3 章

# 日俄戰爭前後
# 金港堂的對滬投資策略 *

## 一、前言

　　商務印書館早期與金港堂書籍株式会社合作經營一事，論者不一。大致有兩說。第一種說法以葉宋曼瑛為濫觴，主張金港堂受 1902 至 1903 年（明治三十五至三十六年）轟動日本的教科書賄賂案件打擊，為了到海外另謀發展，並安置在教科書案中定罪的金港堂要員小谷重、加藤駒二兩人，以及同案獲罪的長尾慎太郎（雨山），故此前來上海物色合作華商夥伴，在華直接經營教科書出版。[1] 第二種說法由樽本照雄提出，主張金港堂有意來滬發展早在 1899 年，因此不可能是 1902 至 1903 年教科書事件造成的後果。他並且認為金港堂和商務的合作協議早在 1902 年以前已經存在。[2] 葉說建基於聯想，沒有提供具體的史料可供分析。樽本說建基於他所發現的一條史料，他說這條史料來自1908 年大隈重信主編的《開國五十年史》（頁 292–293）。[3] 本章從相關史料入手，試圖將金港堂對滬投資的策略，梳理出一個頭緒，同時考察有關此事的一些時代背景。

---

\*　　本章初稿載復旦大學歷史系編：《明清江南經濟發展與社會變遷》（上海：復旦大學出版社，2018），頁 60–86。原文承周武、鄒振環、王飛仙、濱下武志等教授多加指正，謹致謝忱。又本章日文材料翻譯，皆由著者定譯。譯文先後得到鍾澤銘、遲王明珠博士協助甚多，亦誌此為謝。

## 二、《開國五十年史》史料辨析

按這本題為《開國五十年史》的書，由大隈重信主編，據其〈例言〉所說，本書是日俄戰爭時期邀集明治各界名人執筆，提綱挈領地論述日本開國以來，在不同領域的進步發達及其原委變遷，記敘為經營新日本建設發展而鞠躬盡瘁的人物事蹟，內容始於1853年美國提督培理黑船來航事件導致日本開國，下迄1905年（明治三十八年）日俄之戰結束，為明治開國維新50年歷史作一總結。其編書宗旨，一則勸勉國民，提醒他們日俄戰爭帶來的興隆國運，國際聲譽，端賴政經文化各界開國功臣刻苦經營，得來不易；二則向外國宣揚明治盛世，樹立國威。[4] 當時熱心參與者如伊藤博文、山縣有朋、松方正義、西園寺公望、澀澤榮一、益田孝、加藤弘之等，都是明治時代舉足輕重的一時俊彥。書分上下兩卷，1907年（明治四十年）出版。除日文版外，旋即出版漢語節本及英語節本。[5]

按《開國五十年史》兩卷本內容並未提及金港堂，該書兩卷本出版年份標為1907年而非1908年，具體說上卷出版在1907年12月而下卷在1908年2月。樽本引用的金港堂史料，應出自1908年（明治四十一年）出版而書名題為《開國五十年史附錄》的一冊書。[6] 我們在東京作研究時，參考的版本收藏於東京國立國會圖書館。《開國五十年史附錄》與《開國五十年史》兩卷在該圖書館編目合為一種書，題為《開國五十年史》，共三卷，出版年份編目註為「1907–1908年」，當時只有電子版，相信是由原版書數碼化而成。電子版僅收《開國五十年史附錄》及《開國五十年史》上卷，但沒有下卷，故此實際上只有兩卷而非編目所云的三卷，最近複查該館線上目錄電子版似已補回下卷，同時《開國五十年史附錄》紙本書亦可供借閱。同館所收東京原書房1970年的紙本《明治百年史叢書》，則複製了《開國五十年史》（1907）上下兩卷，但沒有《開國五十年史附錄》（1908）。電子版的《開國五十年史》上卷書末有出版版權頁，記1907年（明治四十年）12月25日發行，上下兩卷，

正價金12圓。附於電子版《開國五十年史》的《開國五十年史附錄》書末另有出版版權頁，記「1908年（明治四十一年）10月19日」發行，正價金2圓。可見明治時期，兩書並非同時發行，亦分別定價，理應為分開售賣的兩種書。

據《開國五十年史附錄》序言，這份附錄列出475家明治期代表性企業的簡史或簡介，旨在表示「國運進展」的「一斑」，即為《開國五十年史》綜論式敘事提供一批公私企業實例。體例上此冊附錄所載案例，全屬企業，沒有個人的傳記，也不提政府機構或官員。何以《開國五十年史》中涉及企業的篇幅不及一半，《開國五十年史附錄》所舉的實例，卻只有公私企業？兩書例言沒有說明。前書例言也沒有提到將會有另一冊附錄。後者可能是出版者向各企業籌募出版經費而增印的廣告冊？此點無從考究。但姑不論其原委，可以確定的是：前後兩書各有例言及內容，體例不一，目的也不相同。《開國五十年史附錄》所載企業故事繁簡不一，但絕多數屬企業簡史或簡介。關鍵是四百條企業簡史，半年不到即可付梓，編者不可能進行過調研，更大可能是邀請各相關企業，自行提供資料，再編纂成書。由此可知：第一，這種史料有類企業廣告，必以褒揚有關企業為旨；第二，此史料所見金港堂故事，乃由附錄編者副島八十六及其編輯人員，按金港堂所提供的資料編纂而成；第三，史料反映了1907年左右，金港堂自己向外界提供有關其企業在1899年的某些信息。換言之，樽本引用的這條1908年的史料，並非獨立的第二者史料，也是事發近十年之後的企業回憶，用來說明金港堂20世紀初的歷史時，有一定的局限性。

現在看看這段史料是怎麼說的。《開國五十年史附錄》的金港堂簡史（以下稱《簡史》），提到金港堂於1899年（明治三十二年）時，曾向當時日本有意到中國出版教科書的業界人士傳閱一篇「主意書」，即用來向同業宣示自己企業發展意向和策略的公開信，表達其開拓中國教科書生意的動機。《簡史》稱金港堂及後因本土業務繁重，沒有將這個意向付諸實行。直至1903年（明治三十六年），金港堂始議定行動方

案，並由原亮三郎偕同兩位職員赴滬考察，最終成立了商務印書館云云。[7] 樽本根據此段史料，論定金港堂計劃來滬投資，可以上推至1899年 (明治三十二年)。日本研究金港堂歷史最勤的稻岡勝，討論1903年兩家合作實屬中日合辦事業的先驅時，亦提到這條史料。[8] 他認為1908年《開國五十年史附錄》的說法，屬記憶有誤，將1900年另一段報道 (見下段) 錯認成1899年的一篇「主意書」。雖然稻岡說法在先，但樽本沒有加以討論，錯過了釐清史料的機會。

案由上文簡述《開國五十年史附錄》的成書始末可見，這段文字內容，乃由金港堂提供，時為1907年底或翌年初。可以視為一項證據，證明1908年前後，該公司確有此說法，謂公司十年前已有意到滬拓展，並曾見諸文字云云。這條史料甚有參考價值，但屬追述十年前的間接史料。

## 三、較直接的史料：《教育報知》及《教育界》

有關金港堂來滬投資策略源起的較為直接的證據，我們見到最早的是1900年 (明治三十三年) 5月東京教育界權威雜誌《教育報知》[9]〈彙報〉欄所作的報道，標題為〈金港堂の支那事業〉。[10] 稻岡勝也注意到這篇報道，指出《教育報知》社主日下部三之介為當時教育傳媒界名人，通過他的報道，金港堂等於宣佈了向華投資的策略。[11] 可惜稻岡沒有進一步分析。按該報道謂日本大書商到中國大力推動中文教科書出版，實以金港堂開其先河。文中引了金港堂某「社員」的書面回覆，大意說日本在文化上一向受中國之恩，現在日本學習西學較先進，日本書商借中日同文之便，到華出版及銷售從日文譯成漢文的學校教科書，營商牟利之餘，也盡了應有的義務，幫助中國了解西學，以報答傳統上文化輸入之恩義。這條史料直接證明金港堂有意來華發展，至遲在1900年5月，而且此事由權威教育專業雜誌作出報道，在日本出版界及教育界必廣泛流傳。對照前十年的日本媒體記錄，這次有關金港堂

的報道，也十分特別。因為媒體報道金港堂的大事，一般用原亮三郎之名。在日本眾所周知，他就是金港堂的堂主及最高決策人。《教育報知》所載的金港堂書面回覆，何以只説出諸一位社員之口，而非出諸原亮三郎？可能的解釋是：這一年2月原亮三郎獲選出任日本銀行的監事，[12]不能兼任其他公司重要職位，金港堂社長一職，因而轉由留學英倫歸國的長子原亮一郎擔任。投資中國屬企業大事，原亮三郎可能不欲由社會資望尚淺的長子來宣佈，所以只説是一位社員提供的信息。以金港堂那種家族嚴格控制的管治模式來説，這或許是部分原因。

關於金港堂來滬投資的具體進程，1900年5月後看不到任何資料。至1903年8月27日，《朝日新聞》才再出現相關的報道，説當時擔任金港堂書籍株式会社社長的原亮一郎，公開向媒體交待，由於1902年起，金港堂已將過往公司骨幹產業小學教科書的出版業務，全部移交和其他友店合辦的帝國書籍株式会社，金港堂本店業務只餘下份額不多的中學教科書生意，因而「清閑」下來，需要另謀業務出路。職是之故，他立意到中國南部發展出版事業，並説預備9月動身到中國從事實地考察云云。[13]按帝國書籍株式会社成立於1902年10月，[14]時間亦吻合。但1903年10月東京新聞報道，原亮三郎遊中國，與華商洽談合作，並討論到籌辦日清商會的計劃。[15]即是後來訪滬的人變為原亮三郎而非原亮一郎。

一個月後，1903年11月由金港堂出版的《教育界》第3卷第1號〈內國彙報〉欄，報道了原亮三郎、小谷重及加藤駒二等三人，10月有赴清之行。並附小谷重10月16日來信，報告了三人此行的目的，以及一些重要的細節。[16]據小谷報道，三人10月11日由神戶乘船赴滬，15日已抵埗。此行公佈的目的，一則為了遊歷，一則詳細調查中國的出版界事情和教育界現況，並觀察一般經濟界的趨勢等。地點由上海次第北上至北京。小谷的來信更特別強調，他們一行調查對象主要是教育及實業，也希望看看對日本教育界而言，他們在中國可以有何作為。信中提到離開神戶前，他們遭記者追問來華計劃辦什麼事業。小谷説他們的答案，是當時並沒有具體項目，一切見機而行，連確定的行程和

到訪地都沒有；但同時告訴記者，雖然沒有具體行程計劃，若運氣不錯，或許仍可有成果。可見1903年10月15日他們初到上海之時，仍沒有具體的投資項目預備宣佈；與商務或已有人脈連繫，但合作的事仍未成熟至可以放心公佈的地步，遑論已經簽約。若三人不是故意欺騙媒體，10月中旬剛抵滬時，應該尚未作出任何投資決定。又此號出版在11月，即至少在10月底前，金港堂仍未預備公佈與商務合夥的消息。商務印書館編《商務印書館大事記（九十周年）》在1903年項下作：「十月〔農曆〕，正式成立商務印書館有限公司，吸收日資，改進印刷。」[17] 合約洽定到公司成立，可能已是農曆十月，即陽曆11至12月初。從《蔣維喬日記摘錄》所見，翌年1月起小谷重及長尾槙太郎開始參與重要編務決策。1月30日兩人更參與館內領導層的重大爭議，對應否跟從京師大學堂所編訂的十分謬戾的小學課程而編寫教科書一事，投下重要一票。[18] 可見金港堂與商務的合約洽議成熟，不早於1903年10月，立約在10月以後，成立新有限公司則是11、12月的事。樽本認為兩家協議，早在1903年以前經已存在。若所謂協議僅指兩家有接觸和洽談，則意義不大。若指已經有具體協議，恐與史料不符。[19]

　　第二份較直接的史料，是1904年4月金港堂出版的《教育界》第3卷第7號。該號有專文報道金港堂與商務兩家的合作，為此事提供了重要的公開信息。[20] 最重要的有幾點：第一，今次雙方合作是基於對等權利的合同，[21] 並組成新的一家大公司，名稱仍沿用商務印書館；第二，強調今次合作的中國夥伴，屬中國最具規模的印刷和出版公司；第三，合作後金港堂馬上派出二十多人的支援團隊，含編輯、銷售、印刷、製書、雕刻等各領域專家，負責培訓華籍員工，結果表現大大進步；第四，據中國新教育令編出一套小學教科書，其中14種已獲學務大臣審批通過，內容因為調和了新舊思想，程度得宜，文章流暢，甚獲好評；第五，營利之外，為兩國的未來盡一分力，也發刊了促進日中兩國合作的月刊《東方雜誌》；[22] 第六，雖然原來的商務印書館以微薄股本創業，但經過一番苦心經營，不斷改良擴張，已有不少有力的

華人股東入股,在官府眼中亦有一定信用,承印不少官方刊物;第七,除漢口支店外,已計劃在北京等地增設支店;第八,商務印書館與金港堂將互相代理對方書籍。

這份屬金港堂自己報道的故事,在兩家簽約合作之後約三至四個月內出台,合作的成績已經粲然可觀。難怪樽本認為兩家決定合作,應早在山本條太郎(山本条太郎)出任三井上海支店長的1901年,而非正式簽合約的1903年。[23]事實上,這種當機立斷,短時間內拍板,然後急速投入大量資源以催生強大商業效果,搶佔市場先機的策略,在明治商界並非罕見。下文提到山本條太郎時將會見到具體的例子。更重要的是,山本是金港堂與商務合作的關鍵人物,而迅雷不及掩耳式的重大投資行為,正是山本著名的營商風格。以上各點,尤其值得注意的是合作背後的華人資本,以及牟利之外的中日合作願景。

## 四、日俄戰爭時期日本書業界進軍中國市場的側影

此外,樽本提到幾篇1905至1906年的史料,都提供了有關日本出版業界在當時進軍中國書業市場的重要信息,可惜他沒有進一步分析。最重要的三篇是:東京書籍商組合編寫〈清國向の書籍出版概況及東亞公司設立情況〉(《圖書月報》,1905)、青柳篤恒〈清國に於ける出版事業〉(《中央公論》,1905)、以及大橋新太郎〈支那の出版業〉(《東京經濟雜誌》,1906)等三篇。[24]對於由甲午戰後至日俄戰爭十年之間,日本出版界到華發展的情況,這批材料提供了當時的報道信息,內容十分豐富,包括相關的書商、理念、書店、為此而在日本或中國開設的新公司、資本額、註冊情況、經營方式、暢銷滯銷書類別、翻譯優劣、市場競爭、需求狀況、版權糾紛、專為中國市場出版的書目等等,史料價值均甚高。相關細節非本文主旨所在,姑且從略。

三份史料中,不約而同當作報道重點的一件事,即金港堂為第一家日本出版社,成功採用與華人合作成立新公司的模式,來開拓在華

的出版事業。這是我們的重要證據，說明兩家合作當時確屬一宗大新聞。其中由東京書籍商組合（即東京書籍商商會）編寫的〈清國向の書籍出版概況及東亞公司設立情況〉，更列出商務印書館書籍115種（1905年2月書目）。這個組合是東京書商的公會，原亮三郎是首屆會長，具一定的影響力，[25] 參考本書第13章。組合的出版文字，內容可信程度甚高，更重要的是原亮三郎不可能不同意文章對他公司的報道。由這些史料可見，金港堂1900年向業界宣佈要來華投資，當時在日本原非創舉，只是一股來華投資潮流的個別表現。金港堂的創意在於和華商合作。毫無疑問，這一點行內公認是創舉。青柳篤恒更花了文章近半篇幅來作重點報道。當然，日華合作辦西式企業，在中國本來亦非新鮮事物。《馬關條約》以後更漸漸流行起來。金港堂與商務的合作，只是出版業採納了這套廣為人知的中外合作企業模式而已。

## 五、中日合資熱潮與金港堂的商務投資策略

中外合作企業模式應用到上海教科書出版事業，是金港堂在芸芸明治出版商中的創舉。但這個創舉也不是一種盲目的投資賭博。金港堂與商務合作，關鍵人物固然是金港堂堂主原亮三郎及商務印書館創辦人之一的總經理夏瑞芳。但1901年一起入股商務的南洋公學譯書院院長張元濟與上海企業家印有模兩人，加上當日三井洋行（三井物產株式会社[26]）上海分店長山本條太郎，三人對促成其事，均有直接貢獻。此外，有中國近代企業之父之稱的盛宣懷，在此事上可能有一定的人脈關連。兩家企業的合作，背後也似乎有日本實業界的集體動力。其後不及十年，便出現官民合辦的中日合作超級大企業。有關的日方首腦人物是明治企業界泰斗澀澤榮一。有趣的是，他與山本及原亮三郎均有事業上的關連。本節嘗試扼要勾畫出這些人物的複雜脈絡。

關於山本條太郎及印有模在此事的關鍵作用，論者不少。樽本照雄對山本條太郎與印有模的研究最為詳細，主要根據《山本条太郎伝

記》（下稱《伝記》）。[27] 至於印有模的背景，樽本也找到他承繼父親印子華日新盛棉布廠生意的資料。[28] 但樽本對兩人的關係，僅說是通過上海棉業生意往來而相熟，並沒有進一步探索。要之，山本為原亮三郎女婿而深得亮三郎信任，適好又是中國市場通並駐在上海，亮三郎囑他物色華資合作對象，實屬自然。原亮三郎與夏瑞芳並不相熟，沒有山本的推薦，不會輕易投資商務。但山本條太郎沒有印有模的引薦，也不會輕易相信商務。所以山本與印兩人的關係至為重要，不只是商場往來相熟而已。以下就《伝記》及其他記載，加以說明。

　　根據《伝記》，1895 至 1897 年山本任上海三井洋行副支店長時，曾協助一群東京實業家試圖成立「上海紡績株式会社」，此事結果沒有成功。但山本因上海三井洋行棉布貿易而與上海布商變得稔熟，任內亦得到訪華的三井物產首腦益田孝賞識，成為益田派系的新銳才俊。1897 年轉職三井大阪副支店長，承甲午戰後日資來華熱潮，繼續扮演促進三井中日棉花紡織貿易的重要角色。翌年與原亮三郎三女操子結婚。1900 年因涉及令三井重大虧損的九州守山事件而失職受罰，奉命出國考察，並調任東京總部參事閒職。1901 年受命出任三井洋行上海支店長，始得大展抱負。[29] 按山本在三井由低層出身，[30] 雖為益田孝派系賞識，今次受貶而得以復出，與岳父原亮三郎的銀行界地位，很難說毫不相干。上文第 1 章提到，原氏為第九十五國立銀行行長，東京割引銀行發起人之一，1900 年前後日本銀行前 25 名大股東之一。他在 1900 年剛獲選為日本銀行監事，在日本銀行界地位甚高。他曾參與發起或作為大股東的官民合營特殊銀行，有日本勸業銀行和台灣銀行。[31] 他與三井集團首腦級人物益田孝，以及銀行界泰斗兼三井財閥主要謀臣澀澤榮一，在不少企業的開創事業上曾經合作過，所以原氏、澀澤以及益田必有往來（參見本書第 6 章附錄）。1901 年山本前往上海，不單純是個人的升遷，多少也反映了他背後以澀澤為首的東京企業精英，對日本商業資本投資上海的鴻圖大計。

　　山本到上海後，立下第一件大功，就是當機立斷，從「露清銀行」（華俄道勝銀行）貸入鉅款30萬兩，接收有Howard製紡機9,424錠和Asa Lees製紡機10,968錠的華商興泰紗廠，以之成立「上海紡績廠」。此事乃山本一生事業的轉捩點。[32]興泰紗廠原屬寧波人周熊甫，由露清銀行買辦袁士莊經辦，由該銀行融資經營，但虧損累累而須連露清銀行債務一起放盤。當時人人震驚，何以山本敢在未獲東京三井總行批准之前，即有勇氣自作主張，大手貸款收購市場看淡的興泰紗廠。若從上述的東京企業界和山本姻親背景看，則他的奮勇直前，除個人果斷個性之外，亦不無其他底蘊，有以玉成其事。

　　然而，收購興泰一事，與印有模亦大有關係。《伝記》引述山本當時三井洋行下屬幡生彌治郎回憶如下：

> 時值明治三十五年（1902）盛夏。一天，我和客戶棉布商印錫章商量之後，向山本氏建議收購興泰紗廠一事。
>
> （問）有把握嗎？
>
> （答）有百分百的把握。第一步，要廢除買辦制度，除其積弊。第二步，開始夜間工作，提高效率。第三步，將支那式的（編按：紡錘）改造成日本風格，以提高絲價。
>
> （問）收購價格多少？
>
> （答）估計最多四十萬兩，因為這是工廠的負債額。
>
> 雖說這是一件簡單的小事，山本氏當場就叫來了交易經紀，與露清銀行交涉，以三十萬兩談妥，接著就自己去銀行辦理批核買賣契約。儘管當年的三十萬兩是一筆巨額，而且當時投資紡織業風險很大，但他沒有一絲躊躇，而且不待總部的許可，就果斷地落實收買工廠一事。我對他的氣魄五體投地。[33]

　　雖然幡生沒有明說興泰待收購的信息來自印有模，但意思明顯不過，否則不會說和印有模商量後，立即向山本作建議，而且幡生與山本對答時，對紗廠情況已經相當掌握，包括該廠由露清銀行買辦袁士

莊經辦的貸款額等，這些企業內部情報，三井洋行沒有印有模轉告的話，相信未必能夠容易獲取。即是說，山本收購興泰，印有模絕對功不可沒。其後興泰紡織轉成「上海紡績株式会社」，據《伝記》說曾在香港註冊，四位註冊董事中，除山本及一位英國人外，兩位華人董事分別為印有模及吳麟書。[34] 關於在香港註冊一事，由於在香港公司註冊處不見任何記錄，我們懷疑僅在三井公司內部有報告，說預備這樣做，但最終沒有在香港正式註冊。[35] 不論如何，1901 年入股商務的上海棉業廠家印有模與山本條太郎，在上海紡績廠有緊密的投資合夥關係，而不單單是業界往來的好朋友，應該沒有疑問。這家 1902 年下旬冒起的上海紡績廠，不特是三井財閥在滬經營的一大發展，中日合資的又一項新企業，同時也是印有模與山本條太郎關係的里程碑。但從這段故事，也可以說明兩人的關係，到 1902 年夏天時仍不是十分緊密，否則印有模的重要企業情報，可以直接告訴山本，而毋須先通過幡生。

再說 1900 年商務夏瑞芳以一萬元大手收購日資修文印書局，為該段商務初期歷史的大事。介紹人即印有模。[36] 樽本照雄疑當年夏瑞芳的一萬元資本，應該是貸來的債項，而非由印有模送贈。[37] 這筆錢不是贈金而是貸款，是理所當然的事。樽本沒有追問，放款的人是誰。參考前述山本收購興泰紗廠的例子，當時收購工廠一般都連帶考慮到融資的安排。小本經營的商務印書館，要貸入三倍其股本的債項，收購一家虧蝕嚴重的日資印刷廠，融資豈會容易？所以作為中介人的印有模，極有可能也助夏瑞芳作融資安排。要麼他自己借出款項，要麼他保薦夏瑞芳給願意貸款的人。這一節史闕有間，沒有直接證據，但考慮到當時各種情況，我們有理由相信，出款人可能和上海財經界要人盛宣懷有關。

盛宣懷與商務資金有關，最直接的信息來自山本的《伝記》。1942年出版的《山本条太郎伝記》，提到山本與商務的事時，開宗明義說：

> 該書館最初屬於盛宣懷的資本系統，由夏瑞芳所設立。[38]

這句說商務屬盛宣懷資本系統，意思其實有點含糊，作者原安三郎沒有說盛氏本人也是股東。只要商務當時的華人資本，直接間接地和盛宣懷的企業相關，同時也得到盛的支持，在山本等日商眼裏，也就當作盛氏資本系統的一員了。《伝記》這句話不知何據，但當年修山本伝記也是日本政經界的大事，動員了大量人力物力，編者原安三郎及其編纂委員會參考了大量的公私檔案文獻及口述資料。原安三郎與山本關係密切，並曾參與整理金港堂的經營，本人戰前及戰時曾任日本火藥製造会社社長等職，在日本企業界亦屬知名人士。[39]他說得這麼肯定，則當時在日本確有這一說法，應該不會有誤。當然，這說法是否可靠，還得參考其他旁證。

間接的證據是張元濟與盛宣懷的密切關係。[40]這點學界早有共識。按張元濟1898年戊戌維新失敗後去官南來上海，通過李鴻章關係，受盛宣懷邀請，加盟由盛氏創辦的南洋公學，主持譯書院。1902年初張元濟開始轉入商務，成為編譯所的旗手，但他與盛往來仍然甚密，直至後者過世。[41]1901年張元濟與印有模投資商務共兩萬多元，讓商務資本增加到五萬元。張這次具體入股多少，沒有明文記載。朱蔚伯估計印氏出資一兩萬，若然則張出資數千到一萬。朱蔚伯也提到傳說張氏在南洋公學，月薪可能只有數百元，故這次為籌款集資，迫得典賣其夫人許氏的金飾。[42]不論朱蔚伯所聽到的傳說細節是否屬實，張元濟在南洋公學時並非富裕，應當沒有疑問。抵滬兩年間忽然要出資數千到一萬元，與廠商印有模一起投資商務，豈會是舉手之勞。目前我們沒有證據證明，1900年商務收購修文的貸款以及1901年張元濟投資商務的資本，是否與盛宣懷有關。私人借貸，外人本難知悉。但從張、盛關係看，早期商務及張元濟要融資而求助於盛宣懷，是有可能的。盛宣懷可能因為對商務有文化和教育事業上的期許，因而通過張元濟及印有模來間接給予財務支援。也可能意在支持張元濟進入出版界，並利用金港堂的經驗和實力來啟動中國的教育出版。對盛宣懷而言，修文借款一萬、張元濟入股數千至一萬、乃至後來商務和金港堂合作

所需的五萬兩華資,都不是大數目,並且具有文化教育投資的無形回
報考量。這類借貸,當時若得到盛宣懷支持,即使不是由盛直接出
資,商務在上海融資成功機會,應該大為增加。[43]

再者,盛宣懷與山本亦有交往。盛承洪及易惠莉所編的《盛宣懷
與日本》,收錄盛宣懷檔案有關盛與日人通信材料最為詳盡。[44]他們所
列的24位與盛宣懷通信的日本友人之中,並不包括山本條太郎。在解
讀1898至1902年代理日本駐滬總領事小田切萬壽之助與盛氏的書信
時,盛及易注意到一組兩通小田切書函,他們將之分別繫於1901年12
月16日及1902年1月3日,推測目的可能在協助山本條太郎改善其與
盛宣懷的關係,以便兩者能達成三井代理漢陽生鐵銷售的合約。[45]

我們在上海圖書館藏盛宣懷檔案,也看到一些資料,說明了幾件
事情:其一,1905年4月間盛宣懷與山本已達成協議,由三井洋行及其
上海代表人山本,以租賃方式接管盛宣懷旗下虧蝕甚鉅的大純紗廠。[46]
其二,1905年10月間山本與盛,亦通過蘇寶森在積極討論三井收購由
大純轉移股權而成的三泰紗廠。[47]三泰本由山本、印有模及蘇寶森三人
合資購下大純而易名。看來印及蘇背後仍有盛宣懷的資本支持,故此
三井收購三泰時的主要談判對象,仍是盛宣懷。三井後來成功收購三
泰,併入上海紡績為第二廠,亦山本主理上海三井洋行時期的另一大
功績。[48]其三,山本在1905年升任三井洋行中國業務總監督,1906年2
月,盛宣懷與繼山本任上海三井洋行支店長的藤瀨政次郎簽訂合約,
由漢陽鐵廠向三井貸款100萬日圓,並由三井在海外及中國指定地區代
理漢陽所有鋼產三年。[49]按三井代售漢陽生鐵的事早在1901年已有合約
存檔。[50]另1903年亦有三井致盛宣懷的合約條款通信。[51]所以1906年的
合約,是山本任上海三井支店長以來不斷努力的結果。他絕對是三井
方在這次借款包銷合約談判的關鍵人物。這亦意味著,山本與盛兩人
的生意夥伴關係,已經相當鞏固。其四,1912年兩人有一連串通信,
洽談漢冶萍公司向三井貸款500萬日圓的事。[52]該年6月盛宣懷訪日本
時,收到山本邀請,到他家用晚飯,可見兩人已建立良好的私交。[53]

其次，山本條太郎在這次中日合作出版事業上，也絕非介紹人而已。他本人在1906年一次由政府大藏相等內閣部長出席的三井內部高端座談會上，就其在華投資經驗作了匯報。[54]其中特別報告了金港堂與商務的事。他開始便說：

> 支那人以十萬圓之資本建立了出版公司，去年以來其資本翻倍，中日各出資一半。[55]

可見山本本人在商務和金港堂合作兩年後，曾親口向三井物產及政府高層報告謂商務華人資本1903年底在合作前已有10萬圓。1900年商務得印有模介紹而購入修文書局，作價一萬已經成為沉重債務。1901年得印有模及張元濟入股始增資至五萬元。另外融資五萬，相信需要更多的信用擔保。盛宣懷的支持以及他和張元濟的密切關係，很難相信沒有作用。

山本的報告接著說：

> 除了編輯之外，從日本還來了二三十個專家，開始製作適合支那的教科書。這項投資與在日本投資教科書事業不同，因為〔支那的〕教育制度很不完善，我對此本不無擔憂。但兩三個月前，〔商務印書館〕發行了小學讀本，還製作了英文書籍、初級體操、音樂歌曲等課本。結果，雖然學校買的不算多，但很多家庭都買了。這些教科書結果不是給小孩子讀，讀者反而是家長。最早發行的書，銷量甚至超過了千字文，勢頭相當可觀。然而這門生意，不免會出現很多不顧一切，志在牟利的惡性競爭者，使人頭疼不已。我希望最好不要有〔這樣的〕競爭者出現就好了。這種生意，很多十分精通支那情況的外商，都難以想像。我也奇怪為什麼我們要等到今天才有這個念頭？接著下來，〔商務印書館〕不算太認真地試試出版《日露〔俄〕戰爭記》一書，竟也洛陽紙貴，獲利甚豐。即使這些書都明明印著作者、編輯、校對者皆是日本人，發行出來也一樣暢銷無礙。對一般支那通來說，他們大概認為華

人飽受孔孟思想浸濡而非常頑固，向他們傳播新思想只會徒勞無功。可是〔商務印書館〕的情況，真讓他們大跌眼鏡。[56]

這段報告有兩點很重要：第一，山本在兩家合作的商務事業上，並不是介紹人而已。他實際上是熱心地參與了公司的決策及運作。談到商務生意的成敗，他是津津樂道，如數家珍，口吻是與有榮焉。第二，他推動金港堂商業投資以外，也很關注日本的維新文化能否通過教科書，對中國社會產生影響。他特別強調了教科書因為帶來新知識，所以很多家長也在閱讀，而且並不在意日本編者的角色。由此可知，山本不論對日本官方或三井高層，說法一致，就是他在金港堂和商務的合作上具有領導的角色，而這個合作企業，不單為個別企業牟利，更重要的是背後的長遠國家戰略，試圖以此為切入點，促進中日文化融合，推動中日結盟，以拒西方列強。

此外，山本在1907及1908兩年為商務兩位日方董事之一。另一位為原亮一郎。由於山本仍常在中國，他對商務的事務參與一定超過原亮一郎。凡此可見，山本條太郎在合作事業上，不僅是中介人，並且是重要的決策者。當然，山本條太郎在大正及昭和時期，在日本政經界成為風雲人物，歷任三井物產株式会社常務董事、南滿洲鐵道株式会社社長、總裁、眾議院議員、大政黨政友會幹事長等商政要職。1936年卒。其重要活動領域之一為對華投資，創設公司無數。[57]這是後話。

最後應該提到有日本近代企業之父之稱的澀澤榮一。他是第一國立銀行行長，明治政府及新式企業如三井財閥的主要謀臣，也是日本企業進軍中國的主腦人物。[58]前述1895至1897年東京實業家群，曾試圖成立上海紡績株式会社。當時主要發起人是三井財閥的中上川彥次郎、益田孝、朝吹英二等領導層，作為三井謀臣，澀澤榮一必然參與決策，他也成為大股東之一。[59]1909年夏，內閣總理桂太郎、外務大臣小村壽太郎推動，由三井財閥牽頭，聯合大倉財閥及其他著名企業家三十餘人，成立了資本額百萬円的「日清興業株式会社」，後來改名

「東亞興業」。澀澤為該企業七名發起人之一及創立委員長，任創立會議議長。後來他本人沒有擔任董事。六名董事則包括了山本條太郎，及上述前上海總領事而現任橫濱正金銀行行長的小田切萬壽之助。[60]這兩人和盛宣懷均相熟。澀澤因為需要在幕後推動國家發動的東亞興業，盛宣懷自然成為澀澤重要的爭取對象。他必然借助山本等與盛宣懷有來往的日本中國通來運籌帷幄，同時建立聯繫。

前述盛承洪及易惠莉所編的《盛宣懷與日本》，列了一通1913年8月澀澤榮一致盛氏書信，請盛幫忙承攬中國興業公司股份，並勸誘華商參與，藉以構築中日兩國經濟紐帶。盛及易解讀這函的背景，以為辛亥革命後盛氏流亡日本，1912年7月開始接觸澀澤榮一。翌年2月孫中山訪日，與澀澤籌辦中國興業株式会社，但不久中國南北開戰，袁世凱派與盛氏有親家關係的孫寶琦聯同李義經赴日，聯繫澀澤等關鍵人物，希望接管中國興業公司的華方代表權，得到盛宣懷的支持。盛與易認為該封澀澤致盛宣懷信，可能與中國興業華方籌股事情有關云。[61]按在上海圖書館的盛宣懷檔案，另收了10件以上澀澤和盛宣懷的私人通信，均在1913年以後。以下僅引兩個例子：

> 盛公閣下：去歲當來邦，枉駕村莊，辱領清誨。嘗聆公以經濟大家，鳴于四境，不料親接豐度，滿腔忠國之念，無言不公益，無計不公利，敬服寔深。[62]

> 澀澤男爵閣下：東瀛寄跡，幸接鳳薇，飽飫珍廚，歡會方㲿，別來匆遽，未及專辭。歸後又以老病侵尋，至稽牋候。蓬瀛在望，我勞如何。比諗碩畫蓋謀，經營遠大，東方領袖捨公其誰。敬頌敬佩。……回憶前次就醫貴國，參觀各會社，規模宏遠，氣象萬千。苟非提倡得人，曷克臻茲盛軌。[63]

信中兩人惺惺相惜之情，溢於言表，可見民國初年兩人關係甚佳。當然，澀澤榮一與盛的直接往來，不早於辛亥革命，距金港堂1903年來華投資已是九年之後，不構成原亮三郎來華的原因。但因為他與山本

條太郎及三井財閥的密切關聯，金港堂與商務的合作，對幾年後展開的對華商業推廣，應該有不少的影響。

若觀察1913年春由孫中山與澀澤榮一發動的中日合資中國興業公司，以及該年年底由袁世凱接手後的中日實業公司，兩者都見到山本條太郎及印有模的影子。如1913年2月孫中山訪日，與澀澤為首的日本財團倡議成立中國興業株式会社。當時，山本條太郎已經是澀澤與孫氏談判的骨幹。澀澤不特每次與孫氏晤面時山本必在場，而且事前事後，不斷與山本斟酌。這點從澀澤的日記可以清楚見到。如2月20日早上起來不久，便與山本通電話，商量與孫中山洽談的策略。[64]基於山本與印有模的長期夥伴關係，山本在此項目既身負重任，印有模自不會冷落一旁。

1913年6月初，公司章程議定資本額500萬円。資本金中日人士各出資一半。股份記名，每股100円，共五萬股。[65]當時日方公司及個人股東共87位，2萬5千股；華方個人股東11人，5,000股。中方股東為孫中山（1,000股）、印有模（800股），兩人為最大股東。餘者400股共七人：李平書、顧馨一、張靜江、周金箴、朱佩珍、沈縵雲、宋嘉樹；並200股二人：龐青城、王一亭。[66]按李平書、顧馨一、張靜江、周金箴、沈縵雲、龐青城、王一亭、朱佩珍等人，均清末民初立足上海的政商界知名人士。印有模在中國興業公司，開始時持股即冠諸其他華人股東之上，僅次孫中山。當時日本股東最高只持1,000股，只有日本興業銀行、日本郵船会社、大阪商船会社、三井合名会社、三菱合名会社五家公司股東，及柳生一義一位個人股東。其次已是持700股的大倉喜八郎及住友吉左衛門，以及持600股的南滿洲鉄道会社和澀澤榮一。相對之下，印有模的800股，地位無疑十分特出。

澀澤家藏6月19日〈創立委員会決定事項要領〉：

三、對華方融資預定。……（一）華方第一次投資總額62萬5,000円。減去9萬預繳金，需要向他們融資53萬5000円。（二）以上融

資經孫中山及正金銀行上海支店長同意，由正金分貸給多名華人，但總數連孫中山不得超過10位。……四、前項融資中貸與孫文2,000股，餘額在天津、漢口、上海、廣東四地方的日本公司買辦之中，選適合之人，以其名義安排借款。右買辦的選定，須取計於上海派遣員。五、除以上外，上海派遣員並應勸誘張謇、盛宣懷等入股作大股東。……十一、山本条太郎赴上海〔為派遣員〕。[67]

及至8月11日在東京另開創立會議，日方澀澤任議長，山本等共11人，華方亦若干人。會議選出董事六人，分別為倉知鐵吉、尾崎敬義、森恪、印有模、王一亭及張人傑；監查役二人為沈縵雲、大橋新太郎；總裁暫出缺；倉知鐵吉為副總裁；常務董事尾崎敬義、印有模二人。[68]上述盛承洪、易惠莉解讀的澀澤致盛宣懷信，正是在這個背下產生的。印有模與山本條太郎跟盛氏的關係，與他們在此項目的特殊地位，豈無關連？

不久因討袁失敗，孫中山下台，公司華方管理層不穩。日方要員白岩龍平報告中國興業事，謂華方董事沈縵雲、王一亭及張人傑，均受袁世凱緝捕而辭職逃亡。只剩印有模一人因屬普通商人而免於難，可以續任董事。有趣的是，白岩在提到印有模時，加註謂：「三井前買辦。」[69]由於白岩任職上海日清汽船株式会社，本身亦算中國通，在中國興業公司亦與山本條太郎緊密合作，對華人董事印有模，應當瞭如指掌。所以他向澀澤報告時，提到印有模有三井買辦的背景，可能空穴來風，未必無因。若印確曾作三井買辦，或亦他與山本條太郎夥伴關係的一個背景？

前述袁世凱在1913年後期，派與盛宣懷有姻親關係的孫寶琦等赴日本，與澀澤等洽商接手中國興業的華資。同年11月澀澤訪華，至北京，12月回日。翌年即見公司改組。如1914年4月25日在東京召開的株主會議，公司易名「中日實業株式会社」，改選董事會，印退出董事會，但仍得任相談役（顧問）。新當選華方顧問及其身份，史料記載如

下：周馥（前清兩廣總督）、張謇（現農商總長）、李經義（前清雲貴總
督）、朱佩珍（上海總商會總理）、印有模（商務印書館總經理）。日方
顧問有澀澤榮一、早川千吉郎、古市公威、井上準之助、志立鐵次
郎、柳生一義、三村君平、山本條太郎、大倉喜八郎、小山健三、近
藤廉平及中野武當等12人。印有模在記錄上，也變成持200股的華方
小股東之一。[70]值得注意的是，現在印有模身份，標明是商務總經理。
可見印有模參與中國興業公司，自始至終都離不開山本條太郎、澀澤
榮一、盛宣懷以及他與山本結下夥伴關係的三井洋行和商務印書館。

　　簡而言之，印有模、山本條太郎、澀澤榮一和盛宣懷四人，都和
金港堂、商務或兩家合作的商務印書館股份有限公司有關連，涉及的
企業也不止商務印書館一家。除印有模外，其他三人在歷史上都是中
國或日本重量級的政經界人物。他們推動企業，開宗明義都不單為牟
利，而是為國家、為文化、為中日兩國共同利益而賺錢。所以商務的
中日合作，如其說是兩家個別企業的純牟利商業行為，毋寧視為當時
中日企業發展的一個重要環節。按商務華資股東與日資股東，在1913
年經長期談判，最終達成協議，由華資以議定條件，回購全部日資，
事在1914年初。此事為商務重大歷史轉折點。金港堂當時何以接受回
購之舉？論者不少，但史料難求，不易定案。若考慮到中國興業事
件，與商務回購談判同期發生，涉及人物又每多相關，兩事是否相
干，值得探索。

## 六、教科書事件有關但非金港堂來華投資主要原因

　　最後略論教科書事件，和1903年下旬金港堂來華投資，兩者有何
關連。

　　上章已詳細剖析教科書事件。此案對金港堂商譽及原亮三郎個人
聲望，固有不利影響，但是否代表金港堂已經一蹶不振，顏面無存，
需要來華另起爐灶？表面看來，這種聯想有一定的邏輯，但可能缺乏

實質根據。以下僅舉若干理由，說明金港堂及原亮三郎在日本的聲譽，終1900年代尚未動搖，依然是日本教科書出版界的龍頭之一，所以1903年避醜聞來華之說，可以商榷。這些理由部分在前章已經涉及，部分會在下文再展開。前章重點是說明教科書事件沒有毀掉原亮三郎和金港堂的商譽。下文則旨在在進一步申明他來滬上投資，不是因為教科書事件。

首先，檢視當時及事後多年的各種商人傳記史料，也不難發現原氏在日本商界的地位，依舊相當崇高。上章已舉述1903年3月20日付梓的觀風庵主人《商界の人物》以及1903年11月日本力行會編的《現今日本名家列伝》。稻岡勝有一篇文章臚列出原亮三郎的10種傳記資料，[71] 其中不少出版於教科書事件已經發生的1903年及以後，《現今日本名家列伝》外，亦有日本現今人名辭典發行所《日本現今人名辭典》第三版(1903)；國鏡社《成功名家列伝第三編》(1909)；每日通信社《東京社會辭彙》(1913)；大橋彌市《濃飛人物と事業》(1916)及實業之世界社編輯局《財界物故傑物伝下卷》(1936)等。[72] 這些傳記往往用來宣揚商業倫理，讚揚模範商人。倘若金港堂及原亮三郎真已不見容於日本社會，他的名字不可能常常出現在這類商德典範傳記之內。教科書事件在這批傳記之內，基本上諱莫如深。可見當時由文化精英出版的傳記文字，對原亮三郎是十分寬容的。

其次，也是簡單而明顯的證據，就是前述《開國五十年史》(1907)和《開國五十年史附錄》(1908)。《開國五十年史》是由大隈重信領銜主編，旨在宣傳明治盛世，以及紀念開國諸賢在各領域蓽路藍縷之苦。《開國五十年史附錄》則提出了475家明治期代表性企業的簡史或簡介，旨在表示「國運進展」的「一斑」，即為《開國五十年史》綜論式敘事，提供一批公私企業實例。1908年金港堂仍能廁身日本475家樣版企業，並且是出版業中篇幅最多的前三家之一，[73] 可見在明治精英眼裏，金港堂無疑仍是明治企業的前500家品牌之一及出版業的領袖。教科書事件並沒有使金港堂抬不起頭來。

在日本出版界，金港堂直至1909年，仍是主要教科書出版社之一的另一項證據，是該年文部省促成三大出版社來解決各会社之爭，分別為東京書籍株式会社 (社長內定原亮三郎)、日本書籍株式会社 (社長內定大橋新太郎) 及大阪書籍株式会社 (社長內定三木佐助)，獲文部省授權翻刻國定本的教科書，並成立試圖規範全國的教科書生產與流通。[74] 三者之一東京書籍出版株式会社，即由金港堂聯合富山房等成立，並由最大股東金港堂代表原亮一郎出任社長。查原亮一郎至1916年始退下社長之職，並於1933年以後始退出董事會。[75] 又金港堂自1901年11月出版公司教育專業月刊《教育界》。該刊至1911年11月始脫離金港堂而獨立營運。《教育界》終20世紀前十年仍為日本權威教育專業月刊之一，在教育界具相當影響力。[76] 這意味著終明治之世，金港堂作為日本教育界重鎮的權威地位，不因教科書事件而有重大的改變。

至於教科書事件，前章亦提到在新聞媒體上確有鋪天蓋地的非議者，但這些文字每多誇張煽情、道德裁判，事過情遷，也變成明日黃花，無人復問。[77] 如《萬朝報》在此案的立場並非中立，對金港堂及原亮三郎特別厭惡，下筆不留餘地。旨在藉此痛批牟利為尚的缺德商人。故此一開始標題便是「爆發了教科書的大貪污案 (日語云大疑獄)」。[78] 其他主流報紙如《朝日新聞》則較謹慎，只說是「教科書事件」。此外，社會上對政府發動教科書疑賄事件，也有不同的看法。前章已舉述當時名律師如花井卓藏等，在為某被告上訴至大審院時，就曾痛批這種官吏受賄案，法律漏洞甚多，代表公義缺位的司法實踐。[79] 同時亦有人批評政府，泡製了教科書貪賄案，以此為手段來控制教科書，藉著事件引起公眾不滿，將教科書編審制20多年來行之有效的檢定制，轉變為國定制，藉以推廣國家主義，所以是政治多於司法。[80] 按在檢定制下，教科書由市場主導的各家民間出版社按文部省指定的課程框架自行編製內容，百花齊放，再經文部省檢定出售。國定制則由文部省編定教科書內容，再由市場導向的出版商負責印製和營銷。這種

由檢定制變為國定制的政策，與教科書事件孰為因果，見仁見智，莫衷一是，前章已有詳細剖析。但可以肯定的是，日本輿論對涉案的金港堂，沒有視為萬惡不赦。

最後，小谷重、加藤駒二及長尾雨山，雖受教科書事件不同程度的影響，但他們在日本的聲譽並沒有下滑至需要去國謀生，而要原亮三郎為他們在商務安插職位。前章已論證小谷重在被捕時雖是金港堂編輯部長，但罪名是他以前出任文部省圖書課長時，曾收受集英堂主小林清一郎及國光社長西澤之助各300円，答謝他修正教科書的指導。這些謝禮現在成為違反官吏收賄罪的賄款。[81] 兩項罪名都跟金港堂無關。更重要的是，後來小谷重上訴得直，還其清白。[82] 事件後他在日本教育界聲譽無損，也繼續受聘為金港堂的董事。上述《開國五十年史附錄》的金港堂記事中，除列出社長原亮三郎外，另有四位董事，分別為原亮一郎、加藤駒二、小谷重及柳原喜兵衛。可見小谷重之名，到1908年仍然可登大雅之堂。

至於加藤駒二，在教科書事件中，他因為任職金港堂總務部長而出現在很多案件的報道及案情之內，但報道上他只是被傳召作證。[83] 由於他不是官吏，所以不應涉及官吏收賄的犯罪。原亮一郎和另一位文化界名人富山房主人坂本嘉治馬，在此事件中，均曾被控作假證供，後來免訴。[84] 前章論原亮三郎是唯一曾被控贈賄的人，但後來亦因證據不足而撤銷。[85] 加藤駒二到底有沒有被控作假證供或贈賄？或有沒有被定罪？媒體報道上看不到這樣的記載。[86] 前段亦見他在來華之後，1908年仍然公開出任金港堂董事，並沒有淡出日本教育界。說他與小谷重要避難來滬棲身商務印書館，看來沒有證據。

長尾雨山的情況更清楚。雨山賄案樽本照雄直稱為冤獄。[87] 更重要的是前述雨山所犯賄款，與金港堂根本沾不上關係。原亮三郎對雨山定罪受刑，沒有任何道義責任。又雨山十年後從滬歸國，仍在日本備受尊崇。[88] 他與日本漢學泰斗如內藤湖南及中國漢學名宿如羅振玉、吳昌碩等人，時相酬唱，在社會上相當活躍，絕非名譽掃地、無地自

容之輩。[89]要之，金港堂派雨山、小谷及加藤來華的主要動機，不是安置他們的待罪之身，而是借助他們編教科書的經驗與權威，替中日合作的商務印書館，在充滿商機、亟待開發的中國教科書市場，開創一個新局面。

所以金港堂1903年來華投資，雖然和教科書事件引起的各種苦果，不能說沒有一點關係，但也不能高估。

## 七、總結

本章討論了有關金港堂書籍株式会社與商務印書館早期合作的一些相關史料。研究結果顯示，沒有證據可以證明，前者因受教科書事件打擊而動意來華另謀發展，並為獲罪的小谷重、加藤駒二及長尾槙太郎等人，謀求安身之所。史料所見，來華計劃早在1900年公佈，但至1903年因公司業務轉型，淡出小學教科書出版，金港堂才重執舊略，付諸具體行動。同時，金港堂來華投資，也是日本三井財閥、澀澤榮一等企業家在日俄戰爭前後十年間對華投資策略的一環。在促成金港堂與商務合作的關鍵人物山本條太郎和印有模的背後，隱然有澀澤榮一及盛宣懷未來合作的影子。這次金港堂來滬投資，到底動機何在？是為了逃避教科書事件的惡果？為了商業拓展？為了另謀商機出路？為了對中國文化的責任感？為了在中國建立文化霸權？為了成為日本的民族資本家，一邊賺錢一邊建國？從不同立場、不同角度立論，自不免眾說紛紜，莫衷一是。當然動機可以並非一端，先後常非一致，主角亦非一人。問題的答案肯定錯綜複雜，無法一言以蔽之。但對歷史工作者而言，當務之急，終究是不斷發掘與梳理史料，以期為錯綜複雜的歷史現象，展示出更多的面相。

## 註 釋

1　葉宋曼瑛著，張人鳳譯：〈早期中日合作中未被揭開的一幕——一九〇三年至一九一四年商務印書館與金港堂的合作〉，《出版史料》，第3期（1987），頁73–82。承鄒振環教授提示此文，謹致謝忱。並見汪家熔：〈主權在我的合資〉，載宋原放主編：《中國出版史料：近代部分》，第3卷，頁127–139。類似說法見楊揚：《商務印書館——民間出版業的興衰》（上海：上海教育出版社，2000），頁29–30。

2　樽本照雄：《初期商務印書館研究》，頁160–167；樽本照雄：〈辛亥革命時期的商務印書館和金港堂之合資経営〉，《大阪経大論集》，第53卷第5號（2003），頁141–153。亦可參考樽本照雄：〈金港堂・商務印書館・繡像小説〉，《晚清小説研究》，第3號（1979），頁300–399；中村忠行：〈《繡像小説》と金港堂主・原亮三郎〉，載故神田喜一郎博士追悼中國学論集刊行会編：《神田喜一郎博士追悼中國学論集》（東京：二玄社，1986），頁534–556；中村忠行：〈検証・商務印書館・金港堂の合弁（1）～（3）〉，《清末小説》，第12號（1989），頁93–111、第13號（1990），頁79–96、第16號（1993），頁51–64；沢本郁馬：〈初期商務印書館の謎〉，《清末小説》，第16號（1993），頁1–50；張人鳳：〈讀《初期商務印書館の謎》後的補充與商榷〉，《清末小説》，第17號（1994），頁55–68；Reed, *Gutenberg in Shanghai*, pp. 197–198。案沢本郁馬為樽本照雄的筆名。

3　樽本照雄：《初期商務印書館研究》，頁162–163。

4　大隈重信主編：《開國五十年史》（東京：開國五十年史発行所，1907），上卷，〈例言〉，頁1–3。

5　漢語版書名同日文書名，出版於1909年。有醇親王、慶親王、肅親王、載振、傅霖、袁世凱、榮慶、徐世昌及大隈重信等人中文題序。1929年商務印書館萬有文庫收此書。英文版書名 *Fifty Years of New Japan*, compiled by Shigénobu Ōkuma, English version ed. by Marcus B. Huish (London: Smith, Elder, & Son., 1909)。

6　大隈重信主編：《開國五十年史附錄》（東京：開國五十年史発行所，1908），國立國會圖書館藏。《開國五十年史附錄》與《開國五十年史》上卷在該館編目合為一種書，名為《開國五十年史》，共三卷，出版年份編目標為1907–1908年，只有電子版。該館另有原書房複印紙本《開國五十年史》（東京：原書房，1970）。又該館展示的最新目錄增加了《開國五十年史》下卷多種，出版年份繫於1908年2月，可能上卷1907年12月出版發行時上下兩卷一併售賣，但下卷翌年2月稍後始補回？待考。但這沒有影響我們的論點。即樽本的史料出自附錄，而非該書上下卷。

7　大隈重信主編：《開國五十年史附錄》，頁292–293。

8　稻岡勝：〈日中合弁事業的先駆、金港堂と商務印書館の合弁—1903–1914〉，《ひびや：東京都立中央図書館報》，第145號（1996年3月），頁25–34。他對《開國五十年史附錄》所載金港堂史料的評論，見頁26。

9　案日本明治時期有三大國家級教育專業雜誌，分別為《教育報知》、《教育時論》及《大日本教育會雜誌》。見內山克己：〈主なる教育専門誌に見える実業教育論—明治初期実業教育施策史研究附説（3）〉，《長崎大学教育学部教育科学研究報告》，第19號（1972），頁1–6，特別是頁1。

10 《教育報知》，第634號（1900年5月），〈彙報〉欄—〈金港堂の支那事業〉條，頁 21–22。

11 稻岡勝：〈日中合弁事業の先駆〉，頁26亦節引此段，並謂金港堂的書面回覆， 乃應《教育報知》社主日下部三之介的查詢。稻岡認為此段媒體轉載的金港堂上 海投資動機的自述，極可能就是《簡史》所說的「主意書」，只是年份誤記為1899 年而已。是否如此待考。

12 《讀賣新聞》，1900年2月5日載原亮三郎獲選任日本銀行監事。

13 《朝日新聞》，1903年8月27日。

14 《讀賣新聞》，1902年10月24日。報道謂金港堂（原亮三郎）、集英舍（小林正一 郎）及普及舍（山田貞三郎）三店合辦新出版公司帝國書籍株式会社，集合三店原 來所有小學教科書業務，由新店專營。資本金150萬圓。十年前金港堂註冊為株 式会社時，資本金僅50萬（《開國五十年史附錄》，頁292），已是當時最財雄勢 大的出版社，此合營新店的資本額在金港堂的三倍以上，可見帝國書籍株式会 社成立時，確屬資本雄厚的大規模出版商，其主要業務則是教科書。

15 《讀賣新聞》，1903年10月13日。

16 《教育界》，第3卷第1號（1903），〈內國彙報〉，頁140。

17 商務印書館編：《商務印書館大事記（九十周年）》（北京：商務印書館，1987）， 1903年條。張樹年、柳和城、張人鳳、陳夢熊等編：《張元濟年譜》（北京：商務 印書館，1991），頁46註引高鳳池〈本館創業史〉一文稱合資成立股份有限公司在 1903年11、12月（農曆十月），即11月底至12月初之交，查該文並無提到成立公 司的具體月份。見高鳳池：〈本館創業史〉，載宋原放主編：《中國出版史料：近 代部分》，第3卷，頁54–55。

18 蔣維喬：〈蔣維喬日記摘錄〉，載商務印書館編：《商務印書館館史資料》（內部刊 物），第45期（1990年4月20日），頁16；及第46期（1990年9月20日），頁14。 按此事不載於蔣維喬著，汪家熔校註：《蔣維喬日記，1896–1914》（北京：商務 印書館，2019）及蔣維喬著，林盼、胡欣軒、王衛東整理：《蔣維喬日記》（上 海：上海人民出版社，2021），第1冊。待考。

19 樽本照雄：《初期商務印書館研究》，頁162–163提到實藤惠秀引用《日華學堂日 誌》證明1900年6月30日原亮三郎訪問該學堂，並曾向中國留學生查詢中國教科 書翻譯的事情。樽本用來證明原氏1899年發表「主意書」之後，已採取行動進行 中國教科書翻譯。實藤的說法即使真確，也只能證明原氏1900年中對中國教科 書翻譯事情很關注，不能證明他已開始著手翻譯教科書，更不能推論他已經開 始到上海謀發展。

20 《教育界》，第3卷第7號（1904年4月），〈內國彙報〉，頁123–124。標題〈清國に 於ける金港堂の事業〉，原文如下：「昨年十月原亮三郎氏は、社員小谷重加藤 駒二兩氏と共に清國漫遊を兼ね事業經營の為め南清に赴かれしが、其の結果 金港堂は、上海にて支那人の設立に係り印刷兼出版を業としたる會社と對等 の權利を以て合同し、新に一大會社を組織するに至れり。而して其の會社に は、以前の名稱を繼承して商務印書館と命名せり。{商務印書館は合同前に在 りても斯業に於て清國第一に數へられたりしが、今回提攜の結果益々事業を 擴張することゝなり、現に着々步を進め居れり。今左に其の概況を披露すべ

し。〔另段〕商務印書館所屬の建物は四箇所に分る。一を印刷所とし、二を發賣所とし、三を編輯所とし、四を製本所とす。就中印刷所の如きは煉瓦三階造りにて五百坪に餘り、我國の印刷所には見難き程の建築なり。館員は職工を合すれば五百人に達し、何れも整然たる分業の下に業務に從事し、其の勤勉なること實に驚くに堪へたり。}囊に金港堂よりも編輯員店員其の他印刷製本雕刻等の技術に巧なるものを選拔して二十餘名を派遣したるが、何れも支那人に打雜りて各々專門とする所を擔當し、彼を指導誘掖して其の短處を助長するに勉め居れり。而して其の結果次第に改良の實顯はれ、銅版寫真版石版電氣版の如きも新に着手することゝなれり。尚先方よりは業務見習の為近々支那人職工若干名を當方に送り越す都合なり。{又同館出版書類は小學中學教科書を始め、專門書辭書古書英書雜書等各種のものを包含し、就中英語讀本英漢字典の如きは殆ど專賣の有樣なり。教科書も今年一月教育令改正後總理學務大臣の審定を了したるもの十四種に及び、尚續々出願の手續中なり。而して今は專ら新教育令に準據したる小學校教科書の完成を計り居り、既に編纂を終りたる小學國文讀本の如きは、善く新舊思想を調和し、程度宜しきを得、而かも文章に力を用ひたりとて好評嘖々たりと云ふ。}尚今回日清兩國の提攜を主義とせる月刊雜誌『東方雜誌』をも發刊し、營利以外日清兩國の將來の為めに盡さんとせり。印書館の編輯長は張元濟と云ふ、進士試驗に及第して後、曾て中央政府に職を奉じ、又南洋公學に長たりしことあり、當世新人物の一人として國中に知らる。編輯員には張氏の外、伍光建(英國大學卒業)夏曾佑(舊知縣)高鳳謙(舊浙江大學教頭)等諸氏あり。又近時天演論の著述を以て清國讀書界に雷名を轟かせる侯官嚴又陵氏の如きも、客員として執筆しつゝあり。元來商務印書館は少額の資本を以て業を起し、苦心經營して次第に改良擴張したる會社なるが、今は有力なる支那人も株主中に少なからず、隨て官邊の信用も頗る篤く、清國郵政局其の他官衙の印刷物の如きは殆ど一手に引受くる有樣なり。後來は漢口に支店ある外は賣捌所のみなりしが、遠からず北京其の他の要地にも支店を增設する豫定なり。因に云ふ此の合同の結果、商務印書館は、金港堂代理店として彼の地に於て金港堂發行の日本書を販賣し、金港堂は商務印書館代理店として、同館發行の圖書は勿論、廣く支那書を取次ぎて販賣することゝなれり。」這條史料樽本亦曾引用，但只用來證明山本條太郎就是商務和金港堂合作的中介人物，沒有進一步分析，見樽本照雄：《初期商務印書館研究》，頁178–179。他更省略了兩段文字（本註原文加{}號者）：第一段盛讚商務為中國規模第一的現代化出版公司；第二段舉列合弁（合辦）後商務的成功出版物，內中又以教科書為主。這兩段文字對說明金港堂如何向日本國人呈示他們來華投資的行為，有重要的史料價值。

21 兩家合作是否對等，學者間有爭議。主張以華人為主導的，可參考汪家熔：〈主權在我的合資〉，頁127–139。樽本照雄引汪家熔及張樹年、柳和城、張人鳳、陳夢熊等編：《張元濟年譜》，證1903至1906年，有案可稽的商務董事，為夏瑞芳、印錫璋、原亮三郎及加藤駒二四人，故此是對等的領導。見氏著：《初期商務印書館研究》，頁191–194。從本章所討論的這段金港堂公佈文字看，日方當時確認為簽合同雙方是對等的。當然對等地簽約不等於管理上也是對等的。換

言之，兩方擁有對等權利而簽訂合約，也可以規定管理完全由華資人員負責，日資人員基本上不參與管理。又董事與董事局會議出席者亦未必一致，有些出席者不必具有董事身份，但在會議上和董事沒有分別。例如據專門調查中國情報的東亞同文會 1915 年撰寫的一份關於商務印書館的日文報告所記錄，1905 至 1908 年間出任董事的人，一直只有夏瑞芳、印有模及張元濟三人，1909 至 1913 年董事增至七人，均是華人，一直都沒有日本人。見東亜同文会編：〈商務印書館〉，載《東亜同文会ノ清国内地調查一件／第九期調查報告書 第四卷》(1-6-1-31_9_004)，〈第十卷 其四／上海事情 第五篇 上海二於ル新聞雜誌並印刷出版業4〉，JACAR (アジア歷史資料センター)，Ref.B03050536700，外務省外交史料館，頁 14；另見本書第 12 章。但據 1909 年農曆 4 月 23 日董事會特別會議錄，出席者有加藤君、木本君，缺席有長尾君；其他有案可稽的同年董事會議錄如第六、十三及十九次，均有日人出席如加藤、長尾。見周武、陳來虎整理：〈商務印書館董事會會議錄 (一) (1909–1910)〉，載周武編：《上海學》，第 1 輯 (2015 年 3 月)，頁 275、277、280。董事會議錄所見出席董事會議日人，可能只是代表日資出席而非正式董事，但和其他正式華人董事一起協商作出重大商業決定。不出席者亦標明「缺席」，其出席身份應該是具體和受確認的。總結而言，合作是對等的，管理不是對等的，董事會也不是對等的，但日資對管理及董事決議事實上也有一定程度上的參與，不是置身事外。

22  葉宋曼瑛指出，辛亥革命前商務一直以其日本聯繫為極具宣傳價值的品牌資本，她舉的例子包括長尾雨山在《東方雜誌》社論常以〈對客問〉為題評論時事。見葉宋曼瑛，《從翰林到出版家》，頁 106–107。按《東方雜誌》第 1 卷第 1 號 (1904 年 1 月) 有〈新出東方雜誌簡要章程〉，第 1 條開宗明義即說：「本雜誌以啟導國民聯絡東亞為宗旨」，原文無標點。同卷收社說多篇，先列「本社撰稿」四篇，再收錄報刊評論。「本社撰稿」前三篇用筆名，第一篇別士著 (本社撰稿)〈論中日分合之關繫〉(頁 1–3)，力主中國立憲圖強，同時倡同屬黃種的中日兩國應該連盟，以拒西方列強；第二篇閑閑生著 (本社撰稿)〈論中國責任之重〉(頁 3–5) 認為日本與俄開戰，乃東鄰友邦「仗義出而代爭，將以奪諸強鄰，歸之於我。」故此中國應趁中立之機，發憤圖強，謀戰後與日本「同為東方之主人」；第三篇崇有著 (本社撰稿)〈論中國民氣之可用〉(頁 5–7) 以日本為例，說明中國若能興國民教育及推行議會，以固人民愛國之心，與為國犧牲的志氣，則中國民氣絕對可恃，以抗衡西方白種列強。要之，《東方雜誌》創刊時，由本社撰稿的幾篇社論，旨在促進中日友好關係，強調雙方皆屬黃種，應該聯手抗衡白種的西方列強。這與金港堂的說法是吻合的。

23  樽本照雄：《初期商務印書館研究》，頁 189–191。

24  〈清國向の書籍出版概況及東亞公司設立情況〉，《圖書月報 (雜錄)》，第 3 卷第 5 號 (明治三十八年〔1905〕2 月)，頁 74–78；青柳篤恒：〈清國に於ける出版事業〉，《中央公論》，第 20 卷第 8 號 (明治三十八年〔1905〕8 月)，頁 55–56；大橋新太郎：〈支那の出版業〉，《東京經濟雜誌》，第 53 卷第 1324 號 (明治三十九年〔1906〕2 月)，頁 18–19。

25  東京書籍商組合編：《東京書籍商組合五十年史》(東京：東京書籍商組合，1937)，頁 48。

26 三井物產，華名三井洋行。Wray認為20世紀之交日本在華最重要的三家企業是三井洋行、日本郵船株式会社及橫濱正金銀行。見William D. Wray, "Japan's Big-Three Service Enterprises in China, 1896–1936," in *The Japanese Informal Empire in China, 1895–1937*, eds. Peter Duus, Ramon H. Myers, and Mark R. Peattie (Princeton: Princeton University Press, 1989), pp. 31–64。另Cochran, *Encountering Chinese Networks*, chap. 4有專章述三井洋行在20世紀初至20年代因棄用華人買辦而轉用內部培訓諳諳華語的日員，加上得到官方直接支持，終於不特成為最重要的在華日資企業之一，更是日本在中國棉織品輸入市場上擊敗英美對手的首位功臣。

27 樽本照雄：《初期商務印書館研究》，頁168–175。

28 樽本照雄：《初期商務印書館研究》，頁181。

29 山本条太郎翁伝記編纂会編：《山本条太郎伝記》(東京：原安三郎，1942；原書房複製，1982)，頁109–152。1895年成立上海紡績株式会社事及澀澤、益田等在背後的大力推動，亦見渋沢青淵記念財団竜門社編：《渋沢栄一伝記資料》，第16卷(東京：渋沢栄一伝記資料刊行会，1957)，頁676–683。山本在1900年為大阪副支店長任內的事，亦見三井文庫編：《三井事業史‧資料篇4下》(東京：三井文庫，1972)，〈重役會議事錄〉，頁67。

30 山本條太郎十多歲投身三井物產作小職員，日語稱「小僧」。其父親雖有低級武士背景，畢竟遠非權貴之家。亀城逸士：〈怪傑山本条太郎〉，《實業俱樂部》，第1卷第1號(1911)，頁2–5。

31 有關原亮三郎的銀行業背景，見稻岡勝：〈明治検定期の教科書出版と金港堂の経営〉，頁1–144。原亮三郎作為第九十五國立銀行行長、東京割引銀行發起人之一、1900年前後日本銀行前25名大股東之一，見頁68–71；作為日本銀行監事及日本勸業銀行發起人之一，見頁115–117。原亮三郎的銀行大股東地位，有關勸業銀行可見《朝日新聞》1900年4月29日、有關台灣銀行可見《朝日新聞》1899年6月2日。另他也是品川電燈会社發起人之一，其他發起人包括益田孝等，見《朝日新聞》1889年6月2日。又《讀賣新聞》1891年7月9日轉載《民權新聞》謂原氏以其與《都新聞》社長山中閑氏的姻親關係，通過山中氏企圖賄賂記者，隱瞞第一銀行事內幕醜聞而不果。第一銀行行長即澀澤榮一。原氏獲選任日本銀行監事亦見《讀賣新聞》1899年8月22日。沒有澀澤榮一支持，原亮三郎是不可能當上日銀監事的。

32 山本条太郎翁伝記編纂会編：《山本条太郎伝記》，頁158–167。山本在1904年(明治三十七年)三井會議報告，稱興泰50萬兩股本中，日資才五萬。其他為華、英、印等投資者的資本(頁164)。可見最終他成功吸納了45萬非日本資本。

33 山本条太郎翁伝記編纂会編：《山本条太郎伝記》，頁158–159。

34 山本条太郎翁伝記編纂会編：《山本条太郎伝記》，頁160–161。

35 詳見本書第12章。

36 高鳳池：〈本館創業史〉，頁51。參見沢本郁馬：〈初期商務印書館の謎〉。

37 樽本照雄：〈辛亥革命時期的商務和金港堂的合資經營〉，頁144。

38 山本条太郎翁伝記編纂会編：《山本条太郎伝記》，頁175。樽本照雄：《初期商務印書館研究》，頁176–177也注意到這一句，但他以中文材料沒有記載，所以當是訛傳。

39 樽本照雄：《初期商務印書館研究》，頁158–159。

40 見張樹年、柳和城、張人鳳、陳夢熊等編：《張元濟年譜》，1899至1905年初等條，頁30–53。

41 張人鳳：《張菊生先生年譜》（台北：台灣商印書館，1995），頁38–49。

42 據朱蔚伯：〈商務印書館是怎樣創辦起來的〉，載文史資料研究會編：《文化史料叢刊》，第2輯（北京：文史資料出版社，1981），頁143提到幾點：(1)張元濟主持譯書院時月薪350元；(2)1901年張與印兩人投資商務時，印可能佔了一、二萬元；(3)「張是一個書生，投資不會太多，聽說為了籌集現款，曾兌去許氏夫人的金飾，充作股本。」按此350元月薪之說顯當時商務中人口耳之傳，藉以解釋張辭去譯書院之職以就商務新工作的動機，汪家熔曾論其無根，參氏著：《大變動時代的建設者—張元濟傳》（成都：四川人民出版社，1985），頁47–48及《近代出版人的文化追求：張元濟、陸費逵、王雲五的文化貢獻》（南寧：廣西教育出版社，2003），頁112–113。張元濟是否因高薪轉職，並非本章要旨，可以不論。傳說成分的南洋公學月薪則去事實不致太遠。大體上，這些材料可以說明，張元濟並非商人或富家，上千乃至成萬元的投資，肯定不是簡單的事。鑒於當時商務財務十分拮据，前景堪累，張的投資風險甚高，應當沒有疑問。

43 樽本照雄：《初期商務印書館研究》，頁193引林爾蔚一份1984年的商務館史內部材料，列出1903年與金港堂合作時增加的華人股東為嚴復、謝洪賚、艾墨樵、沈知方、沈季方、高鳳崗、張廷桂、李恒春、鮑咸享等人。他們或為譯者，或為姻親教友，或為職員。無人為滬上富商。他們所籌的五萬兩仍需充分的背景關係。

44 盛承洪主編，易惠莉編著：《盛宣懷與日本：晚清中日關係的多面相》（上海：上海書店出版社，2014）。

45 盛承洪主編，易惠莉編著：《盛宣懷與日本》，頁51–69。

46 上海圖書館藏《盛宣懷檔案》，編號：102343存1905年4月16日山本條太郎致盛宣懷信，述實地觀察大純紗廠後，發現設備破壞急待維修更換，始堪操作等事宜，並列出維修成本一萬元，由盛支付，租用期待維修完成始啟動等財務細節。

47 上海圖書館藏《盛宣懷檔案，》，編號：102380-1。

48 見山本条太郎翁伝記編纂会編：《山本条太郎伝記》，頁161；亀城逸士：〈怪傑山本条太郎〉，頁4–5。

49 合約英文本的原版複製，見上海圖書館編：《上海圖書館藏盛宣懷檔案萃編》，上冊（上海：上海古籍出版社，2008），頁75–78。中文合約本見上海圖書館藏《盛宣懷檔案》，編號：065363-2。

50 上海圖書館藏《盛宣懷檔案》，編號：111172-7。

51 上海圖書館藏《盛宣懷檔案》，編號：065259-27。

52 關於辛亥革命前後漢冶萍向三井借款事，詳見張後銓：《漢冶萍公司史》（北京：社會科學文獻出版社，2014），頁172–306。兩人部分相關通信見上海圖書館藏盛宣懷檔案，編號015822-13及015822-3。

53 上海圖書館藏《盛宣懷檔案》，編號：013020-21，當中保存了山本條太郎1912年6月25日親切的手書邀請信，原文云：「拜啟……益御請祥奉恭賀候陳者明二十

六日午後六時赤坂新坂町四十五番地拙宅に於る可高話尚聽旁粗餐差上度候問何□御貴臨之榮を賜うふ右御案內申上候　敬具」。原文無標點，照錄。

54　山本条太郎翁伝記編纂会編：《山本条太郎伝記》，頁156–157。這次三井集會所舉行的座談會，由政府高層重量級人物井上馨提議，大藏大臣和農商務大臣均出席，由三井在華各分店長分別陳述日中貿易意見，時維1904年8月17日，距商務與金港堂簽約合作不足一年。

55　山本条太郎翁伝記編纂会編：《山本条太郎伝記》，頁175。

56　山本条太郎翁伝記編纂会編：《山本条太郎伝記》，頁175–176。

57　其生平詳見山本条太郎翁伝記編纂会編：《山本条太郎伝記》；樽本照雄：〈商務印書館と山本条太郎〉，《大阪経大論集》，第147號（1982），頁98–112。久保田裕次：〈明治後期における三井物産と大陸政策－山本条太郎を中心として〉，《日本史研究》，第560號（2009），頁62–66；梅井義雄：〈三井物産における山本条太郎と森恪－その中国での活動を中心に〉，《社会科学年報》，第5號（1971），頁105–136；瀨岡誠：〈三井物産の企業者史的研究：山本条太郎の社会化の過程〉，《彥根論叢》，第255、256號（1989），頁257–280。

58　關於澀澤榮一的背景及其與中國的關係，可參考周見：《近代中日兩國企業家比較研究：張謇與澀澤榮一》（北京：中國社會科學出版社，2004）。

59　渋沢青淵記念財団竜門社編：《渋沢栄一伝記資料》，第16卷，頁676–683。

60　有關東亞興業資料，見渋沢青淵記念財団竜門社編：《渋沢栄一伝記資料》，第54卷（東京：澀沢栄一伝記資料刊行会，1964），頁485–495；有關中國興業資料，見頁513–550。

61　盛承洪主編，易惠莉編著：《盛宣懷與日本》，頁218–227。按此上海圖書館藏《盛宣懷檔案》，編號：016897收有中文譯稿謂：「而在貴國一方面，適因南北政爭，認股者殊屬寥寥，未能如鄙人等所預期。對於該公司之將來，實深懸念。現尚有餘額，奉懇執事附認該公司股份。」這幾句關鍵語句是檔案原文，與盛及易的譯文有異，或有不同翻譯？

62　上海圖書館《盛宣懷檔案》，編號073241，1913年5月07日。

63　上海圖書館《盛宣懷檔案》，編號016993。

64　澀青淵記念財団竜門社編：《渋沢栄一伝記資料》，別卷第一（日記）（東京：澀沢栄一伝記資料刊行会，1966），1913年2月條，頁758–762；2月20日條，頁759。

65　白岩竜平藏1913年3月「中國興業株式会社設立の主旨」（有孫文及澀澤榮一署名），別紙〈中國興業株式会社定款〉第三條：「本会社資本額500萬円。……資本金中日人各出資一半。」第六條：「本社股份為記名股份，每股100円，共5萬股。」載渋沢青淵記念財団竜門社：《渋沢栄一伝記資料》，第54卷，頁516–517。

66　白岩竜平藏1913年6月2日中日雙方股東名冊（「中國興業株式会社日本側株式一覽表」及「支那側発起人名及引受株數」），載渋沢青淵記念財団竜門社：《渋沢栄一伝記資料》，第54卷，頁528–529。

67　渋沢青淵記念財団竜門社：《渋沢栄一伝記資料》，第54卷，頁523。

68　中日實業株式会社藏〈當社の沿革一〉，載渋沢青淵記念財団竜門社：《渋沢栄一伝記資料》第54卷，頁536–537。

69 白岩家藏1913年8月14日白岩竜平致澁沢栄一信，載渋沢青渊記念財団竜門社：《渋沢栄一伝記資料》，第54卷，頁539–541。

70 中日實業株式会社藏〈当社の沿革〉，載渋沢青渊記念財団竜門社：《渋沢栄一伝記資料》，第55卷（東京：澁沢栄一伝記資料刊行会，1964），頁9–11。

71 稲岡勝：〈「原亮三郎」伝の神話と正像－文献批判のためのノート〉，《出版研究》，第18號（1988），頁128–143。

72 日本現今人名辞典発行所：《日本現今人名辭典》，第3版（東京：日本現今人名辞典発行所，1903）；日本力行会編纂：《現今日本名家列伝》；飯山正秀編：《成功名家列伝》，第3編；每日通信社：《東京社會辭彙》（東京：每日通信社，1913）；大橋彌市編：《濃飛人物と事業》（岐阜：大橋彌市，1916）；実業之世界社編輯局編：《財界物故傑物伝・下卷》（東京：実業之世界社，1936）。

73 大隈重信主編：《開國五十年史附錄》。前三家分別為丸善株式会社（頁286–287）、博文館（頁288–291）、金港堂書籍株式会社（頁292–293）；其他出版社或一頁，或半頁而已。

74 三大書籍会社的成立見《朝日新聞》1909年9月24及29日。東京書籍株式会社的成立經過，詳見東京書籍株式会社社史編集委員会編：《教科書の變遷》，頁197–237。

75 東京書籍株式会社社史編集委員会編：《教科書の變遷》，頁551–563。

76 稲岡勝：〈金港堂の七大雜誌と帝國印刷〉，《出版研究》，第23號（1993），頁171–211。

77 稲岡勝：〈教科書疑獄事件とジャーナリズム〉對媒體炒作教科書事件有深入分析，説明了當日媒體對此案的處理，亦多競掘謠傳，嘩眾取寵，搶拓銷路。

78 樽本照雄：《初期商務印書館研究》，頁136。

79 花井卓藏及松澤九郎兩律師的上訴書，節引於《朝日新聞》1903年7月2日及7月3日，全文見〈官吏收賄ノ件（明治三十六年（れ）第一〇八二號；明治三十六年6月29日宣告）〉，載大審院：《大審院刑事判決錄》，第4冊第9輯，頁1176–1186；並見下村哲夫、大江健：〈官員收賄被告事件〉，載《大審院「教育關係判例總集成」》，第5卷（東京：（株式会社）エムテイ出版社，1991），頁79–86。前章已經論及，花井卓藏後來對教科書事件的各法律問題，作過詳細分析，駁斥其違背法意之處，見花井卓藏：〈教科書事件〉，頁1–45。

80 宮地正人：〈教科書疑獄事件－教科書国定への過程として－〉，頁351–378。

81 小谷重教科書事件豫審決定的報道，見《朝日新聞》，1903年3月17日。

82 稲岡勝：〈教科書疑獄事件とジャーナリズム〉，頁104–105。按小谷重1903年4月25日第二回公判定罪，判監兩個半月，罰款10円，追納賄款300円。他旋即上訴，同年7月8日得直，獲判無罪。

83 稲岡勝：〈教科書疑獄事件とジャーナリズム〉，頁103。

84 稲岡勝：〈教科書疑獄事件とジャーナリズム〉，頁104。

85 稲岡勝：〈教科書疑獄事件とジャーナリズム〉，頁104誤記原亮三郎罪名也是偽證罪。他的控罪其實是更嚴重的贈賄罪。見《朝日新聞》，1903年3月10日及5月2日。

86 樽本照雄：《初期商務印書館研究》，頁137說加藤犯了贈賄罪，但沒有説明其史料根據。綜合本章所見史料，當無其事。

87 樽本照雄:〈長尾雨山は冤罪である〉,《大阪経大論集》,第47卷第2號(1996),頁1–20。

88 樽本照雄:〈長尾雨山の帰国〉,《書論》,第30號(1998),頁183–186。

89 長尾甲(槇太郎)編:《丁巳壽蘇錄》(東京:長尾槇太郎,1920)。

# 商務印書館日員的「上海通信」
## 長尾雨山致原亮一郎函？*

## 一、前言

本章介紹1904年春一位上海日僑寫給其東京日本上司的信，全函以「上海某氏」名義刊登於金港堂發刊的《教育界》雜誌之上，我們推斷作者為長尾槙太郎（長尾雨山），時任金港堂駐商務印書館代表及教科書編務專家顧問，收信人為與商務印書館合資不久的金港堂書籍株式会社社長原亮一郎。

以下三節。第二節提供信件在商務及金港堂合作下的簡單背景。第三節是譯文及註釋。原件日文收入譯文各段註釋，可資參考。第四節漫談信中涉及作者對上海生活的若干觀察。附錄見雨山在《東方雜誌》創刊號所發表四篇文章的梗概。

---

\* 本章初稿為蘇基朗、蘇壽富美：〈20世紀初上海中日文化交往的一個側面：從商務印書館某位日員的通信說起〉，載鄒振環、黃敬斌編：《變化中的明清江南社會與文化》（上海：復旦大學出版社，2016），頁307–323。該文曾得到周武及鄒振環教授等多所指正，商務印書館於殷利總經理及張稷編輯慷慨開示坊間沒有流傳的內部刊物《商務印書館館史資料》，均致謝忱。除譯文外，本章作了不少刪改。譯文承遲王明珠博士、許文英女士大力協助，濱下武志、唐立及佐藤仁史教授多加校正，一併致謝。

## 二、金港堂書籍株式会社與商務印書館

本文所譯的「上海通信」提到「山本」，即前章曾提到的山本條太郎，時任三井物產上海支店長，為促成商務與金港堂合作之關鍵人物，與商務董事印有模關係密切。後者亦本信件提及的上海紡績廠主要華人股東之一。前章詳細分析金港堂來滬投資的策略問題，這裏可以再略為補充金港堂與商務在合作中的角色問題。事實上，除前章所論的兩説外，尚可謂有第三説。前章已述一説是日方只是出資，但不涉管理；[1] 另一説是日方不單出資，而且也參與管理。[2] 其實另有第三説，就是模糊狀態，這第三説也是最早懷疑日方可能不參與管理的葉宋曼瑛的另一看法。按葉文總結直至1980年代中期有關兩家合作的主要討論，不特參考了實藤惠秀1940年代及樽本照雄1970年代的成果，[3] 還加上她發現的三封張元濟致原亮三郎與山本條太郎的書信，對兩家合作誰有真正管理權一事試圖作出判斷，認為這次合作靈活機動而非基於硬性條款，故此一方面中方記錄説日本僅是投資者，中方掌握管理及人事並非無根之談，但另一方面她又説：「看來十分明白的是，不論中方還是日方，都沒有在重大管理事務中具有最終發言權。」雖然如此，葉文最後仍覺得她的印象是誰在場誰就有最終的發言權。[4] 後來沢本郁馬及張人鳳亦分別提供了張元濟致原亮三郎、山本條太郎共五封信件的全文，但整體看來，仍然看不出清晰的治理模式。[5] 今天非商務中人的研究者無法看到當時合資的合約，或最早登記註冊的公司章程，但從片斷的信息，可知1903至1905年間公司董事有四人，華日員各兩人：夏瑞芳、印有模、原亮三郎、加藤駒二。[6] Reed 引用葉文，解讀為不單商務屬中日合辦，而且強調了長尾等人在編輯教科書時的重要地位。[7] 看來當時新公司的管治狀態，更可能是和其他在《公司律》出台前的股份有限公司一樣，本來就是含糊不清。今天硬要套上清晰明確的公司管治規範而爭論誰是領導人，意義或不大。對本章更重要的問題，是具體的公司決策，當時是如何進行的？

從前章引述《張元濟年譜》所見，1903年11月合資定約以後，馬上陸續引進日資及日方人員如長尾槙太郎及小谷重等，他們先後進入編譯所工作。該年12月起，年譜已不斷出現小谷重及長尾槙太郎參與重要編務決策的記錄。12月14日兩人更參與館內領導層的一起重大爭議，即商務應否跟從京師大學堂所訂的小學課程而編寫教科書。爭議起因是商務管理層有某投資者（資本家）以牟利為念，主張追隨京師大學堂版本，但為各華人編輯如張元濟、高夢旦及蔣維喬所反對，認為該版質素太低，絕對不可以仿效，長尾與小谷也加入了反對一方。由於他們代表最大投資者金港堂，本身又是教科書專家，他們所投的反對票，恐怕是決定性的一票。尤有進者，當時管理層內華人企業家只有印有模一人，以他和山本的深切關係（見前章），自不會繼續堅持己見而不顧金港堂人員的意向。所以長尾等在商務的重大決策上，實質已有舉足輕重的作用。[8]此事亦載《蔣維喬日記》，蔣氏有「而商務資本家為謀利起見，頗有強從之者」等語，極為相若。但饒有趣味的是，他補充了如下一段：

> 長尾見此章程，心中懊喪。因寫一絕云：「珠履淒涼古廟門，春申城外欲黃昏。枯楊滿目生梯晚，寂寂江南煙雨村。」輕視中國之意，見於言外。然中國政府實屬可笑，而不能將中國之人一概抹殺也。余遂奮筆和一筆，不計工拙。詩云：「荊棘銅駝嘆墓門，茫茫地老與天昏。會看漢族風雲變，大澤龍蛇涅泗村。」[9]

可見該章程事件當時引起的情緒波動，以及長尾槙太郎等日員的地位。其時金港堂派到商務的主要人員有三名，即加藤駒二、小谷重及長尾槙太郎。可以肯定的是，三人在商務一開始已直接參與教科書的編輯和重大編務決策，當時商務並無董事局，公司重要決策即在編譯所會議一錘定音。[10]本文的譯件提到其執筆者參與了日籍員工的懲處事件，可見他們至少在日籍員工的管理上也參與了商務的實際事務。

　　本文所譯的「上海通信」，從上文下理及用辭遣字所見，似出自甚有漢學修養的日本學者之手，但作者同時必為金港堂主原亮一郎的屬員，故此信中說常向他作工作匯報。金港堂在華唯一投資在商務，而早年派至商務的要員，可能需要經常向金港堂社長作匯報的，就只有加藤駒二、小谷重及長尾槇太郎三人。信內提及上海紡績及商務的印刷所，也提及金港堂與商務合作的主要推手山本條太郎，似乎和山本往還甚密，均可見作者應為三要員之一。查加藤駒二及小谷重在《教育界》刊出此信前後，在該雜誌上發表過具名的清國來函式的報告或相片，[11]沒有匿名的理由。可見不具名的上海來信，只能出諸長尾槇太郎之手。長尾在日本教育界、藝術界及漢學界均享盛名，或此類瑣碎的清國雜聞記事，與其學界聲譽不甚相符，故不願具名？

　　長尾槇太郎（1864–1942），名甲，號雨山。明治時期著名中國美術家、漢學家、詩人、教育家。東京大學古典科卒業，曾任教東京美術學校、學習院、熊本第五高等學校（與夏目漱石同僚）、東京高等師範學校、東京大學等。詩、書、畫均享時名，與漢學界名人鄭孝胥、吳昌碩、羅振玉、內藤湖南等遊，時相酬唱。[12]觀《鄭孝胥日記》所載，雨山在滬時與鄭固然過從甚密，與商務夏、張等管理層及名士林紓、嚴復、黃遵憲、陸輔、王國維等亦經常宴聚或議事。《鄭孝胥日記》1906年5月20日載鄭赴雨山之約云：「約於徐園，為聽芝吟社詩鐘之集，至者劉語石、金燮伯、汪子淵、曹恂卿等。擇偶『岳前』七一，餘作四聯付長尾。」[13]1911年6月11日記雨山與朋友篠崎君（或即下文信中所提及的篠崎醫生）來訪鄭，相伴觀賞紅葉，鄭孝胥因而追述1910年9月其眷屬滯留長沙時，雨山曾托日清公司及長沙日本領事設法援接，其後以鄭氏家人已經出困而罷。言下頗露感激之情。[14]1914年雨山歸日，商務中人與之餞別依依，他與商務十年賓主，關係始終非常融洽。[15]

# 三、「上海通信」譯稿及註釋

上海通信[16]

上海某氏致函本社[17]社長原亮一郎氏[18]，信中詳述當地情狀，因請求刊登於左[下]。[19]

謹啟

欣聞閣下合家康泰，至為高興！以往偶爾希望向閣下匯報若干奇聞趣事，惟珍稀素材委實難求，每次通郵之際、復忙於匯報業務，以致久疏通好，猶請見諒為禱！[20]

上野向島已然櫻花盛放。[21]不猶得憶起，今日而言，縱然國家大事牢罩心頭，海戰快報接踵而來，想各處祝捷之情境，定必十分熱鬧。[22]此地本月中旬以來已屬淫雨時節，每天下雨淅瀝不絕。馳名之龍華寺桃花，雨中盛放。右之龍華寺，三國時代古剎也，此地全村遍植桃花。據云花節時份，[23]自五重塔上觀賞[24]，景色極佳。又聞如此景緻，每年神武天皇節[25]時份尤為盛況空前。今年，想因當天[26]適逢風雨，故上週日更見熱鬧。山本先生[27]家門前，坐人力車、自行車、馬車者川流不息，加上黃浦江上舟客，誠有類向島觀花之盛況。然賞花出遊者，似僅日本人而已，支那人等好此道而作觀花遊者甚稀。小生向有觀賞龍華寺美景之意，上週日趁訪山本先生府宅之便，本圖一償久違之遠足之欲。然在山本先生家偶遇田邊君及堀君（大阪朝日新聞通信員），相聚暢談各種戰報時事等過久，遂無法成行。山本先生及我等一行四人僅至近郊散步，遙瞰龍華寺塔而已。龍華寺外之吳淞江畔等地，亦成為郊外散步一去處。惟該地東南西北四面茫茫，景色單調，乏善足陳。黃浦江但見黃泥濁流滾滾不斷，與（東京府）隅田川實難比擬。我等平生慣見山川勝景，睹此情狀，不免有「轉荒涼」之感。[28]然昨日停雨，氣候漸趨和暢，英法租界江邊道上，晚間漫步之遊人，想必熱鬧起來。[29]

當地邦人三千，[30] 葡萄牙人之外為數最多。其生計行業主要有：

銀行業、保險業、海運業、炭商、棉業、紙業、書籍印刷業、旅館、公寓租賃業、醫業、藥材業、鞋店、雞蛋商、木匠、餐廳、桌球場、餅店、美食店、雜貨、照相館、針灸按摩、裁縫業、接生婆、理髮店。

諸如此類不等。[31] 其中雜貨商為數最多；理髮店門面裝潢則最為奇麗。右（上）述之外，亦有幕後操縱各行業之暗勢力，即「羅紗緬」（洋妾）醜業，[32] 從其業者亦不少。由於人多勢眾，雜貨店小商戶莫不仰其鼻息而卑躬奉承。除堂堂大商店而外，洋妾包庇往往左右生意之盛衰。此亦可謂租界奇觀之一。除三井、[33] 郵船、[34] 商船[35] 等之外，上海以個人之力而真正成功者，可數經營棉業之東興洋行店東半田氏。此次（日俄）戰爭，其夫妻合共捐納軍資獻金達五百圓。[36] 其家適位於我等即將遷居之同一列長房。[37]

（日俄）開戰以來，此港口（上海）乃成北方各通商口岸難民逃奔之地。聞俄國難民中，往往混集不少暴徒之類。前年統計所記，俄人原僅七、八十名，惟最近居留者已上千。似乎亦有自浦鹽邊[38] 一帶逃難而來之本邦人。[39]

光顧支那浴室自屬寫意不過之事。浴室分兩類，一稱盆湯，一稱浴堂。浴堂者尚欠體驗。盆湯也者，以瓷盆作浴槽，浴客各於其浴槽入浴。所謂入浴也者，則毋寧為「行水」[40] 而已。隨有「三助」[41] 擦背。復有剃須、扦腳及掏耳之理髮店服務。浴時以肥皂沖洗，水已污濁則開盆栓盡行放去。然後重加冷熱水，始告完事。浴中或浴後在凳上坐息之時，亦猶進用中國餐宴一般，不時奉以濕熱毛巾，或擦背汗，或作抹面及手腳之用。入浴收費九錢多，使用毛巾等四錢，擦背亦四五錢。能泡浴二三十分鐘，若再加短暫蒸氣之浴，浴後溫暖怡人，且能冒汗（淨體）。然而要之此等「土耳其浴」畢竟為下等事物，事後有傳染蝨子及南京蟲[42] 之虞，亦不能不慎，蓋浴堂用者多為下等之徒。[43]

支那職工爭執或互不妥協之時，（企業）多設機制，懲犯錯者以罰款。印刷所[44]亦行此法，聞效果甚佳。據云上海紡績[45]等最初嚴懲怠惰工人，往往施以體罰，但無甚作用，乃設罰款之制。發薪之際，工資因扣除罰款而大減，員工始有切膚之痛。最近（商務）印書館有一日本人，以木毆打印刷部之工頭，引起糾紛，亦如前述般被處以罰款。然該犯錯者以日本無此習慣為由，向小生呈交（悔過）「始末書」[46]之報告，事情就此安然解決。蓋因在支那，生命財產不能賴政府法規得以完全保護，故（公司機構）常自設制裁規條。所謂制裁也者，實務使犯者難忘之方法而已。前述之罰款制，亦一法歟？[47]

支那賬簿與今日簿記比較，雖不可同日而語，但亦不無進步之處。數目字尤自成一體系。其數字寫法作橫書，有類西洋數字。即 〡 〢 〣 乂 〥 ⊥ 〧 〨 夂 十。一、二、三、四又可照原狀寫作一、二、三、四。例如千二百五十六則寫作一〢〥⊥，不會寫成〡〢〥⊥。蓋〡與〢連書時，易生誤會故也。以一千的一寫作一，以一、二百的二寫作〢，兩者遂清楚易辨。上（右）述數字有蘇州數字之稱，乃商業上常用之數字記錄。必需先熟諳其道，始能解讀支那之賬簿。[48]

前述日本營業者中之藥材業，共有三家。即吟香氏之樂善堂、濟生堂與安江氏有關之東華藥房。[49]支那人患病常聽天由命，近日雖開始延日醫診症，然每多購服成藥而已。故此若能經營賣藥，往往其門如市。[50]事實上，遠藤君與西谷君所居之通州，由於缺乏醫者，得疾病亦不能不訴諸天命。[51]

（日本）醫者之中，[52]病人最多者可數佐佐木醫學士之病院及篠崎氏之一家。篠崎氏有長期之人脈關係，求醫者極為眾多。佐佐木氏則以專科功力見稱。此間醫者不論施任何藥物，均按每天藥量二十錢取費。杉山君之親戚渡山氏亦開業醫者之一。（商務）印書館日本職工患病，大都歸其診治。[53]

紙業唯中井商店支店一家。德國商會曾作紙業實況調查，值得探
聽詳情。據小生之見，紙張需求或甚殷，值得注意。[54]

坂本、坂上氏等投資之書店，此間華人亦有入股者，據云出身寧
波，並嘗為東文學院學生。[55]

信首為久疏通候致歉，茲奉告若干瑣聞如上。草草頓首。[56]

# 四、「上海通信」所見日本漢學家眼中的上海生活鱗爪

本文推斷「上海通信」出自長尾雨山之手。他跟一般日本文人遊歷
中國見聞亦有一定差異。第一，他極可能首次訪華並計劃在滬定居工
作，並非過客式的浮泛遊記。第二，他精通漢學及藝術，並為當時中
國文人學者所尊敬，酬酢頻仍，則其觀察中國社會情狀應具一定的理
解及同情。第三，他與諳熟中國情況的上海日僑如本信提及的日本駐
滬記者熟稔，與中國通的山本條太郎亦多往來。信中所見所聞，該不
盡屬無根之談。值得一談的一鱗片爪，至少有以下幾點。

## (一) 日本妓女的社會地位

有關上海生活的研究以及上海娼妓的研究，一般注意到上海日本
娼妓的存在。當代的華人及日人遊記亦頗多相關記載。[57]「上海通信」特
別注意到一種奇怪的現象，就是有一類俗稱「羅紗緬」或「洋妾」的日妓，
對大部分日本僑民生計，竟有極大的操控之權。除數家大公司之外，
無不仰其鼻息云云。賀蕭研究上海娼妓時簡單引述了一些華人文人對
日妓的描述，大致謂以高檔妓院為主，如華妓的「長三」，頗有潔淨及
精緻的名聲，當然亦不乏低級日娼，但沒有提到羅紗緬。[58]研究上海娼
妓史更為細緻的安克強，因為重點在華妓，亦沒有涉及。[59]談外籍娼妓
較多的有薛理勇的《上海妓女史》，內有一節簡述上海由19世紀後期至
二次大戰戰後的東洋妓業，指出由於日本領事館的取締，甲午戰前上
海本已很少日妓，戰後因日僑人數由200多急增至日俄戰爭時的二三

千,日籍妓女數目也同時大為增加。他引述1922年出版的上海娼妓著
作,謂1920年代滬上日本妓院共約30家,集中在虹口一帶。[60] 按1925
年日本駐上海領事館曾就當地娼妓狀況進行秘密調查,報告1924年12
月日本在上海娼妓分甲種藝妓,在公共租界內料理店憑領事館及工部
局特許證營業,共24店188人;乙種藝妓,在租界外華區妓樓憑領事館
許可而營業,共4家妓樓39人,又此類妓樓1910及1918年都只有一
家,人數最多的1920年才不過44人;此外有兩類秘密經營的私娼,第
一類在約60多家飲食店作女侍,總約200多人,其中三分之一估計私營
娼業。第二類約200人則單獨或數人一組,在租賃地方營業。[61] 但報告
書同樣沒有提到在日僑社區內,存在勢力如斯巨大的羅紗緬。

　　這一娼妓史與移民史的社會側面,與一般談娼妓備受欺凌的論
述,有一定落差。真相如何,值得研究。或其存在雖代表龐大的地下
勢力,畢竟限於日僑商人社區之內,華人社區可能尚未察覺其巨大影
響。有趣的是明治啟蒙先驅的福澤諭吉,一方面主張國內禁娼,以免
影響國內婦女的優良素質,另一方面則認為輸出日妓至海外日本僑
社,有助於鼓勵日本向外擴張商貿,增強國際競爭力。[62] 可見在日本的
維新中堅分子裏,亦不乏對娼妓的政經功能有正面看法的人。但Fogel
在論述20世紀之前的上海日妓時,提到很多當地日僑不滿她們的存
在,認為有辱國體,有人並且提倡清除日妓運動。[63] 可見上海日妓生存
條件應當頗為惡劣。因此,羅紗緬的説法更有其研究的價值。

## (二) 華人的遊興與上海風景

　　雨山所見的上海景緻,並不特別賞心,反而時有思念故國勝景的
感慨。這或因其初到中國,未脫思鄉之情。然所言華人缺乏遊興,則
殊難理解。時維1903至1904年間,日俄雖已開戰,上海並未遭兵燹,
不知何以雨山有外國人始具郊遊雅致而華人好此道者反甚稀見之説?

　　據《鄭孝胥日記》1913年4月5日所記:「至印書館。見路人多攜桃
花者,乃遊龍華歸也。」[64] 一位具商家背景的上海文人陳定山後來回

憶，龍華桃花在二三十年代肯定是他記憶的年中盛事。[65]1920年代的《申報》仍有記載，說滬上人家趨趁龍華桃花盛會，為的是滿足好熱鬧的心理。[66]即便日本人的同時代記載，如明治四十年(1907)遠山景直的《上海》謂龍華寺每歲三月一日至十五日為龍華會期，上海仕女雲集，並轉引刊登在日文《上海日報》的雨雨茶庵老人〈龍華寺遊記〉。談及龍華桃花會(香會)為上海唯一賞花盛事，「中外人」均蜂擁而來。[67]可證世紀初無論華人或日人，均以龍華花會為全城中外仕女的盛事，沒有提到華人獨欠觀花雅興。此事待考。

## (三) 中外合資企業的不同國籍員工懲處原則

信中提到處理華人職工的糾紛，或用體罰，或用罰款，在上海紡績以及商務均需應付此類勞工問題。雨山認為罰款更有效。按Cochran的說法，20世紀初在中國通商口岸的新興工業，華資一般用工頭來管理工人，犯錯罰款居多，體罰較罕見，主要是日資工廠委任日籍管工，援用日本管理方式，始對員工施以嚴苛的體罰。[68]據東亞同文書院編《支那經濟全書》第一輯(1907)所載，監工攜棒巡場而毆打工人的例子卻是華人的紡紗局。由日人管理的興泰廠及上海紡績均以扣工錢(稱「信認金」)為罰，但編者與雨山看法一致，認為罰金較體罰更有效。[69]

信內也提到外國員工可以援引外國無相類習慣或法律作理據，要求豁免根據本地華俗的處分。從該事例看來，私人企業自有其內部規則，並可懲處其員工，包括體罰。在這種私人領域的私法執行上，似乎也接受了類似治外法權的原則，即外國人可援用外國例而不必跟從當地的規例。這點是否可以追溯至1871年清廷與日本簽訂包含對等治外法權條款的《天津條約》，以及以後兩國的多年實踐？[70]當然《馬關條約》以後，中日間的條約關係變得越來越不平等，影響必然更深。當年在華中外合資企業內，如何管理異文化員工間的紀律問題，不無探究的價值。

## (四) 上海紙業

清末民初中國雖然不乏紙業舖號，但僅出產傳統手工紙，不能供新式機印之用。前述的陳定山，剛好來自經營過造紙的商家，他追憶父親開創國產紙漿如何舉步維艱的回憶錄，是珍貴的一手觀察。據其敘述，他家經營紙漿製造沒有成功，主要原因是造漿受地理條件左右，而所需投資為舊造紙業的十倍以上。他父親決定不依賴新機器而繼續使用人力，遂無法與進口紙漿競爭，最後結業告終。[71] 總體而言，新式紙業在中國並不發達。本信中指出紙業可能是一個有潛力的市場，可以進一步研究和開發。在1904年已經有此觀察，可謂眼光獨到。第1章提到對從事大規模印刷的出版商如商務印書館，紙的質素、供應以及價格，非常重要，往往左右盈利多寡。日本書業重鎮如金港堂，其社長原亮三郎便直接參與了明治時期重要的本土製紙企業富士製紙株式会社的成立及發展。商務在戰前沒有生產紙張以供印刷，其大規模機器印刷主要依賴進口紙張。當時中國新式紙張需求頗殷，但沒有激發新式的大規模製紙企業。連作為新式紙張大用家的商務印書館，亦沒有動機在本土推動新式製紙業的開發，必有原因。本書第6章將探索商務的紙張策略。

# 附錄：
## 長尾雨山在《東方雜誌》發表的
## 四篇署名「社說」

第3章提到1904年4月金港堂出版的《教育界》第3卷第7號，載有專文報道金港堂與商務兩家的合作，並提供了重要的公開信息。其中第五點是營利之外，為兩國的未來盡一分力，也發刊了促進日中兩國合作的月刊《東方雜誌》。[72]《東方雜誌》第1卷第1號 (1904年1月) 用筆名發表社說多篇，主要在提倡中日合作。最後一篇社說，則是具名「日本長尾雨山」的〈對客問第一〉。[73] 雨山在這篇署名社說，論列中國可以

興盛之兆十項，可以衰亡之徵，亦有十項。結語則謂：「興乎興乎，子自興之。亡乎亡乎，子自亡之。」他所舉列的十大興盛之兆如下：

（一）環球之面，區而國者，不遑更僕，棲而息者，其麗不億，而求其舊邦，孰若支那者。較其人眾，孰若支那者。芒芒禹蹟，古之九洲，悠悠史籍，五千春秋，堯舜之所治，周孔之所起，禮文之叢，衣冠之地，昔則如彼其盛，今何如是其衰？書曰：念茲在茲，釋茲在茲。不其然乎？夫一言僨事，一人定國，苟有可興之機，何憂無興之之策？興兆一也。

（二）孟子曰：待文王而後興者，凡民也。若夫豪傑之士，雖無文王猶興。支那風氣閉塞，有志之士不顧流俗，奮起而求啟之，履重洋乞學異國者，踵續項望於途，興兆二也。

（三）孟子又曰：無敵國外患者，國恆亡。今支那之為國，外敵四逼，侵陵日繼，當是之時，若能憤悱，則何不可啟發之有？興兆三也。

（四）朝廷已鑒乎世界之大勢，釐革百度，更張庶政，楚材晉用，取長舍短，駸駸乎進矣，興兆四也。

（五）各省建武備學堂，練武足兵，將以禦外侮，興兆五也。

（六）制教育章程，設為庠序學校，盛敷新學，民嚮文明，興兆六也。

（七）且夫環球陸地，五千二百餘萬英方里，而支那畛域，居其十之一，人口十五億一千三百餘萬人，而支那民黎，超於其四之一，有地如是其大，有民如是其眾，試求諸世界萬國，孰敢比肩者？固足以稱雄天下矣，興兆七也。

（八）土地膏腴，沃野千里，山林藪澤之生貨財者，不可訾量，西人之言曰：支那一國所產煤炭，足以應世界無窮之需。其他可推。貨財之殷阜如是，興兆八也。

（九）民勤儉不辭勞，越疆行傭他邦者，皆垂橐而行，捆載而歸，外貨內斂，不知歲幾千萬鎰矣，興兆九也。

（十）古聖賢流風餘澤，尚存乎人，以忠孝仁義為道，興兆十也。

雨山以中國有十大興兆而猶「陵遲不振」，同時亦有十大衰亡之徵如下：

（一）從古當國之方興也，政恆美矣，……，久而叢脞惰墮，遂以亡矣。今夫瀦清水於池沼之中，……，久塞不疏，水腐蟲生，……，於是池沼亦為田矣。政亦猶水，不疏則不通，不通則不變，不變則滯，滯則廢。政廢而亡徵見矣。前代蹔措，當清朝之初，聖祖仁皇帝起於東邊，戡定中州，餘威遠被四表，拓疆之大，倍蓰前明，治理之修明，文教之振興，古所不多有。……。既而教匪髮賊，接踵胥起，內訌未除，外患繼之，內外多艱，不遑寧處，以至今日。積弊所漸，雖有英雄，幾無所措手。亡徵一也。

（二）民心不安，產業不理，邦將崩析而不能守。亡徵二也。

（三）國帑窮乏，財用不贍，以四百二十七萬七千餘英方里，四億餘萬眾之大國，一歲入款僅不過八千八百餘萬兩，而其出款超於一億二百餘萬兩。入不敷出，何以持國，亡徵三也。

（四）邊徼要害之地，為外國所侵蝕，甚至舉祖宗發祥之地，全委外人占據，而不知所以挽救。亡徵四也。

（五）蒙古、西藏屬地，亦任外人之蹂躪，四塞無守，何以保中原哉？亡徵五也。

（六）南省饑饉，民不得食。騶民作盜，而不知授產綏撫。遣兵討伐，餉糈不給，助盜為亂，良民怨嗟，相率從賊，蔓延日廣，討平策窮，叢爾小盜，經歲不平，國人漸將疑朝廷之威力。亡徵六也。

（七）長江梟匪，乘釁將起，而督撫掩飾，苟且糊塗，偷安一日。亡徵七也。

（八）交通轉運，國家利源之所在也。而鐵路舟航，多委外人經營，有利則朝廷不能收，且啓外人瓜分壤地之禍。亡徵八也。

（九）統一幣政，平章稅務，國家財政之根基也。今無劃定之制。亡徵九也。

（十）兵制國家守禦之所由也，而有事則驅烏合無賴之徒，以當強
寇。何以得奏膚功哉？亡徵十也。

他覺得難明之處，是何以中國有十大興兆而不能振興，有十大亡徵卻
繼續作為世上雄邦而生存。他的看法大意是：中國可興可亡。惟最終
或興或亡，亦由中國人好自為之，非任由他人宰決。

雨山清季十興十亡的觀察，反映出他除精通中國藝文之外，對清
季政經文教局勢，並不陌生。他對中國國情的了解，必然日積月累，
否則不可能來滬經月，便寫出這種宏觀的意見。

在同卷第2號（2月），雨山繼續發表了第二篇〈對客問〉式的政論
文章，討論中國振興的當務之急何在。他列舉治國興邦的八項要務：

經教邦八事。一曰教育。二曰產業。三曰交通。四曰財政。五曰
兵制。六曰法律。七曰行政。八曰風俗。八者樹國之根基，廢一
不可也。

八者都是立國根基，相輔相成，缺一不可。但他認為此八者，仍非首
要之務：

然此猶其末焉者耳。支那之憂，非八事不完，蓋有更急者焉，
……上下暌離，異種殊族之念，結而不解，陽為君臣，陰為寇
讐，命與仇謀，奚責忠愛？

雨山認為更關鍵的是清朝嚴防滿漢的種族政策，導致民心離異。他說：

予故曰：支那之憂，非八事之不完，有更急者也。經邦之急，在
結民心，在一天下。民心結，天下一。舉國一致之勢成，而後八
事可言矣。

他的觀察是，清廷一天不解決這項導致民心離散的民族政策，所有經
邦治國方針都成為空論。

雨山第三篇〈對客問〉政論刊於同卷第3號（3月）。在這篇政論，
雨山認為中國問題關鍵，乃在乎不能興興之有道，不在濟亡之無法。

支那之患，與其謂在察亡徵而濟之不得其道，不若謂在察興兆而理之不得其宜。苟能察其所以興而興乎？雖有百亡徵，不足以為患矣。

他對於保守及變革兩派均有所保留：

今之言政者二，曰守成；曰變法。主守成者知其興不知其亡。苟且因循。偷安一時，惟不能保己威福之懼。主變法者，知其亡不知其興，喜新厭故，取快於口舌，不顧實行如何。二者互相反目疾視，黨同伐異，冰炭不容，非國家之利矣。

他的看法是，或變或守，不能僵化，務須審時度勢，靈活為用，但以國家公益為念，而非假公濟私，則有機會扭轉局勢，化危為機。他說：

夫可變而變，可守而守，應機制宜，徇公舍私，轉亡為興，化禍為福，正政要治理之所存。

要做到保國，必須先保民；要做到國家先進開化，必須先使人民先進開化；要人民開化，則不能不先辦好普及的國民教育。可惜中國國民教育的興辦，一直無法上軌道。他感嘆說：

故欲保國，則先保民，欲開國則必先開民。……今支那風氣閉塞，文物不振，自非破舊蔽，開新智，何以能與列國聯鑣馳騁乎？破舊蔽，開新智，不可不由教育焉。……往年政府下令各省興學堂，而至今弦誦之聲，未遍州閭。偶有設一二學堂者，多以高等專門為先。至所謂國民普通教育，則茫乎如不經意。而諸生就學者，亦不過藉以干祿。夫如是，則舊蔽何時而破？新智何時而開？國家何時而得文明乎？

雨山在1904年第四篇〈對客問〉政論，見同卷第5號（5月）。他在文首借客人之口，列出普及國民教育在當時難以落實的各種因素，跟著逐一反駁，並且指出何以普及國民教育始為挽救中國之當務之急：

> 國民教育，國家之利，不獨人民之利。今言中國之時務者，輒曰
> 強兵強兵。而殊不知兵之本在民，民之本在教育。……蓋民受教
> 育，則知義。知義則能為國捐軀。

他強調興辦普及國民教育，不必待所有弊端阻礙已經先清除，才大力
推行，因為普及國民教育成功，所有其他的短板亦將自然地糾正過
來。反之，若因為有困難而不普及國民教育，其他方面的所有改革亦
將難以奏效。他說：

> 一利所在，必先興之，則利愈興，而害隨寢矣。今憂害之不除，
> 而不興利，則利何時而得興？害何時而得除乎？……如興教育，
> 則百利而無一害者矣。

　　由以上四篇時論可見，雨山在來滬進入商務印書館工作之前，在
日本無疑一直極為關心清季中國的政經文教大局。可能出於他長期在
日本教育界工作，並且目睹明治日本國力由弱轉強的軌跡，與明治普
及國民教育可謂齊頭並進，所以在這份新出台的政經文教刊物《東方雜
誌》第一卷上，大力推廣普及國民教育，以之為挽救中國的第一要務。
不管他對中國的觀察是否正確，他所提倡的普及國民教育，無疑是新
成立的中日合資商務印書館最重要的潛在市場。他通過這些政論，可
謂在關鍵時刻，為確保這個龐大的新市場按時催生，盡了他作為商務
新要員的一分力量。

## 註 釋

1　類似說法，最早見葉宋曼瑛著，張人鳳譯：〈早期中日合作中未被揭開的一
　　幕〉，頁73–82。承鄒振環教授提示注意此文，謹致謝忱。更明確的說法是汪家
　　熔：〈主權在我的合資〉，頁127–139。亦可參考張人鳳：〈讀《初期商務印書館の
　　謎》後的補充與商榷〉，頁55–68。

2　沢本郁馬著，筱松譯：〈商務印書館與夏瑞芳〉，載商務印書館編：《商務印書館
　　館史資料》（內部刊物），第22期（1983年7月20日），頁16–32。沢本郁馬：〈初
　　期商務印書館的謎〉，頁1–50。亦見樽本照雄：《初期商務印書館研究》，及一些
　　他在1980年代以後發表、沒有收入《初期商務印書館研究》的論文，如〈辛亥革

命時期的商務印書館和金港堂之合資経營〉，頁141–153。另參中村忠行：〈《繡像小説》と金港堂主・原亮三郎〉，頁534–556；及中村忠行：〈検証：商務印書館・金港堂の合弁 (1)～(3)〉，《清末小説》，第12號 (1989)，頁93–111；第13號 (1990)，頁79–96；第16號 (1993)，頁51–64。

3　實藤惠秀：《日本文化の支那への影響》(東京：蛍雪書院，1940)；樽本照雄：〈金港堂・商務印書館・繡像小説〉，《晚清小説研究》，第3號 (1979)，頁300–399。

4　葉宋曼瑛：〈早期中日合作中未被揭開的一幕〉，頁80。

5　沢本郁馬：〈初期商務印書館の謎〉；張人鳳：〈讀《初期商務印書館の謎》後的補充與商榷〉。

6　梁長洲：〈商務印書館歷屆董事名錄〉，載宋原放主編：《中國出版史料：近代部分》，第3卷，頁35。

7　Reed, *Gutenberg in Shanghai,* pp. 197–198。

8　張人鳳：《張元濟年譜》(台北：台灣商務印書館，1995)，頁53–63。

9　蔣維喬：〈蔣維喬日記摘錄 (續一)〉，頁14，「1903年12月14日條」。按此段十分重要的日記文字，不知何故不見於已經出版的蔣維喬著，汪家熔校註：《蔣維喬日記，1896–1914》及蔣維喬著，林盼、胡欣軒、王衛東整理：《蔣維喬日記》。

10　朱蔚伯：〈商務印書館是怎樣創辦起來的〉，頁147。

11　如小谷重致主編曾根松太郎兩封信，題為「上海通信」的第二信及第三信，均具名，見《教育界》，第3卷第3號 (1903)，頁129–131。《教育界》，第3卷第13號 (1904)，頁137刊加藤駒二由上海寄來的兩幀照片，分別題為「在上海東亞同文書院」及「同佛蘭西女學校」，亦具名。

12　樽本照雄：〈長尾雨山と上海文芸界〉，《書論》，第35號 (2006)，頁192–199；樽本照雄：〈長尾雨山の帰国〉，頁183–186；樽本照雄：〈長尾雨山は冤罪である〉，頁1–20。雨山亦曾編朱熹：《朱子集註殘稿》(京都：長尾槙太郎，1918)，對朱子學有一定的研究。

13　鄭孝胥：《鄭孝胥日記》，第2冊，頁1042。

14　鄭孝胥：《鄭孝胥日記》，第3冊，頁1420。

15　散見鄭孝胥：《鄭孝胥日記》，第2、3冊。雨山與商務的十年賓主關係，可參樽本照雄：〈長尾雨山と上海文芸界〉及〈長尾雨山の歸国〉；亦見張偉：〈長尾雨山與商務印書館〉，載氏著：《西風東漸：晚清民初上海藝文界》(台北：要有光，2013)，頁222–231。

16　「上海通信」載《教育界》，第3卷第10號 (1904年6月)，「外國匯報」欄，頁109–111。「外國匯報」欄一般載外國教育情報，間有其他外國社會情狀報告。原文直排。譯文分段落處仍按原文處理。括號內為案語。又文中稱中日國家人民用語如支那人、邦人、日本人等仍沿用原文，不作翻譯。

17　即金港堂書籍株式会社。

18　仍據原文「原亮一郎氏」。

19　「在上海の某氏が本社長原亮一郎氏に寄せられたる書信は、大に同地の事情を盡せるものあれば、請ふて左に掲載することゝせり。」

20　「謹啓時下御揃益御機嫌克被為涉奉大賀候時に面白さ見聞にても御報申上度とは存居候得共餘り珍らしき材料も無之且『メール』の度び每に營業上の要信に追はるゝ始末に御座候儘乍思御不沙汰罷在候。」

21 東京上野公園及隅田川向島公園櫻花開花在3月下旬至4月中旬。

22 此言日俄戰爭。開戰於1904年2月8日，2月9日仁川海戰，6日前並無重大海戰。

23 龍華桃花觀賞時分一般在農曆三月初，1904年當在4月16日以後。

24 當指龍華塔，惟龍華塔為六層而非五重。

25 明治時定為「紀元節」之國家節日，據云為第一代天皇神武天皇公元前660年即位之日，推定為陽曆2月11日。

26 當指龍華觀花之首日農曆三月初一，1904年為4月16日星期天。若指神武節的2月11日，則距上海春雨時節仍早，時間不合。

27 原文作「山本樣」，稱謂較為尊敬。同信提到其他日人時僅稱某君。按山本即山本條太郎。

28 日語無「轉荒涼」一詞。此句似另有所指而當事諸人均能明白。按宋元詩人方回〈日長三十韻寄趙賓暘〉詩有「甲兵才偃息，城市轉荒涼」句，此信言睹黃浦濁流有所感懷，可能即引本意哀戰後頹垣敗瓦的「轉荒涼」典故，此或與黃海戰況及日俄戰爭人命傷亡不無關係。又明治日俄戰爭陸軍大將乃木希典亦有名句「山川草木轉荒涼，十里風腥新戰場」，作於1904年6月7日（舊曆5月27日）以哀其子剛在旅順戰死。6月前乃木曾晤文部省教育總監野津道貫於東京。野津與本信作者及原家均當時日本教育界重要人物，可能先睹此書信之原稿或《教育界》同年6月出版的第3卷第10號樣稿，並出示乃木，以作慰問？因為信中對戰爭十分支持。乃木詩句與此信是否確實有關仍待考。參考宿利重一：《乃木希典》（東京：魚庵記念財團，1929），頁492–497引乃木希典日記。我們得遲王明珠博士及唐立教授提示乃木希典的詩句，謹誌謝於此。

29 「上野向島を始め櫻花の盛に有之候由、縱令國家の大事を控ふる今日とは乍申陸續海戰の快報に接し候義故祝捷旁隨分賑ひ候はんと想像致候、當地は本月中旬以來淫雨の時節にて毎日の雨天續き有名なる龍華寺の桃花も雨中に其好時期を過ごし候右龍華寺に三國時代の古刹にして全村悉く桃を培植し花の時節に五重の塔より觀るときは隨分好景の由に有之毎年神武天皇祭頃は最も盛況を極むるの例なりとのことに聞き及び候得共今年は當日が風雨なりし為め却て前の日曜が賑かなりしやに見受け候、山本樣の御門前を人力車や、自轉車や、馬車にて驅ける人も多く又黃浦江に船を浮べて出掛ける客もゐること恰も向島の花觀に類し候但花觀と云ふ遊は主として日本人にのみ限る樣に存候支那人などには殊更そふ云ふ企ても無之やに存候小生も一度龍華寺の景に接し度と存じ前の日曜山本樣まで伺ふたる序を以て久し振りの遠足を試むる積のところ偶々山本樣御宅にて田邊君、堀君（大阪朝日の通信員）と落ち合ひ色々戰爭に關する時事談などの出でたる為め時間に遲くれ其意を果さず山本樣と四人にて近所の郊野を散步し遙かに龍華寺の塔を瞰めてそれで濟まし候、龍華寺の外には吳淞の江岸なども郊外散步の一箇所なれども要するに東西南北共に茫々たる廣野にして更に景色の變化を見ず黃浦江の流も常に黃色の泥水のみにて迚も隅田川とくらぶべくもあらず、平生山川の好景に慣れたる我々には轉荒涼の觀有之候然し一昨日來雨も先づ上り氣候遽かに和き候間、自今英佛租界の江岸通は晚來散策の客盛なるべしと存候。」

30 邦人當指日本人。據遠山景直編：《上海》（東京：國文社，1907），頁 390 所引上海日本領事館登記上海日僑數，1901 年為 1,473、1905 年為 4,333、1906 年為 4,973。中國國民經濟研究所編：《日本對滬投資》（載張肖梅等編：《外人在華投資資料六種》，第 2 冊，台北：學海出版社，1972），頁 10 引《外交時報》，第 746 號，頁 221，則記 1905 年上海日僑數為 2,157，兩者相差一倍。遠山所據的領事館登記數應較可靠。

31 遠山景直編：《上海》，頁 390 引 1906 年 1 月 1 日日文《上海日報》所載，日僑行業如下：銀行業、保險業、海運業、石炭商、貿易商、雞卵商、綿系棉花商、雜貨商、醫師、藥種商、寫眞業、書籍文具類商、活版印刷、新聞、通關事務、洋傘商、製靴業、吳服商、旅人宿、下宿營業、料理店、飲食店、菓子店、理髮店、氷ラムネ營業、女髪結、洗濯業、金銀鼈甲細工、鍼灸術、看護婦、產婆業、裁縫業、大工職、畫師、紙商、辯護士、代辯業、製本業、代書業、球戲營業、酒、醬油類營業、疊職、時計商、綿線器械製造業、石鹼製造業、塗物職、皮棍製造業、人力車製造及修繕業、質屋業、委託販賣、帽子製造業、三味線、電氣及諸器械販賣。

32 「羅紗緬」亦作「羅紗綿」，原意「綿羊」。明治時期泛指洋人之妾，有別於有正式婚嫁的洋人之妻；或指專營洋人生意的妓女，亦稱「洋妾」或「外妾」。

33 三井財閥的三井物產上海支店。

34 指三菱財閥的日本郵船株式会社。

35 指大阪商船株式会社。

36 500 圓時值如何，可參考下文記上海浴堂價格如「入浴收費九錢多，使用毛巾等四錢，擦背亦四五錢。」另當時上海三井商事支店長的山本條太郎月薪 400 日圓（円）。見山本条太郎翁伝記編纂会編：《山本条太郎伝記》，〈年譜〉，頁 8。這裏捐軍 500 圓亦應為日圓。明治工作物價，並參考本書第 2 章。

37 「當地邦人の居留者は三千人近く、『ポルトガル』人を除けば第一の多數にして其營業の重なるものを數ふれは銀行業、保險業、海運業、石炭商、綿系業、紙類、書籍印刷業、旅人宿、下宿業、醫業、藥種業、靴屋、鶏卵商、大工、料理屋、玉突場、菓子屋、飲食業、雜貨、寫眞屋、針按摩、仕立屋、產婆、床屋、等に御座候就中最も多數を占むるは雜貨商にして店先きの一番奇麗なるは床屋に候右の外に居留人の多數を占め且諸種の營業に對して隱然勢力を有する怪物有之候即ち『ラシャメン』と稱する一醜業者に候是れは仲々多數の由にて雜貨商其他の小賣店に對して隨分勢力を有し何れも彼れ等の御嫌機を損せざらん樣其鼻息を伺居るとのことに承はり候故に堂々たる大商店を除くの外は『ラシャメン』の『ヒイキ』如何か其營業の盛否に關する由に有之候是れ等は居留地の一奇觀とも申すべきか三井、郵船、商船等を除き一個人として上海を(にて？)眞に成功したる綿系業者の東興洋行主半田氏にして此人は今回の軍資獻金にも夫婦にて五百圓を納め居候其住所は今回我々か轉居する一ツ長屋の中に候。」

38 即海參崴 (Vladivostok)。

39 「開戰以來當港は北方諸開港場の退散者の逃げ場所と相成殊に露國の『アバレ』者なども隨分澤山入り込みたる由に御座後一昨年の統計にては僅々七八十名

の露國人が昨今は稍千人も居る由に候本邦人にて浦鹽邊より當地に逃がれ來
りたる者もあるやに見受け候。」

40 通常指藉著水桶以手或工具清洗身體的洗澡方式。

41 日語，即侍浴服務員，兼理燃料及浴湯調節，故云三助。上海人稱「堂倌」。參
姚霏：〈近代上海公共浴室與市民階層〉，載上海市檔案館編：《上海檔案史料研
究》，第3輯（上海：上海三聯書店，2007），頁82–92。

42 即臭蟲。南京蟲或如南京布，泛指江南一帶。

43 「支那の浴屋に行き候ひしが仲々宜敷候湯屋には二種ありて一を盆湯と稱し一
を浴堂と稱する由、浴堂の方は未だ經驗無之候得共盆湯の方は盆の如き瀨戶物
を以て浴槽とし各人を別々に入浴せしむ但入浴と云はんよりも寧ろ『行水』に
御座候三助も居りて背中もながし候床屋も居りて鬚も剃り又足の爪もとり耳
の掃除もなし吳れ候『シャボン』などを使ふて水がきたなくなるときは栓をぬ
きて其の污水を出し再び水と湯とを入れしむると出來候入浴中にも又浴後臺
に腰掛居候節も支那料理をする如くあつき湯にてしぼりたる手拭を何度となく
持ち來り或は背の汗をふきたり或は面や手足をふき候價は入浴九錢臺手拭等
四錢と流しの四五錢に候二三十分間も入浴し居ると一寸蒸風呂に入りたる樣
にて浴後も暖く汗が出で候先づ『土耳其風呂』の下等なるものに候今より後は
虱や南京蟲をうつさるゝの恐有之候間要愼せねばならぬことに候浴堂の方は下
等の入り込みなる由に候。」

44 商務印書館的印刷部門。

45 即山本條太郎曾主理的上海三井洋行旗下上海紡績会社。

46 如悔過書，乃日本習慣，至今仍然流行。犯過者通過書面詳細自我檢討及承認
錯誤，請求主者寬恕，一般獲得赦免懲罰，改過自新。此節承唐立教授提
示，謹誌謝意。

47 「支那人職工仲間にて喧嘩又は打ち合なしたるときは其惡しき方をして罰金を出
さする制を設くるもの多く有之候印刷所の方も矢張其習慣に有之最も有效との
とに御座候上海紡績などにても最初は怠惰者を嚴罰するに往往體刑類似のことを
以てせしも餘り效能なく罰金の制を設け工銀授與の際其れを差引かるゝを以て一
番苦痛とする由に御座候此間も印書館にて日本人の一人が印刷部の職工長を木
にてなぐりたる為め紛紜を生じたる際も右罰金の請求出で候ひき然し日本には
左る習慣なしとの理由にて右過失者より小生迄始末書を出し其で平穩に濟み候
要するに支那にては政府の法律規則を以て生命財產を完全に保護するの道、能
はざるが為め、各自の間に於て相當の制裁を設け居候其制裁は事實に於て苦痛
を覺えしむるの方法なる樣被存候即ち右罰金の如きも其の一なるべきか。」

48 「支那賬簿と今日の簿記とを比較すれば素より同日の談に無之候得共仲々進步
したる點も有之候殊に數字は一種の體を具へ其書き振稍々西洋數字に同じく大
抵橫に記入致候即ち | || ||| ╳ ᠪ ⊥ ≐ ≡ 夂 十にして一、二、三、四は又一、二、
三、四トも書き候千二百五十六なれば一 || ᠪ ⊥ と記し | || ᠪ ⊥ と記さず其れは
| と || を續けて書くときはまぎらはしくなる故千の一を一 二百の二を || と記し
二者の間に混雜を起さざる樣注意し居候右の數字は蘇洲數字と稱し商業上には
一般に之を常用致候故に此の數字に慣れざる間は支那帳は讀み難く候。」

49 遠山景直編：《上海》，頁 402 列藥種店共六家，另有丸三洋行、濟生堂分店及辻源助的賣藥雜貨店。

50 其時日本藥劑輸入生意頗大，可媲美歐美洋藥，但銷售商戶不限日店，亦可購於其他華資、外資或合資藥房。見謝薇：〈清末民初の『申報』に見る日本広告について〉，《或問》，第 22 號 (2012)，頁 48–49。

51 「前記日本の營業者中の藥種店は合計三軒にして吟香氏の樂善堂、濟生堂と安江氏關係の東華藥房とに有之候支那人は昨今より日本人の醫者に診察を請ふも大抵は病氣にかゝれば天命とあきらめ賣藥位にて濟すを常とする由、故に甘く賣り込めば賣藥も相應の商賣に候現に遠藤君や西谷君の通州は病氣になりても醫者なき故致方なく只天命をまつ計りとの實況に御座候。」

52 謝薇列《申報》所見日醫病院廣告有 18 家以上，包括佐佐木及篠崎兩家。謝薇：〈清末民初の『申報』に見る日本広告について〉，頁 48。遠山景直編：《上海》，頁 401–401 則只有 12 家。

53 「醫者の中で最も盛なるは佐佐木醫學士の病院と篠崎氏の方となり篠崎氏は從來よりの關係にて得意多く佐佐木氏の方は多少の腕前で知られたるものゝ如くに相見申候、當地の醫者は如何なる藥にても一日分二十錢宛也、杉山君の親戚渡山氏、開業醫の一人に候印書館の日本職工は大抵同氏の厄介に相成候。」

54 「紙屋は中井商店の支店一軒丈に候實況に就ては獨逸の商會にて調査したる者もある由に付聞き合せ度積に候小生の考にては紙の需要は仲々廣き樣被存候。」

55 「坂本、坂上氏等の出資に係る本屋も此頃支那人を仲間に入れたる樣被存候其支那人は寧波の產にて曾て東文學院に生徒たりしこともありし由に候。」

56 「先は御不沙汰御詫び旁『クダラヌコト』二三御報まで如斯御座候草々頓首。」

57 晚清記載日妓最有名的莫過於王韜，見王韜著，王思宇點校：《淞隱漫錄》(北京：人民文學出版社，1983)；民國的如汪了翁：《上海六十年花界史》(上海：時新書局，1922)。有關華文述上海娼業的當時著作，可參考胡懷琛：〈滬娼研究書目提要〉，載上海通社編：《上海研究資料》(上海：上海書店，1984)，頁 578–608。

58 賀蕭 (Gail Hershatter) 著，韓敏中、盛寧譯：《危險的愉悅——20 世紀上海的娼妓問題與現代性》(南京：江蘇人民出版社，2003)，頁 52。

59 安克強 (Christian Henriot) 著，袁燮銘、夏俊霞譯，《上海妓女：19–20 世紀中國的賣淫與性》(上海：上海古籍出版社，2004)。

60 薛理勇：《上海妓女史》(香港：海峰出版社，1996)，頁 213–225。他根據的史料是汪了翁：《上海六十年花界史》，頁 90–91。

61 不二出版社編集部編：《買売春問題資料集成〔戰前編〕》，第 17 卷《買売春管理政策編 IV〔1924～1925 年〕》(東京：不二出版社，編集復刻版)，資料編號 445〈売笑婦ノ實情調査ノ件〉(機密第 16 號・在上海總領事・1925 年 2 月)，頁 145–146。

62 Bill Mihalopoulos, *Sex in Japan's Globalization, 1870–1930* (London: Pickering & Chatto, 2011), pp. 82–104.

63 Joshua Fogel, *Articulating the Sinosphere: Sino-Japanese Relations in Space and Time* (Cambridge, MA: Harvard University Press, 2009), pp. 71–77.

64 鄭孝胥：《鄭孝胥日記》，第3冊，頁1459。

65 陳定山：《春申舊聞》(台北：世界文物出版社，1971)，「龍華桃花」條，頁72-73。

66 〈自由談－上海觀察談之一節－上海住民之特性四（趕熱鬧）〉，《申報》1919年6月16日。

67 遠山景直編：《上海》，頁327。

68 Sherman Cochran, *Encountering Chinese Networks: Western, Japanese, and Chinese Corporations in China, 1880–1937* (Berkeley: University of California Press, 2000), p. 100.

69 東亞同文書院編：《支那經濟全書》，第1輯（東京：丸善株式会社，1907），頁172。

70 Pär Cassel, *Grounds of Judgment: Extraterritoriality and Imperial Power in Nineteenth-Century China and Japan* (New York: Oxford University Press, 2012), chaps. 4 and 5.

71 陳定山：《春申舊聞》，頁179–204：「我的父親天虛我生（陳栩園）——經營造紙業失敗，無錫利用造紙廠」。

72 關於出版《東方雜誌》的事，並見張人鳳、柳和城編：《張元濟年譜長編》（上海：上海交通大學出版社，2011），上卷，頁130，在1903年12月下記：「是月，出席商務與金港堂合資後編譯會議，先生與夏瑞芳提議創辦雜誌，定名《東亞雜誌》。為避免與其時德國領事館《東亞雜誌》同名，決定用《東方雜誌》名。」參見陸典：〈《東方雜誌》的定名〉，載商務印書館編：《商務印書館館史資料》（內部刊物），第7輯（1981年3月20日）。

73 《東方雜誌》，第1卷第1號（1904年1月），頁7–10。

# 第 5 章

# 華文打字機
## 商務印書館的技術開發與業務發展

## 一、商務華文打字機檔案

由於商務印書館保留的大部分檔案仍未對公眾開放，我們難以從中窺探歷史細節。但十分慶幸，在台北中央研究院近代史研究所檔案館，我們意外發現了少量有關商務印書館的檔案。雖然為數不多，但內容足以反映其經營史上某些值得注意的信息。本章希望作出初步的整理及解讀。檔案的基本收藏資訊如下：

台北中央研究院近代史研究所檔案館檔案：「經濟部門」；（全宗：17）「實業部」·（副全宗：22）「工業司」·（宗：030）「特種工業」·（冊：01）〈上海商務印書館（免稅）〉（時間：1930年1月–1934年3月）；館藏號：17-22-030-01；檔案頁（folio）共189頁；案由：「一宗商務印書館華文打字機免稅卷」。

實業部有關此宗卷文件的目錄，開列出排有字號編次的往來公文前後28件。每件內文含一至七頁不等，部分公文另加附件。除商務印書館外，涉及政府機關有工商部工業司、上海特別市社會局及財政部。近代史研究所檔案館為便利研究者閱覽這些檔案，由2023年5月起已經全部提供線上查閱服務。[1]

這份宗卷內容是關於商務印書館分別在1930及1933年為其產品華文打字機申請繼續免稅的事宜。商務於1910年前研發的一款華文打字

機，於1927年獲農商部免稅三年。及至1930年免稅期滿，商務印書館以政府有獎勵工業、維護國貨的政策，再次向工商部申請延長免稅專利五年。宗卷1號文件收1930年2月20日商務印書館經理李宣龔致工商部呈文（有破損及闕字）如下：

> 呈為自製華文打字機，懇請核准繼續免稅，以資提倡。事竊敝公司自製華文打字機，曾於民國十六年四月十六日，呈奉前農商部核准免稅三年。將於本年四月十日期滿。按此機構造複雜，成本甚重，但為提倡國貨起見，售價增高，以致□□□□□年以來，虧耗甚多。然敝公司以促進文化之利□□□□造上，仍力求改良。現在改良之新□呈奉大部工字第二一四二號訓令，給予專利五年。具仰大部獎勵工業，維護國貨之至意。刻下免稅期限行將屆滿，當此工料昂貴，成本高漲之時，倘免稅截止，則更難支持。伏祈鈞部俯念吾國工業方在萌芽，賜予轉咨關務署，准予繼續免稅，以示提倡而維實業。不勝迫切待命之至。謹呈工商部
>
> 商務印書館有限公司經理李宣龔[2]

宗卷19號文件收入一件工商部1930年10月11日「擬稿」而於15日發封給商務印書館的訓示。內容如下：

> 令上海商務印書館股份有限公司。為令發事，查核該公司製造華文打字機，呈請核准免徵出品稅一案，業經審查合格，准予豁免出品稅三年。令飭知照在案。茲填發特種工業獎勵執照一紙。仰即具領，呈報備查。此令
>
> 附特種工業獎勵執照一紙[3]

即工商部批准了商務華文打字機的免稅呈請，但沒有按照其要求免稅五年，而只有三年。對於這樣的申請結果，商務覆函致謝如下：

> 呈為呈報事。竊奉大部工字第三七六九號訓令。內開為令發事。查該公司製造華文打字機呈請核准免徵出品稅一案，業經審查合

格，准予豁免出品税三年。令飭知照在案。兹填發特種工業獎勵
執照一紙。仰即具領，呈報備查。此令。附特種工業獎勵執照一
紙等。因並頒發特種工業獎勵執照壹紙。具仰大部提倡國貨，福
利工商之盛心。感佩莫名。敝公司拜領之下，敬謹保存。用特呈
報，仰祈鑒督。謹呈工商部[4]

這次申請過程中，工商部要求商務提供相關的資料，以資審批，
故此宗卷內幾份呈文附件，亦附有一些可供今天從事商務印書館歷史
研究的學者參考的史料。如第 5 號 (環〔字〕10627 號)〔民國〕十九年
(1930) 4 月 15 日〈上海商務印書館股份有限公司呈〉，附件：「呈請書一
件、商標二紙」；第 7 號 (循〔字〕11488 號)〔民國〕十九年 6 月 4 日〈上海
商務印書館股份有限公司呈〉，附件：「《志略》一冊、《説明》一冊、結
算報告一冊、商標二紙、影片六張」；第 21 號 (實〔字〕680 號)〔民國〕
廿二年 (1933) 10 月 13 日〈上海商務印書館呈〉，附件：「呈請書、登記
執照、商標執照各一份、結算報告一冊、打字機一架、工場照片二
張、卅五年教育一冊」等。

下文第二節從上述附件的營業推介書《志略》(1929 年《商務印書館
志略》)，分析商務 1929 年打造的愛國企業故事；第三節從附件《商務
印書館創製新式華文打字機 (説明書)》，説明商務大力推銷華文打字
機作為企業品牌國貨產品；第四節從有關商務打字機的生產及營銷信
息的若干文件，觀察商務經營華文打字機的商業邏輯。

## 二、1929 年的「商務故事」

上述第 7 號文件 1930 年 6 月 4 日〈上海商務印書館股份有限公司
呈〉，附件有《志略》一冊，全名《商務印書館志略》，下題「〔民國〕十
八年七月印」。[5] 商務在 1926 年 5 月曾出版《商務印書館志略：創立三十
年》。[6] 兩書內容大致相同，但總目編排及部分內文作了更新。這或因
北伐後國民政府在南京成立，局勢轉變，公司的敘事亦不能不作出新

的調適。如大綱結構，1926年版《志略》分10章：1.〈創業經過〉；2.〈組織概況〉；3.〈股本增加〉；4.〈編譯豐富〉；5.〈印刷精進〉；6.〈製造研究〉；7.〈國產提高〉；8.〈賽會褒獎〉；9.〈教育設施〉；10.〈職工待遇〉。1929年版縮改為8章：1.〈創業〉；2.〈組織〉；3.〈編譯〉；4.〈印刷〉；5.〈製造〉；6.〈公益〉；7.〈待遇〉；8.〈榮譽〉。後者重要的改變有幾點值得注意：一，〈股本增加〉信息完全取消，不再強調股本增加，或與國民黨「節制資本」的口號不無關係。二，〈國產提高〉原文述公司採用的紙墨五金原料以國產為主，其文併入〈創業〉，變成更加強調企業旨在提倡國產精神，或與南京國民政府提倡實業國貨相配合。三，〈賽會褒獎〉、〈教育設施〉、〈職工待遇〉三章，改為〈公益〉、〈待遇〉、〈榮譽〉三章，或更加強調其「教育設施」旨在辦「公益」而非牟利潤，並且其位置現在猶先於公司商譽，可見其位置的提高。而〈待遇〉章不再突出職工，但內容仍限於職工而不涉管理層。或在國共合作結束及國民黨清黨的新政治形勢之下，需要為公司與工會的關係重新定位？

不管如何，1929年版本的《商務印書館志略》，無疑代表了當時商務印書館希望傳達給公眾及官方的公司形象。這個新形象的核心信息，在突顯商務並非牟利掛帥的貪婪商家，而是以國家為重的愛國企業。以下引述〈創業〉章敘述公司歷史如下：

> 本公司經始於清光緒二十三年丁酉正月。夏瑞芳、高鳳池、鮑咸昌諸君，共集股本四千元，在上海江西路，租屋三楹，購印機兩架，是為創業之始基。翌年夏六月，遷於北京路，有屋十二楹，是為發展之初步。越五年當壬寅癸卯之交，始建印刷所於北福建路，設編譯所於唐家街，設發行所於棋盤街，規模粗具。是時日本金港堂擬至上海開設印刷廠，公司因欲利用外國技師，與之合辦。先各出資十萬元，漸增至一百萬元，改組股份有限公司，向本國商部註冊。旋於寶山路改建印刷所編譯所，復於棋盤街建築發行所，基礎由是鞏固。但引用外人，兼收外股，實係一時權宜之策，遂為根本計畫，一面遣派學生赴國外學習印刷，一面招集

青年學徒，授以各種技術，以為獨立經營地步。其時吾國風氣漸開，木公司又辦有成績，附股者漸多。乃於民國元年，提議收回外股，由夏瑞芳君與日本股東磋商，歷時二載，會議數十次，始得全數收回。民國三年呈報農商部立案，奉批有「熱誠毅力，至堪嘉許」等語，此不特本公司引以自慰，實亦我國實業界至有關係之事也。外股既收回，營業愈發達。自創辦迄今，歷時三十餘年，股本達五百萬元矣。[7]

以上敘事出自1926年版本，其重點在解釋創業早期與金港堂合資的動機，不過是利用其印刷技術及資本，藉以培養華人在新式書業的實力，純屬權宜之計。其後華籍人材逐漸成熟，而且商譽漸隆，亦開始不乏華商投資，故此與日資展開兩年悠長談判，最終全部收回外股，由中日合股企業轉型為全華資企業。本段以公司三十多年的發展，股本由4,000兩增至500萬元為結束，表示其成績粲然可觀。敘事略去金港堂編纂教科書一節，這在五四運動以後的反日氛圍之下，亦不難理解。

接著，〈創業〉的歷史敘事較1926年版的〈創業經過〉，增加了以下一段（粗體為筆者所加）：

本公司對於社會之貢獻，以發揚文化提倡國貨為唯一宗旨。除編印各種圖書外，凡印刷上所用原料，不外紙墨五金之類，此等原料雖隨處可得，要以精良為貴。在昔我國工藝不振，為出品精良計，有時須採用外國原料，近年迭次派員至閩浙蘇皖湘贛等省采辦紙料，為數至鉅。故如四部叢刊，學海類編等巨籍，屏聯榜幅等美術品，無不採用本國紙。其他出版物，必至國產實不敷用或不適用時，始以德美瑞奧各名廠所製者充之。至如石版及銅鐵之屬，亦盡本國所有，首先采用。不特此也，本公司鑒於國內印刷業中所用之鉛字銅模，製版及各種印刷機械，油墨膠棍等，以及不屬於印刷業範圍而與教育至有關係者如儀器，標本，模型，文具，玩具，影片等，多仰給於東西洋各國，漏卮甚大，故特自備

鑄爐,自製機械,以供自用,並以廉價出售。其他如儀器,標本,模型,華文打字機,幻燈影片等,莫不特請專家悉心研究,以期稍盡挽回利權之天職。惟幸國人垂鑒之。[8]

本段為全書關鍵所在,因為先道出了商務印書館的社會貢獻,「唯一宗旨」就是「發揚文化、提倡國貨」。跟著舉出在紙墨五金等原料方面,非不得已仍盡量使用國產。這部分文字(粗體為筆者所加)由1926年〈國產提高〉一章移來,下引文同。接著,「不特此也」之後,是一段1926年版本所沒有的文字,大意是商務印書館自行製造或研發各種印刷機械及材料、教育儀器、教具、影具、華文打字機等,廉價出售,「以期稍盡挽回利權之天職。惟幸國人垂鑒之。」換言之,現在的商務印書館並不以牟利為企業的最高宗旨,不單旨在提倡國貨,而且以「挽回國家利權為天職」。前述〈公益〉、〈待遇〉、〈榮譽〉三章,強調了教育設施內容歸入〈公益〉一章,顯示這些設施毋寧都屬於公益事業,旨不在牟利,並且其重要性,尤排列在公司商譽(〈榮譽〉)之先,或亦反映了公司現在強調的愛國為先,牟利為次的企業宗旨。

商務既以提倡國產國貨為宗旨,故此《志略》十分強調投資技術開發,如在〈製造〉章「自製機器之一斑」一目下,舉出三種自製機器:

**三號印書機** 用電力或用手搖,每日可印單面八千張。內地報館最適用之。

**三面切書機** 每冊百頁之書,每日可切四、五千本。鐵板大小,隨意更換。

**鋼絲訂書機** 此機用鋼絲訂書,平訂、騎縫,均可適用。較尋常線訂者,迅速而又堅固。每日可訂八千餘本。[9]

在〈榮譽〉章,表列了歷年產品所獲褒獎,其說明及列表如下:

本公司既以印刷製造為職志,復承國內外政府社會之不棄,凡有國家或地方賽會,如勸業會,博覽會,展覽會,陳列所等之組織,恆蒙徵集出品,疊獲褒獎。茲將歷屆事實,列表如下:

表5.1：中外博覽會得獎表（據原文，惟華文打字機作粗體，為筆者所加）

| 會別 | 年份 | 出品名稱 | 得獎等級 |
|---|---|---|---|
| 天津第一次勸業展覽會 | 清光緒三十二年 | 各種書籍　輿圖　文具　幻燈影片　各種印刷用品　各種印刷成績 | 一等獎照 |
| 松江府物產會 | 清宣統元年 | 各種書籍　輿圖　各種印刷成績　各種印刷用品　幻燈影片　謄寫版 | 一等金牌 |
| 南洋勸業會 | 清宣統二年 | 各種書籍　輿圖　各種印刷成績　各種印刷用品　謄寫版 | 奏獎一等金牌 |
| 意大利都郎博覽會 | | 各種書籍　輿圖　各種印刷成績　各種印刷用品　謄寫版 | 最優等金牌金牌協助獎憑 |
| 萬國博覽會 | 清宣統三年 | 銅模　鉛字　花邊 | 最優等獎憑 |
| 德國特來斯登萬國衛生博覽會 | 清宣統三年 | 各種書籍 | 最優等金牌 |
| 江蘇籌辦巴拿馬賽會出品協會 | 民國四年 | 各種書籍　輿圖　各種印刷成績　各種印刷用品　蒙台梭利教具　體操用具　科學儀器模型　礦山模型　動物礦物標本　風琴　噴霧器　壽式算盤　幻燈影片 | 農商部一等獎 |
| 江蘇第一次地方物品展覽會 | 民國四年 | 各種書籍　輿圖　蒙台梭利教具　科學儀器模型　礦山模型　動物礦物模型　風琴　噴霧器 | 一等獎狀 |
| 美國巴拿馬萬國博覽會 | 民國四年 | 儀器標本　兒童玩具　電鍍銅版　各種印刷用品 | 二等銀牌獎大獎章名譽優獎章 |
| 南洋新加坡華人製造品展覽會 | 民國四年 | 各種書籍　輿圖　各種印刷成績　各種印刷用品　科學儀器模型　體操用具　各種文具壽式算盤　謄寫版紙 | 優等獎憑 |
| 農商部國貨展覽會 | 民國五年 | 各種書籍　各種印刷成績　各種印刷機　各種印刷用品　儀器模型　輿圖　動物礦物標本　礦山模型　各種風琴　噴霧器　蒙台梭利教具　謄寫版紙　各種文具 | 特等獎憑金牌及獎狀 |
| 福建閩侯縣農業共進會 | 民國六年 | 蠶絲器械　蠶體標本模型 | 特等獎憑金牌及獎狀 |
| 雲南第一、二次物產會 | 民國九年、十年 | 標本模型　各種印刷品 | 一等獎章特等金牌獎 |
| 雲南花朝會 | 民國九年 | 碑帖字畫　各種文具 | 甲等獎章特等獎憑 |

| 會別 | 年份 | 出品名稱 | 得獎等級 |
|---|---|---|---|
| 四川勸業會 | 民國九年 | 各種文具　美術印刷品 | 特等獎憑金牌獎 |
| 江蘇省第二次地方物品展覽會 | 民國十年 | 各種印刷用品　各種印刷成績　人體動物模型　賽磁徽章 | 一等金牌獎 |
| 上海總商會第一次展覽會 | 民國十年 | 儀器　標本模型　鉛版機　印刷用品　**華文打字機**　各種印刷機　文具　徽章　幻燈及幻燈片　活動影戲機　教育玩具 | 農商部給最優等獎優等金牌獎一等銀牌獎 |
| 籌賑江北水災江蘇全省藝術展覽會 | 民國十一年 | 各種書籍　科學儀器　標本模型　各種文具 | 名譽獎 |
| 新加坡物品展覽會 | 民國十一年 | 各種文具 | 獎憑 |
| 陝西工業展覽會 | 民國十一年 | 書籍　輿圖畫冊　儀器　參考品 | 獎憑 |
| 安徽省立第一商品陳列所 | 民國十一年 | 兒童叢書及玩具　各種印板字畫　國語留聲片　標本模型 | 最優等獎狀 |
| 新加坡中華總商會馬婆聯合展覽會 | 民國十一年 | 機器　儀器　鋼版　銅版　美術品及各種文具 | 最優等獎狀 |
| 荷蘭爪哇萬隆城第四次勸業大會 | 民國十二年 | 各種印板　印刷機器　儀器文具　美術品 | 獎狀 |
| 安徽省立第二商品陳列所 | 民國十二年 | 各種印刷成績　各種銅版鋅版鉛字　兒童玩具 | 最優等獎狀 |
| 上海總商會陳列所第三次展覽會化學工藝品評會 | 民國十三年 | 五彩油墨　膠水　墨水　印油墨汁 | 最優等獎狀 |
| 江蘇省第三次地方物品展覽會 | 民國十四年 | 各種圖版　印刷成績　鉛字油墨　儀器文具　標本模型　教育玩具　賽磁徽章　美術品 | 一等獎 |
| 綏遠教育實業展覽會 | 民國十四年 | 書籍文具 | 特等獎 |
| 倫敦萬國印刷出品第七次展覽會 | 民國十五年 | 印刷品 | 銀牌獎優等獎狀 |
| 美國費城萬國博覽會 | 民國十五年 | 書籍　印刷品　**華文打字機** | 大獎榮譽獎章 |
| 國民政府工商部中華國貨展覽會 | 民國十七年 | 印刷成績　**華文打字機**　書籍各種圖版　鉛字　油墨　儀器　文具　標本　模型　玩具　徽章 | 特等獎優等獎 |

資料來源：中研院近史所檔案館，文件編號：17-22-030-01，ff. 157–158。

　　在列出以上的得獎表後，《志略》主體內容結束。接著是廣告，先是五個商務自家產品的廣告，最後是商務代理的德國製造的「蔡司伊康」(Zeiss Ikon)照相器及附屬用品廣告。五個商務印書館自己的廣告順序如次：「新時代教科書(三民主義教育適用)」、「新學制教科書(三民主義教育之用)」、「萬有文庫」、「商務印書館製造國貨之努力(所有產品大類)」以及「新式華文打字機」。

　　觀察「商務印書館製造國貨之努力(所有產品大類)」[10]內容，先是商務致讀者信如下：

商務印書館製造國貨之努力

敝館創設至今，已逾三十年。除經營印刷出版事業外，並努力於教育用品與印刷用品之製造。其主旨在發展文化與振興實業，同時並重。所用原料，亦儘本國所有首先采用。茲將各項出品，略舉於下。

各界賢達以提倡國貨為懷，尚希

賜予提攜，實深感幸！

上海商務印書館

所舉列各項產品分以下七大類：

(一) 圖書畫冊、屏聯膀幅

(二) 理化器械、標本模型、幻燈影片、地球儀

(三) 中西文具、繪圖器械、教育玩具

(四) 印刷機器、鉛字銅模、印刷油墨

(五) 華文打字機

(六) 風琴樂器

(七) 運動用品

　　其中第(五)類「華文打字機」是唯一只有一樣產品的大類，十分突出。類目簡介如下：

此機為本館之創製品，歷經改良，益臻美備。無論橫行直行，複印油印，均無不可。

　　這亦是七類產品中唯一用上「創製品」字眼的產品。大抵其他所謂新產品，多數屬於仿效外國技術或進行改良，不一定稱得上是自己創製。唯獨華文打字機一項，無疑是百分之百的創製品。其本身的廣告版面與「商務印書館製造國貨之努力（所有產品大類）」並排，各佔一整頁。

　　至於「新式華文打字機」廣告[11]的內容則如下：

上海商務印書館創製

新式華文打字機 —— 是最新式辦公室中

—— 最忠實最精細最迅速 —— 亦最經濟的繕寫器

上圖係最近改良之新式機器，附有檢字器，使檢字格外便捷；並能兼打直行橫行，宜於商業新式賬單之用。此項優點，為外國打字機所不及。

每座定價二百四十元

本機優點

字體　大小適宜，用以繕打公文書信，學校課卷，商業文件，字跡精美，行列整齊，既便觀看又省紙張。

容積　機身大小，與西文打字機同。全機容字五千七百餘枚，通用文件，足夠應用。圖點符號，注音字母，西文字母，亞拉伯數字，夾注字等，一切齊備。

檢字　文字排列，均照字典部首，一經練習，檢覓甚易。

複寫　襯用複寫紙，每次可打同樣者八九份。

速率　粗知文字，即可練習。練習一月後，每小時可打千餘字。

印刷　打於蠟紙上，即可用以油印。如用石印汽水紙將濃厚之黑色炭酸紙襯打，落石後可以石印。

由以上材料足見，華文打字機在1920年代是商務重頭促銷的自創產品，也是商務在投資研發方面最具代表性的國貨。今天回顧，在電腦中文書寫軟件開始普及的1980年代以前，華文打字機對提升所有以中文操作的公務及商務效率上，無疑曾經作出巨大的貢獻。

## 三、華文打字機手冊

有關這款重要的國產華文打字機，其具體情況，在《商務印書館創製新式華文打字機（說明書）》[12]亦有不少敘述。《說明書》內沒有標明出版日期。此件與《志略》同時於1930年6月呈交，故下限不遲於該月。內文提到1926年在美國費城萬國博覽會獲獎，故此上限亦不遲於1926年。唯一不明白的地方是，《說明書》提及「國難」一詞。商務1933年的第三次呈請免稅書中，「國難」是指1932年的「一・二八事變」。《說明書》所說的「國難」，或指1925年的「五卅慘案」？待考。以下節引其重要部分：

首先，說明書的目次如下：

一 製造之經過

二 優點及榮譽

三 用法說明

（一）裝檢字表法；（二）裝檢字針法；（三）裝打字柄法；（四）制定字盤法；（五）打字法；（六）檢字法；（七）練習字位法；（八）裝紙法；（九）色帶使用法；（十）墨法色帶兩用法；（十一）打字輕重法；（十二）複印法；（十三）打油印蠟紙法；（十四）打橫直行字法；（十五）行格闊狹調正法；（十六）各機件之使用法；（十七）字行長短調正法；（十八）安置機器地位

四 保護及修理法

（一）保護法；（二）修理法

五　開箱及裝機法

（一）開箱法；（二）裝置機器法

六　附啟

第一節〈製造之經過〉是產品的敘事，至為重要。全文如下（按原文標點全用頓號）：

> 我國文字構造複雜、書寫謄錄之煩、久為國人所厭病、自有本館華文打字機之創製、我國文字之繕寫方法得一大進步、本館昔年聞周厚坤君在美國有所發明、特聘回國、惜二經製造、未能滿意、然本館進行之志、不以此少衰、復聘舒震東君悉心研究、於民國八年、又有第三式之製造、幾經試驗、始以問世、果得各界熱烈之歡迎、本館不敢自滿、復請舒君親赴歐美考察、歷二年有餘、回國後、出其心得、加以改造、出品精良、益便於用、近年來生產日富、於構造上形式上迭有改善、如並打橫行直行及墨水色帶兩用式等諸大特色、其尤著者也、本館致力於華文打字機之生產、前後歷二十餘年、積二十餘年之製造經驗與多人心力之幾度改良、其使用之便捷、已入於理想之境、國難以後、本館加緊製造、使此唯一之國貨華文打字機、能繼續為各界服務也、

由上文所見，華文打字機研發始於1910年代末期；在1919年已經是第三代。按表5.1所見，1921年上海總商會第一次展覽會展品內，有華文打字機一項，是否獲獎不詳，但已經進入推銷流程。這節強調了在「國難」之後，商務特別增產這「唯一之國貨」。

第二節〈優點及榮譽〉全文如下：

> 熟諳西文打字機使用法者、以為華文打字機運用必不能迅速、因中國文字數以萬計、不若西文僅以二十六字相拼切者之為簡便、但事實上未必盡然、蓋西文一字類以多個字母聯綴而成、一字非數擊不可、華文一字一擊、無拼合複綴之煩、一經熟練、打字之敏捷省力、並不減於西文打字機、

華文打字機之速率、在練習純熟者、每小時約可打一千餘字、較之書寫行楷、非但省時省力、且其字跡明顯、行列整齊、便於閱看、又易辨識、凡公文信札合同契約等重要文件、以及學校講義、書稿等件、均甚適用、每次能複印十餘份、悉如一式、清晰整齊遠非手抄者所可比、

本機為完全國貨、曾經國民政府前工商部頒給第二十九號專利執照、及第一號特種工業獎勵執照、准予免稅通行、

民國十五年、美國費城舉辦萬國博覽會、本館華文打字機運美與賽、頗受彼邦人士稱許、獲得榮譽獎章（Medal of Honor for Ingenuity and Adaptalbility〔Adaptability〕of the Chinese Type-writer）、則此繕寫華文之利器、非特為國人所推重、亦且為世界人士所珍視矣、

由上文所見，作為「完全國貨」的華文打字機，在 1926 年美國費城萬國博覽會上是獲獎的產品。這點在《志略》的表（表 5.1）上，是沒有清楚說明的。總括言之，華文打字機無疑是商務自力研發，而且最用力推銷的品牌形象產品。

## 四、華文打字機的商業邏輯

本份宗檔收錄了商務 1930 及 1933 年兩份呈請書。第一份提供了一些生產及銷售的簡單信息。由於 1933 年是第三次申請，屬於例外特批，審批要求更高，提供的信息亦更豐富。兩者結合，對我們了解商務在華文打字機研發項目的商業邏輯，甚有啟發。首先把 1930 年「呈請書」節引如下：[13]

呈請書

茲為自製華文打字機請求繼續免稅，謹遵批依照特種工業獎勵法第三條，補具呈請書。仰祈鑒核

一 公司及工廠之種類名稱……

二 經理董事及重要職員之履歷……

三 總店總廠並分店分廠所在地……

四 資本……

五 公司及工廠創立以來之經過並成績……

六 製品之種類商標出產及銷場情形

製品種類　各種書籍　印刷品　儀器文具　鉛字銅模　油墨銅鋅版　華文打字機

商標　十七年四月在全國註冊局註冊。附呈商標樣張兩紙。

出產之數量不一未及詳述。

銷場情形　除第三項總店分店外，各省縣均設有分銷處。至於華文打字機銷場情形：

民國十四年計銷九十五架

民國十五年計銷七十一架

民國十六年計銷一百四十六架

民國十七年計銷一百十七架

民國十八年計銷二百〇一架

七 其他關於公司及工廠之一切紀載物，已詳附呈之敝公司志略。

上海商務印書館謹呈

〔民國〕十九年四月十二日（印章）

及三年後，商務第三次申請免稅，其致實業部呈函如下：[14]

上海商務印書館　呈

呈為自製華文打字機，懇請核准繼續免稅五年，以維實業而利文化事。竊敝公司自製華文打字機，曾於十九年九月呈奉大部，核准頒給特字第一號特種工業獎勵執照，准予豁免出品稅三年，至

本年八月底止已屆期滿。伏查敝公司製造此機，因內中機件之複雜，原料之昂貴，成本極重，益以當時經種種之試驗，耗費已屬不貲，但以此為促進文化之利器，力求推行為原則，定價僅敷成本，歷年來迭加改良，精益求精，而原料與人工，繼漲增高，敝公司從未加價，故敝公司製售此機，不惟無利益可圖，且年有虧耗。去年遭遘國難後，勉強復業於萬分艱困之環境中，竭力設法出貨，以供社會之需求。總之敝館得能盡其貢獻之忱者，無不勉力以赴，當非斤斤以牟利為前題。惟是此機成本既重，平時推廣，已屬不易，今一旦免稅截止，驟增擔負，更難支持，是不得不仰賴於大部之維護，為此據情瀝陳，并遵照特種工業獎勵法第三條規定呈請事項，另具呈請書，一併附呈。仰祈鑒核，准予將敝館自製之華文打字機，繼續免稅五年，以維實業而利文化。不勝感切待命之至。謹呈

實業部

　　　　　具呈人上海商務印書館股份有限公司(印章)

　　附呈 呈請書乙份

　　三十五年之中國教育一冊

　　公司登記執照照片及商標註冊執照兩種照片各一份

　　廿一年份結算報告(內有貸借對照表財產目錄)一份

　　華文打字機壹架

　　工場照片兩張

　　中華民國廿二年九月三十日

作為以上函附件的呈請書，按格式要求，提供了更多信息。[15]其第六項內容如下：

六 製品之種類商標出產及銷場情形

製品種類　各種書籍　印刷品　儀器文具　鉛字銅模　油墨　銅鋅版　華文打字機

商標　十七年四月在全國註冊局註冊附呈樣張兩紙

出產之數量，每月至少出華文打字機十五架。

銷場情形　除第三項所開總店分店外，各省縣均設有分銷處。

至於華文打字機銷路，自廿一年八月敝公司復業重行出貨後，至本年九月中旬止，計銷數地點分列如左（見表5.2）

表5.2：華文打字機在各地點銷數

| 地點 | 數量 | 地點 | 數量 | 地點 | 數量 | 地點 | 數量 |
|---|---|---|---|---|---|---|---|
| 總館發行所 | 128架 | 南京 | 11架 | 蘭谿 | 1架 | 杭州 | 6架 |
| 安慶 | 1架 | 南昌 | 4架 | 漢口 | 3架 | 長沙 | 3架 |
| 福州 | 1架 | 廣州 | 4架 | 廈門 | 1架 | 重慶 | 1架 |
| 北平 | 5架 | 天津 | 3架 | 濟南 | 2架 | 開封 | 1架 |

呈請書總計以上云：「以上計一年零兩月，共銷壹百七十五架，每機售價貳百四拾圓整。」接著列出原料名稱、產地及每年需用量，見表5.3。

表5.3：原料名稱、產地及每年需用量

| 原料名稱 | 產地 | 每年需用數量 | 原料名稱 | 產地 | 每年需用數量 |
|---|---|---|---|---|---|
| 鉛 | 美國 | 63,000餘磅 | 漆 | 美國 | 40餘罐 |
| 色帶 | 美國 | 200餘盒 | 鋼 | 英國 | 1,380餘磅 |
| 生鐵 | 中國漢陽 | 10,040餘磅 | 鐵皮 | 美國 | 1,000餘磅 |
| 砂銅 | 中國雲南 | 490餘磅 | 木 | 中國及美國 | 3,600餘英吋 |
| 銅 | 中國及美國 | 2,500餘磅 | 鋁 | 美國 | 200餘磅 |
| 玻璃 | 中國 | 200餘塊 | 紙版 | 中國 | 約10令 |
| 膏木 | 英美 | 600餘磅 | 紙 | 瑞士 | 20餘令 |
| 橡皮 | 荷蘭 | 500餘磅 | 錫 | 中國 | 40餘斤 |

又「動力及工人數目」項動力數據為「馬達一架，計馬力十匹。每月約需電氣洋六拾圓。」僱用工人共55人。各種機床部數見表5.4。

表 5.4：各種機床部數

| 機床 | 部數 | 機床 | 部數 | 機床 | 部數 |
|---|---|---|---|---|---|
| 磨床 | 1 部 | 車床 | 6 部 | 衝床 | 3 部 |
| 鉋床 | 2 部 | 鑽床 | 5 部 | 銑床 | 3 部 |

此外，宗檔內另收入一份沒有標明日期的政府科員核查報告，[16]其內容如下：

循 12095 附件 3 號〔眉注〕

為報告事案，據商務印書館自製華文打字機呈請繼續免稅事，經職款往閘北總廠，按照特種工業請獎案呈請書內應開各款，依次查明，敘報於後，謹請

科長轉呈局長鑒核

一 關於特種工業請獎案呈請書內應開甲項第一款至第十三款暨乙項第一款至第六款，該公司所呈各節，經職查明，確係事實，毋庸贅述。

二 關於特種工業請獎案呈請書內應開甲項第十四十五兩款暨乙項第七第八兩款，該公司所呈，尚欠詳明，經職查明，據實填報如次：

甲項第十四項 製品出產數量及其他情形

　　　十六年 製造一百八十八部

　　　十七年 製造一百二十四部

　　　十八年 製造二百十一部

至十四十五兩年製品數量，因年久失查，無從稽考，故未詳。十九年份尚未結束，容後續呈。

甲項十五款 製品銷售情形 註：該公司原呈中雖經敘報，唯盡屬逐年銷售總數。茲更列表詳述以補充之

國內銷售數

| 地點 | 數量 | 地點 | 數量 | 地點 | 數量 | 地點 | 數量 |
|---|---|---|---|---|---|---|---|
| 江蘇 | 三六三部 | 浙江 | 二一部 | 安徽 | 一五部 | 湖北 | 一〇部 |
| 湖南 | 四部 | 江西 | 八部 | 河南 | 一〇部 | 河北 | 三九部 |
| 甘肅 | 二部 | 四川 | 八部 | 廣東 | 二六部 | 廣西 | 三部 |
| 東三省 | 九〇部 | 山東 | 一五部 | 雲南 | 三部 | 福建 | 三部 |
| 蒙古 | 一部 | | | | | | |

國外銷售數

| 地點 | 數量 | 地點 | 數量 | 地點 | 數量 | 地點 | 數量 |
|---|---|---|---|---|---|---|---|
| 英國 | 一部 | 美國 | 一部 | 菲島 | 三部 | 加拿大 | 一部 |
| 安南 | 二部 | 暹羅 | 三部 | 南美 | 二部 | 南洋 | 六部 |
| 日本 | 二部 | | | | | | |

上列銷售數量，係自十四年起，至十九年止。

銷售價值，每部計大洋二百四十元正。

乙項第七款

1 動力　馬達一架，計馬力十疋，每月約需電費洋四拾元。

　　　　附重機件　磨床 一部　車床 六部　衝床 三部

　　　　鉋床 二部　鑽床 五部　銑床 三部

2 工人數目　共計四十六人。

從以上商務印書館呈報以及核查員報告綜合觀察，華文打字機產量平均約月產15台。產量1933年時有案可稽的只有1927至1929三年，[17] 分別是188、124及211台；平均年產174台，但浮動不定。銷售數據較清楚。1925年至1930年的五年，共售出642台，年均128台。按每台售價240元算，每年生意額約三萬元，佔1930年商務總營業額1,200多萬元的0.25%（見本書第9章），可謂微不足道。1932年「一‧二八事變」後，8月商務復業，迄翌年9月共14個月，共售出175台，折合約150台一年，較1925年起五年每年平均128台，錄得了17%增幅，年度生意額約3萬6千元。銷售地區遍及17省但缺山西、陝西，按同《志略》記商務有分館設山西省太原、大同、運城及陝西西安，故

此兩省尤其是前者銷情欠佳，與是否有分館無關。外國共9國或地區，「日本」或含朝鮮及台灣？「南洋」或含新加坡、馬來亞、緬甸及印尼？但泰國及越南則不歸入「南洋」而作獨立計算。26處有銷售記錄的省份或外地，平均年銷一台以上的順序有包含上海的江蘇 (363部)、東三省 (90部)、廣東 (26部)、浙江 (21部)、安徽 (15部)、山東 (15部)、河南 (10部)、江西 (8部)、四川 (8部)、南洋 (6部)。

上引商務1933年9月30日致實業部呈函提到華文打字機成本甚重，「定價僅敷成本」，每台售價為240元，則成本或約240元。但函內亦說原料及工資不斷上漲，亦即1925年的成本設為240元而1933年成本應遠超此數。然而售價在1925至1933年間並未增加，可知僅成本與價格間的差額必然逐年上升，亦即價格漸漸落後於成本，理論上，每台機的售出，都代表新的虧損。從上引表5.3可見，每年製造不足200台華文打字機所用原料16種，內中全來自中國的有五種：生鐵 (漢陽10,400餘磅)、砂銅 (雲南490餘磅)、玻璃 (200餘塊)、紙版 (約10令)、錫 (40餘斤)。來自中國或美國 (比例不明) 兩種：銅 (2,500餘磅)、木 (3,600餘英吋)。其餘來自美國 (鉛63,000餘磅、色帶200餘盒、膏木600餘磅、漆40餘罐、鐵皮1,000餘磅、鋁200餘磅)；荷蘭 (橡皮500餘磅)；英國 (鋼1,380餘磅) 以及瑞士 (紙20餘令)。以上述原料製造175台計算的話，每台打字機需國產生鐵50磅、從美入口的鉛360磅、從英國入口的鋼6.9磅，其餘類推。表5.2所列原料，光以磅為單位的金屬原料共重幾80,000磅，折合每台華文打字機所用金屬原料重量超過457磅。以鉛為例，1930年美國紐約鉛價每磅美元5分，[18]撇開入口價及關稅等因素，每台打字機需用的360磅鉛，在紐約鉛市價值在18美元以上，折算民國幣已經在46元以上 (1929年匯價1美元約換民國幣2.56元，見本書第9章)。若據《民國十八年海關貿易總冊》，1929年中國進口美國鉛塊、條共25,825擔，值關平兩258,518，[19]平均每磅0.08上海規元，每台打字機360磅鉛成本共需約30元。可見「定價僅敷成本」，殆無虛言。此外，兩份報告有差異的是每年使用電費，商務報

稱60元，核查結果只有40元；僱用工人商務報稱55人，核查結果只有46人。這些數據差異不算太大，但以商務的聲譽，難免有點尷尬。不過核查報告還是認為呈請書所呈報資料，整體而言真確可信。

1933年這次商務呈實業部請求繼續免稅五年，政府在審批上嚴格得多。審批往來文件值得注意的第一件，是獎勵工業審查委員會審查專員的「初步審查意見書」：[20]

獎勵工業審查委員會初步審查意見書

(一)工業種類：華文打字機

(二)呈請人姓名住址：上海商務印書館

(三)請獎範圍：繼續免徵出品稅五年

(四)審查主文：准予繼續免徵出品稅三年

(五)理由：查上海商務印書館所製華文打字機，於民國十六年四月間，准予免徵稅厘三年，屆至十九年滿。免稅期滿。曾又照案繼續免稅三年。本未可一再續免，致損國課。惟詳查原呈所稱，該公司自遭遘國難後，勉強復業，而原料人工，繼漲增高，如一旦負擔驟重，更難支持等語，尚係實情。為獎勵文化實業起見，所有該項目華文打字機，擬再予免徵出品稅三年，以資維護。

審查委員會主席

審查專員曹樹藩(印章)

中華民國二十二年十一月 日

其次是財政部長孔祥熙對實業部咨文的覆示：[21]

財政部咨　關字第二九九四號

准貴部工字第八九九二號咨，以商務印書館呈請續免華文打字機關稅一案，經發文獎勵工業審查委員會討論議決，擬再予免稅三年，咨請核辦等因。查商務印書館華文打字機係於民國十六年四月間准予免徵稅厘三年，至十九年期時，曾照案繼續免徵三年一

次。現已期滿,既經貴部審查,認為該館自遭國難以後,營業萬
分困難。為維護國內文化實業起見,所有該商務印書館製造之華
文打字機,應再准予照案繼續免稅三年,即自本年三月一日起,
扣至民國二十六年二月底為止。除通令各關監督一體遵照外,相
應咨復貴部查照轉知為荷。此咨
實業部。

財政部長孔祥熙

中華民國二十三年二月二十八日

(印章)

最後一件,是商務印書館收到實業部長批准延續免稅三年後,於
1934年3月16日所作的覆函:[22]

呈為呈繳印花並請填發執照事。竊奉均部工字第九三三三號批,
內開:「呈件均悉。案經獎勵工業審查委員會審議結果,擬再予
免稅三年,由本部咨請財政部核復。茲准財政部關字第二九九四
號咨,略開:查商務印書館華文打字機,係於民國十六年四月間
准予免徵稅釐三年,至十九年期滿時,曾照案繼續免徵三年一
次。現已期滿,既經貴部審查,認為該館自遭逢國難以後,營業
萬分困難。為維護國內文化實業起見,所有該商務印書館製造之
華文打字機,應再准予照案繼續免稅三年,即自本年三月一日
起,扣至民國二十六年二月底為止。除通令各關監督一體遵照
外,相應咨復貴部查照轉知。等由。准此,仰即遵照。又特種工
業獎勵執照,應貼印花一元五角,併仰補繳,以便填發執照。此
批。」等因。奉此,理合補繳特種工業獎勵執照,應貼印花壹元五
角,仰悉查收;並填發執照,實為德便!謹呈
實業部部長

具呈人上海商務印書館股份有限公司(印章)

附呈 印花壹元五角

中華民國廿三年三月十六日

這樣商務的華文打字機，1933年再獲免稅三年。但恐怕也是最後一次了。

從上文可見，華文打字機這項自行投資研發的國產貨品，由海外延聘專家開展，不斷進行技術改良，故此其研發成本不菲。截至1929年前後20多年的營運，一直無利可圖，遑論賺回研發成本。通過連續九年免稅的特殊待遇，始略為減少虧蝕而已。其生產相當依賴價格高昂的進口原料，受國際匯率與金屬原料價浮動所左右，但其售價多年不變，即使成本隨原料及工資上升所帶來的壓力，也不能以調整售價來抵消，結果虧損漸增，無從增產。每年營業額三萬元，佔商務總營業額僅0.25%。職是之故，從牟利出發的商業邏輯而言，可謂難以理解。可是從企業價值出發而言，作為一款企業引以自豪的自研國產機器，華文打字機象徵著國貨堅持科技自食其力的信念，對強調愛國為先，牟利其次的商務印書館企業宗旨及形象的鞏固而言，其實可以發揮莫大的作用。因此，華文打字機可謂虧了利潤，賺了商譽。

## 五、總結

華文打字機為商務印書館自行投資創製的機器技術招牌產品。營運至1930年代初已經有20餘年，銷路一直低迷，產量、銷量及生意額均屬偏低；研發成本及生產成本高昂，售價無法抬高，項目佔企業總體生意額的比例微不足道。為了減少虧損，由1927年起獲批免稅三年，後來再獲續批兩次，等於獲得由國家補貼資助九年的特殊待遇。由於三次申請免稅，需要經相關政府部門嚴格核實，商務提供了詳細的營運數據，不但讓我們得以了解華文打字機營運的艱鉅，也展示了商務印書館雖作為一家以牟利為目的的註冊股份有限公司，卻同時極力強調其企業宗旨是「發展文化與振興實業」、「當非斤斤以牟利為前題」。看來若從商譽出發，長期虧蝕的產品也自有其商業邏輯和內在理性。

# 註 釋

1 中央研究院近代史研究所檔案館，https://archivesonline.mh.sinica.edu.tw/。

2 中研院近史所檔案館，文件編號：17-22-030-01，ff. 9–12。按 f. 9 即檔案第 9 頁，餘類推。

3 中研院近史所檔案館，文件編號：17-22-030-01，f. 62。

4 中研院近史所檔案館，文件編號：17-22-030-01，ff. 65–66。

5 中研院近史所檔案館，文件編號：17-22-030-01，ff. 122–164。這份材料上海社會科學院圖書館有收藏，吳永貴編《民國時期出版史料彙編》第 1 冊亦有影印，該冊收入《商務印書館成績概略》、《商務印書館志略：創立三十年》(1926)、《商務印書館志略》(1929)。

6 吳永貴編：《民國時期出版史料彙編》，第 1 冊，頁 28–97。

7 中研院近史所檔案館，文件編號：17-22-030-01，ff. 129b。

8 中研院近史所檔案館，文件編號：17-22-030-01，ff. 129b–130a。

9 中研院近史所檔案館，檔案編號：17-22-030-01，f. 150。

10 中研院近史所檔案館，文件編號：17-22-030-01，f. 163a。

11 中研院近史所檔案館，文件編號：17-22-030-01，f. 163b。

12 中研院近史所檔案館，文件編號：17-22-030-01，ff. 168–180。

13 中研院近史所檔案館，文件編號：17-22-030-01，ff. 106–111。

14 中研院近史所檔案館，文件編號：17-22-030-01，ff. 70–72。

15 中研院近史所檔案館，文件編號：17-22-030-01，ff. 115–119。

16 中研院近史所檔案館，檔案編號：17-22-030-01，ff. 120–121。

17 1925 及 1926 年的產量，在 1933 年已經沒有記錄可稽。按商務在 1920 年代已經有相當嚴格及精細的管理及記錄，作為公司引以為榮的自己研製國貨，華文打字機 1925 及 1926 年兩年的產量，何以會在 1933 年即無案可稽？此事難解待考。

18 U.S. Geological Survey National Minerals Information Center Staff, *Metal Prices in the United States Through 2010* (Reston, VA: U.S. Geological Survey National Minerals Information Center, 2013), Table 1, p. 84.

19 總稅務司署統計科編：《中國海關民國十八年華洋貿易總冊》，下卷〈進出口貨物類編附表〉，載中國第二歷史檔案館、中國海關總署辦公室編：《中國舊海關史料 (1859–1948)》(北京：京華出版社，2001)，第 106 冊，頁 226。

20 中研院近史所檔案館，文件編號：17-22-030-01，ff. 73–74。

21 中研院近史所檔案館，文件編號：17-22-030-01，ff. 76–78。

22 中研院近史所檔案館，文件編號：17-22-030-01，ff. 81–83。

# 第 6 章

# 紙張的故事

## 商務印書館紙張商略的理性選擇

## 一、前言

　　本書第 1 及第 4 章都曾提到大規模新式機器印刷必須使用新式機製紙張,但直至 1930 年代中國仍無法生產及供應,只能依賴從外國進口的洋紙。第 4 章亦提及上海文人陳定山父親經營人力製造國產紙漿失敗的例子,說明本地生產風險頗巨。這種情況直至 1930 年代中期,仍然是中國先進出版印刷業界的瓶頸問題。商務印書館由晚清至抗戰前都依賴進口新式紙張,不能不深受紙張供應不穩的影響。1935 年上海市社會局要求各行業公會向會員進行商情調查,商務印書館呈交給上海書業公會一份調查表,在回答「業中困難問題及救濟或改良方策」一項時就說:

> 書業最感困難之一端,為印刷版面之用紙問題,大量生產必需用機器印刷,而手工所造之紙多數不能用之於機器印刷,目前用紙以新聞紙為大宗,而國內尚無新聞造紙廠,此亦一困難問題,故希望國內對於繁用紙張,設廠製造,以應需要。[1]

當時中國新式書業及報業已經相當發達,對大規模機器印刷必需的新聞紙需求如許殷切,按理應該催生國產供應。事實上,商務印書館在 1935 年前,雖因 1932 年「一‧二八事變」而蒙受巨大損失,資本額已經由 500 萬降至 300 萬,但仍然積極參與政府主催籌辦在浙南溫州設廠製紙的項目。是則 1930 年以前的商務印書館,經營狀況如日中天,財

力豐厚，並且宣稱以提倡國貨為己任，又與在日本積極投資日產洋紙業的東京金港堂合作十年，何以20多年來一直沒有進軍中國新式造紙業？箇中商業理性何在？這是本章試圖探索的疑團。本章附錄觀察1887年原亮三郎參與創立富士製紙株式会社的點滴，對照於商務只買不造的紙張商略，或不無啟發思考之用。

## 二、1912至1930年中國入口紙張市場

能滿足中國新式機器大規模印刷所需的紙張，主要是供機器印刷用的機製紙，稱「印書紙」或「新聞紙」等。隨著1900年代中葉新學制改革，教育日益發展，閱讀需求大增，新興印刷業隨之勃興，新式印刷機越來越普遍，印書紙的需求自然不斷上升。1930年中國進口洋紙貨值最詳細資料可見於《中國海關民國十九年華洋貿易總冊》上卷《報告書及統計輯要》。[2] 該報告第六圖（〈民國十九年海關由外洋進口大宗洋貨淨數比較圖〉）記進口貨品淨數，其中最高的九項見下表6.1：

表6.1：1930年九類最高貨值的進口洋貨

| 按淨值大小排序 | 貨別 | 值關平兩 | 佔進口總數百分比 |
|---|---|---|---|
| 1 | 棉貨 | 149,838,808 | 11.44% |
| 2 | 棉花 | 132,265,669 | 10.10% |
| 3 | 米 | 121,234,193 | 9.26% |
| 4 | 糖 | 86,390,806 | 6.60% |
| 5 | 金屬及礦物 | 75,880,806 | 5.79% |
| 6 | 煤油 | 54,864,546 | 4.19% |
| 7 | 化學產品 | 46,904,944 | 3.58% |
| 8 | 機器 | 44,283,207 | 3.38% |
| 9 | 紙 | 37,384,275 | 2.85% |

全部25項「統共」（總值）：值關平兩1,309,755,742。1930年進口紙類排大宗進口貨品第九位，貨值關平兩3,700多萬，佔總進口貨值13多億關平兩的2.85%。

　　紙貨內種類不一，據同總冊《統計輯要》〈民國十八年及十九年海
關由外洋進口之洋貨淨數・續〉所列，「書籍，地圖，紙，及木質紙
漿」項貨值關平兩總額分別為35,674,251（1929年）及39,370,914（1930
年）。1930年項下減去書籍地圖及乾濕紙漿（共值關平兩2,067,250），
餘為各類紙貨（共值關平兩37,303,664）。[3] 見表6.2。

表6.2：1929及1930年各種進口紙類（除糊牆紙）

| 貨品號列 | 貨別 | 貨品描述（Description of Goods） | 1929年進口淨數值（關平兩） | 1930年進口淨數值（關平兩） |
|---|---|---|---|---|
| 629 | 未上蠟雪光卡紙 | Cardboard, Pure Bleached Sulphite, Uncoasted | 172,505 | 154,617 |
| 630 | 捲筒紙菸紙 | Cigarette, on Bobbins or Rolls | 3,051,477 | 3,089,978 |
| 631 | 單面上蠟，雙面上蠟，印圖紙 | Coated and/or Enamelled on one or both sides | 2,505,683 | 2,752,217 |
| 632 | 白或色，光或毛，普通印書紙（含有機製木質紙漿在內製成者） | Common Printing (containing Mechanical Wood Pulp), Calendered or Uncalendered, Sized or Unsized, White or Coloured | 8,633,941 | 9,034,945 |
| 633 | 蠟光紙，簿面花紋紙 | Glazed, either Flint, Friction, or Plated, and Marbled Paper | 615,091 | 406,573 |
| 634 | 白或色，油光紙（洋毛邊）多用機製木質紙漿製成者 | M.G. Cap, White or Coloured, made chiefly of Mechanical Wood Pulp | 3,600,173 | 4,035,068 |
| 635 | 棕色或他色，包皮紙，洋表古紙 | Packing and Wrapping, Brown or Coloured | 1,284,374 | 1,037,987 |
| 635a | 牛皮紙 | Kraft | 671,352 | 902,801 |
| 636 | 模造紙 | Simile | 780,017 | 1,702,981 |
| 636a | 印書紙（不用機製木質紙漿製成者） | Printing (free of Mechanical Wood Pulp) | 3,861,439 | 4,178,376 |
| 637 | 平面黃紙皮 | Strawboard, Plain | 248,295 | 195,103 |
| 638 | 無光洋連史紙，雪光紙，不用機製木質紙漿製成者 | Unglazed Tissue and M.G. Bleached Sulphite, free of Mechanical Wood Pulp | 103,845 | 176,169 |

| 貨品號列 | 貨別 | 貨品描述（Description of Goods） | 1929年進口淨數值（關平兩） | 1930年進口淨數值（關平兩） |
|---|---|---|---|---|
| 639 | 畫圖紙，銅版紙，鈔票紙，白塔紙，薄玻璃紙，蠟紙 | Drawing, Art Printing, Bank-note, Parchment, Pergamyn, and Grease-proof | 1,629,825 | 1,555,660 |
| 639a | 寫字紙 | Writing | 1,176,622 | 1,442,161 |
| 640 | 厚玻璃紙 | Parchmyn | 489.086 | 192,033 |
| 640a | 未列名紙 | Not otherwise recorded | 5,295,578 | 6,446,995 |
| 小計 | | | 33,630,706 | 37,303,664 |

資料來源：總稅務司署統計科編：《中國海關民國十九年華洋貿易總冊》，上卷《報告書及統計輯要》，頁140–143，〈民國十八年及十九年海關由外洋進口之洋貨淨數‧續〉紙項摘錄（除627「印本或抄本、書籍」、641「糊牆紙」及642/643「乾/濕木質紙漿」）。上表中英文貨別名稱均據原文照錄。

　　可供機器印刷用途的至少有632「普通印書紙」（含有機製木質紙漿在內製成者）、634「油光紙」（英文貨名M.G. Cap，即Machine glazed paper機製的「有光紙」）、636a「印書紙」（不用機製木質紙漿製成者）。[4]三項總計1929年進口淨數值關平兩16,095,553，1930年進口淨數值關平兩17,248,389，分別約佔相關年份進口紙貨總值的48%及46%。

　　同報告有關1930年進口紙貨的分析，認為中國市場直至數年前，來源一直以歐洲為主，日本紙則有後起之勢。及至1920年代後期，日紙乃取代前者而成為主要供應地。至於國產紙張則無足輕重。其文云：

> 本年紙業貿易情況，頗覺奇突，蓋除印書紙外，各項紙張，進口數量，均見減少，而日本紙所佔貿易總額之百分數，獨較前增加。曩者中國用紙，多仰給於歐洲瑙威瑞典芬蘭等國。近二三年來，日本紙業，努力擴充，思襲取歐洲各國在華之貿易地位，竟以地理上之特殊便利，而大著成效。蓋由日運貨來華，需時無多，貨物一感缺乏，即可隨時補充，而由歐洲進貨，必須預先訂購，運華需時，值此匯價跌落之際，其關係實非淺鮮也。歐洲紙廠，因受日貨競爭影響，嘗將所出產品貶價發售，但日商終能應

付裕如，未遭挫折。由此觀之，倘日商始終本此策略進行，同時再極力增加產額，則吾國紙業市場，不久恐將為日商獨佔矣。歐洲紙張，刻已回復戰前價格，若再減低，必至虧本。中國紙·雖於紙業中佔有一部分地位，惟產量有限，不能供給大宗需要，殊覺無足重輕。[5]

以下一段報告書亦提到油光紙銷路在衰落之中，取而代之的是機製印書紙：

本年各項紙張，銷路與從前無甚軒輊。油光紙·仍屬衰落，前此購用是項紙張者，今已漸改用普通機製印書紙矣。至上等紙·近年以來，頗合時尚，惜本年因價格過昂，頓感疲滯。但此種變態，似不過為暫時現象。祇須紙價重行改訂，諒不難恢復舊觀也。[6]

至於 1931 年紙業進口貿易的預測，下引一段報告書認為若時局平靖，則需求將會大增，在中國造紙業不前的狀況下，進口紙張貿易增加，是可以期待的。報告書說：

來年紙業，進口貿易，究屬如何？目前固難預測，但時局苟能平靖，銷數必當增加，似無疑義。緣中國造紙工業，刻尚幼稚，本年仍無甚進展，而新頒之進口稅則，亦於洋貨進口貿易，不至有何影響。且紙商存貨無多，內地用紙，復將告罄，故明年進口數量，當較本年為多。即令銀滙低落，紙價隨而增高，亦於貿易無甚妨礙也。……[7]

以上海關總冊所載的情況，在當時其他人的著作，也得到印證。據 1936 年蔡謙《近二十年來之中日貿易及其主要商品》，印刷用進口紙在歐戰前主要來自英美、加拿大及歐洲的德國、挪威、瑞典等地。日本自 1880 年代發展新式製紙業後，20 世紀初亦開始輸入中國。歐戰後，英美加及歐洲紙轉向在美歐自給，減少輸入東亞，中國新聞紙市場逐漸為日紙所主導。他引用海關資料所載洋紙進口值，1903 年約

200萬海關兩，1918年約1,000萬海關兩，1931年已達4,000萬海關兩以上，成為重要進口商品之一，內中新聞紙約佔一半。歐戰前，來源以日本、香港最多，各30%，內日紙約值100萬海關兩。戰後，日紙貨值增至400萬海關兩，佔進口紙近半。1931年日紙約2,000萬海關兩，繼續佔進口洋紙4,500萬海關兩的40%，其次方為美紙。銷地而言，華中進口洋紙中，日紙佔30%；日紙則半數銷於華中，而上海又佔華中日紙的九成。據蔡謙總結，1922至1931年間日紙每年平均佔中國入口各國紙值約四成。[8]

賀聖鼐在1931年詳述中國印刷業三十多年來的突飛猛進後，仍不得不慨嘆，雖然中國學習西方先進印刷技術毫無窒礙，但瓶頸在新印刷原料。他說：

> 蓋技術既得，而關於新印刷術所用之原料，以國內工藝不振，類皆仰給於外國，每年漏卮，不下數千萬元，間雖有自製印刷機械，印刷材料及機器，洋紙，以圖挽回利源者，然其出品一與外洋進口者相比較，實有天壤之別。[9]

賀聖鼐又以1912年洋紙輸入數值為指數100，數值指數在1920、1924及1928年分別增至380、655及840。1929年始回落，但仍有720，較1912年增長七倍。他總結洋紙的構成時說：

> 印刷用之普通印書紙（白報紙）為最多，占全額百分之二十五。油光紙（即洋毛邊）次之，約占全額百分之十五。上等印書紙又次之，約占全額百分之十三。而尤以日本供給為最多，占全額百分之三十七，其次為英及香港，約占百分之十三。[10]

此外，吳承洛在1929年綜述當時中國的新式製紙業時，舉1891年李鴻章等在上海創立的倫章造紙廠為中國首家，以後前後有20家較重要者，如上海浦東的華東造紙廠、龍章造紙廠、武昌白沙洲造紙廠、漢口財政部造紙廠、濟南瀼源造紙廠、廣東鹽步增源紙廠等，然而無

一不以失敗告終。他認為原因有四：(一) 水質不良；(二) 交通不便以致布縷來源狹窄；(三) 木漿仰給國外；(四) 鹼、漂白粉、樹脂、黏料等，亦仰給於舶來品。同時他又提到日人利用東北森林資源製木漿有成，故亦能在奉天、安東及吉林省會經營大型造紙廠。言下之意，中國造紙業若得其法，仍有可為。[11]抗戰軍興後出版的楊大金著《現代中國實業誌》(1940)，在製紙部分的論述也基本一致，就是說中國造紙原料資源充沛，市場需求殷切，若能大手投資設廠，經營得法，應可與日紙為主導的洋紙，在市值數千萬元的紙張利源上，爭一日之長短。[12]楊列出當時資本金在300萬元以上的造紙廠，樺甸的東北造紙廠 (1931年成立；800萬元)、溫州新聞紙製造廠 (1936年成立；300萬元)、吉林的興林造紙公司 (1921年成立；500萬元)、吉林的王子製紙株式会社 (1931年成立；300萬元)、安東六道溝的鴨綠江製紙会社工場 (1929年成立；500萬元)。[13]可見唯一非日資而資金雄厚的華資新聞紙廠，便只有官方發起、官商合辦的溫州新聞紙製造廠，亦稱溫溪造紙廠，詳下文。以上吳承洛 (1929)、賀聖鼐 (1931)、蔡謙 (1936)、楊大金 (1940) 等當時人先後跨越十年的四種著作，詳略互補，但總的圖景極為相近。有趣的是，以上所引用的四種專書，都由商務印書館出版，其中之一更是商務三十五週年紀念特刊。由此可見，商務印書館對中國印刷紙張市場供求的大局，肯定瞭如指掌。[14]

最後值得一提的是王百雷1928年12月7日在《時報》上發表題為〈中國紙業之危機〉的一篇文章。按王百雷為第二批庚子賠款留美生，曾在加利福尼亞州大學及密歇根大學習礦學及化工，又曾在美國弗勒謙紙廠實習。1914年歸國後歷任財政部漢口造紙廠技師，為當時罕有的既精通相關最新科技而又具豐富實戰經驗的業界中人，對中國新式造紙業的危機應該了然於胸。他認為最大問題是中外紙價落差：

> 今將中外紙張之用途相等者列表比較其價值之相差，民眾心理之用舍可不煩言而自解。

報紙　每磅大洋一角一分

油光紙　每磅大洋一角三‧五

東洋連史紙　每磅大洋一角六分

東洋毛史　每磅大洋一角六分

牛皮紙　每磅大洋一角五分

◆　◆　◆

毛邊紙　每磅大洋二角六分

本連史　每磅大洋二角六分

套毛邊　每磅大洋二角六分

裱心紙　每磅大洋二角

統觀上列中外紙類價格比較表（案前部分為進口紙，後部分為國產紙），即知人民之所以爭用外貨者，既非爭尚奢華，亦非無愛國心，祇取其價廉物美而已，此優勝劣敗天然淘汰之結果，無可避免者也。

他認為目前問題癥結所在，是國紙價格高企不下，無法與洋紙在市場上競爭。但他也看到洋紙排斥國紙的危機遠在紙業之上。

即就報紙一項，在國內用途為最大，目前天津報界因抵制日貨之故，即告紙荒。上海各報均用瑞典紙，或用東洋紙。設不幸洋面有戰事發生，各報必至停版。此等現象，昔年歐洲大戰時期，滬報界曾遭此厄。總之，以文化宣傳必需之品，時時須仰給於外人，即舍外溢金錢不講，亦未免為立國之羞。況一旦來源或阻，此等日用所必需，決無守株待兔之理。此不能不望愛國同胞速為亡羊補牢之計。事實如此，非敢故為危詞以聳聽也。

可見王百雷認為仰給於洋紙，不特反映實業不振及其背後的國家經濟危機，而且因為紙張乃文教與宣傳所托，一旦來紙不繼，也令現代國家社會面臨資訊斷絕的隱患，為害既深且遠，不容忽視。下節將提及王百雷對商務紙張策略的作用。

至於日本印刷用造紙企業的一鱗半爪，可參考見本章附錄，以資比較。

## 三、《張元濟日記》所見商務紙張經營

商務印書館的紙張管理，在張元濟遺世的日記片斷，佔有相當重要的位置。存世的《張元濟日記》殘稿在1930年前的，有1912至1913年及1916至1923年張任經理及監理期內大部分日記，以及1926年辭監理後的部分日記。[15] 按張元濟1912年任編譯所所長、董事；1916年任經理、董事而高鳳池則任總經理、董事；1920至1926年張與高鳳池共同任監理，監督總經理鮑咸昌、經理李拔可及王仙華；1926年張辭監理職後，仍任董事長。存世的《日記》由1916至1923年，其間張元濟先後任經理及監理，可說是他與高鳳池共同主持商務大局的時期，即所謂「商務的『張元濟時期』」。[16] 從《日記》可見，商務編譯、印刷、發行等各所的重要決策，多半由他在徵得高氏及其他管理高層同意後裁定，部分則逕由張取決。按《日記》多稱高鳳池為「翰」、「翰卿」或「翰翁」；鮑咸昌為「鮑」、「咸」或「鮑咸翁」；李拔可為「拔」或「拔翁」；王仙華則多作「仙華」；高夢旦作「夢翁」等。此外，張高二人意見經常相左，甚至爭持不下。[17] 不過商務所有重大決策，肯定反映在《日記》之內。《日記》按預設的管理項目逐日填寫。1916至1923年項目標目分別如「收信」、「發信」、「公司」、「用人/人事」、「財政」、「發行」、「分館」、「同業」、「西書」、「編譯」、「文具」、「印刷」、「紙件」、「應酬」、「雜記」、「天頭」、「地邊」等。從日記逐日記載所見，與紙張有關的文字，不特出現在「紙件」項下，也散見在其他項目之下。綜言之，紙件屬於商務日常涉及的重要管理事務，殆無疑問。以下僅略述其中與本章主題相關的三點：

## （一）1916年大宗購紙事例

以1916年《日記》所載若干大宗訂講洋紙為例，足以說明商務進口洋紙業務規模的龐大。2月23日張元濟決定，請同孚洋行即將離職人員加斯代訂購瑞典紙150噸（按即3,000擔，或330,000磅）。按1916年全國洋紙輸入總數為798,475擔，[18] 僅此一訂單佔全國輸入總數的0.4%。每磅價1錢零5厘（按即規銀0.105兩），330,000磅共值34,650兩，亦佔該年全國進口洋紙總值8,208,850兩的0.4%左右。另加關稅，二厘佣。又同條載商務先曾另向同孚洋行訂購12,000令，未到貨。這批若以每令20磅折算，亦有240,000磅，或2,181擔，佔全國進口洋紙0.3%。光是向同孚洋行及其經紀所下的兩張訂單，已等於該年進口洋紙擔數0.7%。3月14日記加斯要求抬價被拒。3月16日記張與商務董事兼律師丁榕及高鳳池午飯談同孚與加斯訂瑞典紙因戰事可能延誤，又記午後從加斯處聽聞瑞典紙150噸有進展，可以訂貨。3月17日張電丁榕謂加斯紙可購。3月18日丁榕電張告加斯事可以擬稿。此事至此不再出現《日記》之內，但4月12日，復記「加斯送來瑞典紙樣一張。言每磅計銀一錢〇五厘。經與翰翁商議，價仍太昂，不購。」不知是否同一宗買賣，所以這兩份訂單最終是否成交不詳。[19]

2月29日記訂購挪威紙事：「瑙威 Oversoeiske 公司回電，大有光每令五先令九便士，合三兩一錢七分，合小有光二兩一錢四分。五、七月裝船，共一百五十噸。又新聞紙三、四兩月裝船，七千令，十先令六便士，合四兩三錢。晚間鮑咸翁來，決定電購，並擬加倍定購。小平君意，照前述加價，不如先照原數電訂，隨後另商。許照此行。次日小平來告，已電商可否加定有光紙，照前定加倍。」3月6日記「瑙威 Oversoeiske 回電。再定有光紙百五十噸（約3,000擔），每令八先令六本〔便〕士，大有光每令二兩七錢五分。七八九月裝船。」又3月7日記「瑙威 Oversoeiske 有光紙續定百五十噸，內七十五噸定十六磅半。小有光不定，因存貨尚多，市價亦跌之故。」[20] 以上見商務向瑙威 Oversoeiske 公司先後訂購有光紙300噸，折6,000擔，佔該年全國進口洋紙0.8%。

另訂新聞紙7,000令，重量不詳。以上紙價以令為單位，每令重量視紙張大小輕重而定，差別或極大，故此這裏不作貨價推算。

關於英國紙買賣較少。3月13日記「小平來言，前托裕昌洋行定英國印書紙一百噸。先已辭絕。今來電言，每磅四便士仍可接受。已允之。原價三便士八，今為四便士。」[21]100噸共220,400磅，折2,000擔；按每磅4便士，折0.112兩，共值24,685兩。

《日記》該年記商務除向歐洲大手訂購西洋紙外，亦開始探索日本東洋紙的進口。如2月26日記「鮑咸翁棧商，擬向東洋定印書紙，約二百餘噸，共九千令。約銀九萬餘兩，每磅價約錢八分。已囑小平與紙客晤商。」3月6日記「日本印書紙亦有回電，每磅合一錢八分。」3月24日記「本日定福井洋行新聞紙一萬五千令，上海交貨，四十三磅，每令銀四兩。自四月起，每月三千令。」3月25日記「與翰、咸商定，在東洋定購印書紙約二百噸。」3月27日記「向福井洋行定新聞紙一萬五千令，每令四兩，上海交貨，自四月至八月，每月交三千令。告小平，向日本定紙，約二百噸。……告小平，再向王子問新聞紙價。」3月31日記「向日本明治貿易公司定印書紙二百噸，每磅日金二角〇八，上海交貨，自四月起至七月。我簽字。」5月16日記「與鮑商定，印書紙英、美來無期，決定在日本採購。」[22]可見3月內向福井及明治兩洋行訂購新聞紙共400噸，折合8,000擔，佔1916年全國進口洋紙798,475擔的1%，其考量是東洋紙較英美紙供應穩定。

商務同年亦有向本地生產紙商定購有光紙，如4月11日記「翰翁交來浦東華棧（即華章造紙）新聞紙六十二件提單一紙，編入第一號小平處進貨簿。余已簽字。」4月22日記「翰翁買入德記小有光紙，十六磅半，一百〇三件。每件卅令。每令價一兩八錢，計五千五百六十二兩。」[23]重量合50,985磅，或約23噸，折460擔。至於從德記購入的這批次小有光紙，來源是國產抑為洋紙轉售則不詳。又如4月28日記「華章紙廠買辦李慶揚約翰翁及余至一家春便飯。高橋及秦振甫，又一翻譯俞姓者亦在座，撮合交易之事。先是高橋、秦兩人未來。李君告

知，沈芝芳用文明書局名義定紙，有光紙四萬令，每令二兩，本年九月起，十二月清。迨二人既來，談交易之事。余問九月以後每月五千令，預定一年，需價幾何。答言煤及原料均必加價，故不能廉。又問，我在外洋定購者最高何價。翰答，約二兩四錢。渠言，總可比西洋略賤。翰言，須比在滬定出最廉之價更加核減。渠有難色。李言，文明所定之價已知說過。渠乃言，彼與連史同定，扯算之故。余與翰言，請給一實價再商議。渠等言可定為一兩九錢五，共二萬五千令。但合同須寫二兩一錢，俟貨付清後再給還每令一錢五分。余等云，甚感盛意，容商酌再復。」按華章為日資（見下文），故用買辦，大秦商會應為其銷售代理。5月2日記「大秦商會秦振甫來，與翰翁同見。擬定購有光紙四萬令，照小有光算，每令一百九十五，再打九五折。可至明年二三月交來。」5月8日記「向大秦商會定購華章大有光紙三萬令。先造廿二磅半五百令。如不合用，再改廿四磅。廿二磅半實價二兩五錢八五。廿四磅半又二兩八錢。以十六磅半計，實價為一兩八錢八五。交貨期于年九月起，每月五千令，六年三月止。定單正本另有合同，聲明實價。有謄本，於本日交小平君。用會議室張回單簿。合同正本交陳叔翁。另有謄本及定單謄本，亦交陳叔翁。」等。[24] 以每令22磅計算，三萬令即660,000磅，折合約6,000擔，相對其他中國生產有光紙訂單，華章紙算較大的訂單，這與其日資背景有關。按華章造紙公司原為英俄法美四國外商與華商合股，1899年於浦東陸家嘴成立，香港註冊，資本金45萬兩，交日人管理，1901年投產，後因抵制英貨，虧蝕嚴重，1915年售予三菱株式会社，增添設備，利用進口日本紙漿，改善生產，漸有起色，但1919年五四運動後抵制日貨，生意一落千丈，最終於1920年2月售予楊樹浦路倫章造紙的劉柏森，後者將兩廠合併成立股份有限公司，以華章為寶源紙廠東廠，倫章為西廠。[25] 據《日記》所載，華章與其代理大秦商會以及三菱往往同時在活動中出現，即因華章當時屬日資。華章雖為本地出產紙張，並非進口洋紙，但從資本言，仍與華資國產紙有別，所以後來亦受到抵制。下

文將述及商務曾有意收購華章的事。整體而言，1916年商務購入有光
紙，基本上以進口洋紙為主，中國生產者為輔。

　　至於1916年商務自身印刷所需以及存紙令數，《日記》亦有記
錄。如3月7日記「四年（1915年）用有光紙〔註：自用〕大四三九三〇
（43,930）令、小一一〇八三（11,083）令。」3月30日記「查三年銷數，
春季共和初小共七百五十九萬餘本。四年銷路共七百二十六萬餘。當
有數分館未到，大約相等。均專教科言。如用湖南毛邊，每月五百
簍，合二千令。每本以二十張計，只能印六十萬本。是全年只能印七
百二十萬本。勉敷春季共和初小教科之用。」5月1日記「查現存及預定
〔原註：除同孚外〕大小有光紙。托陳迪民查。大有光存三萬九千三百
五十八（39,358）令。小有光存一六四五七（16,457）令，加五一三（513）
令。」5月8日記「查存紙。本棧。據5/4/22結單，到貨算至四月底。除
同孚未到貨外，凡存本棧、外棧及預訂出：大有光計六萬九千二百五
十八（69,258）令。小有光計二萬二千二百四（22,240）令。」等。[26] 由此
可見，僅春季共和初小教科書一項，1914及1915年市場銷售約750萬
本，需紙即近24,000令。1915年總用紙量為大小有光紙55,013令。
1916年5月1日館存及預定紙張點算，僅56,328令。一週之後，存紙
始增至91,498令。可見商務在大量購紙之餘，紙張儲備時有上落。歐
戰期間歐紙供應不穩定，徒增缺紙風險。

　　又關於商務每年印刷耗紙量，《商務印書館成績概略》也提供了一
些數據，[27] 但數目上容有手民之誤，與實際情況相去甚遠，故此本書不
採用。僅表列如下（表6.3），待考。

表6.3：《商務印書館成績概略》（1914）所載印刷所最近成績（原文照錄）

| 「活字排字」 | 「每年約七萬萬四千頁」 |
|---|---|
| 「活版印刷」 | 「每年約二十一萬萬頁」 |
| 「單色石印」 | 「每年約二萬五千萬頁」 |
| 「五彩石印」 | 「每年約三萬二千萬頁」 |
| 「洋式裝訂」 | 「每年約五百餘萬冊」 |
| 「華式裝訂」 | 「每年約三千五百餘萬冊」 |

資料來源：商務印書館：《商務印書館成績概略》（1914），頁11–12。

　　按由東亞同文會所編的〈商務印書館〉，亦有將《商務印書館成績概略》（1914）中的這些信息譯成日文。[28]東亞同文會所譯的這一部分數據，亦另有錯亂之處，均不可使用。其原文見前句註釋。然而從後者使用了「億」字，可見商務原文確是「萬萬」，而不是偶然重複了「萬」字。單看「活版印刷」每年製作21億頁，設每令500頁算，約4百多萬令。前述1916年中國進口印刷紙總數為800萬擔，僅約4百餘萬令。商務一家每年活版印刷用掉中國差不多全年進口的印刷紙？可見數據絕不可靠。

## （二）轉售紙張予其他書店

　　商務大批購入東西洋紙，大致尚能應付自身每年出版書刊教科所需，儲備雖非經常豐厚，但仍足以從事紙張轉售牟利。如1916年3月7日記「時事報館商拔翁代定紙若干令。嗣以此事為難，允讓與一千令。今日致殷鑄夫一信，言明將來無論如何增漲，總以現在市價每令四兩五錢為率，不能增加。但彼以為貴，可以不買，我可另售。」及3月17日記「運日本新到新聞紙五十件至津發售。翰翁酌定，由本館認水腳、車力，每令合七元。售後津館得九五回用。5/3/20。」[29]又1918年11月11日記「迪民來言，道林紙到。有四十、四五、五十、六十、七十磅者二百餘令。未到者尚有二百令，可以出售。鮑咸翁云，市價每磅二錢，本館備用有餘，可以酌量出售。」[30]自1919年6月29日開始，又有連續售紙記載，如該日記「新聞紙存貨太多，決定售去一萬令，市價約二兩八錢五分。」6月30日分別記「城內公所同業，要求讓紙，有幾家已經停機。余告仙華，酌量通融」及「迪民經售出新聞紙五千令，價每令二兩九錢。」7月1日記「有光紙，據迪稱可讓出五十件。鮑云可以讓出。即告仙華，請其酌量。後細查所存紙，不過僅可用至八月底，如維昌亦須八月底可到，則有為難。余即告鮑，鮑云近棧用紙少，可以無礙。」7月30日記「迪民來告，下月十號約有萬餘令有光紙可到。鮑意不妨售去若干。」[31]可見將自用之餘的紙張轉售予同業，

一直是商務的部分紙張商略，而且有利可圖。但1919年夏發生了商務起訴中華書局誹謗的官司，直接影響了商務售紙，也清楚展現了商務售紙的牟利及非牟利雙重性格。

1919年7月31日記「包文德來言，鴻賓齋來購有光紙，已售與八百令。余言，已售者可勿計。但以後擬暫緩。因中華出有告白，本館擬借售紙以示抵制。」8月1日記「擬售紙告白。又徵集改用洋裝意見告白。」8月2日記「發登售紙廣告，抵制彼局『全國學校書業簽』廣告中『私用日貨』之言。」又記「與鮑、包談售紙與同業，至多只能限十件。包意似不足。余力謂不可過多」等。[32] 及中華書局亦來商務購紙1,000令時，遭商務拒售，又引起中華在媒體上投訴商務借轉售洋紙的公共服務公報私仇。《日記》8月4記「中華來函，〔原註：有李柳溪者携來〕買有光紙一千令，印刷〔所〕拒絕。余與仙華瑾懷商，先行發報，一面備函謝絕。」8月6日記「中華為我不售紙事，登告白，謂我失信」等。[33] 事見《申報》8月7日的中華書局廣告。同日記為了解商務售紙具體狀況，張元濟進行了調查。《日記》記「查抵制日貨後，售與同業紙數。8/6/14鴻寶齋，闞念喬，共十二家，二千一百令。8/6/25廣益書局五百十令。8/6/27闞念喬，共三家〔原註：內共和書局三百令〕，九百令。8/7/7廣益書局五百令。8/7/16又五百令。8/7/31民友社三十令。以上有光紙共四千八百三十令。8/7/2恒豐洋行五十六令。8/7/11時兆月報九十八令。8/7/17和康洋行四九九八令。8/7/24恒豐洋行九十八令。以上新聞紙共五千二百五十令。所有分館經手者不在內。本月四號，鴻文書局三百令。鴻寶齋五百令。中新書局三百令。廣益書局五百令。又六號，鴻寶齋一百五十令。廣益書局五百令。」[34] 在一個月後的9月6日，又記「仙華告，葉九如來言，有同業欲向本館買紙。業已告以，爾等買商務紙，又買東洋紙。商務如駁復，將何以答。又責其前以三十件紙售中華，亦對不住商務云云。如該同業有信來，可約舉上文所言作答。」[35] 按葉九如為《點石齋畫報》代表人，上海書業公會領導之一，故代表書業同行查詢。這段有趣的是，

張元濟在言辭上已經有「商務紙」的說法,等於說在同業間,雖然商務主業並非洋紙批發商,但實際已經成為經常性的洋紙甚至是華紙供應者。同時,這種供應也隱含某種同業福利與襄助的意味,受益的同業因而亦對商務負有一種無形的道義責任,在倫理上應該對商務作出支持的行為。當違反了這種期待時,商務亦可理直氣壯地聲稱對方「對不住」商務。

及該年9月20日,《日記》記商務售紙過多,一時自身難保,印刷所乃有購入日本紙的訴求,但因為與中華訴訟未了,商務仍受到輿論壓力,責難商務的日本關係,故此張元濟堅決反對在此五四運動反日浪潮方興未艾之際,購買東洋紙。他認為必須時,付出更高價格也只能購買西洋紙,否則便用湖南毛邊紙充當,如記「印刷所主張向日本定購凡利紙。迪民謂不便。余謂,先探問滬上有無西洋紙。」9月23日記「向日本定購凡利水〔紙〕。余在會議簿上聲明不妥,即西洋貨較貴,亦應買。」10月14日記「翰於會議席上稱,存大有光紙無多,不過十日之譜。小有光紙亦已無存。余謂,此項紙初到時,余即勸鮑不必急售。現即不敷,只有靜候來紙。萬不能用東洋紙。」10月30日記「告翰,宜多備有光紙,即美國紙貴亦可買。抵制事,近日又頗盛,宜注意。」10月31日記「余於會議席上告翰翁,有光既不敷只可用湖南毛邊。前見梁君來兜攬此紙。余曾告銘勛請君購用。翰謂未購。余云機不可失。當屬銘勛速約梁君來談。」12月15日記「各報又有詆書業以東紙冒西紙印書。已請翰閱看」等。[36] 以上可見,一方面張元濟反對用東洋紙,主要是擔心抵制的時議。另一方面,商務管理層以高鳳池為首的另一派,一直沒有抵制東洋紙的考量。雙方在這決策上,不斷發生矛盾。

### (三)1918年收購華章造紙廠議案

據《日記》所載,張元濟在1916至1919年間曾考慮通過收購或租賃,擁有自己的造紙廠。如1916年3月20日記「翰翁聞華章紙廠發行

人李君言,本公司已定華章機器一架,共六個月。〔註:昨口所言〕本日翰翁往大秦商會詢問,據云並無其事。」「本日偕一琴訪王顯臣,略談漢口紙廠(按即財政部漢口紙廠):一、鍋爐不禁用。二、水池已裂,且無蓋,故水不淨。如欲承辦,非五十萬元不易入手。」[37]談到華章紙廠機器及漢口紙廠是否值得購買,也諮詢了造紙業務該如何考量。翌年1917年《日記》記3月1日及6月29日兩次與華章相關人士飯局,如華章紙廠總發行所高層高橋煉逸,以及三井洋行、三菱公司上海支店、正金銀行、台灣銀行、大秦商會等高層等也有出席。[38]同年10月3日記張元濟進一步諮詢王百雷造紙的技術細節:「致王百雷信,詢問四事:一、高砂似棉料紙,能造否。二、木質紙料,能在機器造華紙否。竹料,龍須草料能仿造。三、現有製稻草機能移造竹料否。小辦,不另造屋,但添必備之機,需款若干。〔註:前稿存叔通處〕四、道林紙造本若干。」[39]其後張元濟亦曾考慮不買廠而租廠,見同年10月8記「以租紙廠事商蘇盦,甚贊成。」[40]按「蘇盦」即鄭孝胥,時任商務董事長。其時張對辦紙廠漸生疑慮,見1917年10月9日「紙廠事,面告廷桂。並開去虧四條,不易辦三條,危險四條,共四紙交廷桂,備將來談判。」[41]按「廷桂」即監察人之一的張廷桂。[42]但張元濟仍未完全放棄造紙業的探索,見同年10月13日「造紙廠須添卷紙機,交翰翁寄美訪價。」[43]《日記》此後一段時間沒有再提造紙。

造紙事件兩年後再度出現在《日記》之內,1919年6月21日記「王百雷午後來談,言甲、黃板紙可小做,日出二三噸,集資十萬元便可辦。乙、若兼造織機紙、信片紙、名片紙等,機器約須三十萬元。一切在內,約五十萬兩可以充足。並勸買租白沙洲廠基,約值二三十萬元。否則在長江邊有蘆葦之地,買地若干則原料易得,取水亦便,轉運亦易。當請將以上甲乙兩項均請估價。」6月30日記「昨晚約同人在寓晚飯,談造紙事。歸結先注意訪求可以擔任之人。至板紙如有人願辦,可以慫恿令其開辦。」至7月1日則記「王百雷來談,與鮑同見。言擬租白沙洲廠,專用龍須草造紙糊,欲本館提倡。云伊在財部紙

廠，不便出名。余與鮑答稱，可請將預算寄來一看。」[44] 今次涉及仍在財政部漢口紙廠任職技師的王百雷，向張元濟建議租用白沙洲紙廠，借長江之利，方便使用蘆葦原料製紙，造紙所需的大量用水也垂手可得，產品亦可借水路運輸，成本較低。張的反應是先看預算，可見他對造紙十分謹慎。

及至1920年1月乃爆發了收購華章紙廠的高層爭議。該年1月16日《日記》記「晚在發行所遇翰翁。告知華章紙廠有出售意。余謂，此固是一機會，但須先決問題四。一管理何人。二技師。三原料。四成貨及日本原料。」1月19日記「午前翰約咸拔仙三君及余，在會議室商議浦東紙廠事（按即在浦東陸家嘴的華章造紙廠）。余言，外人借端糾葛，及原料均有關係。不能不詳細研究。資本亦甚巨，不能不格外謹慎。而尤以有人管理為第一著。如不能得人，則此外問題雖決亦無益。翰、咸舉金伯平。余謂不能獨當一面。仙拔亦不贊成。後定翰、仙午後同赴該廠一看。」1月21日記「本日午後開董事會。余歷陳紙廠種種關係要點，而歸重於管理之人。與昨日致翰信相同，因有他事先退席。」1月23日記「討論紙廠事。余出示夢旦信，由叔通讀一過。拔可謂斷不能辦。翰、咸均推仙華。余反對，謂公司為根本，仙華出洋，甚望於公司可以改良進步。移辦他事，實非計。拔推翰自任。翰循例作謙詞。余勸翰，言請勿誤會，如公能自任，我自贊成，但此事必須全副精神，專心致志方能辦理。公之年紀能否擔任，請自揣酌。拔既言此，余若不聲明，恐疑我為不贊成。後亦咨嗟不決而散。先是鮑先生謂多數主張仙華。余謂余確不能贊成，既以多數為言，即請仙翁自酌。傍晚又約仙華在會議室，謂我實不願公辦紙廠，如公自願辦，我亦未便相阻。但為公司計，決非所宜耳。」1月26日記「傍晚翰約仙華及余至會議〔室〕商議紙廠可否事。問應否電催夢翁回。余謂無甚關係，只要有人管理，便可商量。仙華余不能贊成，公願自任，余自贊成，但有嫌疑，未便慫恿。翰言負擔過重。仙華亦以利輕責重為慮。」[45] 從以上各節日記可

見，高鳳池執意收購華章啟動商務造紙事業，並且得到鮑咸昌大力支持。相反地，張元濟則執意反對，張最後堅持的理由是商務無人可以主持其事。他得到仍任經理的王仙華及李拔可支持，加上外遊的高夢旦，看來在管理層佔了上風。在高鳳池等建議由王仙華掌管時，張極力反對，並確保王仙華不會同意後，反而表示若高鳳池親主其事，張始贊成，但不會鼓勵高這樣做。由於張聯同兩位經理，反對另一位監理及總經理，最後購廠一事作罷。2月3日記「午後董事會議，……蘇盦先與翰言，紙廠既已作罷，應仍預備人材。余謂公司範圍內之事，人材已極缺乏。」[46]此時收購華章一事已成明日黃花。而華章造紙最終在1920年2月轉售予楊樹浦路倫章造紙的劉柏森，成為新成立的寶源紙廠東廠。商務高層在這事上爭持不下，購廠雖然作罷，但卻令張元濟與高鳳池在人事問題上水火不容，後來張有關動用存款以購買房產保值的建議也遭高鳳池堅決反對，最終導致張元濟在1926年決意辭去監理之職。

綜觀本節所述，商務在1920年代的紙張商略，主要是藉著不斷從不同來源大量收購積存，以免需要大量印刷教科書的夏春檔期時，面臨缺紙危機。教科書缺紙的後果嚴重，不但令學童無書可用，更削弱學校訂購信心，失去市場，故此紙張是極其關鍵的原料。來源多元化可以減低風險，過度依靠進口洋紙，則須面臨匯兌、運期、抬價、同業爭購、積壓資金、庫存管理及風險等一籃子問題。所以策略上，商務高層高鳳池一派極力推動收購造紙廠如華章造紙，但張元濟一派則極力反對。當時反對的主要理由並非不該進軍造紙事業，也不缺資本及技術，而是沒有大家都能同意的主管人材。對反對者而言，這絕對是擔當不起的風險，會為商務帶來尾大不掉的災難；對支持者而言，則是不可理喻的阻撓。事情最終告吹，華章也被他人購去，商務原本可在其顛峰狀態之際進軍造紙而一勞永逸地解決紙張問題的機會，亦告消逝。尤有進者，此事遺下了高層間不可消解的矛盾。

# 四、1920年代末商務的紙務

## （一）1929年資產負債表所見的紙張庫存

下章將討論商務1929年底的財務報告，並與同一年份美國麥美倫公司財務報告作出比較。其中一個觀察是商務的紙張庫存約值78萬元，折算美金是28萬美元，較麥美倫的5萬美元多5.6倍。與總流動資產比較，商務是7%而麥美倫只有1%。商務是麥美倫的7倍。78萬元紙張當時具體有多少令不詳。假設每令3元，約25萬令。上節見1919年商務每年用紙在5萬至6萬之譜。十年後或增或減，假設約在10萬令以下，則仍有10多萬令作儲備。事實上，商務在特定時刻的紙張庫存有多少，受到很多因素影響。如每年春夏兩季印刷大量教科書的前後，庫存自然大有落差。此外，國產及進口紙張的供應來源十分複雜，受時局影響頗巨，從來都不穩定，加上各種中外貨幣匯兌上落，計算某時刻紙張庫存時，除了重量或令數之外，貨幣價值也在不斷浮動，所以貨值與貨量之間作出換算，亦不易確定。同時，從上節可見商務亦經常性地轉售其紙張予其他從事印務的書業同行，以減輕原料積存的壓力，而且在價格差額上有利可圖，變成營業額的一部分，這樣又有了增加庫存的動機。不管如何，商務經常性地維持大量的庫存紙張，殆無疑問。正由於一直大量庫存紙張，所以商務的部分管理層不覺得自己需要直接造紙，而這種依賴市場供應洋紙及國產紙的策略，亦似乎一直行之有效，並未在內部引起爭議。這點在1920年華章爭議上最明顯，當時支持購廠一方並沒有搬出必須自己造紙的論點，反對購廠一方則認為抽調總館經理王仙華主理造紙屬本末倒置，可見張元濟雖然對造紙不無興趣，但顯然不是他的優先項目。

## （二）王雲五1931年2月的紙務改革

王雲五的《岫廬八十自述》記1931年2月，商務庫存紙張的市值已經由1929年底的78萬元，急增超過3.5倍至300萬元以上，相對於兩

年前的總流動資產，份額已經由7%升至近25%。經他作出科學管理式改革後，始降至200萬餘元。按1930年2月總經理鮑咸昌去世，3月商務高層議定，邀請於1921年入主編譯所多年後剛離館不久的王雲五回館接任總經理之職，並於上任前先出國到日本及歐美考察業務六個月。[47]王於1930年9月回國正式執行職務，同月向董事會提出科學管理方案，獲通過並向館內同人宣佈。不意1931年1月實行時，遭編譯印刷等四所的四個工會全體反對，王雲五旋撤回方案，改為暗中執行。[48]《自述》續記：

> 自是年（1931年）二月起，我於不動聲色之間，實施對事物與對財務之管理。因其與人無爭，而涉及推行此政策之少數人，皆屬於管理階級，向來忠於公司，且照此執行，於己無損，當然樂為。茲先對物管理之改進：……[49]

這方面的改進他記述了兩項，即（一）採行出品及原料之標準化；及（二）盡量利用原有機器，減少不必要的新購機器。關於第一項紙張的記述説：

> （一）採行出品及原料之標準化。商務書館的出品既以書籍為主，其所用原料自然以紙張為首要。由於商務前此出版的書籍，其版式大小至為紛歧，合計不下四五十種，因之，購存之紙張與品質隨而紛歧，合計多至二百餘種，以致一部分極大的資金積滯於所存之紙張上。我與研究所同人詳加研究，將書籍之版式標準化，由四五十種減為九種，因而存紙的種類也隨而減為六十餘。出品與原料均經標準化，存紙之種類減為原有三分之一以下，所以存紙之總值僅當原有者三分之二，應付需要轉較從前更為充足。彼時我國尚無大規模之製紙廠，所需紙張均係預從外國定購，運輸費時數月。少購既不敷應用，多購又使可活用於各方面的資金積滯於存紙上，殊不值得。經此改進後，常存紙張之實值，較未改進前減少一百餘萬元。[50]

他記當年存紙改革實值減少100萬元，為未改革前存紙實值三分之一，即原來存紙實值在300萬元以上。此時剩下的三分之二而值200萬元的存紙，仍佔兩年前總流動資產的20%以上。眾所周知，翌年（1932年）1月「一・二八事變」爆發，商務在華界的廠房及其他物業，包括東方圖書館，破壞殆盡。事變後，3月13日商務申報各項財產損失，價值共1,633萬多元。[51] 相較之下，亦可見價值200至300萬元的庫存紙張，在1930年前後商務財政的重要位置。

## 五、中國造紙股份有限公司

北伐後南京國民政府於1927年成立，遵行孫中山的建國方略發展實業，其中一項即是開發造紙業，但礙於缺乏經費並沒有落實。1931年教育部規定全國書局印刷中文書籍及教科書須用國產紙，經上海書業解釋國產紙供應不足的情況而作罷，然而國產造紙事項再次進入政府議程。於該年年初設立的實業部及行政院在6月成立全國經濟委員會，承接了推動國產造紙事業議程，於1932年底啟動了所謂溫州造紙廠的計劃，先後密切諮詢上海書業及派專家實地調查，包括前述的王百雷，當時他任職實業部技正。項目其後得到行政會議通過及中英庚款董事會審核，並投入庚子賠款34萬英鎊（約500萬元[52]）作經費。由於中英庚款董事會建議官商合營，實業部乃動員上海書報業與金融界領袖，成立溫溪紙廠籌備委員會，經再派專家考察修訂計劃後，於1935年9月由籌備委員會製作成立公司的計劃書。計劃以庚款500萬元為官股，委員會的商界代表認供股30萬元及另招資30萬共60萬元充商股，官商合資成立溫溪造紙股份有限公司。廠址位於溫州小溪，啟動經費450萬元，蒸汽發電，使用木材原料，產品以新聞紙為主，每日產量35噸，年產12,000噸，主要供應日耗100噸的上海書報業市場。計劃書最後改定公司名稱為「中國造紙股份有限公司」，故此計劃書的撰寫雖出自溫溪紙廠籌備委員會，但標題則作《中國造紙股份有限公司計劃書》，[53] 下稱《計劃書》。

　　《計劃書》的引言，概述中國新式印刷一直依賴進口洋紙，每年造成數以千萬元計的國家利權外溢，唯一抵制之計便是速辦紙廠，而且首要之務是辦新聞紙廠。其大意雖與上引1920至1930年間商務諸出版專家的說法如出一轍，但時至1934年，實業部所確認的中國造紙敘事如下：

> ……近世機器印刷事業勃興，所用紙張因須經過高速度機器之運轉，不特質地宜潔白堅實，並須富有拉力，即其長度亦須每重數百公斤製造成捲，方能適用。是以國內手造紙張，祇宜部冊文牘之用，至若印刷包裝等所用者，則幾皆仰給於外國。洋紙進口數額，在清宣統元年，僅值三百餘萬兩，至今相隔二十餘年，已增加十餘倍之多。據海關統計最近三年進口紙張，每年平均共值二千四百萬金單位，約合國幣四千六百餘萬元(參觀附表)。此後教育普及，實業振興，新聞事業發達，需紙數量，有增無已，漏巵日巨，何堪設想！抵制之策，惟有速籌設造紙廠，以圖自給。查進口之洋紙，其中新聞紙占百分之三十四，(二十三年份進口總值為國幣一千二百餘萬元)蓋新聞紙質厚而輕，價格極低，以之印刷報章，教科書，小說，雜誌，及一切宣傳刊物等，最為經濟。故用途最廣，由是提倡造紙之際，遂以新聞紙為先務之急也。[54]

　　上述《計劃書》和本章最有關的部分，為〈(四)籌備經過〉。此部分報告先述南京國民政府開始關注造紙：

> 查歐美各國所產之紙，幾全係木材製成，而我國則尚無用木材製紙之廠。前工商部在〈國營基本工業方案〉中，曾擬具木材造紙計劃，並經提出中央政治會議，祇以財力關係，未克實施。[55]

其次述及教育部與上海書報業有關造紙與國家文教傳播事業的互動：

> 民國二十年間，教育部通令全國各書局一律採用國產紙張刊印中文書籍及教科書等。嗣據上海市書業同業公會呈復，不能絕對採

用國產紙張之原因,並陳請政府就森林區域由國營或官商合資,設廠自製木紙料造紙,以應急需。[56]

以下是實業部接手後的初步行動:

> 實業部按准教育部據情轉咨後,認造紙事業,有關於文化教育者至鉅,上海書報業既關懷慕切,倘能與政府通力合作,則此項紙廠殊不難於成立;爰即與上海書報業領袖磋商合作辦法,僉以上海書報每日銷用新聞紙在百噸以上,若先籌設一每日產量三十五噸之新聞紙廠,則銷路殊無問題,日後且可逐漸擴充,以期各種紙張之均能完全自給。實業部乃於二十一年十一月間,派技監徐善祥〔、〕技正王百雷〔、〕金瀚及德國電力專家,赴浙江溫處一帶調查,該地所產木材之品質,及每年之產量,並勘察區內有無適當高源水力,可資築壩引用發電。據調查結果,浙東溫處一帶,產真杉柳杉甚富,質既優良,價亦低廉,實為極適宜之造紙原料。在溫州小溪南岸,並可建築一活壩,藉此利用水力發電。距南岸不遠之溫溪附近地方,水質純潔,交通便利,均極宜於建設紙廠。實業部以原料廠址等既無問題,遂即擬定籌款之辦法。時國營硫酸錏廠適歸商人承辦,實業部乃將原擬借撥籾辦硫酸錏廠之英庚款二十五萬金鎊,連同實業部應得之英庚款餘額八萬餘金鎊,移作紙廠開辦經費,由政府經營,以資提倡。當經提出第一四八次行政院會議通過後,并將詳細計劃送請管理中英庚款董事會審核。旋由中英庚款董事會議決,原則通過,並主張加入商股,以求將來產銷兩事之同臻便利。[57]

以下是實業部回應中英庚款董事會建議,發動上海商界參股成立官商合營公司:

> 實業部因依此項意見,重與滬上商方接洽,磋商結果,頗為圓滿。乃由實業部先後任劉維熾〔、〕曾養甫〔、〕劉蔭茀〔、〕譚熙鴻〔、〕汪伯琦〔、〕王雲五〔、〕陸費伯鴻〔、〕黃溯初〔、〕徐寄廎〔、〕趙正平〔、〕徐善祥〔、〕馬蔭良〔、〕顧毓瑔〔、〕司徒錫等為籌備委員,設籌備委員會於上海,積極進行。[58]

　　按以上所見的溫溪紙廠籌備委員會，委員中不乏重量級人物，可見受國民政府重視的程度。例如劉維熾(實業部政務次長)、曾養甫(鐵道部次長兼新路建設委員會委員長、國民黨中央執行委員、國民黨中央國家經濟建設委員會委員)、劉蔭茀(前工商部技正)、譚熙鴻(北京大學生物學系創辦者兼首任系主任、浙江大學農學院創辦者並任首任院長、林墾署署長兼中央農業實驗所所長、全國經濟委員會委員兼蠶絲改良委員會主任委員)、汪伯琦(中華書局大股東之一)、王雲五(商務印書館總經理)、陸費伯鴻(中華書局總經理)、黃溯初(溫州近代實業家、通易信託公司董事長兼總經理、參與出版《時事新報》)、徐寄廎(浙江興業銀行董事長、中央銀行副總裁代理總裁、通易信託公司董事、上海市銀行同業公會及《銀行周報》聯合創始人、上海總商會領導人之一)、趙正平(《太平導報》主編)、徐善祥(中央工業試驗所所長、民國政府實業部技監)、馬蔭良(《申報》經理及申報社長史量才秘書、代總經理)、顧毓琇(中央工業試驗所所長、該所機械實驗工廠兼任廠長)等。

　　以上除了不少留學美國習工程及科學的重要科學技術官僚外，商界代表銀行金融業有在滬溫州金融鉅子黃溯初(通易信託)及徐寄廎(浙江興業銀行)；報界有《申報》、《時事新報》、《太平導報》代表；書業則有商務印書館與中華書局兩大公司的總經理，分別是王雲五及陸費伯鴻。

　　計劃原擬利用水力發電，但經專家建議，改為蒸汽發電。見下：

> 最近為求審慎起見，復由實業部聘英籍造紙專家施滌華氏作實地之查勘。對於原計劃略加修正，使臻完善。至水力發電計劃，則由實業部另聘瑞典籍水力專家裴爾福氏，會同英籍造紙專家詳加審查，據報告認為小溪水流量之紀錄，祇有浙江水利局於二十一年六月十五日起至本年四月間止，僅及三年之紀錄，實不足以證明水力發電之確可利用；兼以裝置費過鉅，若僅以供給一紙廠之發電，殊非經濟。故幾經商榷，遂將本廠之原動力暫改為蒸汽發電，俟將來紙廠擴充，小溪水流量獲有相當紀錄時，再行利用水力發電。[59]

關於開業經費及成立官商合營公司，經過如下：

> 至機器購料單，亦經各專家擬定，並由實業部審查修正。所採機
> 器悉係最新式樣，且以適合當地情形，能有極高效率為標準。其
> 產量擬先以日製三十五長噸為準，則每年照三百五十日計算，可
> 製一萬二千二百五十長噸。開辦時估價全廠機器三百二十九萬
> 元，廠地一萬元，廠屋及其他土木工程，約五十萬元，籌備費十
> 萬元，及流動資金六十萬元，共計四百五十萬元。現商股方面由
> 申報〔、〕新聞報〔、〕商務印書館〔、〕中華書局〔、〕浙江興業銀
> 行〔、〕通易信託公司等認定三十萬元，並負責招募三十萬元。官
> 股方面由實業部擬借之英庚款三十四萬餘金鎊撥充之。（以現時鎊
> 價計算已超過此數。惟近來鎊價起跌無常，故暫以此數計。）並已
> 咨商浙江省政府，請酌量加入，俾資提倡，本廠原稱溫溪造紙
> 廠，現因適應環境及為將來對外起見，故改用中國造紙股份有限
> 公司今名。[60]

上引《計劃書》所提及的商股機構，當時中國資金最雄厚的兩家書
商商務印書館及中華書局都參與其事。計劃中商股共60萬元，商務雖
經一・二八國難而損失慘重，但仍然積極投入溫溪紙廠建設工程。當
時商務認股多少，我們暫時查不到記錄，待考。當然，商務這時的高
層權力集中在總經理王雲五手中，內部不再有反對造紙的異議，而且
溫溪紙廠由官方發動，商務在其中不外商股之一。即在兩家書業參與
者而言，商務與中華的資本額在「一・二八事變」之後已經比較接近，
加上中華書局與南京國民政府的關係遠超商務，如其董事包括孔祥熙
及宋子文（見本書第8章）。所以，雖然王雲五與國民黨及蔣介石關係
亦不淺，但無法與孔、宋兩家同日而語。職是之故，在這種官商合辦
企業中，商務的影響力不會超過中華書局。儘管如此，王雲五領導下
的商務，最終也在南京國民政府的振興實業政策下，積極參與了由政
府主導的溫溪造紙廠，企圖通過官方鉅額投資，與日資在東北營運的
大規模造紙廠爭一日之長短。然而，溫溪造紙的規模日產才35噸，尚

且未能應付上海新聞紙日耗100噸的需求，可見當時由民間開發機器造紙廠而改變中國紙張市場的局面，其實並不容易。從《計劃書》亦可窺見造紙廠的開發，涉及科學技術調查考慮因素十分複雜，如選址、原料、動力、運輸、營運、機器、生產用料價格及供求、營銷、市場需求等方方面面，不一而足。由此觀之，十年前商務中人如張元濟等，雖然充份明白國產造紙於商務及中國社會而言十分迫切，也曾經收集相關情報以資參考，但到最後購廠時機來臨時，管理層的多數卻轉向積極反對，這似乎反映了商務在紙張商略策上的一種理性選擇，就是儘管造紙對國家文化社會影響深遠，在巨大風險面前，仍不得不放棄商機，繼續仰給於洋紙，避免因此而拖垮整個企業。翌年（1936年）6月，全國經濟委員會編「經濟專刊」第七種《製紙工業報告書》出版，其〈概論〉總結中國新式造紙工業仿造洋紙以代入口洋貨的寥寥可數，為必需糾正的國家產業病態。然其癥結所在，卻是商業上的理性選擇，其言如下：

> 蓋以機器仿造土紙，事易舉而風險小，其利亦尚厚，故人皆趨之。目前上海一地已有四五家從事於此，競爭已漸趨劇烈，市價步跌，廠家均引以為苦。不知此乃生產失其平衡之自然結果，而其結果之由來，則企業者徒知追隨人後，不知自闢途徑之所致也。惟一般商人之所見者自以目前之利益為限，欲其高瞻遠矚，勢有未能，要無足怪。仿造洋紙，就商人之眼光觀之，究多風險，舉其著者則有（一）匯兌之漲落，（二）稅率之低昂，（三）出品技術之優劣諸端，均在在足以影響其損益，左右其盈虧，而難期有相當之把握者也。既無把握，而欲其奮身以赴，寧非難能之事，此又吾國新式造紙工業之一大癥結也。[61]

這段分析商人趨避風險而不願投身於國家社會文化教育息息相關的機器造紙事業，可謂一針見血。同時，從極度依賴洋紙供應的商務印書館觀察，其紙張商略亦堪為《製紙工業報告書》的理性選擇說，提供了一個活生生的例子。

　　至於溫溪造紙的計劃，亦沒有開花結果。1936年的《製紙工業報告書》仍然舉出溫溪紙廠期為國產的龍頭先驅，但僅說「新聞用紙……，而環顧國中尚無生產，近年政府已計議及此，擬在溫溪設廠製造，惟迄今當未開工。」又說「而實業部主辦之溫溪造紙廠，專以杉木製成紙漿，從事新聞紙之製造，亦正在籌備中矣。」[62]故此，截至1936年，溫溪造紙正式投產啟業尚未知何期，旋因翌年抗戰軍興，計劃遂不得不胎死腹中。

　　本章開始時提到同是教科書龍頭而又與商務合作十年之久的東京金港堂，在明治國產洋紙工業開發事業上，扮演過重要的角色，也對金港堂印刷用紙的上游供應，發揮過重要的整合作用。本章以下的附錄，將勾勒其梗概，以資比較。

# 附錄：富士製紙株式会社與原亮三郎

　　本書第1章述及金港堂主人原亮三郎，為富士製紙株式会社的主要發起人之一。按明治時期日本開發近代機器製造洋紙工業的兩個龍頭企業，就是王子製紙株式会社和富士製紙株式会社。富士製紙在1933年與王子製紙及華太工業合併前，一度成為日本機製洋紙業規模最大的公司，其輝煌業績包括1898年洋紙生產量及銷售量佔全國第一位、1902年紙產量近王子製紙兩倍及佔全國總生產額30%等例。[63]稻岡勝注意到原亮三郎是富士製紙的發起人及大股東之一的地位。他引用1887年「会社創立願」(公司註冊申請書)確認了原亮三郎為八位創業註冊申請署名人之一、列出了原氏所佔股數在1894至1900年間都排第三至四位、節引了原亮三郎一段訪談，自述其致力於協助富士製紙融資，讓其得以渡過金融「苦境」，並提到了原氏於1891年與其他富士製紙管理層向貴、眾兩議院請願，要求增加外國洋紙入口稅以扶植國產洋紙工業的事，而該增稅法案終於1898年獲議院通過云云。[64]在稻岡勝的基礎上，本附錄將進一步觀察相關的文本及其背景脈絡，探討

當時富士製紙株式会社成立及草創期的曲折過程，尤其是當中關鍵的各界人脈關係，藉以說明富士製紙背後的創業動力、財務融資以及金港堂所扮演的具體角色。[65]我們根據的主要文本，是王子製紙株式会社販売部調查課編《日本紙業綜覽》附錄部分所收的〈富士製紙創立發起人諸氏の直話（訪談）〉（1917年編集），以下簡稱〈直話〉。[66]〈直話〉所收錄的金港堂主人原亮三郎訪談紀錄，尤為重要，以下簡稱〈原氏直話〉。[67]

首先是創業動力何來？1880年代在日本要創立工廠，生產機製印刷用的「洋紙」（日語意指在日本製造的洋式紙張），[68]和20世紀初的中國一樣，都是舉步維艱的事。原因很多，例如風險甚高、開業成本昂貴、週轉融資金額鉅大、先進科技不可或缺但亦耗費不貲、造紙原料有諸多地理條件要求如木材（或破布等）、發電用水力（或煤）、水質、交通、地權等、本地印刷紙價格高於進口歐美洋紙而缺乏競爭力、沒有海外市場可供本地印刷紙出口外銷等等。能創業並維持不衰者，1900年以前主要有兩家。[69]最早成立的是王子製紙，由前任大藏大丞的澀澤榮一推動而於1873年在東京王子村成立其前身的「抄紙会社」（1873–1876），後改名「製紙会社」（1876–1893）。1893年3月6日修訂的明治商法及商法施行條例生效，「製紙会社」註冊為「王子製紙株式会社」，[70]澀澤榮一先是「代表取締」（代表董事）及社長，註冊為株式会社以後，他仍任「取締役会長」（董事會主席）至1896年。所以澀澤榮一在1900年以前，等於是王子製紙企業的負責人。[71]他創業伊始，目的就是不計成本、不牟盈利都必須開發國家所需的新式製紙業，以期打破歐美洋紙對日本官民新式紙張市場的壟斷，又稱之為「洋紙國產化」。他出發點在謀求國家社會利益，非徒牟取企業私利，因此甚得政府支持。澀澤又以商人對振興國家社會責無旁貸為辭，說服了當時最財雄勢大的三家金融界豪商：三井組、小野組及島田組，使他們由衷地參與製紙事業。此外，澀澤與三井組本來就關係密切，更得到後者大力支持。1872年11月向當時明治政府的紙幣寮申請成立抄紙会社的

願書時，發起人便有三井治郎右衛門（三井家主腦）、澀澤才三郎（即澀澤市郎，澀澤榮一妹婿從弟及他的願書署名代表人）、小野善右衛門（小野組主腦）、島田八郎右衛門（島田組主腦）、齋藤純造（三井家管理層）、三野村利助（三野村利左衛門養子）、古河市兵衛（小野組管理層）、永田甚七、三野村利左衛門（三井組管理層）、行岡庄兵衛、勝間田清三郎、藤田東次郎等。三井組的重要人物連署最多，包括三井治郎右衛門、三野村利左衛門、齋藤純造及三野村利助等。[72] 願書撰寫人有二：三井組代表是三野村利助，小野組代表是古河市兵衛。其中的三野村利助，日後在富士製紙草創期將發揮極大作用（見下文）。這些金融背景，再加上澀澤本身成為第一國立銀行頭取（行長），他在金融與企業界的影響力亦已變得無與倫比（參考本書第3章）。挾著這股強大的創業動力，王子製紙能夠屹立不倒，就不難理解。

相對之下，1887年成立的富士製紙株式会社，缺乏王子製紙那種特殊的官方及金融財經背景，竟然也能夠在惡劣經營環境之下，不顧艱難，堅持創業，迎難而上，在20年間成為日本產量最大的機製紙廠，甚至一度超越王子製紙，可見其背後亦必然有強大的企業動力。當時推動富士製紙這股攻堅創業的動力，據當事人原亮三郎的說法，主要源於日本銀行監事森村市左衛門（又名森村市太郎），在日銀大股東間大力鼓吹現代國家市民耗紙量為文化先進與否的重要指標，而朝這個方向努力的富士製紙，應該得到金融界大力支持。結果一開始便動員了日本銀行副總裁富田鐵之助、理事三野村利助、監事安田善次郎，以及日銀大股東之一原亮三郎等答允，參與創立富士製紙。[73]

〈直話〉載富士製紙創立的大事紀如下：1887年11月15日獲批准登記成立公司；1888年1月31日置公司本社（總部）於東京京橋區；同年10月從外國訂購的機器運抵日本；11月在靜岡縣富士郡（鷹岡村）入山瀨建立第一工場；1889年5月20日公司資本由25萬円增資至50萬円；及至1890年1月4日，始正式開始營業，即成功製造板紙及白紙（新聞紙），可以進入市場營銷。[74] 由此可見，富士製紙堅持重金投資以

維持動力、原料、機器等均在先進技術水平才開業，從公司註冊、購地、興築工廠與水力發電、購入外國機器、試驗生產至開始營業，需時超過兩年，其間資本金由25萬円加倍招募至50萬円。此時營業尚未開始，談不上銷售收益，難免赤字累累。換言之，其草創期面臨兩種最大的壓力，首先是如何在保持先進技術的前提下，應付財務上入不敷支的沉重赤字負擔？其次是在創業前期公司產品如何與進口歐美洋紙，乃至本地競爭者王子製紙產品，在日本印刷紙張市場上競爭求存？而這兩個關口，結果都與原亮三郎息息相關。

先看融資的人脈背景。按〈直話〉記1887年11月富士製紙創立之際，取締役(董事)有三人：原亮三郎、川村傳衛、安田善次郎。[75] 其中川村傳衛背景不詳。第1章已經提及原亮三郎除了是金港堂主人外，也在1887年2月上任第九十五國立銀行頭取，他在富士製紙的貢獻詳下文。另一位是安田銀行(日後先後發展為富士銀行及瑞穗銀行)監事安田善次郎，他同時也是日銀的理事。在〈直話〉及〈原氏直話〉中，安田很少被提及，對富士製紙而言，安田善次郎出資做股東並且同意擔當開業時三位取締役之一，已經算十分給力，但他可能沒有積極參予富士製紙的融資業務，並且很快便辭職。安田的隱晦角色，或與同一年安田銀行資本金由2,000株(25萬円)增至10,000株(100萬円)有關？在安田銀行這次增資四倍的大變動中，善次郎個人在該銀行的投資，由500株(5萬円)，佔總株數20%，暴增至5,700株(57萬円)，佔總株數57%，或許因而沒有餘力履行照顧富士製紙的責任？[76] 不管如何，銀行家安田善次郎在富士製紙的作用，似乎不十分明顯。

在〈直話〉中經常出現，但沒有進入富士製紙創業時管理高層的重要人物，有森村市左衛門、富田鐵之助以及三野村利助三人。最關鍵的是上文提及首先在日本銀行大股東間鼓吹支援富士製紙事業的森村市左衛門。按森村幕末時曾至橫濱與洋人交往及營商，又曾支持明治政府在內戰時的軍需，因而與其建立了密切關係，創建森村組從事日美貿易，出口米穀、陶瓷等，也得內務省勸商局、福澤諭吉及駐美領事佐藤

百太郎等支持。1876年由其弟在紐約成立森村店，1890年代獲橫濱正金銀行匯兌支持，為日美貿易的主力。1882年日本銀行創立，獲政府任命為該行監事至1900年，並於1897年成立森村銀行。[77]森村市左衛門在作為央行的日本銀行地位崇高，本身是美日貿易的巨頭，深諳包括洋紙在內的日本進口歐美貨物情況，亦抱持明治維新要趕上西方的視野，所以由他來推動日本機製洋紙的民族使命，自然得到不少日本銀行界要人響應。森村只參與了申請成立会社的請願狀，自己沒有進入富士製紙的管理層。但由下文原亮三郎的回憶可見，他在富士製紙最艱難的創業前期，一直在幕後以實際行動和金錢支援著富士製紙。

第二位十分支持富士製紙的日本銀行要員，就是富田鐵之助。他先後任日銀第一任副總裁（1882年10月6日至1887年12月19日）、第二任總裁（1888年2月21日至1889年9月3日）。按富田1869年官費留學美國，歷任紐約副領事、上海總領事、外務權少書記官、倫敦使館駐官、大藏權大書記官。1882年大藏卿松方正義成立日本銀行時，派富田以原大藏官僚身份到日銀充任副總裁。富田1888年繼病逝的首任總裁吉原重俊，出任日銀總裁。翌年日本銀行與橫濱正金銀行（1880年據《國立銀行條例》成立；1887年據《橫濱正金銀行條例》改組為半官方的特別銀行）管理層間，因兩行間財務關係出現矛盾，富田與大藏卿松方正義意見不合而去職。[78]但他仕途仍然顯赫，1890年任貴族院議員，1891至1893年就職東京府知事、日本勸業銀行設立委員等。按富田鐵之助具深厚官僚背景，但在實業界及銀行界亦十分活躍，直至1903年仍任橫濱火災保險会社長、日本鐵道株式会社理事、富士紡績株式会社取締役会長等企業高層。[79]富田對富士製紙的主要支持，應該發生在他任日銀副總裁及總裁的時期，即1887年11月至1889年12月之間。具體情況詳下文。

第三位是日本銀行理事三野村利助。上述王子製紙前身的抄紙会社成立願書上，他是首位撰寫人，也是發起聯署人之一。按三野村利助為三野村利左衛門的婿養子，而利左衛門則為三井財閥的元老重

臣、三井銀行的主要發起人。[80]他於1876年設立三井銀行時，提拔養子利助為監事；翌年利左衛門病殁，即由三野村利助以「總長代理副長」名義繼承其繼父，全權經營三井銀行。[81]1881年松方正義接替大隈重信出任大藏卿，展開新財政政策，於1882年創立作為央行的日本銀行。松方在創辦日銀事上，最重要的兩位業界顧問役（顧問），便是前述的安田銀行安田善次郎，以及三井銀行三野村利助。[82]日本銀行成立後，任命了三位理事：三野村利助、安田善次郎及外山修造。[83]三野村任日銀理事之後，辭去三井銀行「總長代理副長」之職，以最大股東三井的代表人身份，全職投身日本銀行，輔翼其前期數任總裁。當時企業界重要出版社「實業之世界社」為三野村氏繼父子兩人撰寫傳記時，稱利左衛門為「三井家的恩人」，利助為「三井家的柱石」，可見三野村利助深厚的三井系及銀行業背景，同時又深得政府信任。他和富田鐵之助屬於日本銀行在1880年代的管理骨幹成員，並且合作緊密。從下文可見，三野村的日銀背景，讓他在富士製紙財務最危急之際，直接發揮了重要的財務作用。

　　據〈原氏直話〉，原亮三郎回憶富士製紙創業開始的幾年，金融困難實在難以言喻。原來承諾資助的有力人士安田善次郎復辭職而去。在此存亡之秋，幸得森村與三野村對富士製紙提供了極大的金融支援。尤其是三野村作為日本銀行理事，使富士製紙「商業手形」（商業票據）得到日本銀行「再割引」（再貼現）的優惠，同時也動用了他在銀行界的關係，為富士製紙爭取更多銀行的融資審批。原氏說他跟隨森村和三野村的榜樣，也利用他掌控的第九十五國立銀行，為富士製紙發出類似的優惠商業票據。這些舉措理順了富士製紙的融資週轉。原亮三郎認為當日幸得他們幾人同心合力克服了這些困境，才為日後興旺起來的富士製紙打下基礎。[84]原氏憶述到創業第四年的1891年，富士製紙股價大瀉，由每股50円跌至16円。該次危機結果也是由他與森村兩人一力承擔，將市面低價拋售的富士製紙股票全數收購，公司股價才不致崩盤。[85]

　　〈直話〉其他創業者亦提到富士製紙財困以及原氏等人在融資方面的貢獻。如首任副社長村田一郎（後任社長）憶述創業時，日本銀行總裁富田鐵之助因為與首任富士製紙社長河瀨秀治的關係而慨允襄助，又讓日銀理事三野村利助處理日銀涉及富士製紙的融資業務，兩人或明或暗給予富士製紙諸多方便。他又提到森村市左衛門及原亮三郎，並暗示公司一次面臨財務危機時，原氏通過今村銀行創辦人及富士製紙的新任董事今村清之助，為公司取得私人銀行實力最雄厚的第十五國立銀行的一筆貸款應急，功不可沒。[86] 按第十五國立銀行 1877 年開業，屬私人銀行中最財雄勢大的一家，具華族（貴族）背景，為前江戶幕府及藩主家族等理財，也是政府主要債權人之一，因此享受不少特殊的銀行管制政策優待。1902 年時資本金 1,800 萬円，僅次於日本銀行的 3,000 萬円。相比之下，同年東京私立銀行資本規模次於第十五銀行的只有 500 萬円，共兩家，即第一銀行及三井銀行。[87] 所以富士製紙這種民辦企業能夠取得第十五銀行的大筆貸款，也反映了銀行界及政府支持的力度。富士製紙首任社長河瀨秀治的回憶較簡短，但也説三野村利助和森村市左衛門兩人在背後督促當局給予支援，又努力勸諭異議者，對公司事業發展及融資出力最多。跟著便輪到今村清之助與原亮三郎等，説他們在公司金融事情上不遺餘力。[88]

　　此外，〈直話〉記載了 1890 年代進入富士製紙管理層的小野金六的回憶，雖然已經和原亮三郎無關，但生動地説明富士製紙這種新興而重要的工業，即使業務已經上了軌道，但財務困難仍揮之不去。小野 1893 年與原亮三郎等成立東京割引銀行而出任頭取，亦為銀行界中人。他繼村田一郎於 1908 至 1911 年任富士製紙社長，其訪談應當可信。小野在訪談中，提到開始營業七年後的 1897 年，富士製紙已經在拓建第二工場，但仍陷融資週轉危機之中。他提到第二工場獲政府批准投建條件之一，是需要從居安山購買用水注入潤井川。可是因為公司金融困難，於是他私人投資 40,000 円以促成其事，並與富士製紙協議，由後者向小野支付相等於政府公債息口的 5 分年息，即 2,000 円，

允當公司每年水費支出。換言之，作為管理層的小野金六，私人貸款予富士製紙而收息。小野慨嘆後來富士製紙金融狀況惡化，連2,000円水費也無法支付，卻連累他被人謠傳貪圖公司不義之財云云。[89]

小野金六又提到第二個例子，道出了1910年代末期富士製紙成功背後的融資困境，也展示了金融界和政府對它特別照顧。小野憶述當時富士製紙一度需要集資達500萬円之多，日本興業銀行總裁添田壽一為此甚為操心。最後一筆集資是為富士製紙發行公司債150萬円，始能渡過危機。小野說此事令添田壽一十分為難，但沒有說出原因何在。從常理說，或因為富士製紙的財務狀況太差，從半官方而旨在振興工業的日本興業銀行的角度而言，答允便需要承擔巨大風險，但不加援手則富士製紙危在旦夕，所以添田壽一有推卻之意，一直猶豫不決。小野說自己為此事遍訪農商務大臣大浦兼武及首相兼藏相桂太郎等，努力遊說，最終令添田同意為富士製紙發債。[90]按明治政府繼1896年成立日本勸業銀行以振興農業及輕工業後，於1900年為日本興業銀行立法，並於1902年開業，旨在振興工業。這兩家半官方特殊銀行在大藏省的主要策劃官員便是添田壽一。他由1902年至1913年受命出任日本興業銀行的首任總裁。[91]添田曾在東京大學及劍橋大學接受經濟學教育，歸國後一直任大藏省官僚，歷職至大藏次官。1898年辭官，1901年任首任台灣銀行頭取，翌年受政府任命為日本興業銀行首任總裁。[92]大浦兼武任農商務大臣及桂太郎任首相兼藏相，則是第二次桂內閣時期的事，時維1908年7月14日至1911年8月30日。小野金六在1908至1911年任富士製紙社長，他所說的發債事件無疑發生在此段時間內。據小野所言，富士製紙的成敗，對於為負責振興工業而創立的半官方日本興業銀行而言，已經成為不能視若無睹而必須妥善處理的事情。同時，富士製紙的社長，亦向包括總理大臣在內的內閣大臣直接進行遊說，並且奏效。

富士製紙創業期的第二個關口，是如何在日本市場與進口歐美洋紙以及本土競爭者如王子製紙競爭。〈原氏直話〉提供了最直白的證據，

說明富士製紙如何與金港堂建立起上下游的垂直整合關係。據原亮三郎回憶，從銷售而言當時富士製紙最重要的產品，是仿製洋紙，亦即供機器大量印刷用的印刷紙或新聞紙。在當時日本的原料紙市場，最大的需求是用來印刷教科書。隨著教育不斷普及，人口增加，就學兒童數目上升，印刷教科書的紙張需求必然水漲船高，成為越來越大的市場。當時，作為日本最大規模的教科書出版商的金港堂，是教科書紙張的最大用戶。原亮三郎是金港堂的社長，又是富士製紙的董事，遂為支持富士製紙而指定金港堂採用富士製紙出產的洋紙。明治教科書以往由文部省法令規定必須使用本土手製的土佐紙，故原亮三郎稱富士製紙的洋紙為「土佐紙代用日本紙」。因為要求富士製紙出產的洋紙，能具備本土著名的傳統手製土佐紙的優點，原亮三郎要求富士製紙技師自行研發。雖然技師開始時認為瀧製洋紙的機器，不可能生產土佐紙級數質素的紙張，但原亮三郎堅持，他舉例說若德國都能造出與著名的日本傳統手製美濃紙質地無異的洋紙，則富士製紙亦應能夠用洋紙機造出足供代用的土佐紙。經過一番努力，終於成功研造出「土佐紙代用日本紙」，供金港堂及其他教科書商使用。這件事自然引起土佐紙販賣商及金港堂競爭者的不滿，向文部省投訴金港堂違反文部省教科書須用土佐紙的規定，而文部省亦作出責難。原亮三郎乃不斷向政府進行遊說，強調這是保護新興的本國製紙工業，期與進口洋紙競爭。他最終取得文部省同意，批准這種做法。金港堂遂能夠全面採用富士製紙的「土佐紙代用日本紙」。這項新政策，實質上使其他製洋紙及教科書商都受益。尤有進者，據原亮三郎說，代用洋紙價格較土佐紙低20%。[93]這事反映了富士製紙的主要產品洋紙，如何受惠於文部省教科書用紙政策的改變，而這種政策上的改變又如何經原亮三郎一手促成，最終讓製紙業界同享其利。更重要的是原亮三郎動用了他作為金港堂主人的決定權，讓最大的教科書用戶金港堂，全部採用富士製紙產品。這等於直接解決了富士製紙與進口洋紙及其他日本製紙商競爭的問題，不論其產品價格及質素競爭力高低，在銷路上已經壟斷了全國最大的客戶。

　　最後是富士製紙的先進技術層面。洋紙製造業的金融與銷路，其實都建立在先進技術的前提之上。因為先進技術不可缺少相關專業人才，有了專業知識，下一步才能維持進口機器、生產條件、原料質素等先進的水平，故此投放資金要求，自較手製紙業高得多，同時週轉融資及風險才會這麼巨大。[94] 換言之，沒有富士製紙的技術背景，就不會有它的成功，亦不會讓原亮三郎及金港堂在富士製紙的歷史上有機會擔當重要的角色。富士製紙草創期的管理層，包括社長河瀨秀治（1887 至 1891 年在任）及副社長村田一郎（後來成為第二任社長，1891 至 1908 年在任），這兩個關鍵人物均有銀行界背景。兩人在 1882 年 1 月被政府任命為橫濱正金銀行官委董事，當時《橫濱正金銀行條例》規定政府可選委董事三人，他們便佔了兩個位置。但他們在富士製紙的角色不在金融，而在技術。河瀨秀治進入正金銀行前，職位是「勸業博覽會事務官」，他任正金銀行董事六個月便辭去職位。村田一郎進入正金銀行前，職位則為「三田製紙所副社長」，他任職正金銀行董事至 1885 年 7 月亦辭任。[95]〈原氏直話〉稱村田一郎為創社事務的「實際家」（實行者）；稱河瀨秀治為「勸業局長」，意即他原屬大藏省屬下的勸業部門官僚，其職務重點在振興產業，包括製紙業在內。由此可見，河瀨應該與相關官員熟稔，充分掌握官方技術方面的規定及要求，同時在技術界與商界都有廣闊的人脈網絡。所以原亮三郎說兩人組成了富士製紙創業的核心。[96] 上文記村田一郎回憶提及富田鐵之助對富士製紙的熱心襄助，涉及富田與河瀨的友情。實質富田與河瀨均出身大藏省官僚，兩人或竟有共事之誼？此外，原亮三郎也提到技術顧問古市工學博士，雖非富士製紙中人，但經常出席在原亮三郎家中舉行的創業籌備會議。[97]

　　綜合〈直話〉所載其他人的回憶，創業時的技術背景大致如下。富士製紙創業萌芽於 1882 年，由原來經營三田製紙所的社長林德左衛門，出資成立富陽製紙会社。當時曾在全國調查，覓地建一所 250 匹馬力的中型製紙廠，賴水力發電而不用燃煤，已經物色了靜岡縣的狩野川

等三處地點，但計劃後來因技術及資金等問題中止，同時原三田製紙所副社長村田一郎亦受任為正金銀行官委董事，無閒顧及製紙事業。及1885年林德左衛門再倡建製紙廠，今次命名為富士製紙。同時，從正金銀行辭職的村田一郎，亦重操故業並前往美國考察相關工業，歸國後參加了創立富士製紙的策劃工作。富士製紙籌備會於1887年8月召開，出席者即包括安田善次郎、川村傳二、林德左衛門、原亮三郎、森村市左衛門、河瀨秀治、村田一郎、渡邊登三郎等。這時的計劃仍是沿用破布原料，規模不大，集資才3萬円。可是富士製紙聘請了經驗豐富的「製紙技師」真島襄一郎，並且派他到歐美考察製紙業，同時採購製紙機器，結果引進了足以處理木材原料的技術。利用木材原料而非破布，是日本本土製洋紙工業的突破，創造出大規模生產的條件。但轉用木材原料製紙，動力要求大增，亦即水力發電的動力也要同步加強。當時由政府內務省技師山田寅吉推薦工學博士古市公威協助測量，發現原址馬力不能超過260匹，不足應付。此時來自富士郡的渡邊登三郎建議轉移到該地的入山瀨設產，水力或敷應用。於是經古市公威推薦，邀請正負責為政府在大井川治水工程進行調查的工學士小山友直，順道到入山瀨測量。後來再由古市公威推薦山內一太郎再進行核測確認。水力工程方面，則請鐵道局作業局長官工學博士松本莊一郎協議，由磯長得三按松本的指導，完成靜岡縣富士郡入山瀨第一工場的設計。渡邊登三郎等則負責就相關問題，與當地官民作購地、水權等各方面的疏通交涉。[98]

　　上述富士製紙的技術層面敘事，涉及明治時期六家最早製造洋紙的製紙会社中的兩家：蓬萊社製紙工場（後來成為真島製紙所）及三田製紙所（後來成為真島製紙所第二工場）。關鍵人物則有三位，第一位是被譽為日本洋紙業確立先覺者之一的真島襄一郎。蓬萊社為大阪商人後藤象次郎於1870年創立的商事会社，1873年接收破產商人百武安兵衛早一年計劃在日本創立第一家洋紙廠而購買的英國抄紙機。當時蓬萊社也購入了英國製糖機器，聘用英國技師，計劃在大阪發展製紙及製糖的新業務。由於需要諳英語而又是出色的日本實業界商人充當

負責人，故此聘請了曾在江戶幕府時代開成學校（東京大學前身）習英語而又頗享商譽的島田組（即前述成立王子製紙前身抄紙会社的三大豪商之一）名下大阪商人真島襄一郎，出任位於大阪中之島的蓬萊社製糖製紙局長。[99]1876 年蓬萊社財困，真島襄一郎買下該製紙工場，易名真島製紙所，至 1882 年因財困而售予豪商住友家。1887 富士製紙成立時，聘真島入社為高級社員。1888 年真島被派到歐美考察製紙業，後成富士製紙入山瀨第一工場初代工場長。由於他引入的機器，使製紙原料由原來計劃耗電較少但非天然資源的破布，轉為天然資源的木材，令富士製紙的規模因而大為擴張。這也是日本使用木材製造洋紙的濫觴。得到商界投資的真島，於 1894 年辭去富士製紙職位，在兵庫縣再建立真島製紙所。1898 年增資擴張，改名大阪製紙株式会社，亦為 1900 年代一家重要的製紙公司。[100]

對富士製紙而言，更直接相關的是三田製紙所。1874 年駐橫濱外務書記官川路寬堂與當地外國商人關係甚佳。其中美商 William Doyle 認為日本洋紙製造業即將起飛，故此輸入了先進的美國製紙機，並通過川路寬堂，與林德左衛門簽約合資在東京三田創辦一家製紙会社，名三田製紙所。按林德左衛門為鹿兒島豪商出身，與明治初維新巨頭之一的內務卿大久保利通相熟，當時在東京擔任蠣殼町米商會所頭取（會長）。據說初時林德左衛門對製紙業興趣不大，經川路寬堂曉以大義，乃恍然大悟製紙事業為重大國家利益所在，因而轉而積極投身其事，並運用他與大久保利通的關係，取得內務省全國地券證（地權證書）的不少印刷生意。三田製紙所 1875 年開始運作。社長林德左衛門有「甥」（侄子）村田一郎，時在美國商業學校就讀。林德左衛門投身製紙後，鼓勵村田一郎轉修美國製紙之術，以備歸國後有所貢獻。村田一郎因而轉至美國造紙業中心麻薩諸塞州霍利奧克（Holyoke）的 Beebe & Holbrook Mills 造紙廠修學，並於西南戰爭爆發（帶動了印刷紙張需求）後的 1877 年 3 月歸國，任三田製紙所副社長，銳意一展所學。可是三田製紙所使用煤炭為動力，煤炭價格暴漲，引起財困。至 1881 年

1月底，終不得不將三田製紙所出售予前述的真島襄一郎。及1882年8月真島亦財困而將大阪中之島真島製紙所轉售住友家時，三田製紙所亦一起結業。[101] 基於三田製紙所受煤炭價格所困的經驗，加上村田一郎目睹美國霍利奧克普遍以水力發電作為製紙動力，故曾計劃應用於日本，因三田製紙所易手而不果。職是之故，1887年籌備創立富士製紙之際，兩位重要發起人林德左衛門及村田一郎，都成為該公司使用水力製紙的主要動力。村田一郎更成為富士製紙的首任副社長及第二任社長，基於他對美國製紙業技術的第一手了解以及在三田製紙所的實踐經驗，他對富士製紙前十年能維持高水平技術的方向，貢獻不言而喻。

總結而言，明治維新伊始，不少官員及商界精英，甚至在日本的外商，即注意到在日本以西方技術及機器製造洋紙，是學習並超越西方工業的重要突破點之一。在1870年代出現的六家製造洋紙会社，就包括了由「日本企業之父」及第一國立銀行社長澀澤榮一親任社長的王子製紙株式会社，目的就是要不惜商業代價，建立足與歐美入口洋紙爭一日長短的日本洋紙工業。這種以製洋紙為國運所託的信念，在商界及政府相當普遍。商界中人，亦有如經商成功的企業家真島襄一郎及林德左衛門，兩人都棄商投「紙」，傾家蕩產地分別成立真島製紙所及三田製紙所，雖然累累失敗，但都沒有放棄，繼續努力不懈。林德左衛門且培養出侄子村田一郎，在美國棄習商而轉學造紙，再回國以商界背景投身製紙事業。由於真島襄一郎、林德左衛門及村田一郎這些投身製紙而又累積了大量經營實戰經驗的企業管理家，方能充分配合及利用科技人材如工學博士古市公威等的襄助。正是這兩股技術界與企業界動力的團隊式合作，加上金融界如日本銀行的森村市左衛門、富田鐵之助及三野村利助、第九十五國立銀行原亮三郎、今村銀行今村清之助等，置盈利於不顧，或明或暗，不斷在金融信貸上大力支援，富士製紙始能渡過創業期一個又一個的危機，為其日後一度大放異彩而成為日本首屈一指的洋紙生產商奠定基礎。值得注意的是，

三野村利助為三井銀行要人，而三井又是富士製紙最大的競爭對手王子製紙的後台。可見商業上的競爭，沒有削減三野村利助對整個日本製紙業的承擔。正是在這種有利的大環境下，原亮三郎在富士製紙創業時，乃能扮演發起人之一的角色。創業前的商討會議，很多時就在他家中舉行。除了實際上為富士製紙爭取融資及商業票據優惠等財務支援外，原亮三郎也動用他作為金港堂社長的地位，使金港堂在印刷教科書時，全部使用富士製紙所出產的洋紙。由於金港堂為日本全國最大的教科書出版商，所以富士製紙開業後十多年，基本上保有日本使用洋紙最大的客戶。從金港堂的角度而言，富士洋紙較原來必須使用的土佐紙廉宜十分之二，也可以大大降低成本。所以原亮三郎為富士製紙出錢出力，一方面鞏固了自己在金融界和製紙界的人脈關係，樹立了為國家公益不甘後人的聲望，同時亦不忘為金港堂爭取到可觀的商機及利潤。對原亮三郎而言，可能更重要的是，由於富士製紙獲得很多金融界有力人士支持，並享受到日本銀行最高管理層的實質支援，可以有效分散他個人在富士製紙的投資風險，所以他對富士製紙的投入，也沒有違背市場邏輯。

## 註 釋

1　上海市檔案館，檔案編號：313-1-128-79。

2　總稅務司署統計科編：《中國海關民國十九年華洋貿易總冊》，上卷《報告書及統計輯要》(上海：上海通商海關總稅務司署，1931)，載中國第二歷史檔案館、中國海關總署辦公室編：《中國舊海關史料 (1859–1948)》，第108冊 (北京：京華出版社，2001)。

3　總稅務司署統計科編：《中國海關民國十九年華洋貿易總冊》，上卷《報告書及統計輯要》，頁140–143。

4　中國1920年代生產這三類機器印刷用紙甚少。主要國產紙至少有55種，但大宗者唯毛邊紙、皮紙及粗製紙，總年值約2,000萬，有光紙、新聞紙及印刷紙則甚少出產。見楊大金：《現代中國實業誌》(上海：商務印書館，1940)，頁307–318。

5　總稅務司署統計科編：《中國海關民國十九年華洋貿易總冊》，上卷《報告書及統計輯要》，頁81–82。

6　總稅務司署統計科編：《中國海關民國十九年華洋貿易總冊》，上卷《報告書及統計輯要》，頁82。

7  總稅務司署統計科編：《中國海關民國十九年華洋貿易總冊》，上卷《報告書及統計輯要》，頁82。

8  蔡謙：《近二十年來之中日貿易及其主要商品》(上海，商務印書館，1936)，頁88–90、表十四(甲)「中國輸入各國紙百分比」，頁45。

9  賀聖鼐：〈三十五年來中國的印刷〉，載莊俞等：《最近三十五年之中國教育：商務印書館創立三十五年紀念刊(卷上、下)》(上海：商務印書館，1931)，載吳永貴編：《民國時期出版史料彙編》，第2冊，頁187–198。

10  賀聖鼐：〈三十五年來中國的印刷〉，頁198–200。

11  吳承洛：《今世中國實業通志》(上海：商務印書館，1929)，下冊，頁197。關於1930至1940年代日資企業在東北的造紙業，可參考孫瑜：〈論偽滿時期日本對中國東北造紙工業的掠奪〉，《吉林師範大學學報(人文社會科學版)》，第1期(2021)，頁53–59。

12  楊大金：《現代中國實業誌》，頁308–318。

13  楊大金：《現代中國實業誌》，頁336–339。

14  1930年代有關中國造紙業報道，另有官方的全國經濟委員會編：《製紙工業報告書》(南京：全國經濟委員會，1936)，以及朱積煊：《製紙工業》(上海：中華書局，1936)，其內容均與上引四書相若，可參考。近年從帝國主義史觀論述有關晚清民國時期華人民族資本造紙業的困境，見中國社會科學院經濟研究所等編：《中國近代造紙工業史》(北京：科學出版社，2018；初版1989)。此書承胡森豪提示，謹致謝忱。

15  張元濟：《張元濟全集‧第6卷(日記)》。

16  張學繼：《嗜書、藏書、出書的一生：張元濟傳》(北京：團結出版社，2018)，頁159–218。

17  有關商務此時期高層的人事衝突，參考張學繼：《嗜書、藏書、出書的一生》，頁203–218。

18  賀聖鼐：〈三十五年來中國的印刷〉，頁197。1916年全國洋紙輸入總數798,475擔。

19  以上見張元濟：《張元濟全集‧第6卷(日記)》，頁16–17、27–28、30–31、40。

20  以上見張元濟：《張元濟全集‧第6卷(日記)》，頁19、22–23。

21  張元濟：《張元濟全集‧第6卷(日記)》，頁27。

22  以上見張元濟：《張元濟全集‧第6卷(日記)》，頁19、23、34–36、38、56。

23  以上見張元濟：《張元濟全集‧第6卷(日記)》，頁40、46–48。

24  以上見張元濟：《張元濟全集‧第6卷(日記)》，頁50、52–53。

25  上海市造紙公司史志編纂委員會編：《上海造紙志》(上海：上海社會科學院出版社，1996)，頁34–35，https://www.shtong.gov.cn/difangzhi-front/book/detailNew?oneId=1&bookId=85036&parentNodeId=85043&nodeId=63376&type=-1，最後更新於2003年11月18日。華章造紙的簡介亦可參考中國社會科學院經濟研究所等編：《中國近代造紙工業史》，頁57–59。

26  以上見張元濟：《張元濟全集‧第6卷(日記)》，頁23、38、49、52。

27  商務印書館：《商務印書館成績概略》(1914)，載吳永貴編：《民國時期出版史料彙編》，第1冊。

28  東亜同文会編：〈商務印書館〉，載《東亜同文会ノ清国内地調査一件/第九期調

查報告書 第四卷》(1-6-1-31_9_004)，〈第十卷 其四／上海事情 第五篇 上海二於ル新聞雜誌並印刷出版業4〉，JACAR（アジア歴史資料センター），Ref. B03050536700，外務省外交史料館，頁22：「次二一ケ年間ノ出版成績ヲ示セハ左ノ如シ 　活字排字　七万四十頁　　活字印刷　二十一万頁　　單色石版 二億五千万頁　　五色石版　三億二千万頁　　洋式裝訂　五百餘万册　　支那式裝訂　三千五百万册」。按原文無標點，照錄。

29 以上見張元濟：《張元濟全集・第6卷（日記）》，頁23、30。按「5/3/20」即民國五年3月20日，餘同。

30 張元濟：《張元濟全集・第6卷（日記）》，頁436。

31 以上見張元濟：《張元濟全集・第7卷（日記）》，頁87–89、102。

32 以上見張元濟：《張元濟全集・第7卷（日記）》，頁102–104。

33 以上見張元濟：《張元濟全集・第7卷（日記）》，頁104–106。

34 張元濟：《張元濟全集・第7卷（日記）》，頁106。

35 張元濟：《張元濟全集・第7卷（日記）》，頁121。

36 以上見張元濟：《張元濟全集・第7卷（日記）》，頁130–131、141、148–149、165。

37 張元濟：《張元濟全集・第6卷（日記）》，頁32。

38 范軍：〈出版生活史視野中的張元濟 —— 談談張元濟的飯局〉，《出版史料》(2017)，http://www.cnpubg.com/news/2017/1228/37577.shtml。

39 張元濟：《張元濟全集・第6卷（日記）》，頁261。

40 張元濟：《張元濟全集・第6卷（日記）》，頁265。

41 張元濟：《張元濟全集・第6卷（日記）》，頁265。

42 范軍、何國梅：《商務印書館企業制度研究(1897—1949)》，頁98。

43 張元濟：《張元濟全集・第6卷（日記）》，頁266。

44 以上見張元濟：《張元濟全集・第7卷（日記）》，頁84、88–89。

45 以上見張元濟：《張元濟全集・第7卷（日記）》，頁178–181。

46 張元濟：《張元濟全集・第7卷（日記）》，頁183。

47 王雲五：《岫廬八十自述》(台北：台灣商務印書館，1967)，頁120–121。

48 王雲五：《岫廬八十自述》，頁197–198。

49 王雲五：《岫廬八十自述》，頁198。

50 王雲五：《岫廬八十自述》，頁198。

51 商務印書館善後辦事處：《上海商務印書館被毀記》(上海：商務印書館善後辦事處，1932)，頁36。

52 34萬英鎊約81,600,000便士。按孔敏編：《南開經濟指數資料匯編》(北京：中國社會科學出版社，1988)，頁449，1933–34年英鎊折算國幣平均約16便士換1元，故大約折合500萬元。由於那幾年正遇上中國銀外漏美國嚴重，銀價大瀉，同時財政幣制改革如廢兩改元、統一國幣印鈔等措施亦在進行中，故此英鎊匯價波動不小，折算500萬元僅是大概狀況，計劃書認為實際換得數額可能更高。

53 温溪紙廠籌備委員會編：《中國造紙股份有限公司計劃書》(上海：温溪紙廠籌備委員會，1935)。

54 温溪紙廠籌備委員會編：《中國造紙股份有限公司計劃書》，頁6。

55 温溪紙廠籌備委員會編：《中國造紙股份有限公司計劃書》，頁11。

56  溫溪紙廠籌備委員會編：《中國造紙股份有限公司計劃書》，頁11。

57  溫溪紙廠籌備委員會編：《中國造紙股份有限公司計劃書》，頁11–12。

58  溫溪紙廠籌備委員會編：《中國造紙股份有限公司計劃書》，頁12。

59  溫溪紙廠籌備委員會編：《中國造紙股份有限公司計劃書》，頁12。

60  溫溪紙廠籌備委員會編：《中國造紙股份有限公司計劃書》，頁12–13。

61  全國經濟委員會編：《製紙工業報告書》，頁2–3。

62  全國經濟委員會編：《製紙工業報告書》，頁3、7。

63  關於富士製紙在日本洋紙業的地位，見時事新報：〈本邦製紙界を縱斷する富士
    製紙の發展と北海道〉，《神戶大學新聞記事文庫》，日本，第3卷，記事番號
    135，《時事新報》1924年8月28日，https://da.lib.kobe-u.ac.jp/da/np/0100108985/?la
    ng=0&mode=0&opkey=R170135989131376&idx=3&chk_schema=20000&codeno=
    &fc_val=&chk_st=0&check=00000000000000000000；王子製紙株式会社編：《王子
    製紙社史：本編1873–2000》（東京：王子製紙株式会社，2001），頁55。

64  稻岡勝：〈明治檢定期の教科書出版と金港堂の経営〉，頁72–75；稻岡勝對原亮
    三郎參與富士製紙事業的增補材料，見稻岡勝：《明治出版史上の金港堂》，頁
    197–201。

65  關於富士製紙創業及前期歷史，可參考四宮俊之：《近代日本製紙業の競爭と協
    調》，頁50–62。1900年代以後富士製紙興起而有取代王子製紙為日本首位洋紙
    製造会社之勢，但在大規模擴張的同時，亦陷入持續不斷的財務危機及管理層
    內部紛爭，最終在1933年與另一大製紙会社樺太工業為王子製紙所合併，形成
    佔全日本產量八成的壟斷企業。見四宮俊之：《近代日本製紙業の競爭と協
    調》，頁62–104。

66  王子製紙株式会社販売部調査課編：《日本紙業綜覽》（東京：王子製紙株式会
    社，1937），第5編〈紙業纂錄〉，第1章第3節〈紙業文獻・富士製紙創立發起人
    諸氏の直話〉，頁809–817。這批訪談編集於1917年富士製紙成立三十週年之
    際，其中部分與談人如原亮三郎已去世，故他的訪談紀錄題為「故原亮三郎」，
    應該是他們去世前所作的訪談。

67  王子製紙株式会社販売部調査課編：《日本紙業綜覽》，頁811–812。

68  這類印刷用紙張，明治前期主要靠歐美進口，故日語稱為「洋紙」，相對於傳統
    手製的「和紙」而言。後來日本本地開始生產同類機製紙張時，繼續簡稱「洋
    紙」，名稱中「洋」字含義，由來源變為性質。

69  明治維新前期有六家製洋紙的会社，分別是抄紙会社（1873年）、有恒社（1874
    年）、蓬萊社（1875年）、三田製紙所（1875年）、バ ピール・ファブリック（1876
    年）及神戶製紙所（1879年）。其中能屹立不倒的，只有王子製紙一家而已。參王
    子製紙株式会社編：《王子製紙社史：本編1873–2000》，頁36。

70  王子製紙株式会社編：《王子製紙社史：本編1873–2000》，頁30、34–35、40。

71  王子製紙株式会社編：《王子製紙社史：本編1873–2000》，頁18。

72  王子製紙株式会社編：《王子製紙社史：本編1873–2000》，頁27、30。詳見渋沢
    栄一：〈王子製紙株式会社回顧談〉，收《デジタル版『渋沢栄一伝記資料』》，第
    11卷，頁8–10，https://eiichi.shibusawa.or.jp/denkishiryo/digital/main/index.
    php?DK110002k_text。

73　王子製紙株式会社販売部調査課編：《日本紙業綜覽》,〈原氏直話〉,頁811：
　　「富士製紙會社創立の發意は明治十九年頃の事に屬する。初め、森村市左衛門
　　氏が洋紙の需用が年と共に益々增加するのを見、又外國の例に徵するも紙の
　　需用は智識の進步と正比例して激增する事情に鑑み、製紙會社を興す計畫を
　　立て、先づ日本銀行の大株主中に之を說いた結果、當時日本銀行の副總裁富
　　田氏、同理事三野村より私に會社創立につき盡力方依賴の話が有り、安田善
　　次郎氏も加はり、遂に金二十五萬圓の資本金にて會社設立の計畫を見るに至
　　つた。」

74　王子製紙株式会社販売部調査課編：《日本紙業綜覽》,〈原氏直話〉,頁811。

75　王子製紙株式会社販売部調査課編：《日本紙業綜覽》,〈直話〉節引《株主總會報
　　告書》,頁809。

76　安田銀行六十周年記念事業委員会編：《安田銀行六十年誌》(東京：安田銀行,
　　1940),頁74–75。

77　〈實業家森村市左衞門君〉,載日本力行会編纂：《現今日本名家列伝》,頁926。
　　森村在日本銀行成立前後,作為政府及銀行界新進實業家的地位,見時事新
　　報：〈半世紀の財界を顧る(1) [その二]：大財閥の搖籃時代〉,頁82b。

78　作為央行的日本銀行與較早由私人銀行轉為特殊銀行(特別立法)的橫濱正金銀
　　行,都是明治維新後政府的重要財經機構,在推動殖產興業建立現代經濟的事
　　業上,發揮重要的作用,但在日銀草創時期,兩者之間出現許多金融上的利益
　　矛盾,參考邇王明珠：《明治金融風雲：正金銀行的人治與法治》(北京：社會科
　　學文獻出版社,2020),頁142–152;時事新報：〈半世紀の財界を顧る(1) [その
　　二]：大財閥の搖籃時代〉,頁81b; Juichi Soyeda, *A History of Banking in Japan*
　　(Surrey, UK: Curzon Press, 1994, a reprint of the 1896 ed., published by the *Journal of
　　Commerce and Commercial Bulletin*, New York), pp. 452–475; Tamaki, *Japanese Banking*,
　　pp. 58–73。按 Juichi Soyeda 即下文提到的日本興業銀行總裁添田壽一。

79　〈貴族院議員富田鐵之助君〉,載日本力行会編纂：《現今日本名家列伝》,頁
　　165。

80　〈三野村利左衛門(三井家的恩人)〉,載実業之世界社編輯部編：《財界物故傑物
　　伝》,下卷(東京：実業之世界社,1936),頁255–257。

81　〈三野村利助(三井家的柱石)〉,載実業之世界社編輯部編：《財界物故傑物
　　伝》,下卷,頁258–259。

82　安田銀行六十周年記念事業委員会編：《安田銀行六十年誌》,頁64。

83　時事新報：〈半世紀の財界を顧る(1) [その二]：大財閥の搖籃時代〉,頁81a。

84　王子製紙株式会社販売部調査課編：《日本紙業綜覽》,〈原氏直話〉,頁811–
　　812：「然るに會社草創明治二十三年頃に至る迄は經營上非常な難境に陷り、
　　金融に困難は實に名狀し得なかつた。此の間に安田氏は會社を辭職されたと
　　記憶して居る。森村、三野村の二氏は本社の金融に關し多大の援助を與へら
　　れ、特に三野村氏は日本銀行にて再割引する條件の下に商業手形を振出し、成
　　るべく取引銀行の數を增加して金融の圓滑を計ることに努められた。當時私
　　は兩氏の驥尾に附して手形の振出人となり、會社の爲めに微力の及ぶ限りを盡
　　したけれども、此商業手形により金融の事は一に三野村、富田兩氏の盡力に

俟つものであつて、此の苦境を凌いだ事が實に今日會社隆運の基礎となつた
ものと云ふべきである。」

85 王子製紙株式会社販売部調査課編：《日本紙業綜覽》，〈原氏直話〉，頁811–
812：「殊に二十四年頃の如きは、五十圓拂込の本社株式が十六圓に下落した
やうな狀態であつたので、私は森村氏と相會する每に、寧ろ世上の浮動株を一
手に買入れ、吾等兩人にて全責任を以て經營してはどんなものたらうかと互に
苦笑したこともあつた。」

86 王子製紙株式会社販売部調査課編：《日本紙業綜覽》，〈直話〉（村田一郎語），
頁810：「會社の創立前後數年間に亘り最も援助を受けたのは、富田鐵之助氏
であつた。富田氏は自分と、河瀨氏の關係から其援助を求めたら直ちに快諾
せられたが、當時日本銀行總裁の榮職にあられたから、同氏より三野村利助
氏に對し表面的に會社の事に當る樣依賴せられた。併しながら三野村氏も日
本銀行に在職中にて諸事兩氏の間に協議せられ、陰に陽に非常の援助を與へ
られた。此の樣な次第で會社として特に此兩氏は忘るべからざる人々である。
其後事業の進捗、金融等に就ては森村市左衞門、原亮三郎の兩氏が最も力を
盡された。原亮三郎氏は今橋〔村〕清之助氏が一時悲境に陷つた爲め、會社も
金融上非常な危機に瀕した當時、十五銀行よりの借入金を得たのは一に同氏
の力に賴るものであつた。」按今村清之助亦爲當時金融界鉅子，參與成立不少
鐵路公司，1888年創今村銀行，同年成爲富士製紙的董事。參考其傳記〈今村
清之助〉，載実業之世界社編輯部編：《財界物故傑物伝》，上卷，頁136–137。

87 東京銀行集会所編纂：《全國銀行一覽（銀行通信錄第195號）》（東京：東京銀行
集会所，1902），頁2–3；Soyeda, *A History of Banking in Japan,* pp. 437–438.

88 王子製紙株式会社販売部調査課編：《日本紙業綜覽》，〈直話〉（河瀨秀治語），
頁810：「富士製紙會社創立及其以後に關係せる人々は皆誠意會社の爲に盡力
せられたが、就中功勞の錄すべきは、三野村利助、森村市左衞門の兩氏であ
る。兩氏は裏面より當局者を督勵援助し、又は異論者を說き、事業進捗金融
等に付き最も盡力せられた。今村清之助、原亮三郎氏等も亦時を異にする
が、金融に盡力せられた。」

89 王子製紙株式会社販売部調査課編：《日本紙業綜覽》，〈直話〉（小野金六語），頁
812–813：「自分のことに付て云へば自ら功と想ふのは安居山用水引入の件であ
つて、後年他人が惡事と稱するのも亦本件である。抑も第二工場の建設に當
り、居安山用水を潤井川に注入することを條件として、同工場の建設は許可せ
られた。當時會社は金融困難であつたので、自分に同用水を收買して潤井川
へ注入するやうにして吳れとのことであつたので、之を承諾し、夫々調印出
願に及び、其結果建設が許可せられたものである。同用水には約四萬圓を投
資し、會社之により便益を得たから自分は公債利子同樣五分、即ち金二千圓
を水益料として每年會社より受取ることにした。然るに河東田入社以來、金
融が益々困難を極めたので、一時右水益料を受取ることを中止したが、小野
が不當の金を受取つたと云ふのは、其の根本の事實を知らない言分である。
他人の事に付ては原亮三郎、今村清之助、乙部鼎の諸氏は氣の毒である。」

90 王子製紙株式会社販売部調査課編：《日本紙業綜覽》，〈直話〉（小野金六語），
頁813：「金融上會社に功があつたのは、興業銀行總裁であつた添田壽一氏で
ある。一時會社に對し五百萬圓の責任を負つたのは、同氏として非常に苦痛
であつたであらう。最後の百五十萬圓の社債募集に付て、添田氏は容易に承
諾せられず、去りとて會社も金融困難の危機であつたので、自ら時の大浦農
相、渡邊內藏頭及び桂首相兼藏相に面説して、漸く添田氏を承諾せしめた次第
である。」

91 Tamaki, *Japanese Banking*, pp. 98–103.

92 〈添田壽一〉，載実業之世界社編輯部編：《財界物故傑物伝》，上卷，頁656–
658。

93 王子製紙株式会社販売部調査課編：《日本紙業綜覽》，〈原氏直話〉，頁812：
「當時の製品販賣に就て云へば、洋紙は相當の賣上げがあつたが、此當時に於
ける原料用紙の最大需用者なる小學校並に中學校教科書の出版書肆は、舊來
の慣例にて日本紙のみを用ひたが、私の經營せる書肆金港堂に於ては、特に本
社に囑し、土佐紙代用日本紙の製出を依賴して。然るに當時技師は洋紙製造
用の機械を以て和紙を漉くこと能はずとの意見であつたが、私は獨逸に於て我
國の美濃紙と全く同質ものゝ製出せらるゝを說き大に慫慂したので、苦心研
究の結果、遂に土佐紙の代用物を製出し得るに至つた。茲に於て金港堂は之
を教科書用紙として使用したが、當時土佐紙を販賣せる商店並に金港堂との競
爭書肆が、商賣上の反對をしたので、文部當局より此種用紙の使用は省令違
犯なりとの譴責を受けた。然るに種々說明交涉の末、產業保護の意味にて、
是非共本社製代用日本紙の使用を許可せられんことを懇願した處、漸く當局
の容るゝ處となつたので、禍は變じて幸となり、是より教科書には全部本社
製の代用紙を使用することゝなつた。之により出版書肆は從來の土佐紙より
二割以上の廉價な本社製代用紙を使用し得るに至つたので、其利益する處甚大
なるものがあつた。」

94 關於先進技術對明治日本製造洋紙業龍頭企業王子製紙及富士製紙的決定性作
用，參考四宮俊之：〈明治中期～大正期における王子製紙と富士製紙―寡占的
な発展をもたらした経営戦略を中心に―〉，《経営史学》，第10卷第3號（1976），
頁42–62。

95 遲王明珠：《明治金融風雲》，頁49。

96 王子製紙株式会社販売部調査課編：《日本紙業綜覽》，〈原氏直話〉，頁811：
「然して會社創立の事務には實際家として村田一郎氏が當り、技術上に於ては
官廳の關係より勸業局長河瀨秀治氏が當る事となり、實際上村田、河瀨の兩
氏が創立に關する中心となられた。」

97 王子製紙株式会社販売部調査課編：《日本紙業綜覽》，〈原氏直話〉，頁811：
「而して之が準備の為め古市工學博士は技術上の顧問に委囑されて常に發起人
會に參加するに至り、創立準備に關する諸種の會合は時々下龍泉寺の拙邸に
於て催された。」

98 見王子製紙株式会社販売部調査課編：《日本紙業綜覽》，〈直話〉，頁809–817對
村田一郎、河瀨秀治、橫河規一、磯長得三等人的訪談。

99　王子製紙株式会社編：《王子製紙社史：合併各社編》(東京：王子製紙株式会社，2001)，頁219–220；王子製紙株式会社販売部調査課編：《日本紙業綜覽》，頁488–490。

100　王子製紙株式会社販売部調査課編：《日本紙業綜覽》，頁503–507。

101　王子製紙株式会社販売部調査課編：《日本紙業綜覽》，頁581–595。

第三編

# 虛與實之間：企業業績與規模

# 第 7 章

# 企業經營狀況的數字虛實（一）
## 商務印書館與紐約麥美倫公司
## 1914及1929年財務報表的會計學 *

## 一、前言

　　一家公司經營成敗、業績及規模如何，為其企業敘事的重要事實基礎。對時人而言，與之相關的任何財務決定，必由此出發；對研究者而言，則是公司故事不可或缺之一環。但企業盛衰，往往是抽象籠統的主觀印象，而且虛實相混，真假難辨。若要討論企業的表現實況，一個比較實證的途徑，就是觀察其賬目。中國傳統商號一般亦有編製賬簿的習慣，但內容保密，不輕示外人，同時多有一套以上的賬簿，藉以掩人耳目，防範經營及資產實況外洩，引起官府及其他同行或不法之徒的覬覦。[1] 雖然如此，要了解傳統商號具體經營的業績，賬簿仍屬關鍵史料，若果存在的話，研究者不能置之不理。[2]

---

\*　對於本章所引用的商務印書館檔案資料，我們必須感謝台北中央研究院近代史研究所和上海市檔案館的檔案人員，讓我們能夠順利使用這些材料。前者最近已經在線上開放他們所收藏的大量珍貴檔案，方便讀者進行研究。此外，我們非常感謝麥美倫國際出版有限公司的檔案管理員 Alysoun Sander，她幫助我們取得與麥美倫公司相關的檔案資訊，並協助聯繫麥美倫出版社管理方，使我們得到批准使用這些史料。我們也非常感謝大英圖書館手稿與檔案部門的 Joanna Norledge 和 Gregory Buzwell，感謝兩位為我們提供了未編目的相關資料。我們還要感謝紐約公共圖書館手稿和檔案部門，他們擁有大量紐約麥美倫公司的檔案資料，我們從他們的專業服務中獲益匪淺。

　　商務印書館為一家近代企業，先後按晚清《公司律》、民初《公司條例》及國民政府時期《公司法》，註冊登記為「股份有限公司」，法律上必須披露指定的公司財務報告。有關公司法及公司管治的討論，見本書第9至11章。雖然商務決定不將財務報告刊登於報章上，而僅供內部股東閱覽，但股東人數眾多，故此當日亦應有流傳。惜今天能供研究者參考的商務印書館財務報告，已經十分稀罕。在大量前人研究商務的成果中，談到業績者固不少，但能運用其財務報告進行實證分析的，卻鳳毛麟角。這種檔案資訊的缺位，無疑是商務研究一種無奈的遺憾。

　　本章目的有三：首先是分享我們偶然涉獵到的兩份商務印書館資產負債表史料，分別編製於1914及1929年，但可惜兩個年份的報表，都只有資產負債表 (balance sheet) 而缺少損益表 (profit and loss account)。其次是與讀者分享，當代有西方「最大」出版商之譽的紐約麥美倫公司 (其公司簡史見本書第11章) 在該兩年的資產負債表史料，以資對照；按紐約麥美倫公司由1890至1930年代的歷年資產負債表及損益表，都可以在大英圖書館看到，這裏僅討論可與商務對照的1914及1929年報表。第三是對這批財務報告信息作出初步的會計學解讀，主要節述我們與吳海傑合著的另一篇論文，從會計角度比較紐約麥美倫與商務印書館1929年的資產狀況及經營表現。[3]本章下節先討論兩家在1914年的報表，跟著是1929年的報表。最後的附錄，提供了目前我們能夠接觸到的兩種金港堂簡單財務記錄，分別繫年於1899及1901年，雖然數據極不完整，但與商務稍作對照，亦不無啟發。至於我們另外發現的1933年商務印書館財務報告，連同中華書局與紐約麥美倫公司該年份財務報表，見本書下章。

　　本章列出的兩份商務財務報表 (表7.1及7.4)，分別來自日本外務省檔案館及台北中央研究院近代史研究所檔案館：表7.1「商務印書館1914年資產負債表 (不全)」為手抄本，收錄在1915年編製的《東亞同文会ノ清国内地調査一件/第九期調査報告書 第四卷》的〈商務印書館〉

專章之內；[4] 表7.4「商務印書館1929年資產負債表」，見《商務印書館股份有限公司結算報告，中華民國十八年份》，收《實業部》，〈上海・特種工業・商務印書館（免稅）民國19年1月～23年3月〉。[5] 關於該檔案的更多説明，本書第5章已有簡介。本章所列紐約麥美倫公司在該兩年份的資產負債表（表7.3及表7.5），收大英圖書館手稿及檔案部「麥美倫檔案」。[6] 商務的兩份均已可以在線上查閱及下載，麥美倫的兩份只能到大英圖書館查閱。

此外，值得一提的是，雖然我們掇拾到商務的兩份報表純屬偶然，但這兩個年份在商務歷史上卻也頗具意義。1914年1月，商務原來的日資股權，通過日資華資雙方訂立合同，全數轉移到華人股東手上，故此該年末的賬目，反映了全華資商務印書館第一年經營的財務狀況。對商務而言，1929年首先是其經營及規模已經發展到接近歷史顛峰的階段。其次，商務正面臨內外重大轉折的前夕，總經理鮑咸昌在1930年2月去世，王雲五繼任總經理，出國考察半年後於該年9月到任，展開以強勢領導稱著的「王雲五時期」。與此同時，隨著北伐成功及寧漢分裂結束，1927年秋訓政時期開始，南京國民政府逐漸鞏固及強化統治機制，展開對社會各方面的管制，在教育上亦逐漸加強三民主義的灌輸，藉以培育新一代國民，晚清以來教科書由市場主導的百花齊放局面因而劃上句號。[7] 商務主要競爭對手中華書局，以孔祥熙及宋子文等為董事，與國民政府的關係遠較商務密切。凡此種種新形勢，在1929年已現端倪。對一直以教科書銷售為主要收入來源的商務印書館而言，無疑正處於大變局的邊緣。

## 二、1914年商務資產負債表（兼紐約麥美倫報表）

商務印書館1914年出版《商務印書館成績概略》，列出創館以來的重要成績及館史概況，但沒有收入財務報表。[8] 東亞同文書院1915年完成的上海商事情況調查報告，其中有專章記述商務印書館，雖然內容

甚多信息採自《商務印書館成績概略》，但報告所列出的1914年商務印書館資產負債表，則為《商務印書館成績概略》所闕。其數據見表7.1。

表7.1：商務印書館1914年資產負債表（註：原數據不全；原文日語，無從核對，姑附中文意譯）

| 資產之部 | 中文意譯 | 元（洋） |
|---|---|---|
| 銀行及ビ錢莊トノ取引 | 銀行及錢莊交易（存款？） | 93,098.66 |
| 各種株金 | 各種股金 | 17,969.40 |
| 中國圖書公司印刷所資本 | 中國圖書公司印刷所股本 | 50,000.00 |
| 同　發行所資本 | 中國圖書公司發行所股本 | 14,600.00 |
| 各家抵當金 | 各家抵押金 | 237,337.00 |
| 各家貸付金 | 各家借出款項 | 149,828.75 |
| 日本人株回收費 | 日股回收費 | 124,754.67 |
| 支店貸金 | 分館貸款 | 40,852.43 |
| 京局貸金 | 京局貸款 | 845.00 |
| 支店貸物代金 | 分館出租物租金 | 465,600.00 |
| 本外埠各家貸物代金 | 本外埠各家出租物租金 | 98,600.00 |
| 京局貸代金 | 京局出租物租金 | 22,600.00 |
| 中國圖書公司印刷所貸代金 | 中國圖書公司印刷所出租物租金 | 13,700.00 |
| 中國圖書公司發行所貸代金 | 中國圖書公司發行所出租物租金 | 11,800.00 |
| 釘作存書 | 裝釘存書 | 8,400.00 |
| 新舊倉庫存書 | 新舊倉庫存書 | 475,100.00 |
| 賣殘存書（原註：不計） | 滯銷存書（原註：不計） | - |
| 發行書存書 | 發行書存書 | 30,100.00 |
| 發行所倉庫存西洋書 | 發行所倉庫存西洋書 | 24,000.00 |
| 倉庫內中國圖書公司書籍 | 庫存中國圖書公司書籍 | 20,200.00 |
| 各種洋紙 | 各種洋式紙張（印刷用） | 442,300.00 |
| 各種原料 | 各種原料 | 71,700.00 |
| 發行所倉庫儀器文具 | 發行所庫儀器文具 | 80,200.0 |
| 賣殘標本類（原註：不計） | 待賣標本類（原註：不計） | - |
| 自製支那紙筆墨 | 自製中國紙筆墨 | 10,800.00 |
| 發行所地所 | 發行所地基 | 69,200.00 |

| 資產之部 | 中文意譯 | 元(洋) |
|---|---|---|
| 編輯印刷所地所 | 編輯印刷所地基 | 80,500.00 |
| 北福建路地所 | 北福建路地基 | 4,300.00 |
| 王家宅地所 | 王家宅地基 | 5,100.00 |
| 發行所家屋 | 發行所房屋 | 44,500.00 |
| 編輯所家屋 | 編輯所房屋 | 19,200.00 |
| 印刷所舊倉庫 | 印刷所舊倉庫 | 13,700.00 |
| 印刷所家屋 | 印刷所房屋 | 82,900.00 |
| 印刷所原料入家屋 | 印刷所原料房屋 | 5,900.00 |
| 印刷所新倉庫 | 印刷所新倉庫 | 23,000.00 |
| 印刷所寫填室 | 印刷所寫填室 | 12,600.00 |
| 印刷所編冊室 | 印刷所編冊室 | 12,100.00 |
| 印刷所木匣室 | 印刷所木匣室 | 4,300.00 |
| 北福建路家屋 | 北福建路房屋 | 2,800.00 |
| 發行所雜器 | 發行所雜器 | 2,000.00 |
| 同　裝飾品 | 發行所裝飾品 | 500.00 |
| 編譯所什器 | 編譯所什器 | 1,100.00 |
| 編譯印刷所裝飾品 | 編譯印刷所裝飾品 | 1,500.00 |
| 印刷所器具什器 | 印刷所器具什器 | 297,900.00 |
| 書庫藏書 | 書庫藏書 | 9,400.00 |
| 自編書稿 | 自編書稿 | 15,000.00 |
| 購入各種書稿 | 購入各種書稿 | 4,200.00 |
| 中國圖書公司版權 | 中國圖書公司版權 | 10,500.00 |
| 三所現存金 | 三所存放現金 | 56,101.60 |
|  |  | **(本書筆者按以上各項總和應為：3,282,687.51)** |
| 總計洋 | 總計洋(元) | 3,282,688.44 |

| 負債之部 | 中文意譯 | 元（洋） |
|---|---|---|
| 資本金 | 股本 | 1,227,000.00 |
| 法定積立金 | 法定公積金 | 74,745.88 |
| 特別積立金 | 特別公積金 | 6,298.96 |
| 公益積立金 | 公益公積金 | 46,615.14 |
| 賞與積立金 | 酬恤公積金 | 19,456.36 |
| 定期預金 | 定期儲蓄存款 | 589,414.03 |
| 當座預金 | 活期儲蓄存款 | 263,905.67 |
| 本外埠各家借金 | 本外埠各家借款 | 17,464.83 |
| 貨物懸借金 | 貨物賒借未付款項 | 31,291.59 |
| 定書存金（原文空出） | 定書存款（原文有闕） | - |
| 日本人株迴收費用（原文空出） | 日股回收費用（原文有闕） | - |
| 提存本年未給門銷（原文空出） | 提存本年應付門銷（原文有闕） | - |
| 本年結算利益分館共（原文空出） | 本年結算總、分館盈餘（原文有闕） | - |
| | | **（本書筆者按以上各項總和應為：2,276,192.46）** |
| 總計洋 | 總計洋（元） | 3,282,688.44 |

資料來源：東亜同文会編：〈商務印書館〉，頁 17–20。

上表粗體數字註「本書筆者按以上各項總和應為」者，為各項相加實際總和。與報告「總洋計」數字有出入。「資產之部」差距極微：「3,282,687.51」與「3,282,688.44」之差，僅 0.93 元，可謂微不足道。但「負債之部」差距極大，「2,276,192.46」與「3,282,688.44」之差，高達 1,006,495.98 元。後者共 13 項，其中「定書存金」、「日本人株迴收費用」、「提存本年未給門銷」、「本年結算利益分館共」四項的數字有闕。這四項之和，恐即「負債之部」的「總洋計」3,282,688.44 元的不足之數。

以下配合其他資料作出幾點初步觀察：

（一）根據商務自己出版的《商務印書館成績概略》，1912 年營業額 1,899,000 餘元，盈餘 254,000 餘元，股本 79 萬餘元。1913 與 1914 年的

實收股本均為130萬元。從1912年幾項基本財務比率所見的經營表現
成績如下:營業額佔股本240%,盈餘分別佔股本和營業額的32%和
13%。按王雲五《商務印書館與新教育年譜》記1912年營業額為182萬
元,[9]與《商務印書館成績概略》的189萬元略有差距,或因幣值折算所
致?王雲五同書記1914年商務營業額2,687,482元。[10]以表7.1股本
1,227,000元算,營業額分別佔股本和總資產的219%和82%,至於物
業和股本則分別佔總資產的11%和37%。從這些比率來看,整體財務
十分健全,營業額尤見亮麗。由於1920年以前商務盈餘不明,故盈餘
佔股本以及營業額的比率,暫無法計出。

(二)表7.1負債之部的定期與活期儲蓄存款,共計853,319.7元,
是股本1,227,000元的70%、總資產3,282,688.44元的26%。這些數字
說明1914年商務所接收的儲蓄存款,在比例上是相當高的。按民國時
期很多非金融類的大型公司,都接受市民儲蓄存款並提供利息。[11]商務
同樣接受個人儲蓄賬戶,包括自己員工及商務以外的客戶,這種儲蓄
賬戶有利息,但由於商務不受銀行條例規管,存款戶需承擔相對較高
的風險。這說明儲戶相信商務的企業聲譽,超過其他受監管的金融機
構如銀行以及錢莊。原因可能是後者雖然受監管,但近代中國金融市
場經常動盪,上海尤其如是,銀行和錢莊因各種原因破產時有所聞。
所以在客戶看來,風險亦不低。因此,將資金存放在商務這類擁有較
多龐大建築物業的企業,感覺上可能較銀行或錢莊更安全。對商務而
言,亦可以運用成本低於向銀行或錢莊借貸的客戶存款,作為流動資
金週轉。

有機會看到商務內部檔案的汪家熔,提供過商務1904至1922年間
每年吸收儲蓄存款及各年股本數據(見表7.2)。[12]根據他的數據,在
1915至1922年間每年平均吸收存款額達70萬元,平均佔股本約63%;
他又列出1913及1914年實收股本分別為1,500,000元及1,827,000元,與
《商務印書館成績概略》的1913與1914年實收股本130萬元,以及表7.1
由東亞同文會所記的1914年實收股本1,227,000元相比,均有較大差

異，或出自不同貨幣折算？不過，即使接納1914年股本為130萬元而吸收存款為85萬元，比例亦有65%，相信1914年吸收存款為該年股本的六成以上，殆無疑問。此外，若吸收存款為85萬元，亦佔負債總值3,282,688元的26%。

表7.2：汪家熔整理商務印書館吸收儲蓄存款年終餘額（1904–1922）

| 年份 | 吸收存款 | 當年股本 | |
|---|---|---|---|
| | 年終餘額（元） | 實際數（元） | % |
| 1904 | 75,439 | 200,000 | 38 |
| 1905 | 150,954 | 300,000 | 50 |
| 1906 | 683,518 | 403,500 | 169 |
| 1907 | 780,870 | 750,000 | 104 |
| 1908 | 870,053 | 750,000 | 116 |
| 1909 | 648,139 | 759,500 | 85 |
| 1910 | 586,409 | 787,400 | 74 |
| 1911 | 531,336 | 796,500 | 67 |
| 1912 | 586,015 | 797,000 | 74 |
| 1913 | 604,665 | 1,500,000 | 40 |
| 1914 | 853,319 | 1,827,000 | 47 |
| 1915 | 872,076 | 1,929,200 | 45 |
| 1916 | 1,194,842 | 1,929,200 | 62 |
| 1917 | 871,131 | 2,000,000 | 44 |
| 1918 | 755,795 | 2,000,000 | 38 |
| 1919 | 618,982 | 2,000,000 | 31 |
| 1920 | 1,083,708 | 2,500,000 | 43 |
| 1921 | 814,632 | 2,500,000 | 33 |
| 1922 | 814,632 | 2,500,000 | 33 |

資料來源：汪家熔：《商務印書館史及其他》，頁78。

　　至於商務收納儲蓄的方法，據 1916 年 7 月 4 日第 162 次董事會議錄所記，當時為進一步吸引企業內外存款，通過了《特別優待儲蓄章程》，大意由總館及各地分館按指定限額收納存款，額滿即止。其對象限小學校長、教員及各地方主辦學務而又非商務股東的人。存款以一年為期，周年利息 12%，不取息可以加入本金收息，存款則以每人 100 元為限。本金定期內不得提取。不取息亦可申請輪候轉移購買商務股份。存款者另獲贈商務優待券，購買商務書籍文具等得享受批發價加折扣。[13]

　　（三）此外是各種印刷紙張。上章已討論過商務紙張商略，以說明其重要性。這裏僅看 1914 年的報表上「洋紙」的份量。表 7.1 記各種供印刷用的洋式紙張賬目上作價為 442,300 元，佔資產總值 3,282,688 元的 14%，份額亦不輕。

　　以下表 7.3 為紐約麥美倫 1914 年的資產負債表（美元）。由於商務的報表數據不全，故下文僅作簡單比較。下節綜述 1929 年報表時，始可作較多比較說明。

　　簡而言之，從 1914 年的資產負債表所見，商務與紐約麥美倫的重要異同，至少有幾點值得注意：首先，商務營業額 2,687,482 元（約 1,600,000 美元），[14] 分別佔股本和總資產的 219% 和 82%，至於物業和股本則分別佔總資產的 11% 和 37%。相對照看紐約麥美倫，1914 年營業額 2,423,734 美元，[15] 佔股本 326%，營業額佔總資產 119%；物業佔總資產 15%，股本佔總資產 37%。兩者除股本佔總資產偶然相同之外，紐約麥美倫其他比率均較商務為高，即營業額佔股本比率是 326%：219%（紐約麥美倫：商務）；營業額佔總資產 119%：82%；物業佔總資產 15%：11%。絕對值而言，紐約麥美倫股本 744,200 美元僅略多於商務股本的 1,227,000 元（約 730,357 美元），兩者的營業額以美元計，前者為後者 152%，其業務顯較商務蓬勃，即用較少股本即可催生更大的生意額。可是考慮到兩者註冊為股份有限公司的時間，1914 年紐約麥美倫已註冊 18 年而商務僅有八年，則其業務開展高低有別，本屬常

情。況且紐約麥美倫前身倫敦麥美倫是歷史超過半個世紀的西方書業老字號，其在業內各種關係網絡及經驗必為紐約麥美倫所繼承，又英美的書業市場體量本亦遠遠超過民國三年的中國，在這種種情況下，商務的絕對營業額仍能趕上紐約麥美倫的66%，就無疑是一種極為亮麗的業績了。其次，1914年商務的儲蓄存款為該年股本的60%以上，佔負債總值26%。考慮到紐約麥美倫根本沒有這種負債手段，更可見商務高度依賴這類相當於向存款人借貸的資金。再次，在紐約麥美倫200餘萬美元的資產內，有10萬美元是「商譽」(goodwill)，佔5%。按「商譽」在當日美國會計習慣而言，屬於不須具體現存資產證明的未來資產估值(見下節)。商務資產負債表則沒有這種較虛估的資產項目。最後，紙張在商務佔資產總值的14%。紐約麥美倫資產負債表的「庫存」(Inventory) 項目包括書、紙張及其他，但沒有明細項目，故此無法比較。由下節1929年紐約麥美倫報表中紙張庫存僅佔總流動資產的1%看，加上紐約麥美倫的外包印刷運作一直沒有改變，則1914年紐約麥美倫紙張佔總流動資產與1929年不應有很大差異。換言之，1914年商務的14%，必定遠超過當年紐約麥美倫。

**表7.3：紐約麥美倫公司1914年資產負債表**

(f. 39b)

## PROPERTY AND ASSETS (USD$)

| | USD$ | USD$ | USD$ |
|---|---|---|---|
| **REAL ESTATE:** | | | |
| 1. Lot, 66 Fifth Ave. N.Y.as at May 1, 1911 | 87,500.00 | | |
| Buildings,  "            " | 72,500.00 | 160,000.00 | |
| 2. Lot and Old Building, 64 Fifth Ave.N.Y. ) | | | |
| as at May 1, 1911…..................................) | 87,500.00 | | |
| New Buildings, 64 Fifth Ave. N.Y. as ) | | | |
| at May 1, 1911…......................................) | 110,617.91 | 198,117.91 | |
| | | 358,117.91 | |
| | | | |
| Less: Depreciation at 1-1/2% on Buildings ) | | | |
| to April 30, 1913 …...............................) | 15,833.06 | | |
| Depreciation at 2-1/2% for year to ) | | | |
| to date …...............................................) | 1,782.42 | | |
| Value of Buildings written down per ) | | | |
| last account …......................................) | 40,897.98 | 58,603.46 | |
| | | 299,514.45 | |
| Building Reserve: | | 55,000.00 | |
| | | 244,514.45 | |
| 3. Lot and Building, 310 East 25th St., ) | | | |
| and 2457-9 Prairie Ave., Chicago., ) | 6,248,188.00 | | |
| as of May 1, 1913…...................................... | | | |
| | | | |
| Less: Depreciation at 2-1/2% for the year ) | | | |
| on $48,481.88…......................................) | 1,212.05 | 61,269.83 | 305,784.28 |
| | | | |
| **GOODWILL AND PUBLISHING RIGHTS** as at May 1, | | | |
| | 115,400.00 | | |
| Less: Depreciation for year …...............................| 15,400.00 | 100,000.00 | |
| **COPYRIGHTS** as at May 1, 1913…........................................| | 29,725.92 | |
| Add: Purchase during the year …...........................................| | 15,967.78 | |
| | | 145,693.70 | |
| Less: Depreciation for year …..................................| 23,817.82 | | |
| Overpayments on account of Cyclopedia ) | | | |
| of Education recoverable …......................................) | 2,641.00 | 26,458.82 | 119,234.88 |
| | | | |
| Bills Receivable …................................................. | 31,157.19 | | |
| Open Accounts …....................................................| 317,350.75 | | |
| Consignees Accounts …..........................................| 111,269.41 | | |

| | | | |
|---|---|---|---|
| Subscription Accounts, Good ............................................... | 18,426.76 | | |
| Authors' Accounts ............................................................. | 11,412.61 | | |
| Delinquent Subscription Accounts, Etc.............................. | 24,224.46 | 513,841.18 | |
| | | | |
| Deduct: Reserve as per last Account ................................. | 100,000.00 | | |
| Special Reserve April 30, 1914............................ | 24,224.46 | 124,224.46 | 389,616.72 |
| | | | |
| Forward ................ | ................. | ................. | 814,635.88 |

(f. 40b)

### PROPERTY AND ASSETS

| | | | |
|---|---|---|---|
| Forward ................. | .................... | 814,635.88 | |
| | | | |
| **ADVANCES TO AUTHORS AGAINST FUTURE** **ROYALTIES** ......... | 63,711.95 | | |
| Less: Reserve against same as at May 1, 1913........................ | 50,000.00 | 13,711.95 | |
| | | | |
| **CHICAGO OFFICE:** | | | |
| Accounts, Bills and Warrants Receivable ................................ | 58,036.93 | | |
| Cash in Bank and on hand .................................................... | 11,371.43 | | |
| Furniture and Fixtures............................................................ | 2,770.13 | | |
| Unexpired Insurance ............................................................. | 170.13 | | |
| Sundry Stocks, Etc .............................................................. | 1,842.95 | | |
| | 74,191.57 | | |
| Less: Sundry Creditors ......................................... $1,865.68 | | | |
| Reserve .....................................................6,000.00 | 7,865.68 | 66,325.89 | |
| | | | |
| **INVESTMENTS IN OTHER COMPANIES:** | | | |
| The Macmillan Company of Canada, Ltd.: | | | |
| 80 shares of $100 each fully paid..................................... | 8,000.00 | | |
| 33 Gold Bonds of $500 each payable with) | | | |
| interest at 5% per annum, semi-annually) | | | |
| June and December ..............................) $14,850.00 | | | |
| Less: Principal repaid June and Dec.1913......... 3,300.00 | 11,550.00 | 19,550.00 | |
| | | | |
| **FURNITURE AND FIXTURES:** | | | |
| Balance as at May 1, 1913.......................................$4,500.00 | | | |
| Add: Additions during year .....................................2,503.69 | 7,003.69 | | |
| | | | |
| Deduct: Written off during year ............................................ | 2,503.69 | 4,500.00 | |
| | | | |
| **INVENTORY AT APRIL 30, 1914:** .............$1,042,010.95 | | | |
| Less: Reserve at 20% ...........................................208,402.19 | 833,608.76 | | |

| | | |
|---|---|---|
| Stationery Stock | 2,000.00 | |
| Unexpired Insurance | 1,905.23 | |
| Interest accrued on Investments | 192.50 | 837,706.54 |

**CASH IN BANKS AND ON HAND:**

| | | |
|---|---|---|
| Bank of the Metropolis | 51,647.69 | |
| National Park Bank | 159,062.04 | |
| Bridgeport Trust Co. | 54,954.17 | |
| U. S. Mortgage & Trust Co. | 5,753.70 | |
| London County & Westminster Bank, Ltd. (at $4.85 on ) | | |
| £273-12-2) | 1,326.99 | |
| Cash on hand | 1,477.65 | |
| Cash at Branch Offices | 422.00 | |
| Cash advanced to Travelers | 1,075.40 | |
| Cash Deposits for Bids | 3,212.00 | 278,931.64 |
| | $ | **2,035,361.90** |

(f. 40)

## LIABILITIES

**CAPITAL STOCK:**

| | $ | $ |
|---|---|---|
| Authorized: | | |
| 1,450 Preferred Share of $100 each | 145,000.00 | |
| 6,000 Common Shares of $100 each | 600,000.00 | |
| | 745,000.00 | |
| Issued: | | |
| 1,449 Preferred Shares of $100 each fully paid | 144,900.00 | |
| 5,993 Common Shares of $100 each fully paid | 599,300.00 | 744,200.00 |

**MORTGAGES:**

| | | |
|---|---|---|
| In favor of: | | |
| Robert Sterling Clark on 66 Fifth Ave. at 4-1/4% | 70,000.00 | |
| Robert Sterling Clark on 64 Fifth Ave. at 4 % | 45,000.00 | 115,000.00 |

**SUNDRY CREDITORS:**

| | | |
|---|---|---|
| On Bills Payable | 116,544.31 | |
| On Open Accounts | 104,583.65 | |
| On subscription Commissions | 3,267.84 | 224,395.80 |

**ROYALTY DUE TO AUTHORS:** ............. | | 315,434.59 |

**ACCRUED LIABILITIES:**

| | | |
|---|---|---|
| Interest on Mortgages ..................................................... | 1,747.62 | |
| Taxes ....................................................................... | 4,672.93 | |
| Personal Income Tax ...................................................... | 8.33 | 6,428.88 |

**EMPLOYEES' AVINGS FUND STOCK:** Certificates of
$100 each .......................................................... 16,700.00
Less: Certificates cancelled ........................................... 800.00      15,900.00

**EMPLOYEES' DISTRIBUTION FUND (Reserve):**

| | | |
|---|---|---|
| Balance at May 1, 1913 ................................................. | 20,000.00 | |
| Less: Transferred to Employees Savings Fund .................. | 5,318.79 | |
| | 14,681.21 | |
| Add: Amount set aside at April 30, 1914 .......................... | 5,319.79 | 20,000.00 |

**EMPLOYEES' SAVINGS:**

Balance at May 1, 1913 ..................................... $28,186.60
Received from Employees during year.............. 11,641.64
Transferred from Employees Distribution          )
Fund during year as above ....................................5,318.79
Interest on Deposits of Employees ......................1,324.87      45,471.90
  Less: Withdrawn during year ......................... $1,935.13
    Employees Savings Fund Stock Certificates)
      issued during year................................16,700.00      18,635.13      27,836.77

Forward..................   ....................   1,469,196.04

(f. 41)
LIABILITIES
Forward..................   ....................   1,469,196.04

**RESERVE ACCOUNTS:**

Fire Insurance, as per last Accounts ................................. 100,000.00
To cover Company's liability on State and City Contract     )
  Bonds ................................................................. 100,000.00
To cover Consignment Commissions and Exchange .......... 40,000.00      240,000.00

**SURPLUS ACCOUNT:**

Balance as at May 31, 1913 ............................................ 281,391.07
Add: Amounts transferred:
    Premium on 1908 Common Stock Issue.....$   50.00
    Fund Subscription, Commercial Education  1,000.00      1,050.00
                                                            282,441.07

```
Less: Dividends paid:
    Preferred Stock at 5% ...........................$ 7,245,00
    Common Stick at 20% ........................  119,860.00
                                                 127,105.00
    Employees Distribution Reserve:
    Amount Reserved ...............$ 5,318.79
    Employee's Saving Fund. )
      Certificates, Dividend. )
        Account ...................)    715.00    6,033.79
    Reserve to cover the Company's lia-)
      bility on State and City Contract)
      Bonds....................................)  100,000.00    233,138.79
                                                              49,302.28
    Add: Profit for year per Profit and Loss Account ..............  276,863.58    326,165.86

                                                    $        2,035,361.90
```

資料來源："Balance Sheet as at April 30, 1914, The Macmillan Company - 64 Fifth Avenue, New York City," British Library Macmillan Archive ADD MS 54881, ff. 39b–41。

## 三、1929年資產負債表的比較

關於商務印書館及紐約麥美倫1929年資產負債表、長期營業額與盈餘走勢的分析，我們將另文發表。[16]這裏僅列舉一些觀察結果，較為技術性的問題均留待該篇文章討論。本章為方便比較，表7.4商務報表的貨幣單位，全部折算為美元；[17]表7.5的紐約麥美倫報表，亦譯成中文，以資對照。

表7.4：商務於1929年12月31日的資產負債表（單位：美元）

| 資產之部 | 細項總計 | 總計 | 負債之部 | 細項總計 | 總計 |
|---|---|---|---|---|---|
| 1. 地基 | | 357,708 | 1. 股本 | | 1,950,000 |
| 2. 房屋 | | 260,052 | 2. 普通公積 | | 460,015 |
| 3. 機器工具 | | 446,823 | 3. 特別公積 | | |
| 4. 生財裝修 | | 9,048 | 股息公積 | 33,608 | |
| 5. 編譯所藏書 | | 64,740 | 酬恤公積 | 133,089 | |
| 6. 外業 | | 191,041 | 本館公益 | 46,800 | |
| 7. 存貨 | | | 分館特別公積 | 14,900 | 228,396 |
| 中文書 | 592,176 | | 4. 各項準備金 | | |
| 原版西文書 | 111,384 | | 外業準備金 | 100,902 | |
| 儀器文具玩具 | 152,880 | | 存書準備金 | 117,000 | |
| 雜件 | 8,268 | 864,708 | 各項欠賬準備金 | 998,930 | 1,216,832 |
| 8. 紙張原料 | | | 5. 儲蓄及存款 | | 426,497 |
| 紙張 | 280,605 | | 6. 各項存賬 | | 378,812 |
| 原料 | 131,118 | 411,723 | | | |
| 9. 未了品 | | 101,478 | 7. 暫記存賬 | | |
| 10. 版權及存稿 | | 48,048 | 定書存款 | 304,164 | |
| 11. 各項欠賬 | | 1,983,162 | 未付款項 | 80,878 | |
| 12. 暫記欠賬 | | | 雜項暫記 | 36,803 | 421,845 |
| 分館盈餘暫記 | 155,484 | | 8. 應付期票 | | 2,020 |
| 未收款項 | 64,339 | | 9. 本屆盈餘 | | 299,740 |
| 雜項暫記 | | 434,174 | | | |
| 13. 應收期票 | | 3,618 | | | |
| 14. 現款 | | | | | |
| 銀行錢莊 | 182,384 | | | | |
| 現存 | 25,450 | 207,834 | | | |
| | | 5,384,157 | | | 5,384,157 |

資料來源：《商務印書館股份有限公司結算報告，中華民國十八年份》，載《實業部》，〈上海‧特種工業‧商務印書館（免稅）民國19年1月～23年3月〉，台北中央研究院近代史研究所檔案館藏，文件編號：17-22-030-01，頁181–187。

**表7.5：紐約麥美倫於1929年3月31日的資產負債表(單位：美元)**

| 資產 | | 負債 | |
|---|---|---|---|
| **流動資產** | | **流動負債** | |
| 銀行存款及現金 | 2,183,071 | 應付版稅 | 852,896 |
| 美國第四自由公債<br>(1–1/4% 債券；<br>市值 $99,750) | 103,175 | 應付債款 | 348,885 |
| 應收賬款和認股權證 | 20,414 | 應付股利1929年5月15日<br>—"A" | 134,820 |
| 應收賬款，<br>減去壞賬準備 | 1,280,227 | 應付股利1929年5月15日<br>—"B" | 26,276 |
| 其他應收款—附屬公司 | 84,533 | 應付財產稅 | 9,066 |
| 庫存(書和紙) | 1,418,622 | 預提聯邦所得稅 | 160,000 |
| | 5,090,093 | | 1,531,943 |
| **遞延費用** | | **各分公司以及紐約辦公室1929年4月仍未能定價** | |
| 預付給不接受預期版稅<br>的作者(對照) | 83,428 | | 235,749 |
| 預付稅款 | 26,713 | **儲備金** | |
| 其他遞延費用 | 13,554 | 火險 | 77,500 |
| | 123,695 | 預付給作者的款項(對照) | 83,428 |
| **固定資產(減折舊)** | | | 160,928 |
| 土地及建築物 | 2,040,825 | **股本及股本溢價** | |
| 車輛 | 69,836 | 「A類」普通股股票<br>— $100/ 份： | |
| 傢俱及裝修 | 159,111 | 計劃發行— 90,000 份 | |
| 板材 | 250,000 | 實際發行— 89,880 份 | 8,988,000 |
| 版權 | 1 | 「B類」普通股股票<br>— $100/ 份： | |
| 長期股權投資 | 10,000 | 計劃發行— 7,500 份 | |
| | 2,529,773 | 實際發行— 5,839 份 | 583,900 |
| **商譽** | 5,000,000 | 溢價，per Exhibit II | 1,243,041 |
| | | | 10,814,941 |
| | 12,734,560 | | 12,734,560 |

資料來源："Exhibit I–Balance Sheet for 1929" of "The Macmillan Company, New York, Trading and Profit and Loss Account and Balance Sheet, April 30, 1929," in "Macmillan (N.Y.), Balance sheets, etc. (V) 1924–1933", British Library Macmillan Archive ADD MS 54882, f. 135。

基於上列兩份資產負債表，節述我們另一篇文章的觀察如下：

(一)資產淨值而言，商務與紐約麥美倫分別約410萬美元及1,100萬美元。[18]剔除後者500萬美元「商譽」的話，兩者僅有400萬與600萬美元之差。兩者資產負債表都很少銀行債務。相反，兩者的債務權益比(total liabilities to equity ratio）均約30%。達成的營業額相對於股本比例亦相近（紐約麥美倫140%；商務110%）。可見兩者的財務基本上都相當健康。

（二）流動程度（liquidity）或者公司償還短期債務的能力而言，商務賬面庫存與總流動資產的比率為17%，紐約麥美倫為27%。庫存是流動性最差的資產，所以後者這方面稍低，但對現金與流動資產比率而言，紐約麥美倫的43%則遠較商務的5%為高。後者看來更穩健，但也反映了他們沒有商務那麼進取，缺乏動力將更多的盈餘再投資牟利。相反地，商務將現金更大量地投入創收活動。這背後一方面代表了商務承擔風險的能力，另一個因素亦可能由於中國金融體系不穩定，常有倒閉事件，存放在銀行及錢莊的現金，風險可能不比投資生產或購置物業更低。[19]這反映了紐約和上海在該年華爾街崩盤前商界對金融體系的信心問題。另外，應收賬款與總流動資產的比率以及應收賬款與營業額的比率而言，兩家公司同樣存在明顯差異。商務的兩個比率分別為50%和44%，而紐約麥美倫則分別為26%和16%，這表示商務的現金流明顯較弱。此外，商務壞賬率是總流動資產的25%，分別是營業額和應收賬款的22%和50%；紐約麥美倫的壞賬率為總流動資產的0.6%，分別是營業額和應收賬款的0.4%和2.3%。兩者的差距甚大，同樣說明商務的商業策略更為進取，即為客戶提供更多信貸買賣，從而刺激營業額增長，但同時亦須承擔更高的壞賬風險以及損失。

（三）紙張方面，紐約麥美倫紙張庫存與總流動資產比率為1%，幾乎可以忽略不計。同時也非常合理，因為印刷是外包的，所以紐約麥美倫只需要向印刷廠提供紙張即可。美國為印刷紙生產大國，供應充足，紐約麥美倫接近重要的紙張產地新英格蘭地區，故此沒有理由囤積紙張。至於商務的7%亦合理，如第6章所說，這是因為商務要確保自己的印刷廠有足夠的紙張，而中國沒有印刷紙生產，仰給於不穩定的進口紙，所以必須庫存大量紙張。

（四）土地建築佔總資產比率而言，商務為11%，而紐約麥美倫則為15%，兩者較為相近。然而，在兩家公司的財務報告中，每個房地

產的價值,都是由其購買價減去預計折舊,這是當時會計一般做法,而其中一些房產,實際上位於紐約和上海商業中心區,其市場價格可能有大幅上落波動。[20]

(五)商務的機器佔總資產比率7%。紐約麥美倫公司因為並未經營需要專業印刷機器的工廠,故此沒有機器開支。由於商務的前身是一家印刷廠,後來又投產了一家專門用於生產印刷機和中文打字機等其他機械設備的工廠。在1929年9月10日召開的第346次董事會上,商務的李拔可經理報告,已經向滙豐及金城兩家銀行無擔保透支共約35萬上海元,相當於192,500美元。[21]其中很大一部分用於從海外進口新型印刷機,即用於購置設備的資金較前一年有顯著增加。[22]1929年資產負債表上列出的40萬美元,可能包括了1928年進口設備的付款。又按王雲五《岫廬八十自述》記他於1931年3月就任總經理後,針對購買新機器一項,使行科學管理結果,一年節省三十萬元以上。[23]

(六)前述商務1914年的資產負債表上沒有「商譽」這一項,但紐約麥美倫該年「商譽」估值10萬美元。紐約麥美倫1929年的資產負債表,開出了500萬美元的「商譽」。從該公司1898到1933年的資產負債表所見,我們發現只有在1928到1932年的五年間每年「商譽」作價500萬美元。[24]而在其他36年中,有九年的「商譽」價值每年僅為一美元。[25]其餘年份的「商譽」價值,也約只有10萬美元。根據1933年1月25日的股東特別會議紀要,公司根據法律顧問的提案,從公司資產負債表中除去500萬美元的「商譽」和一美元的版權,並減少總股數和其股票的價格總計500萬美元的資本存量。[26]這項提案得到了大多數股東親自或委託批准。據Paton與Littleton,直到1930年代,「商譽」(goodwill)還被普遍定義為「延後盈利能力」(later earning power)。[27]因此,紐約麥美倫賬面上開出500萬美元「商譽」,並沒有違反當時通用的會計原則。更重要的是,這種做法得到了當時信譽卓著的會計公司Price Waterhouse & Co.的充分認可,這家會計公司今天發展成四大會計行之一的羅兵咸永

道會計師事務所 (PwC)。此外，倫敦麥美倫公司董事會在1927及1935年的資產負債表上，「商譽」估值是145,000英鎊。[28] 根據1929年英鎊和美元1比4.87的匯率，相當於706,150美元。[29] 看來這時英國會計制度也容許這做法，而倫敦麥美倫公司亦實踐了。[30]

　　（七）商務1929年報表中，來自客戶的儲蓄存款，佔總負債的34%，約相當於股本的20%。1914年時存款佔總負債26%，股本60%。前者由26%上升至34%，後者則下降三分之二。儲蓄存款的問題本身是雙刃劍。據1926年3月23日第313次董事會議錄記載，股東張庭桂建議股息公積積存現金太多，應分予股東。會議討論結果決定每三年分派股息公積一次，由1926年起，該年共分派80多萬元，連同其他派剩股息及湊撥，共分派百萬元。問題關鍵是公司現金過多，無處可用，但現金本身有成本。現金過多，是因為除多年大筆扣存盈餘以作未雨綢繆的股息公積外，亦加上同人及外客儲蓄存款日增。會議考慮到營業擴張殊不容易，過剩現金沒有生產力和盈利能力，可是利息成本卻不少。現金寄放銀行錢莊等處，既無法賺回公司支付的儲蓄存款利息，另一方面還需承擔金融機構隨時倒閉的風險。所以董事會同時決定：「除各項保證金外，同人及外客定期存款已一律停收，已收者到期一律不再轉期。至外客活期存款已經停收，其已收者應如何退還，及同人活期存款應如何改定限制之，要由總務處酌議辦理。」[31] 可見儲蓄存款這種融資手段，至1920年代漸漸成為商務現金過剩的原因之一，需要逐步退出這種業務。

　　大環境而言，1920年代非金融機構接受付息存款開始出現不少流弊，國民政府對這類存款業務亦開始管制，但未有善策。前述商務由1926年開始減持存款，至1929年仍有42萬元。據楊蔭溥《上海金融組織概要》所記，1925年上海29家主要儲蓄機關（含銀行、儲蓄會、信託公司、郵政局等）收寄存款超過42萬元的才僅有11家，可見一斑。[32]

　　最後，我們也分析了兩家公司營業額及盈餘的長期趨勢，見以下圖表7.1至7.3。[33]

圖表7.1：上海商務與紐約麥美倫營業額趨勢（1903–1932）（美元）

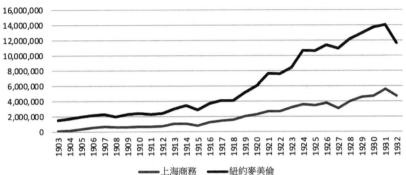

圖表7.2：上海商務與紐約麥美倫盈餘趨勢（1920–1930）（美元）

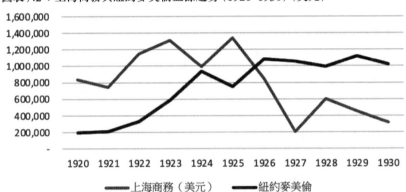

圖表7.3：上海商務與紐約麥美倫盈餘佔營業額比例趨勢（1920–1930）（%）

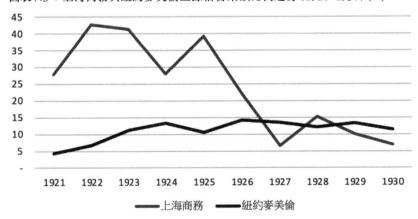

從以上三個圖表，值得注意的現象有三：

（一）從營業額看，由於兩家出版企業在起始時的資源、經驗及人脈均有巨大差距，而兩國社會文化發展狀況又如此相異，對書籍的需求自然不可同日而語，故此兩者在絕對營業額上存在距離，是很容易理解的。然而兩者在30年間的長期軌跡，卻十分相近，倒值得進一步思考。

（二）從股本來說，1929年紐約麥美倫股本超過1,000萬美元，商務只有約200萬美元。按紐約麥美倫股本由1914年的74萬美元（僅較商務多萬餘美元），在15年間激增至1,000萬美元，兩企業的股本比例變成5：1，而商務股本僅由73萬美元增至不足200萬。可見商務股東的增股動力或公司擴股動力，均與紐約麥美倫相距甚遠。就營業額而言，商務455萬多美元，紐約麥美倫837萬多美元，兩者比例是1：1.8。商務盈餘45萬多，紐約麥美倫盈餘約112萬，兩者比例是1：2.5；商務盈餘佔營業額的10%，紐約麥美倫盈餘佔營業額13%，兩者比例是10：13；商務盈餘是股本的22.5%，紐約麥美倫的盈餘是股本的11.2%，兩者比例是22.5：11.2。商務營業額是股本的227.5%，紐約麥美倫營業額是股本的83.7%，兩者是227.5：83.7。這些數據完全符合上文對兩家企業的分析，即商務由於比較進取及願意承擔更高風險，所以在相對較少股本之下，其營業額及盈利都較紐約麥美倫更能達到本小利大。

（三）最後，在1920年代前半葉，商務盈餘絕對值竟然一直在紐約麥美倫之上。商務盈餘佔營業額的百分比在1926年前仍超過紐約麥美倫。所以從整個1920年代的趨勢觀察，雖然兩者的營業額都持續增長，但商務的盈利及盈利佔營業額比例均呈明顯下滑趨勢。紐約麥美倫在這兩方面則維持緩和而持續的升勢。

# 四、小結

　　本章提供了兩份商務印書館資產負債表史料，分別編製於1914及1929年，其次是紐約麥美倫公司在該兩年份的資產負債表史料，並對這批財務報表信息作了初步解讀。我們觀察兩家公司1914年的報表，指出按表7.1股本1,227,000元及王雲五報告中1914年的營業額計算，商務印書館的營業額佔股本219%、營業額佔總資產82%、物業佔總資產11%、股本佔總資產37%，盈利信息有闕。接收客戶儲蓄存款為該年股本的六成以上，佔負債總值3,282,688元的26%，印刷用的洋式紙張價值佔資產總值14%。與紐約麥美倫1914年的報表相較，兩者除股本額以及股本佔總資產很接近之外，紐約麥美倫其他重要指標均較商務為高，即營業額佔股本比率是326%：219%（紐約麥美倫：商務）、營業額佔總資產比率為119%：82%；物業佔總資產比率為15%：11%。雖然如此，考慮到前者成立現代企業已達18年，後者才八年，又前者營業額亦為後者的兩倍半，則後者表現仍可謂十分亮麗。兩家公司最重要的差別有二：其一，是商務接受客戶儲蓄存款，且佔該年股本的60%以上，負債總值26%，紐約麥美倫沒有此項財務運作。其二，是紐約麥美倫有5%（10萬美元）的資產以「商譽」入賬，而商務則沒有這種財務操作。最後是商務庫存紙張佔資產總值的14%，應該大大超過紐約麥美倫。

　　至於1929年的報表，我們節述了另一篇論文的分析，指出兩者的財務表現基本上都相當健康。但從應收賬款與總流動資產的比率以及應收賬款與營業額的比率看，商務的現金流明顯較弱。商務的現金佔流動資產比率低於紐約麥美倫，而壞賬率方面則較高，均顯示商務的商業策略更為進取，勇於承擔風險。庫存紙張而言，商務佔總流動資產7%，而紐約麥美倫僅為1%。這與紐約及上海紙張供求以及商務兼營印刷業務有關。兩家的物業資產都在總資產10%以上，但估價不易反映當時實際物業市值。商務的機器佔總資產比率7%，而紐約麥美倫

並無此類資產。紐約麥美倫的「商譽」估值，由1914年的10萬美元，大增至500萬美元，而商務則沒有這種賬目。商務有而紐約麥美倫沒有的，是儲蓄存款，佔總負債的34%，比率由1914年的60%以上，下降了一半，反映其逐漸不再依賴這類資金。

總結上述的實證財務數據及分析，並以作為美國最大模規出版社的紐約麥美倫公司作對照，可見上海商務印書館的經營，確在成立股份有限公司後，於1910及1920年代短期內創造出亮麗的業績。商務的商業策略較前者進取及敢於承擔風險，充分利用了中國商界及商法環境所允許的各種合法手段進行融資及週轉，為股東爭取最大的紅利，同時亦保障員工通過工資及福利，分享較大的利潤。與此相反的比較，是在公司股本的增長上，紐約麥美倫在1914年的股本為74萬美元，同年商務亦有73萬美元；15年後的1929年，紐約麥美倫股本增至1,000萬美元，而商務股本仍不到200萬美元。可見兩者在股本策略上，不啻是南轅北轍。

最後的附錄，提供了金港堂1899及1901年兩種簡單財務記錄。相對商務印書館，最大特色是盈利高時股息亦高，但資金流動程度則較低。

# 附錄:1898及1901年金港堂財務簡況

金港堂1898年的財務狀況,見以下表7.6。

表7.6:金港堂1898年12月31日決算(円)

| | |
|---|---|
| **資本金(股本)**<br>**內拂達濟(實收股本)250,000** | **500,000** |
| **諸積立金(各種盈餘公積金)** | **151,510** |
| **預リ信認金(備用保證金)** | **49,955** |
| **仕拂手形及借入金(支付票據與借款)** | **33,329** |
| **取引先未拂金(客戶應付款項)** | **14,172** |
| **取引先掛及儲貸金(客戶應付賬款)** | **134,415** |
| 受取手形(應收票據) | 5,799 |
| 商品在高(庫存量) | 102,480 |
| 版權及製版 | 170,849 |
| 所有國債及有價證券 | 137,015 |
| **現在金(現金)** | **3,073** |
| **銀行預ケ金(銀行存款)** | **64,346** |
| (筆者按:以上粗體項目為負債之部項目,總計802,213円;資產之部<br>項目總計564,730円) | |
| 利益金ケ分配(利潤分配) | |
| 諸積立金(各種公積金) | 32,600 |
| 賞與及交際費 | 12,050 |
| 配當金(原註:年一割二分)(股息〔年息十二厘〕) | 60,000 |
| 後期繰込(遞延結轉) | 15,854 |
| (筆者按:以上利潤分配總計) | 120,504 |

資料來源:東京興信所:《銀行會社要錄:附·役員錄》,第三版,頁418-419。

又本書第2章曾引用1901年12月報載金港堂召開股東總會,通過
利潤分配如下:

表7.7：1901年12月金港堂股東總會利潤分配決議（円）

| | | |
|---|---|---|
| 本年度純益金（淨利） | 197,520 | |
| 上年度繰越金（結轉） | 21,327 | |
| 合計 | | 218,847 |
| 分配入積立金（預備金及公積金等） | 90,000 | |
| 株主配當金（股息） | 100,000 | |
| 下年度繰越金（結轉） | 28,847 | |
| 合計 | | 218,847 |

資料來源：《朝日新聞》，1901年（明治34年）12月10日。

　　以上金港堂財務數據十分簡單，而且只是部分資產負債表，與商務及紐約麥美倫難以作出有效的比較，但姑就金港堂本身觀察，仍可見若干端倪：

　　僅從1899年的數據看，流動現金（含銀行存款）67,418円，佔實收股本250,000円的27%。庫存102,480円，佔實收股本250,000円的41%。利潤120,504円，佔實收股本250,000円的48%。流動債務（含備用保證金及支付票據與借款）83,284円，佔流動資產及流動現金221,805円的38%。利潤有27%分配入各種公積金。最後，股息60,000円，約佔利潤50%。可見金港堂盈利能力甚強，分紅亦高，資金流動卻不算充裕，這或與原亮三郎在銀行業的廣泛人脈與經營有關，他應該毫不吃力地為金港堂取得各種長短期信貸，故此不必維持太多的流動資金。

　　若與1901年數據比較，則可見利潤增至197,520円，較1898年增加64%。利潤有46%分配入各種公積金，增加了19%。1901年股息100,000円，較1898年股息60,000円，增加67%，但1901年股息佔該年利潤197,520的51%，與1898年的50%相若。除了利潤大增外，金港堂的財務狀況在幾年之間變化不大。

# 註 釋

1 清代多重賬目的具體例子，見湖南省調查局：《湖南商事習慣報告書》(長沙：湖南教育出版社，2010)，頁57–58。承彭凱翔教授提示這段資料，謹誌謝忱。

2 關於中國傳統商業組織與近代企業的討論，可參考 Madeleine Zelin, *The Merchants of Zigong: Industrial Entrepreneurship in Early Modern China* (New York: Columbia University Press, 2005); Faure, *China and Capitalism*。

3 Billy K. L. So, Sufumi So, Michael H. K. Ng, "Financial Reporting and Company Performance: The Macmillan Company of New York and the Shanghai Commercial Press in 1929," paper presented at the 5th Eurasia Trajeco Conference: Commercial Partnerships and Financial Arrangements across the Eurasian Continent––1300–2000, jointly organized by EHESS (École des hautes études en sciences sociales) and Centro Científico e Cultural de Macau, Lisbon, October 13–14, 2017。該文後以 "A Glimpse into the 1929 Corporate Performance in the Book Industry: A Comparative Analysis of Balance Sheets of Two Companies in New York and Shanghai" 為題，在 New Frontiers and Directions in Chinese History 研討會 (held by the Hong Kong Institute for the Humanities and Social Sciences and Department of History, University of Hong Kong, June 23–24, 2023) 上宣讀。本文在上述兩次會議宣讀時，先後承 Patrick O'Brien、Ron Harris、François Gipouloux、Zhiwu Chen、Guoqi Xu、William Kirby、John D. Wong、Debin Ma、Klaus Mühlhahn 等先生多加指正，謹致謝忱。此文在修訂後將在學術期刊上發表。有關近代中國企業的財務報表分析案例，可參考《大生系統企業史》編寫組編：《大生系統企業史》(南京：江蘇古籍出版社，1990)；Elisabeth Köll, *From Cotton Mill to Business Empire: The Emergence of Regional Enterprises in Modern China* (Cambridge, MA: Harvard University Asia Center, 2003)。

4 東亜同文会編：〈商務印書館〉，載《東亜同文会ノ清国内地調査一件/第九期調査報告書 第四巻》(1-6-1-31_9_004)，〈第十巻 其四/上海事情 第五篇 上海二於ル新聞雑誌並印刷出版業4 〉，JACAR (アジア歴史資料センター)，Ref. B03050536700，外務省外交史料館，頁17–20，https://www.jacar.archives.go.jp/aj/meta/listPhoto?LANG=default&BID=F2006092114231897539&ID=M2006092114232097569&REFCODE=B03050536600。

5 商務的1929年資產負債表，見《商務印書館股份有限公司結算報告，中華民國十八年份》，載《實業部》，〈上海·特種工業·商務印書館(免稅)民國19年1月～23年3月〉，台北中央研究院近代史研究所檔案館藏，文件編號：17-22-030-01，頁181–187，https://archivesonline.mh.sinica.edu.tw/detail/f5045dafd2dc16f28fb5a30d50270228/。

6 紐約麥美倫1914及1929年財務報告及資產負債表，分別見 "The Macmillan Company, New York, Trading and Profit and Loss Account and Balance Sheet, April 30, 1914," in "Macmillan (N.Y.), Balance sheets, etc. (IV) 1912-1923," British Library Macmillan Archive ADD MS 54881, ff. 30–42 and "Balance Sheet as at [April 30, 1914]," ff. 39b–41; "The Macmillan Company, New York, Trading and Profit and Loss Account and Balance Sheet, April 30, 1929," in "Macmillan (N.Y.), Balance sheets, etc. (V) 1924–

1933," British Library Macmillan Archive ADD MS 54882, ff. 121–145 and "Exhibit I – Balance Sheet for 1929," f. 135。

7　Culp, *Articulating Citizenship.*

8　商務印書館：《商務印書館成績概略》(1914)，載吳永貴編：《民國時期出版史料彙編》，第1冊。

9　王雲五：《商務印書館與新教育年譜》(台北：台灣商務印書館，1973)，頁79。

10　王雲五：《商務印書館與新教育年譜》，頁83。

11　有關近代中國非金融大企業如榮家企業、大生系統企業、大興紗廠、先施百貨、永安百貨等，普遍接受員工及其他私人存放儲蓄並提供息口高於銀行儲蓄利息的特殊業務，參考李一翔：《近代中國銀行與企業的關係1897–1945》(香港：海嘯出版事業有限公司，1997)，頁211–213；陳真編：《中國近代工業史資料》，第4輯《中國工業的特點、資本、結構等和工業中各行業概況》(北京：生活‧讀書‧新知三聯書店，1961)，頁61–65；Michael Ng, "Borrowing without Banks: Deposit-Taking by Early Twentieth-Century Chinese Firms (1920s–1930s)," *Business History Review* 97.4 (March 2024): 809–838。吳相：《從印刷作坊到出版重鎮》，頁340亦注意到這種儲蓄賬戶問題。又楊蔭溥：《上海金融組織概要》(上海：商務印書館，1930)，第9章〈上海之儲蓄機關〉，頁223–267指出當時上海經營儲蓄存款有五大類(以普通儲蓄為主要業務之銀行、兼營普通儲蓄之商業銀行、兼營普通儲蓄之信託公司、特種普通儲蓄機關、專營或兼營有獎儲蓄機關)，內第四大類「特種普通儲蓄機關」細分四種(合組儲藏會、附屬普通商業組織之儲蓄部、公益儲蓄會、郵政儲蓄金等等)，商務的存款業務即屬細類的「附屬普通商業組織之儲蓄部」。該書對上海相關的存款概況有清晰的說明。

12　汪家熔：《商務印書館史及其他》，頁77–79。

13　周武、陳來虎整理：〈商務印書館董事會議錄(一)(1909–1910)〉，頁296。

14　按孔敏編：《南開經濟指數資料彙編》(北京：中國社會科學出版社，1988)，頁449，1914年匯價上海元1.68折美金1元計算。

15　"Trading and Profit and Loss Account," April 30, 1914, British Library Macmillan Archive ADD MS 54881, f. 38。

16　So, So, and Ng, "A Glimpse into the 1929 Corporate Performance in the Book Industry."

17　按每上海元折0.55美元的匯率計算。December 1929 issue of *Federal Reserve Bulletin*, Federal Reserve Board, Washington D. C., p. 805。

18　紐約麥美倫的資產淨值(股本及盈餘公積)為10,814,941美元，商務的資產淨值(股本＋普通公積＋特別公積＋盈餘＋各項準備金)為4,154,983美元。

19　例如商務因為銀行存款過多帶來風險，引起張元濟與鮑咸昌及商鳳池兩人間，就是否應該購買物業保值發生激烈爭議，見張學繼：《嗜書、藏書、出書的一生：張元濟傳》(北京：團結出版社，2018)，頁209–218。

20　關於近代上海房地產的變遷，見Tomoko Shiroyama, "The Shanghai Real Estate Market and Capital Investment, 1860–1936," in *The Treaty Port Economy in Modern China: Empirical Studies of Institutional Change and Economic Performance*, eds. Billy K. L. So and Ramon H. Myers (Berkeley, CA: Institute of East Asian Studies, University of California at Berkeley, 2011), pp. 47–74.

21　按每上海元折0.55美元的匯率計算，據 *Federal Reserve Bulletin*, December 1929 issue, Federal Reserve Board, Washington D.C., p. 805。

22　《上海商務印書館董事會議錄》，第8冊(1928年9月至1931年5月)，頁41–42。這份材料是商務董事會議錄工運史料擇錄手抄本，周武先生藏本。

23　王雲五：《岫廬八十自述》，第21章，頁198。

24　British Library Macmillan Archive, ADD MS 54789-54882.

25　1915至1917年、1923至1927年、1933年。

26　British Library Macmillan Archive Part II (uncatalogued), "The Macmillan Company Minutes of a Special Meeting of the Stockholders."

27　William Andrew Paton and Ananias Charles Littleton, *An Introduction to Corporate Accounting Standards* (Chicago: American Accounting Association, 1940), pp. 92–93.

28　"Macmillan & Co. – Accounts 30th June 1935: Balance Sheet" (British Library Macmillan Archive Part II (uncatalogued)) A賬項的註腳表明，1927年董事會估計「商譽」價值145,000英鎊。

29　*Federal Reserve Bulletin*, Federal Reserve Board, December 1929 issue, Washington D. C., p. 805.

30　沒有經過收購資產升值而估算無形的「商譽」價值入賬，直接將這種「商譽」估值確定為實價資產的做法，與當今普遍認同的會計處理方式有很大差距。因此，今天會計學的「商譽」，與1929年美國會計實踐上的所謂「商譽」，可說並非相同的理念。

31　周武、陳來虎整理：〈商務印書館董事會議錄(三)(1923–1926)〉，載周武編：《上海學》，第3輯(上海：上海人民出版社，2016)，頁406。

32　見楊蔭溥：《上海金融組織概要》，頁251–261。

33　關於紐約麥美倫的數據來源，見British Library Macmillan Archive, ADD MS 54789-54882，按此檔案除收入該公司1898至1933年間每年經獨立會計師審核的資產負債表外，並有損益表。商務的營業額及盈餘數據分別來自已經出版的王雲五《商務印書館與新教育年譜》及共八冊的《上海商務印書館董事會議錄》，後者來自周武先生所藏的商務董事會議錄工運史料擇錄手抄本，當中1928年7月14日第336次董事會議錄的文字已經他整理出版，載周武編：《上海學》，第1至4輯(上海：上海人民出版社，2015–2016)，其他部分期將面世。周武先生能無私公開其私藏珍貴史料，造福學林，謹致敬意。詳細徵引信息見So, So, and Ng, "A Glimpse into the 1929 Corporate Performance in the Book Industry"。商務1920至1930年盈餘按南開匯價逐年折為美元，參孔敏編：《南開經濟指數資料彙編》，頁449。

# 第8章

# 企業經營狀況的數字虛實（二）
## 商務印書館、中華書局及紐約麥美倫公司 1932至1933年間的財務報告史料 *

## 一、前言

　　前章提到一家近代企業的財務報告，可以向股東及未來的投資者披露公司的財務狀況、經營方針及實質表現。研究企業過去的業績，若無法窺視其財務狀況，終究難以利用具體數字，說明其成敗因由。沒有數字的敘事式企業史，固然功不可沒，但後學轉精，近年研究企業史者，已經不會輕輕放過任何企業的財務史料。作為近代中國書業龍頭的商務印書館，不特在教育及文化方面，為中國作出巨大的貢獻，影響了20世紀以來好幾代的讀書人。同時，商務印書館在中國近代企業史上的地位，也越來越受經濟史家的重視。雖然如此，研究晚清民國時期的中國企業，往往不易找到它們的基本檔案，如財務報告、股東會紀錄、董事會紀錄等，而商務印書館也不例外。故此，雖然坊間不乏討論商務企業史的著作，但能在數字上深入探討者並不多見。前章述及我們在近史所檔案館所看到的一些民國時期史料，也包

* 　本章初稿〈從帳目看表現：商務印書館、中華書局及美國麥美倫公司1932/33年間的財務報告〉曾宣讀於華中師範大學近代史研究所主辦的「中國與亞太區的貿易與商業（1600–2000）」國際研討會（2017年10月9–10日，武漢）。承與會的濱下武志、王國斌、馬敏、李培德等學者多加指正，謹此致謝。

括當時中華書局的報告。此外，在倫敦大英圖書館和紐約市公立圖書館，也能看到一些紐約麥美倫公司的財務報告。本章僅將這些史料的部分內容臚列出來，以供研究近代書業的學者參考，並提供扼要的初步比較。

　　台北中央研究院近代史研究所檔案館所藏民國檔案中的經濟檔，收錄了商務印書館1929及1932年的財務報告。商務曾前後兩次向實業部申請，豁免其自行開發的華文打字機工業製成品商稅，見本書第5章。每次申請時，商務均需遞交一些文件，包括他們申請前的財務報告。1932年1月「一．二八事變」，商務在閘北的產業泰半為日軍炸毀，或在後來的縱火事件中化為灰燼。商務災後盤點報告，損失達一千六百萬元。本書前章比較了商務與紐約麥美倫1929年的財務報告，本章僅列出1932年12月31日的結算報告，[1]以見商務在劫後一年復業時的財務狀況。[2]中華書局是當時上海及全國第二大出版社。[3]它在1931年7月31日至1932年6月的財務報表，可用以比較商務與中華兩家企業在「一．二八事變」後的大體狀況。這份報告也收藏在近史所檔案館所藏民國檔案中的經濟檔，但附入實業部商業司公司登記卷。[4]

　　紐約麥美倫公司及倫敦麥美倫公司的簡介，見本書第11章。前者由後者於1896年在紐約註冊成立。30年後，雖然倫敦麥美倫家族仍為紐約麥美倫公司的最大股東群，但後者在主席老喬治．普拉特．布雷特 (George Platt Brett, Sr.) 的領導下，已經成為美國首屈一指的出版企業之一。其1932年4月31日年度資產總值，雖在美國經濟大恐慌的蕭條環境下，仍達1,100萬美元 (折約5,000萬元[5])，與1929年10月華爾街股市崩盤前的1,300萬相較，只下跌了15%，可謂經營有道。[6]以紐約麥美倫為參照點，觀察上海商務及中華書局在1930年代初的財務狀況，可以進一步從全球比較史的角度，探討商務印書館的企業史。前章已述紐約麥美倫公司的歷年財務檔案，包括其資產負債表及損益計算表，收藏於倫敦大英圖書館古籍及檔案部「麥美倫公司檔案」，已經編目及可供館內查閱。這些文件是當年英國麥美倫家族作為股東所獲

得的企業信息。同樣的報告，亦見於紐約市公立圖書館「麥美倫公司檔案」。

以下三節。第二節是商務印書館1932年12月31日為止的財務報告；第三節是附有中華書局1932年6月為止財務報告的第二十二次股東常會紀略全文；第四節是紐約麥美倫公司1932年4月為止的基本財務報告。各報告內含多份文件，有關商務及中華的部分，若檔案仍存，則全部逐一臚列。紐約麥美倫的部分，則僅列出資產負債表及損益計算表。以下使用楷體部分，均為原文。部分表格原文使用中文數目字，但為方便閱讀，已改為阿拉伯數字。直排文字一概轉為橫排。紐約麥美倫公司報表，則保留原來的英文狀況。由於各報表情況不一，重新製作時，有些部分可以直接輸入，但部分則要使用其他方法製作，不便輸入本文正文。該等部分將分為五份附件，以減輕製作時的失真程度。又各表內原文有大小字號之分，下文複製時均亦儘量予以顯示。

## 二、商務印書館1932年12月31日的財務報告

原檔案文件封面如下：

商務印書館股份有限公司

結算報告

中華民國二十一年份

目錄及原文頁數如下：

（案：原檔案缺此件。）

資產負債表

民國二十一年十二月三十一日

（見附錄一）

損益計算書

民國二十一年十二月三十一日（二十一年二月一日起）

（見附錄二）

財產目錄

民國二十一年十二月三十一日

（見附錄三）

## 營業報告書

查本公司二十年度結算，因遭國難，結至二十一年一月底為止，故二十一年度結算，應自二月起，至十二月底為止，計十一個月。本報告書所列二十一年度各項數目，均係自二月份起，至十二月止計算。

本公司上海總館二十一年份營業數，計一百二十萬零六千四百八十一元四角一分八厘。較二十年份二月至十二月，減少二百零三萬八千七百十八元有零，約減百分之六十二強。

各分支館二十一年份營業數，計四百三十六萬零九百零九元一角零九厘。較二十年份二月至十二月，減少三百三十四萬四千三百十七元有零，約減百分之四十三強。

總分支館合計，二十一年份營業總數，共五百五十六萬七千

三百九十元零五角二分七厘。較二十年份二月至十二月,減少五百三十八萬三千零三十一元有零,約減百分之四十九強。

總館二十一年份盈餘,計五十三萬三千七百四十二元九角二分一厘。

各分支館二十一年份盈餘者,為廣州、雲南、濟南、北平、天津、香港、新加坡、杭州、重慶、瀋陽、吉林、保定、梧州、南京、蘭谿十五處,計盈餘三十三萬八千零八十四元五角六分三厘。較二十年份,減少五十三萬一千零九十七元一角五分八厘。

總分支館合計,二十一年盈餘總數,共八十七萬一千八百二十七元四角八分四厘。

各分支館二十一年減虧者,為潮州、常德、福州、太原、吉林、黑龍江六處,計減虧六萬六千八百四十五元三角七分一厘。其他以各分館,從前存貨改折之公積提補,及總館照章退還貼息者,計七萬七千八百八十七元七角八分三厘。共計減虧十四萬四千七百三十三元一角五分四厘。

各分支館二十一年份虧耗者,為成都、漢口、南昌、廈門、開封、安慶、長沙、蕪湖、西安、貴陽十處,計虧二十萬零一千七百八十二元八角九分。

各分支館至二十一年底止,歷年積虧數,計三十八萬三千二百三十九元九角零一厘。

依上所述。本公司二十一年份營業總數,較二十年份減少幾近百分之五十。其原因,大都受時局影響。如瀋陽分館營業數,十九年份為七十二萬餘元,二十年份為五十六萬餘元,二十一年份僅九萬餘元,此其最甚者。即如長江一帶各分館,亦以去年春銷時適值滬戰,因此減退不少。加以總廠被難停工半年,其間雖有港平二分廠盡力造貨供給,究不能充分接濟。營業自不免因之走失。至於上年承巨劫之後,尚能有盈餘者。總館方面,則由於凡百緊縮,生產管理等費,均節省甚鉅。且未多量添購機器,僅就舊有餘存機器加工造貨,以是折舊利息等折耗,亦節省不少。

各分館方面，因受種種影響，盈餘數目，較二十年度減少百分之六十強。其中如瀋陽分館盈餘，則大致由於將已經折實之存貨，退回總館，或畫至其他分館使然。此則僅賬面上之利益，而實際上之損失，殆難數計。總之時局艱危，日甚一日，公司前途之困難，將較上年尤甚。未可以本屆之有盈餘而樂觀也。

董事會報告

## 監察人證明書

本屆結算各項數目，已就各種薄冊，分別檢查所有資產負債表、損益計算書及財產目錄，均經核對無訛。用

特此證明

周辛伯〔印〕
監察人　徐寄廎〔印〕
徐善祥〔印〕

中華民國二十二年三月二十日

# 三、中華書局股份有限公司第二十二次股東常會紀略

（原文如下）

第二十二次股東常會紀略　中華民國二十一年十二月十七日

中華民國二十一年十二月十七日，假座寧波同鄉會，開第二十二次股東常會。午後三時三十分開會。到會股東連代表三百二十六戶。續又到三戶。共一萬五千六百七十五股。折實一萬三千一百四十六權。開會情形如左。

一、公推吳鏡淵先生為臨時主席。

二、第二十一屆營業報告（全文錄後）。

三、第二十一屆表冊報告（貸借對照表、損益計算書、財產目錄附後）。

四、分派紅利議案，董事會提出（全文如左）。

本屆盈餘十八萬三千一百一十五元八角三分九釐。除提百分之十為法定公積，計洋一萬八千三百十一元六角；又提百分之五為職員獎勵金，計九千一百五十五元八角外，提出整數十五萬元，以八成為股息，照六釐分派，合洋十二萬元。二成為職員花紅，三萬元。尚餘五千六百四十八元四角三分九釐，作為派剩，併入下屆計算。

五、選舉董事

| | | | |
|---|---|---|---|
| 陸費伯鴻 | 8760權 | 孔庸之 | 6786權 |
| 唐少川 | 8417權 | 吳鏡淵 | 6457權 |
| 史量才 | 7658權 | 沈陵范 | 5993權 |
| 陳協恭 | 7469權 | 李默非 | 5669權 |
| 舒新城 | 6999權 | 高欣木 | 4887權 |
| 汪伯奇 | 6964權 | | |

以上十一人當選

| | | | |
|---|---|---|---|
| 丁輔之 | 3504權 | 宋子文 | 1759權 |
| 路錫三 | 2940權 | 顧石臣 | 1566權 |
| 伍渭英 | 2739權 | 沈朵山 | 1230權 |
| 陳子康 | 2548權 | 胡懋昭 | 1186權 |
| 張獻之 | 2348權 | 朱肖琴 | 799權 |
| 毛純卿 | 2297權 | | |

以上十一人次多數

六、選舉監察

| | | | |
|---|---|---|---|
| 徐可亭 | 6470權 | 黃毅之 | 5443權 |

以上二人當選

戴朗台　　4694權　　　　陳蔗青　　3056權

以上二人次多數

第二十一屆營業報告

本屆營業總店九十六萬餘元。印刷所一百零七萬元。各分局一百六十四萬元，共計三百六十七萬餘元。較上屆約減百分之八。

本屆新出圖書二百七十一種，計四百四十一冊，定價洋一百七十九元八角二分。約比上屆減少百分之十一。

本屆營業，因東北國難及淞滬戰事，頗受影響。東北營業，僅剩什一二。哈長兩局售得之款，不敷開銷，業已收歇。吉局亦不克支持，恐須暫停營業。遼局帳欠十餘萬，且須接收吉長兩局帳項（哈局係代辦性質，已完全結束）。只得勉強支持。

新廠尚未動工，因鑒於一二八閘北損失之大，擬變集中式為分散式，總廠擬注重製版，而酌設印刷分所於滬、港、津、漢等處，分別供給各方之需要。紙版亦視該書銷路繁簡，多備一二副至四五副，庶可減少危險，謀本公司之安全，即所以謀我國文化之安全也。

吳有倫〔印〕

第念壹屆 **貸借對照表** 附損益計算書 財產目錄

(案：以下各表格格式，原文件直排，現改為橫排，數字分三格，原文件格式如此。)

民國二十年七月至二十一年六月

財產之部

| 項目 | 百 | 十萬千 | 百十元 | 角分釐 |
|---|---|---|---|---|
| 地基 | | 324 | 116. | 836 |
| 房屋 | | 285 | 877. | 294 |
| 印刷機械 | | 470 | 149. | 211 |
| 生財裝修 | | 6 | 961. | 203 |
| 版權 | | 98 | 130. | 680 |
| 圖版 | | 182 | 093. | 165 |
| 分局資本 | | 145 | 500. | 000 |
| 文明書局資本 | | 77 | 440. | 000 |
| 副業股份 | | 28 | 000. | 000 |
| 存出押櫃及保證金 | | 8 | 912. | 857 |
| 文明往來 | | 20 | 297. | 915 |
| 各戶欠款 | | 13 | 067. | 028 |
| 存出廠基售款 | | 500 | 000. | 000 |
| 存貨 | 1 | 341 | 217. | 808 |
| 分局貨款 | | 601 | 957. | 055 |
| 各戶貨款 | | 158 | 047. | 145 |
| 預付貨款 | | 38 | 356. | 099 |
| 預付地價 | | 328 | 603. | 535 |
| 有價證券 | | 2 | 263. | 147 |
| 存出中華儲蓄壽險團款 | | 123 | 831. | 107 |
| 銀行錢莊往來 | | 151 | 928. | 601 |
| 現金 | | 58 | 292. | 092 |
| 共計 | 4 | 965 | 042. | 779 |

負擔之部

| 項目 | 百 | 十萬千 | 百十元 | 角分釐 |
|---|---|---|---|---|
| 資本 | 2 | 000 | 000. | 000 |
| 公積 | | 47 | 800. | 000 |
| 分局公積 | | 48 | 644. | 083 |
| 抵押借款 | | 500 | 000. | 000 |
| 中華儲蓄壽險團 | | 123 | 831. | 107 |
| 存入保證金 | | 128 | 307. | 142 |
| 存入款項 | 1 | 100 | 990. | 273 |
| 發售禮券 | | | 807. | 300 |
| 預收貨款 | | 188 | 700. | 892 |
| 暫記存款 | | 45 | 386. | 371 |
| 廠基售款 | | 500 | 000. | 000 |
| 提存分局花紅 | | 13 | 632. | 266 |
| 未付歷屆紅利 | | 35 | 560. | 217 |
| 未付資款 | | 20 | 619. | 894 |
| 派剩餘利 | | 18 | 157. | 923 |
| 派剩花紅 | | 9 | 489. | 472 |
| 本屆盈餘 | | 183 | 115. | 839 |
| 共計 | 4 | 965 | 042. | 779 |

損益計算書 第二十一屆

| 利益類 | 百 | 十萬千 | 百十元 | 角分釐 |
|---|---|---|---|---|
| 本屆毛利 | 1 | 086 | 911. | 009 |
| 轉股費 | | | 42. | 000 |
| 共計 | 1 | 086 | 953. | 009 |
| **損失類** | **百** | **十萬千** | **百十元** | **角分釐** |
| 總公司開支 | | 415 | 312. | 773 |
| 印刷所開支　房租廣告利息保險等均入總公司開支項下 | | 319 | 550. | 031 |
| 編輯費及版稅 | | 159 | 073. | 645 |
| 兌換虧損 | | 9 | 900. | 721 |
| 本屆盈餘 | | 183 | 115. | 839 |
| 共計 | 1 | 086 | 953. | 009 |

第念壹屆財産目錄

| 項目 | 百 十萬千 | 百十元 | 角分釐 |
|---|---|---|---|
| 地基 | 324 | 116. | 836 |
| 靜安寺路總廠地基　三十七畝四分二釐五毫 | 125 | 787. | 847 |
| 河南路總店地基　九分七釐 | 118 | 055. | 554 |
| 太原分局地基　六分九釐 | 1 | 800. | 000 |
| 長沙分局地基　九分尚未着實丈量 | 8 | 530. | 494 |
| 長沙分局新購地基房屋 | 10 | 420. | 841 |
| 南昌分局新購地基 | 9 | 522. | 100 |
| 青島分局新購地基　六分餘 | 50 | 000. | 000 |
| 房屋 | 285 | 877. | 294 |
| 總廠房屋造價　270409.161　　五折 | 135 | 204. | 580 |
| 總店房屋造價　93773.157　　五五折 | 51 | 575. | 236 |
| 出租房屋造價　108689.139　　七五折 | 81 | 516. | 854 |
| 北平分局倒價　2750.000　　五五折 | 1 | 512. | 500 |
| 北平文明原倒價　1100.000 折入 | | 215. | 000 |
| 廣州分局　倒價3075.030。添造改建費約4000元不計　五五折 | 1 | 691. | 266 |
| 南昌分局造價　13752.637　　五五折 | 7 | 563. | 950 |
| 福州分局　倒價2063.380。添造建築費約 2933.000　五五折 | 2 | 748. | 009 |
| 太原分局造價　6999.817　　五五折 | 3 | 849. | 899 |
| 印刷機械　原數819773.222　折扣不一,扯五、七、三五折 | 740 | 149. | 212 |
| 生財裝修 | 6 | 961. | 203 |
| 生財原數　第十一屆以前不計　43695.478　一折 | 4 | 369. | 548 |
| 裝修原數　第十一屆以前不計　25916.551　一折 | 2 | 591. | 655 |
| 版權　第十一屆以前不計　原數981306.805　一折 | 98 | 130. | 680 |
| 圖版　第十一屆以前不計　原數52066.187　三五折 | 182 | 093. | 165 |
| 分局資本　原數291000.000　五折 | 145 | 500. | 000 |
| 文明書局資本　原數193600.000　四折 | 77 | 440. | 000 |
| 副業股份　原數40000.000　七折 | 28 | 000. | 000 |
| 存出押櫃及保證金 | 8 | 912. | 857 |
| 文明往來　原數40595.831　五折 | 20 | 297. | 915 |
| 各户欠款　原數65335.142　二折 | 13 | 067. | 028 |
| 存出廠基售價 | 500 | 000. | 000 |

| 項目 | 百 | 十萬千 | 百十元 | 角分釐 |
|---|---|---|---|---|
| 存貨 | 1 | 341 | 217. | 808 |
| 　紙張原數 306492.948　七五折 | | 229 | 869. | 711 |
| 　油墨材料原數　49684.220　七五折 | | 37 | 263. | 165 |
| 　總局存書碼　3340497.675　二折 | | 668 | 099. | 535 |
| 　又　外版西書、屏聯、碑帖、留聲機等，折扣不一 | | 146 | 283. | 783 |
| 　儀器文具原數　577114.698　四五折 | | 259 | 710. | 614 |
| 分局貨款　原數1337682.344　四五折 | | 601 | 957. | 055 |
| 各户貨款　原數526823.817　三折 | | 158 | 047. | 145 |
| 預付貨款 | | 38 | 356. | 099 |
| 預付地價　新廠地基約四十畝未交割清楚 | | 328 | 603. | 535 |
| 有價證券　原數4526.295　五折 | | 2 | 263. | 147 |
| 存出中華儲蓄壽團款 | | 123 | 831. | 107 |
| 銀行錢莊往來 | | 151 | 928. | 601 |
| 現金 | | 58 | 292. | 092 |
| 共計 | 4 | 965 | 042. | 779 |

以上各項均經核對準確　董事

監察　徐士淵　黃景范

董事　孔祥熙　陸費逵

　　　唐紹儀　陳寅

　　　吳有倫　高時顯

　　　沈樂康　史量才

　　　李廷翰

審查中華書局股份有限公司第二十一屆帳目證明書

經證明者，本會計師現已將

貴公司自民國二十年七月一日起，至二十一年六月三十日止，第二十一屆之會計審查完竣。所有本屆決算表內臚列各款，業經與

貴公司會計部之各項帳簿及印刷所、總店與分局、課之報告表冊，核對相符。行、莊存款，滾存現金，各項契據、股票、債券等，亦經於最近期內，會同檢閱無誤。又各項盤存資產，係據經管部份盤查報告，由會計部覆核，認為確實，除另附報告書外，本會計師

特證明，前揭資產負債表及損益計算書，係表示上開日期

貴公司之真實財政狀況及營業成績，須至證明者。右致

中華書局股份有限公司

徐永祚會計師總事務所

主任會計師 徐永祚 印

中華民國二十一年十二月九日

## 四、紐約麥美倫公司1932年的財務報告

本部分僅錄1932年4月31日止的英語資產負債表及損益報告書。會計師報告書及各項附表均從略。

資產負債表見附錄四。

損益報告書見附錄五。

## 五、幾點初步觀察和討論

本文僅臚列了1932至1933年間商務、中華及紐約麥美倫三家大出版公司的財務報表，以供研究企業史的學者參考。有些數據看來都饒

有意思。為方便比較，除註明美元外，美元數據按匯率1美元兌4.55元換算為中國貨幣。諸如股本額，商務300萬元，中華200萬元，紐約麥美倫3,600萬元多。紐約麥美倫分別是商務的12倍、中華的18倍。資產總值而言，商務940多萬元，中華不足500萬，紐約麥美倫有5,000多萬元。紐約麥美倫資產只是商務的5倍、中華的10倍。股本與資產比，商務每1元資本催生了3元多資產，中華2.5元，紐約麥美倫只有1.4元多。算盈餘的話，商務有87萬元，中華18萬，紐約麥美倫差不多840萬元，即商務和中華的盈餘都保持在資產總值的9%左右，紐約麥美倫最保守，高達16%。持有的地基及房屋資產值，商務140萬元，中華60萬，紐約麥美倫800萬元，佔資產總值比例分別是商務15%，中華4%，紐約麥美倫17%。相對之下，紐約麥美倫對持有不動產的興趣最大，商務接近，中華明顯地志不在此。從盈餘來看，商務130萬元多，中華100萬元以上，紐約麥美倫則不足200萬元。紐約麥美倫資本額為商務12倍，盈餘僅較商務多一半左右；資本金為中華18倍，但盈餘僅是後者的一倍。此外，值得注意的是，在紐約麥美倫5,000萬元的資產中，有2,000多萬為商譽，佔45%。商譽為無形資產，作為一個會計項目，在1930年代仍甚具爭議，美國的會計準則仍未加以規範，紐約麥美倫自定500萬美元商譽，是一種財技，製造了企業的賬面財富及表現形象，對其實質經營的影響，有待探索。反觀商務及中華的賬目中，沒有類似的無形商譽資產，否則三者的資產總值會大為拉近。從這些數據稍作分析及比較，不難顯示出很多經營上的作風、策略、管理及方向。這些例子同時說明，企業牟利成就的高低，恐怕不宜從單一角度或簡單數據加以論斷。

# 附錄一：商務印書館資產負債表（1932）

商 務 印 書 館 股 份 有 限 公 司

## 資產負債表

中華民國二十一年十二月三十一日

| 資產之部 | 銀 圓 | | | 負債之部 | 銀 圓 | | |
|---|---|---|---|---|---|---|---|
| 流動資產 | | | | 近期負債 | | | |
| 1. 現款 | | | | 1. 應付期票 | | 52,928.700 | |
| 　庫存 | 19,735.405 | | | 2. 客戶存賬 | | 1,096,545.910 | |
| 　銀行錢莊 | 543,708.000 | 563,443.405 | | 3. 分館存賬 | | 22,581.857 | |
| 2. 應收期票 | | 15,648.900 | | 4. 暫記存賬 | | 120,115.384 | |
| 3. 客戶欠帳 | | 523,142.595 | | 5. 未付款項 | | 206,824.836 | |
| 4. 分館欠帳 | | 3,428,545.629 | | 6. 儲蓄及存款 | | 333,360.725 | |
| 5. 未收款項 | | 348,375.492 | | 7. 預收定書存款 | | 1,024,289.553 | |
| 6. 存貨 | | | | 　近期負債共計 | | | 2,856,656.965 |
| 　中書 | 741,600.000 | | | 各項準備 | | | |
| 　原版西書 | 106,900.000 | | | 8. 各項準備 | | | |
| 　儀器文具玩具 | 239,100.000 | | | 　外業準備 | 42,812.820 | | |
| 　雜件 | 9,800.000 | 1,097,400.000 | | 　存貨準備 | 150,000.000 | | |
| 7. 未了品 | | 239,812.751 | | 　各項欠賬準備 | 2,229,470.074 | 2,422,282.894 | |
| 8. 紙張原料 | | | | 　各項準備共計 | | | 2,422,282.894 |
| 　紙張 | 435,200.000 | | | 股本及公積 | | | |
| 　原料 | 158,500.000 | 593,700.000 | | 9. 股本 | | 3,000,000.000 | |
| 　流動資產共計 | | | 6,810,068.772 | 10. 甲種特別公積* | | 261,074.238 | |
| 固定資產 | | | | 　股本及公積共計 | | | 3,261,074.238 |
| 9. 外業 | | 124,559.120 | | 盈餘 | | | |
| 10. 生財裝修 | | 16,416.290 | | 11. 本屆盈餘 | | 871,827.484 | 871,827.484 |
| 11. 機器工具 | | 788,494.880 | | | | | |
| 12. 房屋 | | 363,400.000 | | | | | |
| 13. 地基 | | 1,031,500.000 | | | | | |
| 14. 書稿 | | | | | | | |
| 　藏書 | 47,700.000 | | | | | | |
| 　版權及存稿 | 85,100.000 | 132,800.000 | | | | | |
| 　固定資產共計 | | | 2,457,170.290 | | | | |
| 預付資產 | | | | | | | |
| 15. 預支款項 | | 144,592.519 | 144,592.519 | | | | |
| | | | 9,411,831.581 | | | | 9,411,831.581 |

*係依照上年九月四日股東會議決，舊廠內燼餘貨物，修理後自用、作價或售出所得，作
為甲種特別公積，專備復股之用。

# 附錄二：商務印書館損益計算書（1932）

商務印書館股份有限公司

## 損 益 計 算 書

中華民國二十一年十二月三十一日止（二十一年二月一日起）

| 損失之部 | 銀圓 | | 利益之部 | 銀圓 | |
|---|---|---|---|---|---|
| 1. 各項開銷 | | | 1. 貨物毛利 | | 1,306,106.032 |
| 管理費 | 198,550.378 | | 2. 廣告損益 | | 3,278.744 |
| 營業費 | 292,394.836 | 490,945.214 | 3. 各項利益 | | |
| 2. 各項損失 | | | 分館收息 | 80,077.610 | |
| 善後辦事處用費 | 187,913.892 | | 本業收息 | 45,318.486 | |
| 同人退休金 | 127,230.500 | | 外業收息 | 59,803.668 | |
| 清理舊廠特別費 | 21,817.122 | | 銀行錢莊息 | 47,817.540 | |
| 各項付息 | 62,739.793 | | 各項收息 | 14,390.000 | |
| 離幣兌換損失 | 641.127 | | 估賬利益 | 69,373.187 | |
| 其他 | 44,803.417 | 445,145.851 | 規元兌換利益 | 13,757.371 | |
| 3. 各項折舊 | | | 金幣兌換利益 | 72,924.639 | |
| 地基房屋 | 57,291.494 | | 其他 | 87,629.668 | 491,092.169 |
| 機器工具 | 131,304.851 | | 4. 提回各項準備費 | | |
| 生財裝修 | 78,256.740 | | 客戶欠賬準備費 | 222,266.707 | |
| 版權及存稿 | 59,782.004 | | 暫記欠賬準備費 | 60,916.864 | |
| 藏書 | 4,000.000 | 330,635.089 | 分館局欠賬準備費 | 71,640.650 | 354.824.221 |
| 4. 提存各項準備費 | | | 5. 分館盈餘 | | 338,084.563 |
| 外業準備費 | 1,306.850 | | | | |
| 存貨準備費 | 50,000.000 | | | | |
| 客戶損失準備費 | 50,000.000 | | | | |
| 未了品準備費 | 71,943.830 | | | | |
| 分館腐耗準備費 | 57,049.736 | 230,300.416 | | | |
| 5. 上屆虧耗 | | 124,531.675 | | | |
| 6. 本屆盈餘 | | | | | |
| 總館 | 533,742.921 | | | | |
| 分館 | 338,084.563 | 871,827.484 | | | |
| | | 2,493,385.729 | | | 2,493,385.729 |

# 附錄三：商務印書館財產目錄（1932）

商務印書館股份有限公司

## 財產目錄

中華民國二十一年十二月三十一日

| 項目 | | 原數 | | 折扣 | 淨計銀圓 | 總計銀圓 |
|---|---|---|---|---|---|---|
| 1. 現款 | | | | | | |
| 庫存 | | | | | | |
| 總　　　　館 | | 14,947.615 | | | | |
| 北　平　分　廠 | | 2,897.960 | | | | |
| 香　港　分　廠 | | 1,889.830 | 19,735.405 | | 19,735.405 | |
| 銀行錢莊 | | | | | | |
| 總　　　　館 | | 490,326.840 | | | | |
| 北　平　分　廠 | | 11,740.060 | | | | |
| 香　港　分　廠 | | 41,641.100 | 543,708.000 | | 543,708.000 | 563,443.405 |
| 2. 應收期票 | | | | | | 15,648.900 |
| 3. 客戶欠賬 | | | | | | |
| 總　　　　館 | | | | | 478,815.154 | |
| 北　平　分　廠 | | | | | 3,163.311 | |
| 香　港　分　廠 | | | | | 19,164.130 | 523,142.595 |
| 4. 分館欠賬 | | | | | | 3,428,545.620 |
| 5. 未收款項 | | | | | | |
| 未　收　款　項 | | | | | 10,290,929 | |
| 分　館　盈　餘　暫　記 | | | | | 338,084,563 | 348,375.492 |
| 6. 存貨 | | | | | | |
| 本版圖書 | | | | | | |
| 總　　　　館 | | 2,394,980.835 | | 二折 | | |
| 北　平　分　廠 | | 494,682.210 | | 二折 | | |
| 香　港　分　廠 | | 818,817.820 | | 二折 | | |
| 提存滯銷本版書 | | 14,286.905 | 3,722,767.770 | 不計 | 741,600.000 | |
| 原版西書 | | | | | | |
| 通　銷　西　書 | | 213,991.850 | | 五折 | | |
| 提存滯銷西書 | | 450,000.000 | 663,991.850 | 不計 | 106,900.000 | |
| 儀器文具玩具 | | | | | | |
| 儀　器　文　具　玩　具 | | 398,585.221 | | 六折 | | |
| 提存滯銷儀器文具 | | 100,000.000 | 498,585.221 | 不計 | 239,100.000 | |
| | | | | | | 4,879,156.021 |

| 項目 | | 原數 | | 折扣 | 淨計銀圓 | 總計銀圓 |
|---|---|---|---|---|---|---|
| 雜件 | | | | | | |
| 鉛　　　　件 | | 19,565.923 | | 五折 | | |
| 雜　　　　件 | | 193.600 | 19,759.523 | 五折 | 9,800.000 | 1,097,400.000 |
| 7.　未了品 | | | | | | |
| 總　　　　館 | | | | | 122,866.601 | |
| 北　平　分　廠 | | | | | 89,026.750 | |
| 香　港　分　廠 | | | | | 27,919.400 | 239,812.751 |
| 8.　紙張原料 | | | | | | |
| 紙張 | | | | | | |
| 總　　　　館 | | 274,287.660 | | 七折 | | |
| 北　平　分　廠 | | 96,724.248 | | 七折 | | |
| 香　港　分　廠 | | 250,808.320 | 621,820.228 | 七折 | 435,200.000 | |
| 原料 | | | | | | |
| 總　　　　館 | | 31,757.673 | | 七折 | | |
| 北　平　分　廠 | | 20,598.670 | | 七折 | | |
| 香　港　分　廠 | | 65,382.120 | 117,738.463 | 七折 | 82,400.000 | |
| 總館 | 銀條折實數 $76,118.400 | | | 折實 | 76,100.000 | 593,700.000 |
| 9.　外業 | | | | | | |
| 各業股份 | | | | | | 124,559.120 |
| 10.　生財裝修 | | | | | | |
| 總管理處生財 | 民國二十一年共付 | 17,101.170 | | 一折 | 1,700.000 | |
| 總管理處裝修 | 民國二十一年共付 | 1,810.630 | | 一折 | 100.000 | |
| 發行所生財 | 民國十七年以前原數 $70,226,115 均除去不計 十七年至二十一年共付 | 40,344.114 | | 一折 | 4,000.000 | |
| 發行所裝修 | 民國十七年以前原數 $27,800,731 均除去不計 十七年至二十一年共付 | 38,431.276 | | 一折 | 3,800.000 | |
| 印刷廠生財 | 民國二十年至二十一年共付 | 7,414.310 | | 一折 | 700.000 | |
| 印刷廠裝修 | 民國二十一年共付 | 9,629.910 | | 一折 | 900.000 | |

| 項目 | | 原數 | | 折扣 | 淨計銀圓 | 總計銀圓 |
|---|---|---|---|---|---|---|
| 製版廠生財 | 民國二十一年共付 | | 5,354.795 | 一折 | 500.000 | |
| 製版廠裝修 | 民國二十一年共付 | | 5,342.700 | 一折 | 500.000 | |
| 平版廠生財 | 民國二十一年共付 | | 107.600 | 不計 | 不計 | |
| | | | | | | 6,934,627.892 |
| 北平分廠生財裝修 | | | | 折實 | 1,075.450 | |
| 香港分廠生財 | 民國十七年至二十一年共價原數 H$8,156.860 @.91 | | 8,974.571 | 一折 | 897.450 | |
| 香港分廠裝修 | 民國十七年至二十一年共價原數 H$20,474.880 @.91 | | 22,433.934 | 一折 | 2,243.390 | 16,416.200 |
| 11. 機器工具 | | | | | | |
| 總館 | | | 1,151,902.600 | 折實 | 455,600.000 | |
| 北平分廠 | | | 191,325.040 | 折實 | 56,215.880 | |
| 香港分廠 | | | .478,535.460 | 折實 | 276,679.000 | 788,494.880 |
| 12. 房屋 | | | | | | |
| 發行所房屋 | 民國元年落成 | | 58,361.500 | 一折 | 5,800.000 | |
| 第五印刷部房屋 | 民國十二年購進連加房屋共計 | | 97,929.640 | 三折 | 29,300.000 | |
| 第五印刷所自流泉存水池 | 民國十二年落成 | | 3,176.951 | 一折 | 300.000 | |
| 第五印刷所白鐵棧房 | 民國十九年落成 | | 22,919.230 | 五折 | 11,400.000 | |
| 北平分館房屋 | 民國十一年落成 | | 39,463.179 | 三五折 | 18,800.000 | |
| 天津分館房屋 | 民國十五年落成 | | 93,893.510 | 六五折 | 61,000.000 | |
| 天津分館棧房 | 民國十三年購進 | | 21,373.100 | 一五折 | 3,200.000 | |
| 津館衛生設施 | 民國十五年落成 | | 8,120.660 | 一折 | 800.000 | |
| 瀋陽分館房屋 | 民國十五年落成 | | 30,869.639 | 六五折 | 20,000.000 | |
| 瀋陽分館棧房 | 民國二十年落成 | | 38,446.974 | 八五折 | 32,600.000 | |
| 瀋陽衛生設施 | 民國十五年落成 | | 7,900.000 | 一折 | 700.000 | |
| 瀋陽棧房衛生設施 | 民國二十年落成 | | 5,591.691 | 四折 | 2,200.000 | |
| 濟南分館房屋 | 民國十四年購進 | | 64,134.520 | 一五折 | 9,600.000 | |
| 南京分館房屋 | 民國十七年購進 | | 15,166.590 | 三折 | 4,500.000 | |

| 項目 | | 原數 | | 折扣 | 淨計銀圓 | 總計銀圓 |
|---|---|---|---|---|---|---|
| 杭州迎紫路房屋 | 民國十三年購進 | | 22,088.099 | 一五折 | 3,300.000 | |
| 南昌分館樓房 | 民國十四年購進 | | 3,088,900 | 一五折 | 400.000 | |
| 長沙分館房屋 | 民國十五年落成 | | 28,579.500 | 六五折 | 18,500.000 | |
| 長沙分館樓房 | 民國十四年購進 | | 8,411.770 | 一折 | 800.000 | |
| 重慶分館房屋 | 民國十三年購進 | | 5,577.310 | 一五折 | 800.000 | |
| 京華印書局房屋 | 民國十年落成 | | 113,385.610 | 三折 | 34,000.000 | |
| 京局衛生設施 | 民國十五年落成 | | 9,900.000 | 一折 | 900.000 | |
| | | | | | | 7,739,539.062 |
| 香港砵典乍街房屋 | 民國十三年購進 | | 61,212.674 | 一折 | 6,100.000 | |
| 莫干山房屋 | 民國六年落成 | | 3,838.500 | 不計 | 不計 | |
| 太原西肖牆街房屋 | 民國十九年購進 | | 40,521.834 | 四折 | 16,200.000 | |
| 南京戶部街房屋 | 民國二十年購進 | | 1,310.960 | 四五折 | 500.000 | |
| 貴陽北大街房屋 | 民國二十年購進 | | 9,399.500 | 四五折 | 4,200.000 | |
| 港廠房屋建築暫記 | | | 515.460 | 九折 | 400.000 | |
| 廣館房屋建築暫記 | | | 91,273.353 | 九折 | 82,100.000 | 363,400.000 |
| 13. 地基 | | | | | | |
| 發行所地基 | 計地一畝三〇六 | | 86573.110 | | 86,500.000 | |
| 編譯所印刷所地基 | 計地七〇畝一〇二 | | 218,917.350 | 八折 | 175,100.000 | |
| 第五印刷部地基 | 計地一二畝七八四 | | 51,136.000 | 八折 | 40,900.000 | |
| 第五印刷部附屬地基 | 計地二畝二一一 | | 16,705.250 | 八折 | 13,300.000 | |
| 寶山路廠外棧房地基 | 計地四畝八一二 | | 24,060.000 | 八折 | 19,200.000 | |
| 南京路地基 | 計地一畝八四五 | | 200,805.740 | | 200,800.000 | |
| 家慶里地基 | 計地一一畝九四三 | | 60,000.000 | 八折 | 48,000.000 | |
| 尚公學校地基 | 計地二畝〇二七 | | 2,834.000 | 八折 | 2,200.000 | |
| 王家宅地基 | 計地二〇畝〇四四 | | 29,598.770 | 八折 | 23,600.000 | |
| 北平琉璃廠地基 | 計地九分〇一六 | | 12,400.000 | 八折 | 9,900.000 | |
| 天津大胡同地基 | 計地一畝三〇五三 | | 42,290.000 | 八折 | 33,800.000 | |
| 瀋陽鼓樓北地基 | 計地二畝一五八 | | 37,800.000 | 八折 | 30,200.000 | |
| 濟南西大街地基 | 計地二畝五〇九 | | 12,545.000 | 八折 | 10,000.000 | |
| 南京太平街地基 | 計地六分六六八 | | 6,585.000 | 八折 | 5,200.000 | |

| 項目 | | 原數 | | 折扣 | 淨計銀圓 | 總計銀圓 |
|---|---|---|---|---|---|---|
| 杭州迎紫路地基 | 計地四畝三三二 | | 10,829.000 | 八折 | 8,600.000 | |
| 南昌射步亭地基 | 計地九分四二七 | | 1,414.000 | 八折 | 1,100.000 | |
| 長沙南正街地基 | 計地二畝五五四 | | 12,770.000 | 八折 | 10,200.000 | |
| 重慶白象街地基 | 計地七分〇四四 | | 3,522.000 | 八折 | 2,800.000 | |
| 廣州永漢北路地基 | 計地一畝〇六〇四 | | 64,097.048 | 八折 | 51,200.000 | |
| 漢口後城馬路地基 | 計地四畝三六五 | | 128,109.420 | 八折 | 102,400.000 | |
| 北平虎坊橋地基 | 計地二畝〇五九 | | 4,409.800 | 八折 | 3,500.000 | |
| | | | | | | 8,102,939.062 |
| 香港砵甸乍街地基 | 計地三分四七二 | | 60,000.000 | 八折 | 48,000.000 | |
| 香港銅鑼灣地基 | 民國十九年購進 計地一九畝一五八 | | 106,771.680 | 八折 | 85,400.000 | |
| 莫干山避暑處地基 | 計地三畝 | | 700.000 | 八折 | 500.000 | |
| 太原肖繡街地基 | 民國十九年購進 計地三畝五四〇八 | | 14,000.000 | 八折 | 11,200.000 | |
| 貴陽北大街地基 | | | 4,700.000 | 八折 | 3,700.000 | |
| 南京戶部街地基 | | | 1,500.000 | 八折 | 1,200.000 | |
| 三民路地基 | 計地二畝三四六 | | 3,778.000 | 八折 | 3,000.000 | 1,031,500.000 |
| 14. 書稿 | | | | | | |
| 藏　　　書 | 原數$323,169.035 減去 2/3 | | 107,723.010 | 扯四四折 | 47,700.000 | |
| 版權及存稿 | | | | | | |
| 自編稿件 | 民國十七年以前原數 $3,222,227.724 均除去不計十七年至二十一年共計 | 1,293,391.351 | | 半折再七折 | | |
| 購入稿件 | 民國十七年至二十一年共計 | 571,356.599 | 1,864,747.950 | 一折再七折 | 85,100.000 | 132,800.000 |
| 15. 預支款項 | | | | | | |
| 總　　　館 | | | | | 128,791.604 | |
| 北　平　分　廠 | | | | | 7,650.585 | |
| 香　港　分　廠 | | | | | 8,150.330 | 144,592.519 |
| | 總計 | | | | | 9,411,831.581 |

# 附錄四：紐約麥美倫公司資產負債表（1932）

THE MACMILLAN COMPANY
BALANCE SHEET APRIL 30, 1932

**Assets**

CURRENT ASSETS

| | | |
|---|---|---|
| Cash in banks and on hand | $1,092,600.31 | |
| Bills and warrants receivable | 36,041.85 | |
| Accounts receivable, less reserves | 996,773.97 | |
| Accounts with affiliated companies | | |
| Macmillan & Co., Ltd. London | 14,131.64 | |
| The Macmillan Company of Canada, Ltd. | 59,047.36 | |
| Advances to manufacturers | 32,524.62 | |
| Inventories (including merchandise shipped to branches in April) | 1,414,608.33 | |
| | | $3,645,728.28 |

BRENTANO'S, INC. – FIVE-YEAR
NOTES DUE FEBRUARY 28, 1935,
LESS RESERVE ..................................................................... 11,250.00

CASH ON DEPOSIT IN CLOSED
BANK, LESS RESERVE ......................................................... 4,828.34

DEFERRED CHARGES

| | | |
|---|---|---|
| Advances to authors against anticipated | 125,361.88 | |
| royalties, per contra | 30,485.14 | |
| Prepaid taxes | 9,998.81 | |
| Other deferred charges | | 165,845.83 |

CAPITAL ASSETS
  Land and buildings, less reserve for
depreciation                          $1,941,249.96
  Furniture and fixtures, less reserve for
depreciation                          119,374.88
  Automobiles, less reserve for
depreciation                          79,766.45
    Plates                          250,000.00
    Copyrights                     1.00
  Investment in stock of affiliated
company                        10,000.00
                                             2,400,392.29


GOODWILL                                 5,000,000.00

                                     11,228,044.74

## Liabilities

CUURENT LIABILITIES
  Accounts payable                    212,140.85
  Royalties payable                    709,032.33
  Preferred dividend payable May 8, 1932     18,679.50
  Common dividend payable May 15, 1932     71,740.50
  Accrued taxes                      49,141.11
  Provision for Federal income taxes       71,062.96
                                             1,131,791.25


UDEFERRED INCOME – NEWS REEVIEW
SUBSCRIPTION                                   9,456.60


REMITTANCES FROM BRANCHES
TO THE NEW YORK OFFICE DURING
THE MONTH OF APRIL, 1932 HELD
IN ABEYANCE                               89,634.78

RESERVES
  Fire insurance                                    77,500.00
  Advances to authors, per contra -                125,361.88
                                                   202,861.88


CAPITAL STOCK AND SURPLUS
  $6 cumulative preferred stock of no par
value:
      Authorized – 28,800 shares
      Issued – 28,696.2 shares          $2,869,620.00
        Less – Shares

        Purchased and held in
          treasury 16,239 shares         1,623,900.00

    Outstanding    12,457.2 shares                   1,245,720.00
    Common stock of no par values:
      Authorized – 288,000 shares
      Issued – 286,962 shares                        6,695,780.00
                                                     7,941,500.00
  Surplus, per Exhibit II                            1,852,705.23
                                                    11,228,044.74

資料來源："Macmillan Company NY - Reports and Accounts by Price, Waterhouse & Co. 1924–1933," British Library Macmillan Archive, ADD 54882, f. 208。

# 附錄五：紐約麥美倫公司損益報告書（1932）

**THE MACMILLAN COMPANY**

EXHIBIT III

COMPARATIVE STATEMENT OF PROFIT AND
LOSS
FOR THE TWO YEARS ENDING APRIL 30,1932

(Including the accounts of the branch offices
for the two years ending March 31, 1932)

*******

|  | 1930 – 1931 | 1931 – 1932 |
|---|---|---|
| Gross Sales | $9,063,489.80 | $7,521,722.33 |
| Less - Returns and allowances | 625,756.02 | 575,473.35 |
| Net Sales | 8,437,733.78 | 6,945,978.98 |
| Cost of sales: |  |  |
| Purchases | $189,856.35 | 185,433.26 |
| Duties and brokerage | 36,202.86 | 34,113.41 |
| Freight, carriage and express | 106,550.13 | 88,652.96 |
| Books taken in exchange | 10,257.46 | 8,892.42 |
| Composition and plates | 382,791.45 | 330,749.71 |
| Publishing rights (net) | 11,746.20 | 1,468.46 |
| Book paper | 556,292.56 | 509,698.59 |
| Binding stamps and cover designs | 9,069.79 | 9,484.61 |
| Illustrations and maps | 108,153.60 | 148,239.76 |
| Editorial expense | 15,832.02 | 13,672.83 |
| Printing | 574,324.37 | 13,672.83 |
| Bookbinding | 1,293,407.81 | 1,019,709.24 |
| Royalties | 1,023,145.10 | 829,342.89 |
| Publication expense recovered | 20,473.65 | 58,452.92 |
| Presentation expense transferred to selling and general expenses, per Exhibit II | 187,200.42 | 135,450.36 |
| Inventory at beginning of year | 1,469,367.20 | 1,433,633.72 |
| Inventory at end of year | 1,433,633.72 | 1,414,608.33 |

| | | | |
|---|---|---|---|
| | Total cost of sales | $4,145,689.11 | $3,491,992.20 |
| | Profit from sales | $4,292,044.67 | $3,453,986.78 |
| Other income, per Exhibit III-a | | 314,185.07 | 262,682.36 |
| | Total income | $4,606,229.74 | $3,716,669.14 |
| Selling and general expenses, per Exhibit III-b | | 3,412,070.78 | 3,213,724.79 |
| | Balance | $1,194,158.96 | $502,944.35 |
| Other deductions: | | | |
| Interest paid | | $6,044.57 | 613.51 |
| Provision for estimated loss on deposit in closed bank | | _____ | 3,500.00 |
| | | $6,044.5 | 4,113.51 |
| Net profit before providing for Federal income taxes | | $1,188,114.39 | $498,830.84 |
| Provision for Federal income taxes | | 135,000.00 | 64,000.00 |
| Net profit for the period | | $1,053,114.39 | $434,830.84 |
| (carried to Exhibit II) | | | |

資料來源："Macmillan Company NY - Reports and Accounts by Price, Waterhouse & Co. 1924–1933," British Library Macmillan Archive, ADD 54882, f. 210。

# 註 釋

1　《商務印書館股份有限公司結算報告，中華民國二十一年份》，載《實業部》，〈上海‧特種工業‧商務印書館（免稅）民國19年1月～23年3月〉，台北中央研究院近代史研究所檔案館藏，檔案編號：17-22-030-01，頁93–100。

2　時任商務總經理的王雲五，後來在1970年代出版《商務印書館與新教育年譜》，記載「一‧二八事變」被炸及善後經過、1932年7月10日股東會損失清冊、8月1日出版發給各股東的《被難記》以及《處理善後情況報告書》，對商務「一‧二八」後的財政狀況等，均極具參考價值，這裏從略。見王雲五：《商務印書館與新教育年譜》，載王雲五：《王雲五文集》，第5卷上冊（南昌：江西教育出版社，2008），頁358–384。

3　「一‧二八」前商務資本額500萬元，中華資本額200萬元；「一‧二八」後，商務資本額減為300萬，但仍較中華多5成。

4　《實業部》，〈上海中華書局（民國二十二年二月–二十四年三月）—中華書局股份有限公司第二十二次股東常會紀略〉，台北中央研究院近代史研究所檔案館藏，檔案編號：17-23-01-72-09-099，頁8–16。

5　美元兌中國幣匯率從美國聯儲局1932年4月平價，以4.55折算。*Federal Reserve Bulletin*, Federal Reserve Board, August 1932 issue, Washington D. C., p. 515。

6　關於英美兩地麥美倫公司的研究，可參考本書第7及11章。

# 第四編

# 人與法之間：商法移植的全球在地化

# 第 9 章

# 中國早期移植公司法史論 *
## （與李樹元合著）

## 一、前言

　　20世紀初，中國引進了兩種西方制度——公司法和股份有限公司的公司模式。後者在本章稱為「企業模式」（corporation model）或者簡稱為「企業」（corporation）。[1]這個制度對中國經濟現代化的重要性，已累積了很多深入的研究。[2]本章將考察抗戰前與企業模式有關的公司法的發展。

　　企業模式通常被認為是現代商業史中所有權與經營權分離的基礎。這一企業模式最初在西方發達起來，尤其是19世紀之後的美國和英國。它落實了今天所謂「開放公司」（open corporation），或者被稱為Berle-Means類型公司的企業模式。[3]它也被廣泛認為是一種現代商業實

---

\* 　原文見Billy K. L. So and Albert S. Lee, "Legalization of Chinese Corporation, 1904–1929: Innovation and Continuity in Rules and Legislation," in *Treaty-Port Economy in Modern China: Empirical Studies of Institutional Change and Economic Performance*, eds. Billy K. L. So and Ramon H. Myers (Berkeley, CA: Institution of East Asian Studies, University of California at Berkeley, 2011), pp. 185–210，中譯見蘇基朗、李樹元：〈1904–1929年中國的企業法制建設：制度和法律的創新與延續〉，載蘇基朗、馬若孟編，成一農、田歡譯：《近代中國的條約港經濟：制度變遷與經濟表現的實證研究》（杭州：浙江大學出版社，2013），頁215–244。本章就內容及文字作出不少增補修訂。原文承已經作古的馬若孟教授多加指正，特誌銘感。本章承加州大學柏克萊分校東亞研究所授權從原文修訂再版，並誌謝忱。

踐，建基在一套相應的由政府充任第三方的中立調解機制之上，而這一調解機制則表現在法治下的公司管治框架。這裏有一個內在假設，即法律和企業模式之間有密切的關係。[4]此中，法律是一個前提條件，也是後者的誘因；這種觀點，在經濟、歷史等學科以及包括中國在內的區域研究中，是相當普遍的。[5]

然而，科大衛曾經觀察到，這種主要來源於英美的法律和商業經驗，以及由此推論出來的理論假設，不一定適用於其他文化環境的歷史場景。[6]本章希望通過觀察1904至1929年中國公司法的立法軌跡來探索這問題。在這25年內，三個先後出現的中央政權，頒佈了三個版本的中國公司法律。我們感興趣的是變化的驅動者，所以會從立法的層面觀察他們如何影響了人們對企業模式的認識。公司法的立法涉及問題極多，相關的著作亦不少，這裏不贅述。[7]本章的實證討論，將會聚焦於有關公司管治的幾個節點，即董事責任、利益衝突以及股東權力。

我們的取徑是：探索誰在立法過程中做了什麼重要的事，以及為什麼那樣做？我們關注企業模式的理想類型與左右制度發展的立法改革者和官員的思想行為之間，如何相互作用。[8]我們對立法者和其他重要人物的歷史分析，描述了立法過程和一個不斷發展的法律環境，反映出制度變遷中，新法律如何由各種動力互相激盪而催生。從法制史的觀點出發，我們不會將這些立法行動，理解為出自一個抽象的「國家行動者」(a state actor) 之手，為了落實某些價值或應付某些困難，因而制定一些法律出來。[9]

下一節將簡述我們所研究的時段之內，與理想類型或企業模式直接相關的公司法律和歷史背景。我們考察導致制度變遷的過程，以及與制度變遷和公司法實際演變相對應的動機激勵結構。接著的各小節，將分析上述有關公司管治的法律改革條款、變化的推動者以及1904、1914和1929三次公司法改革嘗試作出的立法措施。結論將扼要分析變動之中，公司法律與企業模式之間的關係如何發展。

# 二、1904至1929年中國公司法律

　　1850年代，外國公司在中國新開放的條約港開始營運並且吸引了不少華資，西式的股份公司也漸漸出現。這些股份公司從海外和中國內部籌集的資本，使得他們在新市場中擴展迅速。其中一種新的公司形式，就是股份有限公司。為了吸引華人投資，或為了市場，中國官員在所謂洋務運動或自強運動的1870年代和1880年代便引入那些與股份有限公司相似的做法，希望與外國公司競爭。1898年以後，政府政策更加鼓勵和獎勵那些成功地營運商業或者開辦工廠的人，尤其是建立近代企業的華商。這一西式公司模式日益發展，加上推廣這套制度的官方政策，自強運動中的重要官員如張之洞、劉坤一等，均要求制定一部公司法來進一步推動工業，發展如航運和製造業中的大規模華資企業。他們已經認識到，需要通過立法來達到這些目標，讓華商能夠與外商競爭。[10]當然，在中國制定第一部公司法律，無疑反映了當時華商組織企業的一種新行為。[11]雖然如此，新的法律在股東有限責任方面的保障上，也產生重要影響，因為這畢竟是新鮮和外來的事物，而非中國的商業傳統。自強運動催生的股份有限公司，沒有法律的保障，出事時所謂的「有限」往往是一紙空文，股東的責任仍可能變成無限。事實上，中國的投資者樂意投資外國企業，卻不願意對中國企業做同樣的事情，這正因為外國企業的有限責任受法律保護，而中國企業的有限責任則只是一種政策，沒有法律保障。這使提倡者相信，只要有新的法律來規範這方面的行為，華資對中國股份有限公司應該是不會非常抗拒的。因此也可以說，新法律出台的動機，一則是承認既成事實，一則是通過法律來規範這些事實，藉以鼓勵更多華人資金流向中國企業，使中國實業擺脫與西方競爭的劣勢。

## (一) 中國的股份有限公司：觀點與困境

　　前述當時一個流行的觀點，認為股份有限公司是中國經濟現代化所不能缺少的制度條件。這觀點在晚清和民國時期的傑出思想家中非

常普遍，並且得到了20世紀下半葉進行中國研究的學者們的贊同。例如，20世紀初中國最有影響力的知識份子和政治家之一的梁啟超，於1910年撰寫了一篇關於中國企業的長文。他明確地表示只有通過促進新興企業，才能結束中國的貧窮。他強調：(1) 企業才能從公共或者開放的資本市場，籌集巨額資金；(2) 企業才容易擴展它們的營運規模；而且 (3) 企業必須通過更為民主和普遍參與的決策機制來進行管理。梁啟超進一步提出，他所欣賞的近代企業模式，就是股份有限公司。[12] 這在當時中國知識分子圈子裏，已經是相當普遍的議題。與梁啟超同時代的伍廷芳，對股份有限公司有以下一段論說：

> 吾中國人夙以能商聞，獨規一業，或數人合資，其成效常大著。然以言大計畫，如合資大公司等，則尚有待乎學習，此不足奇也。合資集股之公司，在西方以為常，而中國則互市以前未之見也。自通商以後，香港上海各埠，漸有純為華股之集資公司，然總理之者，未得西方整齊劃一之管理法，故以組織之秩序而論，即以無經驗者觀之，亦可見其不足之點，而必須有俟乎改良也……股份公司等，中國猶在幼稚時代……[13]

80年後，William Kirby 再次提出企業發展在中國的問題，也就是學界所稱的「柯偉林之謎」(the Kirby's puzzle)，[14] 即為什麼過去一個世紀中國的公司法律沒有達成其主要的任務，將西式企業變成中國公司的主流，並由此促進中國經濟的發展？Kirby 所指的西方企業模式，就是本章所討論的股份有限公司。20世紀末，張忠民發表他的中國公司制度史論時，也作出了類似的探索。[15]

誠然，從梁啟超那個時代直至20世紀末，採用股份有限公司模式的中國公司真的不太多。梁啟超感慨地認為，儘管清政府已經努力地在1904年頒佈了公司律，後來成立的各色企業超過1,000家，但是在1910年梁啟超撰寫那篇長文的時候，情況還遠遠不能讓人滿意。他認為主要原因有兩點：首先，對於那些試圖成立企業的人而言，障礙還

是不少。其次，那些採用企業模式的企業家之中，大部分都失敗並破產。為了處理這些問題，梁啟超提出了以下一些綜合性的建議：(1) 為了建立配合的法規，應建立一個立憲政府；(2) 培養民眾的公共精神；並且 (3) 建立一個配套的制度框架，包括股票交易所及現代銀行系統等，來支持新式企業。

在討論中國何以遲遲未能實現經濟現代化的問題時，Kirby 質疑西式企業模式本質上可能永遠不能成為中國企業的主導模式。他觀察 20 世紀最後數十年中國企業經濟成效時，只能找到一種與西式企業不同路徑的另類現代企業模式。[16] 與 Kirby 相似，張忠民同樣認為巨大的文化和政治障礙，阻撓了百年來西式企業在中國的進程。[17]

## (二) 關於中國公司法律和股份有限公司發展的問題

第一個關於企業模式的問題是：在中國的背景下，應當如何依法規範股份有限公司？企業模式在籌集資金方面理應有著巨大的潛力，這種公司模式使得任何公眾投資者都可以將他們的資金安心地進行沒有人事關係的投資。這樣將資本來源向公眾開放後，就可以籌集巨大資金，用以支持一個不斷擴張和資本主義式的大規模企業。但是，為什麼人們會大量投資在一個與他們毫無人事關係的企業上？答案就是，人們有兩層信心：其一，公司將有可觀的盈利，並且對其股票的投資收穫高於其他投資選擇；其次，公司的管理層將會保護那些與公司不存在任何個人關係的投資者的利益。在中國傳統商業而言，投資的信任，主要依賴人事網絡和關係。[18] 要推廣沒有人事關係的投資，便需要一個額外的新信用保證，取代傳統人事關係在投資決定上的作用。[19] 如果無法依賴傳統的人事關係，企業家便只能依靠國家或行政機構來增強投資者的信心，需要讓投資者確信一些第三方的公共機制對管理者或者公司董事作出充分的監管，以保護他們的利益。中國的公司法制度，需要處理股份有限公司這類的投資信心問題。但是，股東如何獲得授權來控制董事或者監督公司的重要決定，從而安心投資呢？

　　第二個關於企業模式的問題，是在公司作出決策時，如何確保對資金的有效管理。一個公司的表現，依賴於從公眾徵集的資金，能於最佳商機投資，並藉此為股東賺取最大的回報，同時保證足夠的存留以擴張公司的營運。要達到這個目的，一家公司理論上必須由專家進行理性和專業的管理。資金必須交給最能幹的人，以獲取最大的回報，亦即必須避免業餘投資者的低效管理。

　　在這兩點基礎上，我們可以進一步探問三部中國公司法的立法過程，以及它們如何回應上述與股份有限公司有關的問題。我們的分析框架將會聚焦在這些法律的四個側面：(1) 董事的報酬和披露；(2) 董事的責任 (不誠實的行為和疏忽)；(3) 公司向董事借貸所涉及利益衝突的披露；以及 (4) 股東的權力和全體股東大會的權力。這四個法律元素將作為我們討論公司法處理股東問題的一個原則上的理論框架。[20]

# 三、1904年《公司律》

　　很多關於中國公司法的論著都談到晚清公司法律的立法過程，[21]這裏可以略作澄清。由於原始史料只有一份，很多學者都引用過。在新史料出現之前，我們仍得仔細審閱這份檔案，以下是文件的全文：

《商部奏擬定商律先將公司一門繕冊呈覽恭候欽定折》

竊臣載振於光緒二十九年三月二十五日奉上諭：通商惠工，為古今經國之要政，急應加意講求，著派載振、袁世凱、伍廷芳，先訂商律，作為則例等，因欽此。仰見朝廷慎重商政，力圖振興之至意。維時伍廷芳在上海會議商約，臣載振曾與函商，先將各國商律擇要譯錄，以備參考之資。旋於七月十六日奉旨設立商部。伍廷芳複承簡命，捕 (補？) 授臣部侍郎，于八月間來京。臣等與之公同籌議，當以編輯商律，門類繁夥，實非克期所能告成，而目前要圖，莫如籌辦各項公司，力祛囊日渙散之弊，庶商務日有起色，不至坐失利權，則公司條例，亟應先為妥訂，俾商人有所

遵循，而臣部遇事維持，設法保護，亦可按照定章核辦。是以趕
速先擬商律之公司一門，並於卷首冠以商人通例，于脫稿後函寄
直隸督臣袁世凱，會商在案，嗣准軍機處交片內開。十一月十一
日奉上諭：袁世凱差務太繁，請開去各項兼差一折，商務商律，
現已設有商部，即著責成該部詳議妥訂等，因欽此，並准該督諮
同前因自應欽遵辦理。茲將商律卷首之商人通例九條，暨公司律
一百三十一條，繕具清冊，恭呈御覽。如蒙俞允，即作為欽定之
本。應由臣部刊刻頒行。此外各門商律，仍由臣等次第擬訂，奏
明辦理。現在伍廷芳奉旨調補外務部侍郎。臣等深悉該侍郎久歷
外洋，於律學最為嫻熟，嗣後籌議商律一切事宜，仍隨時與該侍
郎會商，以期周妥。謹奏。光緒二十九年十二月初五日奉旨依
議。欽此。[22]

光緒二十九年十二月初五即是1904年1月21日。這裏描述的立法
過程，完全按照晚清的規範：法律先由中央政府部門起草，再以皇帝
詔令的形式頒佈成為正式法令。然而，這一文本所顯示的變化驅動者
似乎未受重視，不少研究者假定這是由載振、袁世凱、伍廷芳三位受
命官員合作而成的產物。但科大衛指出，這一法律的起草者，其實是
伍廷芳。[23]因為載振對這一方面所知甚少，袁世凱甚至置身事外，伍廷
芳自然應當是這一立法過程中唯一的變化驅動者。

雖然這次立法受到時人以及後來研究者的嚴厲批評，[24]但很多人忽
略了《公司律》實出伍廷芳之手。即使研究伍廷芳的學者，也往往低估
了他在《公司律》方面的角色。[25]島田正郎及科大衛始注意到伍廷芳的
法律背景，指出他是自強運動和晚清政府的西方法律權威之一。[26]伍廷
芳在香港受英式教育，曾任職包括高等法院及巡理司（Police Magistrate's
Office）的政府譯員，然後留學倫敦林肯法律學院（Lincoln's Inn）學習法
律。1877年獲得英國訴訟律師執業資格，其後在香港從事普通法的執
業律師工作，並且一度獲委任為香港定例局（Legislative Council）首位
華人非官守議員。1882年伍廷芳成為李鴻章的法律顧問幕僚，參與不

少外交事務及洋務鐵路建設。1897年出使美國、日本、秘魯、古巴等國。1902年回國後曾任會辦商務大臣、外務部及商部侍郎，並與沈家本一起被任命為修訂法律大臣。憑著在英國的法律教育及在香港執業的經驗，伍廷芳無疑對英國法律和西方的商業習慣相當理解。他在《中英續議通商行船條約》(*The Mackay Treaty of 1902*) 談判中扮演過重要的角色。在那次談判中，他亦從英國代表團的商法對手獲取重要的經驗。凡此種種，足使他掌握西方列強法律方面的第一手知識。前引他對股份有限公司的評價，透露出當他向載振提出商業法律的建議時，會有什麼想法。其他清廷官員，即使外語非常流利，但對西方法律的理解，可能仍未足以完成立法的鉅任。因此，科大衛相信伍廷芳在短短幾個月內，親自起草了有131項條款的《公司律》是十分精到的見解。[27]

　　明治日本於1899年正式頒佈完整的商法（含「会社法」，即公司法），[28]伍廷芳起草《公司律》時可能對此有一定參考。[29]然而即使伍廷芳掌握日本公司法，這次立法活動也不是直接翻譯日本法令。若比較清末《公司律》與1899年日本公司法的文本，也不見證據證明兩者之間存在很強的譜系，甚至具體的中文用詞也是如此。伍廷芳選擇的譯詞，反映不宜高估他所受日本法律的影響。例如，他沒有使用日本法律中翻譯stock的術語「株式」，而採用了更符合中國國情的中文術語「股份」。這點在晚清並非定例，至少在1907年官方商業報刊《工商官報》上，仍有人使用「株式」一詞而非「股份」。[30]此外，他沒有使用日語的「会社」來翻譯company，而是使用常用的中國術語「公司」。最為明顯的差異，就是關於「公司」的定義，清《公司律》的定義為「凡湊集資本共營貿易者名為公司」（第一條），但是日本法令的定義則是「本條例所稱公司，謂以商行為為業而設立的團體」（第四十二條）。這一關於「公司」的法律定義上存在的重要差異，下文討論1914年立法時將再作討論，這裏只強調一點，就是1914的立法較伍廷芳的《公司律》更多地借鑒了日本的法令。總而言之，伍廷芳有著很強的英美普通法背景，因

此他的一些主要法理思想，更可能是從英美商業法體系中繼受過來，而不是源自歐洲大陸的民商法體系。這在有關股份有限公司的部分，尤其突出。

最後值得一提，《公司律》最為時人詬病之處，是條文簡單而不周全。其實這是用大陸法系的標準來衡量英美的普通法。英國第一個綜合公司法律是《1856年股份公司法》(*Joint Stock Companies Act 1856*)，其後不斷略有修訂，如《1862年公司法》(*Companies Act 1862*) 等，加上法案日多，法院判例累積，很大程度上以判例法 (case law) 補充了法律條文不明確之處，後來在《1929年公司法》(*Companies Act 1929*) 始綜合以前的修訂及案例法而成立較全面的法規。[31] 此外，香港據英國《1862年公司法》亦推行了《1865年公司條例》，容許公司法人在香港註冊為股份有限公司。此即伍廷芳在1880年代在英國接受法律教育及在香港執業時的普通法氛圍。當時的英國法律文化，反對歐洲大陸法系那種立法力求周全的取徑，強調法律條文不可能周全，關鍵在靠日後法院法官通過複雜的普通法詮釋或案例法來充實法律條文，賦予法律強大的生命力、實用性及延續性，也稱為「法官立法」(judge-made law)。[32]《公司律》的簡略，若從英國當年普通法的角度看，其實不無道理。當然，立法後需要由法院來補充，在晚清法律改革百廢待興之際，自然並不存在這樣的條件，所以簡略的法律容許成立西式股份有限公司之餘，亦引起公司內部很多爭議。詳下文。

我們現在按照前述理論框架檢視一下1904年《公司律》。[33]

(1) 董事的報酬和披露：根據第66條，除非公司章程中有明確規定，否則董事的薪酬將由全體股東大會決定。這一條款制定了關於管理層報酬的開放政策以及股東參與決定的權利。

(2) 董事的責任 (不誠實的行為和疏忽)：第17條規定股份有限公司的創辦人不應向其他股東隱瞞不合理的私人利益，以防欺詐 (利益衝突)，並且這些成員所有與公司相關的個人利益，必須首先得到全體股東大會的批准。此外，董事未經全體股東大會批准，不能參與那些和

公司業務相關的商業活動(第74條);他們不能將公司的股本,用於公司章程規定目的之外的任何其他用途(第75條)。如果生意失敗,使公司資金減至低於公佈的公司資金50%的話,董事須召開全體股東大會(第76條)。董事有責任向股東提供的年報,應包括「公司出入總賬」、「公司本年貿易情形節略」、「公司本年贏虧之數」、「董事局擬派利息並撥作公積之數」、「公司股本及所存產業貨物以至人欠欠人之數」等五份賬目(第109條)。至少要有兩名從全體股東大會選舉出的股東,負責審核公司披露的信息(第108條)。還有一項條款(第126條)列出了針對11種董事不當行為的懲罰。例如董事如果沒有遵守披露資訊的要求,或者沒有披露真相,罰款最多500元(第126條第2款),其中包括年報、創立章程、每次全體股東大會的會議記錄等(第126條第9款);當股本低於原始股本50%的時候,沒有召開全體股東大會(第126條第10款);或者違反了第17條,也就是禁止創辦人不合理的利益衝突(第126條第11款)。最高的罰款可達5,000元,是針對違反第75條的,即將公司財產用於未經公司授權的其他目的(第127條)。那些涉及盜用或欺詐的,將被罰款10,000元,並且入獄1至36個月(第129條)。

(3)披露重要公司決定中的利益衝突,尤其是關於公司對董事的借貸:只是在第17條中規定了屬於公司創辦董事的利益衝突。沒有關於董事利益衝突的特定條款,儘管有一些關於濫用公司資源的管理規定。那些規定清晰表明了股份有限公司的一個重要方面,也是與其他私人中國公司重要差異所在,即原則上在沒有得到股東的正式同意之前,禁止挪用公司的資源作其他用途。

(4)股東的權力以及全體股東大會的權力:《公司律》一項主要發展就是在條文中,引入了股份公司有限責任的規定(第29條)。有限責任免除了股東付出股價之外的經濟責任。法律也清楚訂明,無論官私身份(第35條)以及國籍(第44條及第57條),股東享有受到這一法律保護的平等權利。這些地位平等的條款,可能考慮到之前中國的合資企業產生的爭論和問題,往往涉及政府和社會精英。官員和民眾不平

等的地位，顯然阻礙了對這些企業的某些潛在投資。另外一個考慮就是，外國人投資於中國股份有限公司可能帶來的爭議。在條約港治外法權的規定之下，這引起了複雜的法律問題。

這些問題體現了那些阻礙中國和外國資本投資於中國股份有限公司的重要障礙。股東被授予特定的權力來監管他們的董事，主要是通過全體股東大會。第39條承認在開放市場中股份的可轉讓性，當然是在不違背公司規定的情況下。原則上，每一股份代表一張投票權。法律授予一家公司，按照其章程，決定那些掌有超過10股的股東是否應當行使遞減的投票權，例如，在基本的10股的10個投票權之外，每10或20股只有一個投票權（第100條）。除了決定是否增加股本或者與另外一家公司合併之外，沒有關於哪些公司決策需要得到全體股東大會同意的特別規定（第103條）。也沒有一項特定的條款要求董事執行全體股東大會的所有決定。除非董事違反了第126至130條的規定，法律沒有授權股東控告董事不執行全體股東大會所作的任何決議。股東通過多數票，亦可以決定某些重要的公司事務：例如選舉或者罷免董事（第62條及第72條）；董事的報酬（第66條）；對於年報的批准，其中包括所有賬目以及股息（第48條）；合併或發行新股票（第103條）；對公司章程和創立合同的修訂（第114條）等等（也可以參見第98至106條）。儘管授予全體股東大會決定股息的權力，但官方要求利潤的5%要保留下來，作為公司的發展基金（公積）之用。當利潤的5%超過了股本的25%的話，股東可以在全體股東大會中決定額外的利潤應當繼續保存在這一賬項中，或者作為股息進行分派（第112條）。

如同之前討論，中國第一部公司法是為吸引更多的華人投資華資股份有限公司而設計的，其方式是通過制定對公司董事的新規定來提高華人投資者的信心。它的頒佈確實獲得了一定的成功。在此後幾年中，有265家公司登記，其中154家（58%）是股份有限公司。[34]儘管這些公司通常優勢有限，但是正如Kirby所生動表述，其中有著新興中國大型企業的典型案例。[35]最為值得注意的是有18家鐵路公司和40家礦

業企業註冊，同時從1905至1908年公眾投資的總額達到了7,400萬元，[36]其中一些公司在它們的產業領域中成為佼佼者。儘管如此，總體進展仍十分緩慢。在試圖向中國資本市場的股東推銷股份有限公司模式的同時，伍廷芳依然需要維持股份有限公司對於企業家的吸引力，因而不可能引入太多規範來約束管理層。

　　1904年之前，中國沒有立法規範股份有限公司的傳統。管理層和股東的利益時有矛盾，要同時充分顧及雙方的要求，不免令推廣有限公司模式成為艱巨的任務。因此，無論是從管理者還是投資者的角度出發，第一部公司法中存在缺陷並不奇怪。即使如此，這次立法仍是適時之舉，並且開啟了以法律來規範股份有限公司的進程。並且這一立法框架通過系統化的公司法，提高了規範和便利股份有限公司運行的能力。在這方面，具有英國普通法背景的伍廷芳，對於公司管理規則的變遷，無疑作出了重大的貢獻。此外，《公司律》有待周全，也正是普通法背景所致，因為普通法的很多細節都有待日後法院用案例法來補充和完善。這種立法的期待與力求周全而巨細無遺的歐陸法系存在相當落差，問題實出於當時中國法院系統尚處草創階段，根本無力承擔普通法法院的立法任務。

## 四、1914年《公司條例》

　　1904年《公司律》，目的是推動西方模式的股份有限公司制。如上文提到，超過150家以股份有限公司模式註冊的企業在此後幾年進入中國資本市場。但不久之後，《公司律》和其他商業法被發現存在嚴重缺陷，需要儘快修訂。[37]例如，新聞報道不少股東與董事在股東會議上的衝突，特別集中於鐵路和礦業公司。[38]這些問題多涉及執行情況，但改革法律以釐清基礎問題，或許也有助減少糾紛，例如對全體股東大會和董事的權力，應有更清晰的法律界定。修訂法律館因此作出了回應，並且邀請一些日本法律專家（如志田鉀太郎）為編纂新商法作準

備。然而，修訂法律館後來提交政府的法律草案中，並沒有包括公司法。[39]同時，中國商界社團則多次主動在建構新遊戲規則時發揮影響力。根據1904年《公司律》有關公司登記程序的規定，如果當地設有商會，一家新公司應通過商會向工商部登記，由此商會開始直接涉及法律的執行（見本書第13章）。實際上，在條約港，尤其是上海，商人和他們的商會到20世紀初，已經在政治舞台上變得越來越具有影響力。[40]

這一新的利益群體強烈地感到，已經發佈的1904年《公司律》沒有徵求過他們的意見，並不適合中國商業活動的實際情況。這群體努力地遊說政府，要求修訂法律以滿足商界的需要。例如，上海商務總會（上海總商會前身）及商學公會於1907年11月在上海組織了一場關於商業法的會議。這次會議十分成功，有來自全國各地83個商會的代表出席。會議作出的決議，就是成立修訂公司法預備諮詢委員會，為政府制定一套立法草案。[41]1909年在上海召開了第二次會議，[42]會議代表通過了一份由他們委託的法律專家和調查員制定的新公司法草案，當中附錄了一份逐項解釋建議條款的文件，保存至今。[43]草案綜合了當時歐洲和美國正在實施的公司法的法律概念和原則。這種比較研究，非常類似日本法律專家松本烝治對《公司律》所作的研究工作。[44]上海商務總會的草案，後來於1911年末被清政府接受，作為此後立法修訂的藍本。[45]不過辛亥革命旋即爆發，所以沒有繼續從事修訂工作。

在當時的知識分子中，不少改革主義者認為1904年《公司律》不足以推動中國的企業現代化，其中包括梁啟超和企業家張謇。[46]張謇是自力更生的企業家，在缺乏中國資本市場資金的情況下，奮鬥多年，在長江下游地區擁有眾多企業。[47]張謇的第一手經驗，使他確信對於中國企業家而言，資本市場非常重要。[48]當袁世凱邀請張謇出任新成立的中華民國內閣農商總長時，張謇將這看成進行公司法領域改革的機會，因此接受了袁世凱的邀請。1913年11月8日他在向議會發表的就職演講中，提出了四項優先需要考慮的事項：制定商業法律（包括公司

法)、改革資本市場(銀行和金融系統的改革)、稅收改革,以及為促進
重要工業的發展提供激勵以作為風險管理措施。[49]

公司法的修訂很可能在張謇的工作日程中,居於非常優先的位
置。但是什麼因素對張謇的公司法模型發揮了重要影響?我們不可能
期待張謇所掌握的西方法律知識可以超過伍廷芳,但是張謇所提出的
公司法,很大程度上根據清政府同意但未及施行的公司法草案(也存在
一些例外,例如對於「公司」的定義,這點將在下文討論)。這一草案
基本上採納了1909年上海商界提交的公司法草案。這一改革的精神源
於商人及其商會,並受到日本強烈的影響。

其他直接的挑戰,就是如何提高投資者的信心和投資。1914年1
月13日,袁世凱以總統命令形式發佈了一部新的公司法——《公司條
例》,取代了1904年《公司律》。1914年法律的編排,表明了股份有限
公司的重要性,條例的條款總數增加到了251條。在251條中,有關股
份有限公司的132條被歸於第四章之下,這代表在新法律中超過一半
的條款,都與股份有限公司有關。條例的其餘條款,主要用來規範其
他三類公司:無限公司、兩合公司和股份兩合公司,這些都超出了我
們的討論範圍。[50]

最後,1914年條例第1條對術語「公司」的定義與1899年日本「会
社法」第42條條款完全一樣,將一家「公司」定義為「以商行為為業而
設立之團體」。實際上,這樣一個定義,與上海商界最初提交的定義,
即「以商業或別種營利事為業之團體」存在差異。[51]這一分歧的重要性,
就是出現在1899年日本法令(第263至264條)和1914年中國商法原則
(第1條)中的「商行為」,被狹隘地解釋為只包括一系列的經濟行為,
而沒有提到以營利為目的的其他事業,如捕魚、採礦、種植、林業和
耕作等等。[52]由此,這些屬於後者的企業就不能登記為公司,而只能登
記為「公司法施行細則」(第1條第2款)中規定的組織,[53]後者也頒佈於
1914年。雖然有這些企業可以登記為股份有限公司的特殊條款,但沒
有賦予它們作為公司的全面法律地位,因此沒有為這些領域的從業

者，催生太大的註冊熱情。這方面的差異，或歸因於法律起草者過分熱衷模仿日本。無論如何，1914年《公司條例》這一界定「公司」的策略，對向中國商界有效地推廣股份有限公司，作用不會太大。

以下列出與股份有限公司有關的公司管治規範性條款：[54]

（1）董事的薪酬及其披露：關於董事薪酬管理的規定沒有改變，即如果公司章程沒有另作規定的話，那麼將由全體股東大會決定，這是需要對股東公開的資訊（第154條）。

（2）董事的責任（不誠實和疏忽）：除非在公司的章程中有明確規定，董事的責任是由全體股東大會中的大多數股東決定的（第157條）。一名董事代表公司時有規定的職責和事權，他須對此負責任（第158條）。這新規定更清楚確定了董事的權責。每一位董事可以代表公司與其他團體進行交易（第158條），並且因為董事一方的疏忽或失職所造成的任何損失，公司都不必承擔責任（第33條）。這新條款就董事的疏忽為公司提供一種法律辯護，這是非常重要的，由此保障公司不須承擔因疏忽的董事進行交易所造成的傷害。這同樣能讓股東安心，不用承擔相關損害。最後，第163條第1款規定董事保證公司及其股東的利益，要求董事「於公司業務應遵照章程妥慎經理。如違背此義務，致公司受損時，對於公司應負賠償之責」。在中國公司法的歷史上，這是首次通過對董事進行嚴格規限的條款，極大地提高了投資者對股份有限公司模式的信心。

由於1914年《公司條例》的很多倡議者都是商界的領袖，本身大都是企業董事，因此第163條第2款也為董事提供了一個免責的後門：如果董事的行為在全體股東大會上獲得股東批准或支持，那麼董事可以免除因違犯法律或公司規定所帶來的責任。而唯一條件，就是董事必須已經在全體股東大會上表明反對，或者已經告知監察人不同意該決定。監察人則是由全體股東大會選出的股東。

董事的其他責任，例如在年報中披露公司的財務信息，以及當股本低於50%時召開全體股東大會，基本上保留了1904年《公司律》的內

容(第178至182條)。在董事可以豁免因為疏忽帶來的責任之前,這些報告和賬目必須得到全體股東大會的批准(第182條),當然那些報告和賬目不應含有欺詐信息。

(3)公司主要決策中利益衝突的披露,尤其是關於公司向董事借貸的決定:第162條引入了一項新的規定,即在董事代表第三方與自己的公司交易之前,必須獲得監察人的同意。這一內部交易的規定是現代公司對董事利益衝突最為常見的管理形式。這一原則提高了董事的問責和透明程度。

(4)股東權力和全體股東大會權力:股東挑戰管理層的權力在這法令中被提高了。兩項條款(第164至165條)在關於訴訟問題方面,明定作為一個群體的公司股東與作為另外一個群體的董事,雙方可以對立。這明確表示法律起草者對於管理者和投資者之間可能產生訴訟的關注。由於出現了很多涉及董事欺詐或疏忽的醜聞,減弱了投資者對股份有限公司的信心,因此設計了這些規定,以便限制董事管理錯誤,藉以重建公眾的信心。

前文提到董事的職責,是由全體股東大會和公司章程規定,而章程應得到全體股東大會的批准。一些新措施授予股東權利,創造更為安全的投資環境。全體股東大會依然是進行任何公司章程修訂以及發行新的公司股票的批准機構(第199至205條)。現在的股東也可以獲批准擁有優先購股權,也就是優先購買新發行的股票的權利(第203條)。關於持有10股以上股東的投票權,《公司律》第100條容許公司在章程內自行決定是否作出規定。1914年條例進一步規定擁有11股以上的股東,其投票權應在公司章程中作出規定(第145條)。然而,在關於這些規定的具體內容方面,法律沒有特別的要求,因此削弱了第145條節制大股東的作用。

1914年條例引入兩項1904年法令中沒有的新措施來吸引投資:公司債(第190至198條)和不記名股票(第139條第2款、第140條第2款,以及第145條第4款)。儘管這兩個新元素並不在我們的分析框架

之中，但是他們對於管理者或者董事而言，是具有吸引力的企業管理工具。發行公司債是從資本市場獲得額外資金的一種便利方式，同時不需要發行額外的股票或從金融借貸機構借款。更為重要的是，股份有限公司是1914年法例加以定義的三類公司中唯一允許發行這類債券的公司形式。不記名股票允許一名股東秘密擁有數量不限的股票。股票最終的受益者也不用暴露他們的身份，除非他們需要增加在全體股東大會中的投票權。若要投票，他們可將不記名股票轉化為登記在自己名下的股票，而這只需要在全體股東大會召開的至少五天前進行。這一不記名股份制讓主要股東，通常是董事或者其他管理方，可以隱瞞他們的股票權，但在全體股東大會出現敵意的情況下，他們亦可將這些股票轉化為投票權。

1904年法令頒佈之後出現的商業欺詐和疏忽，備受時論所關注，並且削弱了公眾對於股份有限公司的信心；然而，這卻促成了1914年條例的頒佈。新法令的主要內容絕大部分來自商界，尤其上海商界；此外，法律專家尤其是理解西方法律的華人律師的出現，也為1914年立法作出了貢獻。[55]尤有進者，新法是由張謇引入的，而他對這套制度的評價具有權威性，公眾也容易接受。[56]此外，1913至1914年擔任司法總長的梁啟超，也一心一意地推行法律系統的改革。儘管我們不能確定梁啟超在《公司條例》制定中的角色，但新法誕生於袁世凱內閣，而他正是主管法律的內閣成員，可推斷也有關連。綜合言之，當時政府的氛圍，基本上是支持這法律的。[57]

新法律強化管理規定和賦予股東更多保護自身利益的法律權力，藉以鞏固投資者的信心。此外，絕大多數被引入的新條款，清晰地闡明了公司的組織，包括各方的權利和責任的界線。新法律目的無疑鼓勵企業家組建股份有限公司。

Kirby懷疑1914年立法對於在中國推進公司模式的作用可能不大，主要基於以下幾點：第一，正如郭泰納夫（A. M. Kotenev）在1925年觀察到，大理院在1914至1923年間，僅僅處理了五件關於股份有

限公司的訴訟；第二，登記註冊實施不當，允許很多未經註冊的公司使用「股份有限公司」的名稱；第三，對地方政府的畏懼，可能是造成中國企業沒有興趣登記的主要原因；最後，規模較大的企業，例如榮氏企業和南洋兄弟煙草股份有限公司，儘管登記註冊為股份有限公司，但依然是家族企業。Kirby 的結論指出，即使在中國資本主義「最有活力和不受阻礙的發展」的「黃金時期」，中國商界依然拒絕擁抱在同時代西方國家盛行的股份有限公司，儘管立法者已想方設法推廣這種模式。[58]

張忠民則提出了一個較正面的評估，他從1914年《公司條例》頒佈後登記的股份有限公司現存統計資料得出結論，即新的法律促使更多公司組成股份有限公司。[59]姜偉也注意到，在九年之中成立了757家新的有限責任公司，總投資金額超過了4億3,300萬元，是之前20年間登記的股份有限公司投資總數的約7.7倍。他進一步強調從公眾手中籌集了大量資金的大型公司，如永安的郭氏家族，經營著多種多樣的商業，包括百貨公司和紡織企業，地域則從香港到上海，它在1918年組建為一家股份有限公司之後，公眾投資達到了500萬元。[60]此外，郭泰納夫的數字可能並未反映整個圖景。一本出版於1934年公司法教科書，引用了至少八宗高等法院在1914至1919年間判決的案件，所有案件都涉及股份有限公司；[61]而當時大多數有向政府登記的公司，都是按照股份有限公司規範組成。[62]Kirby 固然指出了那些選擇組建股份有限公司的，實際上從來沒有從家族網絡公司轉化為真正的 Berle-Means 公司。但我們關注的是立法意圖的問題：1914年立法是否反映國家意圖鼓勵中國企業家，使用股份有限公司的模式，來吸納中國資本市場中沒有人事關係的投資？從另一角度看，則是立法效果的問題：在這種新法律框架之下，若採用企業模式而擴闊資金來源的話，其管理自主權就得受到股東在法律保障下的制約，而且股東不一定和企業管理層有人脈關係。在這種情況下，企業家為什麼仍然樂意放棄部分管理自主權而成立一家新式企業？同時，即便企業家願意放棄部分管理自主

權來換取更巨大的投資，法律為投資者所提供的保護，又是否足以讓他們安心投資成為股東？

對於這立法意圖和效果的問題，我們的答案都是肯定的。首先，上述可見，立法的意圖就是如此。其次，商界包括企業家及投資者對於這可供選擇的新融資管道，反應也是積極的，不少企業家採用了新公司模式，並且獲得資本市場的積極回應，不同程度上集資成功。即是說，中國華資企業確實增加了。至於加幅是多是少，可謂見仁見智，端視乎觀察者採用什麼尺度來衡量。例如，下述1929年《公司法》立法的動機之一，便是應對公司數目快速增長帶來的問題，所以當時確有官方看法認為加幅太大，而非太小。不管如何，1914年立法已經為股份有限公司在中國的發展，鋪墊了堅實的道路。同時，這次立法也盡了一切努力，試圖解決投資者和管理者之間潛在的利益分歧。當然，尚未解決的障礙仍然不少，國內外政經形勢不斷轉變，新的困難也不斷湧現，15年後又出現新的公司法。

# 五、1929年《公司法》

Kirby對學界有關國民政府1929年《公司法》的評論，作了一個精要總結。流行的觀點將1929年立法視為反資本家的立法，因為新法律強加給私人企業，尤其是股份有限公司及其管理層的，是更為嚴苛及懲罰性的規定。國民黨基於孫中山「節制私人資本」的原則，重新審查了《公司條例》，並且通過對1914年《公司條例》的重要修訂，出台一部新的《公司法》。例如，1929年《公司法》的第129條規定，不論大股東持股多少，其投票權仍不得超過總票數的20%，由此削減了主要股東的決策權力。更為重要的是，新法律重新界定了一家公司的目的。1914年《公司條例》對公司的定義，是一個「以商行為業而設立之團體」，而在1929年法律中則將公司正式界定為「法人」，並且是「以營利為目的而設立之團體」。Kirby認為1929年法律，實際上阻礙而非鼓勵商人的商業活動。[63]

　　謝振民研究國民政府在建立統治之後的立法過程，對1929年《公司法》立法的複雜過程，作出詳細敘述。1928年7月，由工商部成立了一個關於工業和商業法律的委員會，為工商業活動提供一個法律框架。審議委員會有三個議程：第一，制定符合國民黨指導原則的公司法；第二，應付中國公司數目快速增長帶來的問題；第三，應用1904年以來積累的經驗。新的立法提議工作很快完成，並提交行政院，然後經國民黨最高決策機構中央政治委員會通過，再交立法院跟進。[64]

　　國民政府的立法院在1929年1月指定五名委員組成商法起草委員會，授權委員會起草法令，他們無需遵從工商部審議委員會較早的建議。起草委員會指定委員衛挺生起草一部新的公司法。他在同年3月7日至7月17日組織會議編纂《公司法原則草案》(32點)。這一草案由立法院主席胡漢民8月提交給第190次中央委員會。這次會議要求孔祥熙、李文範審議草案。兩人進行了修訂，再提交第191次會議。中央委員會在會上決定接受這修訂後的草案，然後送回立法院。在這階段的草案包含36個條目。其後在立法院的第41次會議上作出報告，並且送回起草委員會的五位委員進行下一步工作。

　　通過胡漢民，起草委員會和中央委員會交換了意見，對送回的草案進行了一點修訂。經過如此漫長的諮詢過程，並且獲得中央委員會的認可之後，衛挺生才開始撰寫《公司法》的第一步草稿。接著是超過10次的密集會議，也請來外國專家協助。從11月末至12月4日，委員會完成了《公司法》的草稿，共有6章234條。立法院院長胡漢民召開會議，請來商法、民法的起草者，連同工商部部長孔祥熙及其副部長，再次審查法律草案。在這次審查結束之後，只作了一處修訂，草案隨即提交立法院，立法院經過三次審讀的過程之後，除了一個與股份有限公司無關的條款外，通過了整部草案。新制定的公司法由國民政府於1929年12月26日頒佈，並於1930年7月1日生效。1929年《公司法》的最終版本包含6章233條。[65]

1929年法律的修訂及通過過程有些值得注意之處：首先，過程漫長、詳盡而且一絲不苟；其次，動員了很多專家，其中包括當時頂尖的經濟學家馬寅初。最後，得到了有影響力的人物，如工商部長孔祥熙的支持，他在國民黨中擁有政治影響力，同時還代表著上海商界的利益。由於在這立法過程中付出了這麼多努力，我們有理由期待新法將要體現出一個革命性的全新面貌。然而，對股份有限公司而言，這一套新的公司法與之前的法律其實有不少延續性，這一點可以通過將1914年與1929年法律細緻地逐條對比體現出來。雖然一些措辭出現改變，但主要是為了表達得更清晰，大部分措辭實際上都被保留了下來。1914年《公司條例》中有132條關於股份有限公司的條款，其中127條與1929年法律中所關注的基本一致。一些新的條款也被引入來闡釋之前的規定，一些條款被分割成不同條款，一些條款則被刪除。除少數例外，立法原則也沒有大改動。以下幾項與我們的討論最相關：[66]

（1）不記名股票不能超過股份總數的33%。（第118條，新條款）

（2）一名股東的投票權不能超過總投票權的20%。（第129條，新條款）

（3）持有總股本5%以上的股東可以要求召開特別股東大會。（第133條，低於1914年法令中10%的門檻）

（4）董事人數至少應當有五名（第138條），如果董事的數目降至原來人數的66%以下，便需要召開一次特別股東大會。（第143條，新條款）

（5）如果公司遭受的損失超過了總股本的33%，就應當召開一次特別股東大會。（第147條，低於1914年規定的50%的門檻）

（6）1929年《公司法》刪除了1914年《公司條例》的第162條，即董事只能在監察人同意的情況下與公司做生意。

（7）1914年《公司條例》中董事應當「妥慎經理」的要求也被刪除，取而代之的是，要求董事不僅要遵守公司的章程，而且「董事之執行業務應依照章程及股東會之決議」。（第148條）

（8）第170條要求將10%的利潤保留作公司的準備基金，1914年《公司條例》中的要求則是以5%為上限，而對這一儲備金的限制也從公司總股本的50%降低到25%。

（9）第175條允許持有已發行股票5%的股東，可請求法院派遣一名檢查員來調查他們公司的運作，而1914年《公司條例》中的規定是10%。

（10）在罰款部分，一項新條款列出了四種犯罪情況，處罰從監禁一年到罰款2,000元不等。最後一項犯罪就是挪用公司的財務用於超出公司章程規定公司運營內容的投機行為。這項規定也出現於1904年《公司律》中，但沒有列入1914年《公司條例》。入獄處罰以及較高罰款説明對管理者侵佔股東利益的行為進行更為嚴格的控制。

1929年這一立法過程的結果，並沒有從本質上脱離1914年《公司條例》。大多數重要的改變，反映了對管理者進一步的嚴格約束，順應了方便投資者監督管理者的訴求。從這角度而言，1929年《公司法》是有利於投資者的法令，遵循1914年中國公司法的軌跡前進，可能也同時受到國民黨意識形態的強化。而且，1929年法令中規定的股份有限公司框架，基本上與1914年法令中相似，因此就本質而言，1914年法律改革偏離1904年法律的程度，還要超過1929年法律改革1914年法律的程度。

1929年公司立法中有三條新的條款值得注意。首先，不記名股票最多不超過已發行股份總數的33%。這新上限必定反映了一些公司發行過多不記名股票所產生的問題。當已發行的不記名股票過多時，股東參與公司事務的動機也可能降低。其次，任何個人股東都不能擁有超過20%的投票權，似乎是對大股東權益的一種壓制。然而，對投票的限制在以戶為產權單位兩千年以上的中國社會，影響或許不如表面看那麼大。一個主要股東很容易找到足夠的親戚，為他代持股份。通過這種方式，主要股東可以繞開這一規定，並且在全體股東大會中保持對公司的控制。因而，所謂控制效果只是一種表面現象，而不是實際情況。低於20%投票權的立法目的，只是反映了政府希望保護小股

東的原則，但在此以外沒有任何一項條款表達出足以有效限制主要股東的手段。更為重要的是，《公司法原則草案》32項原則中的其中一項斷然宣稱，主要股東應當擁有更多的合法權利，因為他們自然比小股東更關心公司的長期業務前景，而後者關心的主要是短期分紅和利息收入，而非長遠利益。最後，針對非法挪用公司資源的新懲罰措施，尤其是挪用公司資產而從事公司業務以外的投機，也反映了政府希望控制因管理失當而造成的公司醜聞，這條款將有助減少投資者的恐懼及風險。

1929年《公司法》中關於「公司」的新定義也值得關注。第1條對公司的法律定義是一個營利的組織。與1914年《公司條例》的嚴格定義，即將一家「公司」定義為一個成立以執行「商行為」的組織（第1條）相比，此定義回歸到了20世紀初上海商人團體的建議。對公司宗旨內涵的擴展，使股份有限公司模式對企業家而言更具有魅力，尤其是礦業和重工業，鼓勵他們正式登記為股份有限公司，希望使籌集公眾投資變得更容易。當時公司法專家朱鴻達將這部法律看成是為解決這問題而進行的技術性調整。[67] 實際上，對1914年《公司條例》中「公司」定義的重新界定和拓寬，早在國民黨建立之前就已經開始，至少可以追溯到1916年一些法學家提交的公司法草案，[68] 而那僅僅是在1914年公司法律生效兩年之後。

1929年《公司法》的起草者，基本上遵從1914年的立法。我們不可能對起草者的思考進行全面的調查。然而，至少一位主要的起草者馬寅初，是當時最具影響力的經濟學家。按照馬寅初於1925年出版的著作，中國公司正在公開市場上出售它們的股票，並且吸引了大量之前與公司毫無關係的股東。主要的問題是那些股東僅僅對每年能獲得最大的分紅感興趣，但對公司的長期業績毫不關心。這類股東的動機，促使管理者隱瞞公司的實際利潤，而這又催生了違法的管理行為，例如內部交易。最終，很多公司變得慣於隱瞞其實際的資產負債表，投資者也開始不信任公司的主要股東和管理層。

　　總體而言，馬寅初似乎是傾向管理層的。他對投資者的短線投機行為有所保留。他並不相信由大多數股東意願來主導的管理，將能增加企業誠信並且帶來生意的成功。相反，馬寅初傾向於由少數主要股東控制的股份有限公司。[69] 如前提到，《公司法原則草案》包括了承認大股東合法權益和利益的原則。這一原則符合馬寅初在1920年代所撰寫的論著，這些論著建議保護負責管理的董事，同時避免無人事關係的小股東那種短線的、投機的、不負責任的投票。在馬寅初的設想中，少數股東可能合謀奪取全體股東大會的控制權，並且推翻主要股東的決定。在某種意義上，這反映了金融資本主義正在蓬勃發展，但是缺乏成熟的資本市場機制。在中國金融資本主義的脈絡裏，1920年代新組成的中國股份有限公司面臨著很多非人事關係投資帶來的困難，以及由此而來的企業管理失敗，原因包括小股東的投機取向和對公司決策的非專業干預。這一發展帶來的現象，我們姑且稱為「企業的多數人專政」。

　　要評估1929年《公司法》對中國式股份有限公司的影響並不容易，主要原因是1930年代日本對中國東北地區的入侵。在1929年《公司法》頒佈之後不久，日本開始對中國發動一系列的軍事入侵。國民黨也開始著手進行國有企業的計劃。執行《公司法》的法律環境，在1937年抗戰軍興之後進一步惡化。對在戰亂歲月中掙扎求存的中國企業而言，大環境無疑極不穩定。作為一種致富手段，股份有限公司模式自然失去吸引力。我們無法猜測，如果1930年代日本沒有入侵中國，中國的經濟將會如何發展。然而，我們知道中日戰爭對於中國股份有限公司模式的發展，的確具有極大的破壞性衝擊。西方股份有限公司模式在第二次世界大戰之前的1920與1930年代，得以在較和平的環境下順利發展。中國與之相比，沒有這種福氣。[70]

# 六、結論

1904 至 1929 年公司法立法發展軌跡，尤其是界定董事和股東權利與責任的條款，顯示了前後相繼的政權確有誠意推動股份有限公司。立法的任務也是如何平衡董事（或者企業家）和股東的利益，需要讓前者感到採用這一模式會比更為習見的如私人公司或者合夥制等傳統商業組織模式更有好處，同時也得讓股東（大小投資者等）覺得投資雖非建基於人事關係之上，但仍可以得到公司法規的保護。這一挑戰十分艱巨，並且存在內在矛盾。每次法律改革都無法找到完美的解決方法。然而，大體上，每次立法都對之前的環境或者立法中產生的危機和問題，進行了實質性的回應，並且顯示出明確的改進。固然，中國在那幾十年內的確沒有湧現大量股份有限公司，也見不到商界對這新遊戲的熱情擁抱。儘管這種模式被認為是 20 世紀早期美國和歐洲很多企業成功的原因，它並沒有在中國遍地開花結果。縱然如此，我們卻不能歸因於這些前後相繼的公司法缺乏這方面的誠意。論據就是，這些法律不僅具有立法的真正意圖，而且它們其實與當時的輿論意見相一致，部分商界人士事實上也採用了股份有限公司模式。按照法律和模式之間的關係，我們的研究顯示，儘管沒有促成大量股份有限公司成立，有關法律便利和推進了此一模式在中國的發展。這意味著，成文法本身並不是引起在中國廣泛採用這一模式的先決條件，也不是充分的誘因。

這麼說來，問題關鍵在於規模的大小：為什麼沒有大量成立公司？對此，我們的答案就是應當歸因於結構問題而不是法律本身，這超出了本章的討論範疇。我們可以做到的，是在這裏列出一些今後值得進一步探索的問題。

首先，沒有湧現大量的股份有限公司，很大程度上可能是因為補充的和非正規的制度約束，不足以支持正規的制度（也就是法律）約束。例如，同一時期可以看到中國社會在政治觀念、社會價值和商業

道德方面的普遍解體。中國社會沒有了這些價值的主導作用，傳統文化對市場行為的約束力便大為削弱，導致個人利益最大化思想廣泛流行，我們曾經對此有所討論，大意是20世紀初中國社會舊倫理衰退，但並沒有形成普遍接受的新倫理行為規範，足以控制股份有限公司這類非人事關係的投資行為。[71]因而，這些公司中的信任問題往往會激化成公司或社會危機，結果毫無疑問阻礙了這一模式的普及。

其次，在這些動盪歲月中，中國缺乏一個有效的中央政權，法律的執行難免缺乏效率，沒有執行效力。因而，中國式股份有限公司以及與其相關的公司法問題，並不在於為什麼這麼多的法律失效，或者法律應當如何令這種公司模式更加普及；而是政治秩序可以如何穩定到一定程度，讓政府有效地執行這一法令，並且保護公司的參與者。

中國企業家對股份有限公司這種新的組織模式的反應，從他們的文化心態來說，可謂相當理性。在第一部公司法公佈之前的19世紀末的洋務運動時期，他們已經看到採用股份有限公司模式的好處。他們對於這一模式的躊躇，可以歸因於正規制度的約束力不足，以及缺乏作為補充的非正規制度的配套。也可以說，他們不使用這種模式，倒不一定因為傳統文化阻礙他們作出理性的公司管治抉擇。保護私人財產，以防政權的非法掠奪，也可能在這種組織性的商業決定中發揮了一些作用，[72]但是「掠奪型國家」(predatory state)的因素，在政治不穩定的中國，對於除了股份有限公司之外其他公司的組織形式，同樣有著不利的影響。中國企業家只在營商環境有利時才採納股份有限公司的模式，這種商業理性尤其可以見於條約港經濟，在租界那種特殊的政治空間中，其法律及文化規範較中國其他地區便更有利於成立股份有限公司。職是之故，我們的確可以在那裏見到更高比例的股份有限公司。

# 註 釋

1　中文「企業」一詞亦用來翻譯 enterprise 一詞。Enterprise 含意一般較廣，規模可大可小，例如中文的「中小微企（業）」所説的「企業」，多非股份有限公司。這樣廣義的 enterprise，也可以用另一個辭彙來表達，即 firm。差不多任何社會，任何年代，只要是以商業為主要功能、兩人以上的群體組合（association），都可以算是 enterprise 或 firm。為配合本章主旨，這裏「企業」一詞屬狹義，僅指以股份有限公司註冊成為法人的商業組織。

2　參考如 Wellington K. K. Chan, "Personal Styles, Cultural Values and Management: The Sincere and Wing on Companies in Shanghai and Hong Kong, 1900–1941," *Business History Review* 70.2 (1996): 141–166; Wellington K. K. Chan, "Tradition and Change in the Chinese Business Enterprise," *Chinese Studies in History* 31.3–4 (1998): 127–144; On Kit Tam, *The Development of Corporate Governance in China* (Cheltenham: Edward Elgar, 1999); 李玉：《晚清公司制度建設研究》（北京：人民出版社，2002）; Elisabeth Köll, *From Cotton Mill to Business Empire: The Emergence of Regional Enterprises in Modern China* (Cambridge, MA: Harvard University Asia Center, 2003); 楊在軍：《晚清公司與公司治理》（北京：商務印書館，2006）; David Faure, *China and Capitalism: A History of Business Enterprise in Modern China*；楊勇：《近代中國公司治理——思想演變與制度變遷》（上海：上海人民出版社，2007）；朱蔭貴：《中國近代股份制企業研究》（上海：上海財經大學出版社，2008）; Madeleine Zelin, "The Firm in Early Modern China," *Journal of Economic Behavior & Organization* 71.3 (2009): 623–637; Wellington K. K. Chan, "Chinese Entrepreneurship since Its Late Imperial Period," in *The Invention of Enterprise: Entrepreneurship from Ancient Mesopotamia to Modern Times*, eds. David S Landes, Joel Mokyr and William J Baumol (Princeton, NJ: Princeton University Press 2012), pp. 469–500; Chenxia Shi, *The Political Determinants of Corporate Governance in China* (London: Routledge, 2012); 張忠民：〈產權、治理結構：近代中國企業制度的歷史走向〉，《成大歷史學報》，第 47 號（2014），頁 155–194；Madeleine Zelin, "A Deep History of Chinese Shareholding," *Law and History Review* 37.2 (2019): 325–351 等等。

3　Adolf A. Berle and Gardiner Means, *The Modern Corporation and Private Property* (New York: Macmillan, 1932).

4　Frank H. Easterbrook and Daniel R. Fischel, *The Economic Structure of Corporate Law* (Cambridge, MA: Harvard University Press, 1991).

5　Rafael La Porta, Florencio Lopez-de-Silanes, Andrei Shleifer, and Robert Vishny, "Law and Finance," *Journal of Political Economy* 106.6 (December 1998): 1113–1155; Rafael La Porta, Florencio Lopez-de-Silanes, Andrei Shleifer, and Robert Vishny, "Investor Protection and Corporate Governance," *Journal of Financial Economics* 58.1–2 (2000): 3–27; Lucian A. Bebchuk, "A Rent-Protection Theory of Corporate Ownership and Control," National Bureau of Economic Research, Working Paper No. 7203, 1999; Bernard Black, "Does Corporate Governance Matter? A Crude Test Using Russian Data," *University of Pennsylvania Law Review* 149.6 (January 2001): 2131–2150; Bernard Black, "The Corporate Governance

Behavior and Market Value of Russian Firms," *Emerging Markets Review* 2.2 (June 2001): 89–108。Ron Harris 的近著比較了中國、印度、中東及西歐15至18世紀的商業組織，說明西方的商業企業 (business corporation) 模式，在引進非相熟投資者來擴大商業規模方面，如何漸漸發展出其獨特的優勢，形成所謂近代的資本主義企業模式。見 Ron Harris, *Going the Distance: Eurasian Trade and the Rise of the Business Corporation, 1400–1700* (Princeton, NJ: Princeton University Press, 2020)。

6　David Faure, "Company Law and the Emergence of the Modern Firm," in *Chinese Business Enterprise*, ed. R. Ampalavanar (London: Routledge, 1996), vol. 4, pp. 263–281.

7　例如李俊：〈清光緒律與公司法 (上)〉，《政大法學評論》，第10號 (1974)，頁 171–222；李俊：〈清光緒律與公司法 (下)〉，《政大法學評論》，第11號 (1974)，頁163–209；賴英照：〈中國公司立法之回顧與前瞻〉，載賴英照：《公司法論文集》(台北：中華民國證券市場發展基金會，1988)，頁1–49；Faure, "Company Law and the Emergence of the Modern Firm;" K. Jayasuriya, "Introduction: A Framework for the Analysis of Legal Institutions in East Asia," in *Law, Capitalism and Power in Asia*, ed. K. Jayasuriya (London: Routledge, 1999), pp. 1–27; Teemu Ruskola, "Conceptualizing Corporations and Kinship: Comparative Law and Development Theory in a Chinese Perspective," *Stanford Law Review* 52.6 (2000): 1599–1729; William N. Goetzmann and Elisabeth Köll, "The History of Corporate Ownership in China: State Patronage, Company Legislation, and the Issue of Control," in *A History of Corporate Governance around the World: Family Business Groups to Professional Managers*, ed. Randall K. Morck (Chicago, IL: University of Chicago Press 2005), pp. 149–184; Guanghua Yu, *Comparative Corporate Governance in China: Political Economy and Legal Infrastructure* (London: Routledge, 2012); Teemu Ruskola, *Legal Orientalism: China, the United States and Modern Law* (Cambridge, MA: Harvard University Press, 2013) 等等。

8　Douglass C. North, *Institutions, Institutional Change, and Economic Performance* (Cambridge: Cambridge University Press, 1991); Douglass C. North, *Understanding the Process of Economic Change* (Princeton, NJ: Princeton University Press, 2005); Mark J. Roe, *Strong Managers, Weak Owners: The Political Roots of American Corporate Finance* (Princeton, NJ: Princeton University Press, 1994), Mark J. Roe, "Political Preconditions to Separating Ownership From Corporate Control," *Stanford Law Review* 53.3 (December 2000): 539–606.

9　相似地，Verma和Gray也使用一個立法過程的分析，即基於三個階段 (來源、傳播和反映) 分析了印度1956年《公司法》(*Companies Act*) 的頒佈，結論是在所有三個階段，法律受到了印度社會、文化背景和政治進程的極大影響，但其討論僅集中於立法問題。見 Shraddha Verma and Sid J. Gray, "The Development of Company Law in India: The Case of the Companies Act 1956," *Critical Perspectives on Accounting* 20.1 (2009): 110–135.

10　李玉、熊秋良：〈論清末的公司法〉，《近代史研究》，第2期 (1995)，頁95–98；Kirby, "China Unincorporated," 44–47；謝振民：《中華民國立法史》(北京：中國政法大學出版社，2000)，頁803–804。

11　Faure, "Company Law and the Emergence of the Modern Firm."

12　梁啓超：〈敬告中國之談實業者〉，載氏著：《飲冰室合集》（上海：中華書局，1941）；載氏著：《飲冰室文集之二十一》，第七冊（北京：中華書局，2015），頁 113–122。

13　Wu Tingfang, *America through the Spectacles of an Oriental Diplomat* (London: Duckworth, 1914), pp. 149–150.

14　David C. Rose and J. Ray Bowen II, "On the Absence of Privately Owned, Publicly Traded Corporations in China: The Kirby Puzzle," *Journal of Asian Studies* 57.4 (1998): 442–452; 方流芳：〈試解薛福成與柯比的中國公司之謎〉，頁 280–326。

15　張忠民：《艱難的變遷：近代中國公司制度研究》。

16　Kirby, "China Unincorporated."

17　張忠民：《艱難的變遷》。

18　Gary G. Hamilton, ed., *Business Networks and Economic Development in East and Southeast Asia* (Hong Kong: Centre of Asian Studies, University of Hong Kong, 1991).

19　Cochran, *Encountering Chinese Networks*; Sheehan, *Trust in Troubled Times*.

20　參考李樹元（Albert S. Lee）對英國公司法在 1862 至 1948 年間的演進所使用的分析架構，Albert Shu Yuan Lee, "Law, Economic Theory, and Corporate Governance: The Origins of UK Legislation on Company Directors Conflicts of Interests, 1862–1948," (PhD dissertation, University of Cambridge, 2002).

21　例如李玉：《晚清公司制度建設研究》等。

22　商務印書館編：《大清光緒新法令》，第 10 卷（上海：商務印書館，1909），頁 1a–1b。

23　Faure, *China and Capitalism*, pp. 63–64.

24　梁啓超：〈敬告中國之談實業者〉，頁 114–115：「中國近日亦有所謂公司律者矣。其文鹵莽滅裂，毫無價值，且俾論。」又參考李玉、熊秋良：〈論清末的公司法〉，頁 107。

25　張雲樵：《伍廷芳與清末政治改革》（台北：聯經出版事業公司，1987）；Linda Pomeratz-Zhang, *Wu Tingfang (1842–1922): Reform and Modernization in Modern Chinese History* (Hong Kong: Hong Kong University Press, 1992); 張富強：《近代法制改革者：伍廷芳》（廣州：廣東人民出版社，2008）。例如張雲樵的書對伍廷芳的生平及貢獻用力最深，詳徵博引，但沒有注意到伍廷芳在公司立法上的劃時代意義。這點在後來張富強專論伍廷芳在法制改革的角色時，也沒有受到重視。

26　島田正郎：《清末における近代的法典の編纂》（東京：創文社，1980），頁 36；David Faure, "The Mackay Treaty of 1902 and Its Impact on Chinese Business," *Asia Pacific Business Review* 7.2 (2000): 87.

27　Faure, "The Mackay Treaty of 1902," pp. 87–90.

28　內閣官房局編：《法例全書 (1867–1911)》（東京：原書房，1974 重印出版），共 45 冊。1899 年株式会社法載第 32 冊第 2 部，1899 年 3 月 7 日，〈新商律〉第 48 條下第 2 部分，第 42–262 條，頁 11–51。

29　張銘新、王玉潔：〈略論清末公司律的產生及特點〉，《法學評論》，第 3 期（2003），頁 150–151。

30　楊志洵：〈公司利弊說〉，《商務官報》，第 13 期（1907），頁 1a–4b。

31  Lee, "Law, Economic Theory, and Corporate Governance."

32  在這方面最具代表性的說法，見 A. V. Decey, *Introduction to the Study of the Law of the Constitution* (London: Macmillan & Co., 1885)。

33  商務印書館編：《大清光緒新法令》，第 10 卷，頁 2a–11a。

34  李玉、熊秋良：〈論清末的公司法〉。

35  Kirby, "China Unincorporated," p. 48.

36  姜偉：〈論股份有限公司制度在清末民初的演進〉，《南京師範大學學報 (哲學社會科學版)》，第 1 期 (2000)，頁 39。

37  張忠民：《艱難的變遷》，頁 70–71。

38  《申報》記載了這方面的一些例子，展示了問題的種類。關於執行總裁的選舉和對公司支出監督的例子，可以參見《申報》對於廣東鐵路公司的報道 (1909 年 11 月 9 日、1910 年 1 月 6 日)。關於股東挑戰董事權威方面的例子，參見《申報》，1908 年 12 月 2 日。關於財產糾紛，參見《申報》，1909 年 11 月 9 日。

39  法律編查會編：《公司法草案》，載修訂法律館編：《法律草案彙編》，第 1 卷 (北平：修訂法律館，1926)，頁 1–3。

40  Zhongping Chen, *Modern China's Network Revolution: Chambers of Commerce and Sociopolitical Change in the Early Twentieth Century* (Stanford, CA: Stanford University Press, 2011).

41  《申報》，1907 年 8 月 24 日、11 月 20 日至 11 月 24 日。

42  《申報》，1909 年 12 月 21 日至 12 月 23 日。

43  張家鎮等編：《中國商事習慣與商事立法理由書》(北京：中國政法大學出版社，2003)，頁 211–435。

44  松本烝治：〈欽定大清商律ヲ評ス〉，《法學協會雜誌》，第 22 卷第 10 號 (1904)，頁 1419；第 22 卷第 11 號 (1904)，頁 1561；第 23 卷第 1 號 (1905)，頁 55；第 23 卷第 4 號 (1905)，頁 512；第 23 卷第 5 號 (1905)，頁 677；第 23 卷第 7 號 (1905)，頁 961。

45  李玉、熊秋良：〈論清末的公司法〉，頁 107；張家鎮等：《中國商事習慣與商事立法理由書》，頁 2。

46  Samuel C. Chu, *Reformer in Modern China: Chang Chien, 1853–1926* (New York: Columbia University Press, 1965); Köll, *From Cotton Mill to Business Empire*.

47  張謇著，張怡祖編：《張季子九錄》(台北：文海出版社，1965)，第 4 卷，頁 1a–b。

48  盧曉波：《比較與審視：「南通模式」與「無錫模式」研究》(安慶：安徽教育出版社，2003)，頁 164。

49  張孝若：《南通張季直先生傳記》(上海：中華書局，1930)，頁 181–185；沈家五：《張謇農工商總長任期經濟資料選編》(南京：南京大學出版社，1987)，頁 12。

50  張忠民：《艱難的變遷》，頁 73–74；謝振民：《中華民國立法史》，頁 804–806。

51  張家鎮等：《中國商事習慣與商事立法理由書》，頁 90。

52  經濟行為可包括貿易、租賃、輕工業和製造業、供電和供水、出版和印刷、銀行、貨幣兌換、放債、信貸、服務業、酒店、倉儲、保險、交通運輸、委託、代理和仲介等。

53  商務印書館編譯所：《最新編訂民國法令大全》(上海：商務印書館，1924)，頁 1165。

54  商務印書館編譯所：《最新編訂民國法令大全》，頁 1153–1165。

55 徐家力：《中華民國律師制度史》(北京：中國政法大學出版社，1998)。

56 Köll, *From Cotton Mill to Business Empire*, pp. 124–131.

57 Xu Xiaoqun, *Trial of Modernity: Judicial Reform in Early Twentieth-Century China, 1901–1937* (Stanford, CA: Stanford University Press, 2008), chap. 2.

58 Kirby, "China Unincorporated," pp. 49–51。關於民國時期資本主義的黃金期，見 Marie-Claire Bergère, *The Golden Age of the Chinese Bourgeoisie 1911–1937* (Cambridge: Cambridge University Press, 1989)。

59 張忠民：《艱難的變遷》，頁75–76、254–256。

60 姜偉：〈論股份限公司制度在清末民初的演進〉，頁40；Wellington K. K. Chan, "The Origins and Early Years of the Wing On Company Group in Australia, Fiji, Hong Kong, and Shanghai: Organization and Strategy of a New Enterprise," in *Chinese Business Enterprise in Asia*, ed. R. Ampalavanar (London: Routledge, 1995), pp. 80–95.

61 朱鴻達等編著：《現行十大工商法詳解彙編》(上海：世界書局，1934)，頁66、71、79、85、106、124。

62 朱鴻達等編著：《現行十大工商法詳解彙編》，頁63。

63 Kirby, "China Unincorporated," pp. 51–52.

64 謝振民：《中華民國立法史》，頁803–814。

65 謝振民：《中華民國立法史》，頁806–811。

66 參見張忠民：《艱難的變遷》，頁79–80。

67 朱鴻達等編著：《現行十大工商法詳解彙編》，頁3，並參見Kirby, "China Unincorporated," p. 52.

68 法律編查會編：《公司法草案》，頁1。

69 馬寅初：《馬寅初演講集》，第二集(上海：商務印書館，1928)，頁82–86、263–269。

70 關於1930年代的西方評論，可參見 *The Economist*, 11 September 1937, p. 508。

71 Billy K. L. So, "Modern China's Treaty Port Economy in Institutional Perspective: An Introductory Essay," in So and Myers, *Treaty Port Economy in Modern China*, pp. 1–32.

72 Rose and Bowen, "On the Absence of Privately Owned, Publicly Traded Corporations in China." 有關作為西方大規模企業發展基礎的資本市場發展與企業法律間的錯綜關係，參考 John C. Coffee Jr., "The Rise of Dispersed Ownership: The Roles of Law and the State in the Separation of Ownership and Control," *The Yale Law Journal* 111.1 (2001): 16–21。探討中國改革開放後資本市場興起與法律規範的發展，參考 Zhiwu Chen, "Capital Markets and Legal Development: The China Case," *China Economic Review* 14 (2003): 451–472。我們感謝陳志武教授在這理論方面的提示。

第 10 章

# 公司法一體化前傳
### 以明治商法及晚清民初公司立法
### 的董事誠信問責條款為中心*

## 一、公司法與企業

前章討論了公司法在中國抗戰前的三次立法本末及其與政府推動股份有限公司的互動關係。本章以股份有限公司的董事誠信問責條款為焦點，考察中日在移植西方公司法早期的梗概，以便從歷史的角度管窺有關公司法全球一體化動力與本土調適需求之間的張力與動態過程。主要的探討文本，是四套中日公司法律內有關股份有限公司的董事誠信問責的條款。四套公司法分別是1890年(明治二十三年)商法的株式会社(股份公司)章(簡稱「舊法」)、[1]1899年(明治三十二年)商法的会社第4章〈株式会社章〉(簡稱「新法」)、[2]1904年(光緒三十年)《公司律》(簡稱「舊律」)[3]以及1914年(民國三年)《公司條例》(簡稱「條例」)[4]。我們在〈近代中日公司法條文的比較〉一文對其中幾條法律條文及其背景曾作分析和說明；[5]本章在條文素材方面，則因應議題作了不同的編

\* 本文初稿曾在清華大學法律學院商法研究中心主辦的第11屆21世紀商法論壇「經濟全球化中的公司治理與公司法一體化走向」國際學術會議上發表。後發表為蘇基朗、蘇壽富美：〈公司法一體化前傳——以明治商法及晚清民初公司立法的董事誠信問責條款為中心〉，載王保樹編：《商事法論集》，第23卷(北京：法律出版社，2013)，頁187–197。與會學者如習超、張生等給予評點指正；松原健太郎教授及遲王明珠博士在收集資料及翻譯等方面，給力甚大，俱致謝忱。

排。兩者都建基於同樣的四份法律文本,但處理的問題並不相同。〈近代中日公司法條文的比較〉思考的是近代中國的相關公司法律條文從日本繼受的程度;本章關注的,是中日兩國在移植公司法早期所走的路徑有什麼異同,以及本土文化在兩者的分流之處,扮演了什麼角色。

這些中日早期公司法律之所以值得注意,原因之一是我們必須處理前章所討論的「公司法律和近代西方資本主義式大規模企業之間的關係到底是什麼?」這個更大的問題。總結而言,就是兩者是否存在直接的因果關係。這議題自戰後以來一直是討論熱點,最近十年更有不少新方向,漸漸形成所謂「法律與經濟發展」(law and economic development)的新理論語境。這個範式是從批判韋伯(Max Weber)以來一個主流論述而展開的。根據該主流論述,西方近代資本主義的一個重要支柱,就是股份有限公司這種制度容許所有權與管理權在法律規範之下理性地分離。其他非西方國家進行經濟現代化時,必須先移植這個制度,但由於這個制度不能離開相關的一套法律框架而生存,這些國家亦不得不同時移植公司法,乃至全面的法律西化變革。[6]這種主流論述的權威,近年由於後現代思潮的衝擊、中國經濟的崛起,以及西方由安然公司 (Enron)破產至金融海嘯等一系列的醜聞等等現實,開始受到質疑。[7]但這種觀點在學術界及政經界仍具有無比的影響力,[8]加上全球化對各主權國法律一體化的潛在推力,前述的法律與經濟發展的討論,遂變得越來越重要。本章僅從中日兩國早期移植公司法律的實證案例出發,希望對有關法律與經濟發展的宏觀議題,提供一些具體的思考素材。

近20年針對兩國早期公司法的研究,分析明治舊法與新法差異的論說較少,研究中國晚清及民初公司立法的成果相對較多。前章已有論述,但本章會從一體化的角度再作申論。對中國公司法的論點,最引人注目的是1995年發表的「柯偉林之謎」。[9]方流芳曾在評論1993年中國公司法時,對「柯偉林之謎」作了扼要而深入的介紹。[10]大體而言,方流芳指出,Kirby在分析和比較了中國從1904至1993年關於股份有

限公司(簡稱為「企業」,corporation)的五次立法之後,認為這套西方
現代資本主義市場經濟的皇牌制度,看來還是不易在中國土壤生根。
主要原因是歷次政權的強徵暴斂嚇住了商人,加上中國文化過於強調
人情關係,而西方的企業模式,必須依靠自由市場和以法律而非人事
關係主導的商業組織文化,始能發揚光大而創造巨量商業財富,兩者
之間有很深的文化鴻溝。1993年《公司法》,主要在應付國有資產及集
體所有產權的股份制轉移而產生的各種迫切問題。方流芳精闢地道出
了這種國企問題與西方資本主義自由市場經濟的一套公司法規有重大
的落差。「柯偉林之謎」也是在這個1993年《公司法》語境之下的產物。
但自2005年《公司法》修訂以來,中國公司法所面對的法律和市場經濟
發展語境,已經發生了巨變,現在或許是時候,用一種全球的視野,
重新檢視20世紀初的中國公司法律立法史。

## 二、明治株式会社立法的迂迴過程

　　1890年明治舊商法的出台,標誌著日本維新以來模仿西方變法的
進程,已經步入全面啟動經濟近代化議程的階段。前此有法律規範的
新式企業主要是銀行業,已經普遍採用股份有限公司的模式,關鍵的
法律是1872年(明治五年)實施的《國立銀行條例》。1880年(明治十三
年)政府開始預備有關会社(公司)立法,翌年已有草案三編143條,但
事情因「明治十四年政變」(1881年)及明治十八年(1885)以內閣制取
代太政官制等政局變動而停頓下來。1887年(明治二十年)在以法國商
法為藍本的商法草案及舊草案基礎上,又草擬了新的一份《日本会社條
例》。但在1880年代中葉以後,因為新的制度如國立銀行的融資功能
及對外貿易日益開放,日本的經濟已逐漸起飛,出現了各種各類的会
社,包括資本金達2,000萬円的鐵路企業。貿易大盛的結果是商業爭訟
日繁,不利發展。同時在對外不平等條約下,關稅不能自主,削弱競
爭,並且有辱國體,因此儘速立法規管新興的会社組織呼聲日高。[11]此

時政府的取向是制訂全面的商法典，而非個別的分類立法，所以在1890年日本正式通過推出以法國商法為藍本的一套商法，而会社法則屬其中一章。此舉即正式通過使用法律手段將這種西方傳入的企業模式，推廣至各種邁向現代規模的民間或官民合作的商業組織。

但法典一出即面對很多反對，要求延期執行，有商界組織如東京商工會、有議會的議員、有法學界的所謂英國法律派。反對理由包括撓亂倫常、個人主義、違背傳統商業習慣、缺乏國家思想、過份自由主義、弱肉強食及豺狼相食、不保護弱者、商業專權、僅對富豪有利等等。當時亦有爭議更大的民法延期之爭，主張延期實施民法的法律學者穗積八束甚至發表了「民法出，忠孝亡」的論文，雖不是直接批評会社法，但他對新法規衝擊傳統社會習俗憂心忡忡，同樣適用於商法。[12] 因為立法引起太大爭議，議會投票決定延期執行，以便重新審定，確保不致與本國習慣格格不入。然而由於需要讓政府可以提早利用新的法律框架，推動新式企業發展國家經濟，以及對列強爭取早日廢除不平等條約，帝國議會最終在1892年（明治二十五年）第4次會議達成協議，翌年3月（明治二十六年法律第9號〈商法及商法施行条例中改正並施行法律〉）公報有關会社等部分，於該年7月先行實施。其主要目的是鼓勵更多企業家採用這種舶來制度，以期為日本創造更多新興和具規模的現代企業的同時，能在法定的框架之內有序運作，以免因大量出現這些企業而導致社會不穩定和大量破產等債務危機。[13] 所以法律內一方面鼓勵企業模式，另一方面強調傳統的商業倫理。[14]

中日甲午戰爭後，由於從中國流入巨額賠款，同時《馬關條約》帶來莫大的中國投資商機，而這些商機又並非一般中小商號所能承擔，於是催生了大量方便民間集資的股份有限公司。1899年全部的商法正式通過而成為法律，即明治三十二年新商法，全面規範日本的商業發展。當然，現在立法的目的，已不再以防止商人辦股份有限公司導致破產等流弊為主軸。相反，更重要的任務變成如何保障股東的權益，免為董事欺騙，造成金融資本市場的混亂，以及沒完沒了的公司管治

訴訟。例如，參與修訂法律的梅謙次郎，在其会社法講義即特重取締役（董事）的代理人角色，同時亦強調代理人對株主（股東）的誠信責任。[15] 所以這時的法律條文反而十分理性和規範，舊法的部分道德用語明顯地淡出。舊法與新法的一條重要分別，是董事連帶無限責任但股東僅負有限責任的制度。此種安排源自德國，但十分符合無限債務責任的日本傳統商業習慣，有助於建立社會上對株式会社債務的信心。新法取消了此項規定，不能不説是一種重大的改革。可能因為株式会社董事對外的債務信任問題，已經不再是爭端關鍵所在。現在更重要的，反而是如何建立董事與股東間的內部誠信問題。

## 三、晚清民國公司立法的過程

關於中國早期公司立法過程的討論不少。以下根據前章作扼要的論述。晚清從事法律改革時，擬訂多項新法律草案，但真正公佈立法頒行的不多。1904 年實施的《公司律》是其中較重要的一種。從此律的奏章看出，法案草擬時間只有匆匆數月，故當時已經惹來不少批評。若細察當時立法的情況，受命者三人，即載振、袁世凱及伍廷芳。載振僅以商部尚書身份擔綱而非起草法律之人，袁世凱一直沒有真正參與其事，唯一動筆的人恐怕就是晚清政府高官內最了解西方普通法的伍廷芳。他曾是英國註冊訴訟律師，並在香港執業。當時原意是草擬整部商律，結果跟明治 1890 年舊商法同一命運，以公司部分先行立法以資應急之用。這種緊急的國家需要，亦同樣希望藉立法以鼓勵更多華商採用這種舶來的商業制度，為中國的經濟現代化帶來一線生機。與明治舊法相異之處，是清律更多在為股東提供保障，及對董事加以道德及法規上的問責，可能主要目的還不是怕沒有華商成立股份有限公司，更重要的是如何鼓勵中國投資者購買華資企業的股票，而不要只投資在華外資企業的股票。這套中國第一套的公司法律，看內容確實不夠詳細，但考慮到伍廷芳的英國普通法背景，卻是可以理解的，

因為普通法裏很多細節都會留待法官通過案例法來加以補充和詮釋，不必在法例條文裏追求周全無缺。當然中國當時並沒有普通法的法庭系統可以扮演這種角色，因此不詳盡的公司律必然引起大量的紛爭。最明顯的是辛亥革命前一波一波的鐵路股權風潮。《公司律》表面上為這類大規模向公眾集資的新興企業提供了前所未有的保障，做成入市股東的安全錯覺，所以當各種程序或規範空檔引起爭議，又缺乏有效的民事法庭可以處理，只能訴諸公司登記單位的民間商會作出仲裁，爭議難以疏導，對清室覆亡亦不無影響。[16]

民國成立，農工商總長張謇在大總統袁世凱支持下大力發展實業，由於他在南通興辦紗廠實業十多年，對如何振興實業自有一定的經驗。1914年張謇推出第一批十多條他認為最迫切需要的農工商業立法，其中一項就是新的公司法律，即《公司條例》。新法律的內容減少了道德誠信的修辭，更具體地對董事的責任加以客觀的規範。由於十年間上海已漸成中國新式工商業的龍頭，現在推動企業家採用股份有限公司及鼓勵股東投資均已非當務之急，反而必須更清楚地規範董事的權責及股東的權益，以為董事及股東在實踐及訴訟時的依據。公司律在這方面的語焉不詳，可能曾做成很多的公司管治紛爭及纏訟不休，不得不加以補救。這套新公司法律並非張謇的創作，而是由上海商務總會、商學公會等由1907年開始積極發動，並在全國商場習慣調查的基礎上，參考各國最新立法，委專人起草〈公司律調查案理由書〉等上呈政府，要求改法。當時經商部送憲政編查館審核，再轉資政院審議，只因辛亥革命而中斷。張謇的角色是基本上承繼了這套草案，只作輕微修訂即推出立法。[17]

## 四、1890與1899年明治商法株式会社董事問責條款

以下將相關條款，按（一）誠信要求；（二）防利益衝突；（三）股東知情權保障；及（四）股東權益保障分類列出，以資比較。

## (一) 誠信要求

表 10.1：1890 與 1899 年明治商法誠信要求條款

| 舊法 | 新法 |
|---|---|
| 第 188 條：董事對公司所負的責任，是克盡職分上的責務，及在遵守公司之章程與決議上，對公司負上自己的責任。 | 新法無。 |
| 第 189 條：董事對公司所負擔之義務，與各股東所負責任無異。然而依據章程或股東大會決議內容，對董事任內衍生之義務方面，可在預先訂定之情況下，令董事負上連帶之無限責任，此責任在其退任滿一年後解除。 | 新法無。 |
| 舊法無。 | 第 177 條：董事有違背法令或公司章程之行為時，即使有股東大會之決議，亦不能免除其對第三者損害賠償之責。若該董事曾於股東大會上對有關行為提出過異議，及已經就此事通知過監查人者則不適用於前項之規定。 |

## (二) 防利益衝突

表 10.2：1890 與 1899 年明治商法防利益衝突條款

| 舊法 | 新法 |
|---|---|
| 舊法無。 | 第 175 條：董事未經股東大會許可，不得為自己或第三者，進行與該公司同行類營業之商業行為，或為同樣營業之目的成為其他公司之無限責任社員。董事違反前項之規定，為自己從事商業行為時，股東大會可視其行為乃為公司而作出。若有一位監查人知悉其行為後之兩個月內，並無繼續進行，即可解除前項規定之權利，或行為的發生已超過一年時，亦同 受解除。 |
| 舊法無。 | 第 176 條：董事只有在監查人之許可下，才可為自己或第三者與公司進行交易。 |

## (三) 股東知情權保障

### 表10.3：1890與1899年明治商法保障股東知情權條款

| 舊法 | 新法 |
| --- | --- |
| 第262條：<br>(1) 業務擔當之職員、董事、監察人或清算人，有下列情形者，處以50以上50円以下之罰款，情節嚴重者在罰款同時，再加處一年以下之監禁。<br>第一、對官廳或股東大會作出公司財產現狀或業務實況的書面或口頭報告時，故意作出不實申報，或在不正當意圖下瞞現狀或實情。<br>第二、在公告中作出欺詐陳述，或瞞事實。<br>(2) 前述之人員以外，公司其他之職員及其隨從有共犯之時，亦同上處罰。 | 第261條：發起人、執行公司業務之社員、董事、外國公司之代表者、監查人或清算人，有犯以下各款者，處以50圓以上500圓以下之罰款。⋯⋯<br>二、違律不公告或怠慢通知規定之各事，或作出不實之公告及通知。<br>三、本律規定許可受查閱之文件，無正當之事由下拒受查閱。<br>四、妨礙按本律規定之調查。⋯⋯<br>八、於股票或債券上，沒有記載應記載之事項，或作不正當的記載。<br>九、章程、股東名錄、公司債賬簿、股東大會決議紀錄、財產目錄、資產負債表、營業報告書、盈虧總賬、準備金及盈利，或分派股息之議案等各檔，在本店或分店置備不全，或記載不實。<br>十、違反第174條第一項或第198條第二項之規定，不召集股東大會。 |
| 舊法無。 | 第262條：發起人、執行公司業務之社員、董事、外國公司之代表者、監查人或清算人，有犯以下各款者，處以10圓以上1000圓以下之罰款。<br>一、向政府部門或股東大會申報不實或隱瞞事實。⋯⋯ |
| 舊法無。 | 第174條：公司股本虧蝕達一半金額時，董事必須立即召集股東大會報告狀況。公司財產減至不能償清公司債務之時，董事必須立刻要求宣告破產。 |

## (四) 股東權益保障

**表 10.4：1890 與 1899 年明治商法保障股東權益條款**

| 舊法 | 新法 |
|---|---|
| 第 197 條：董事或監查人在股東大會之決議下可隨時被解任，被解任者不得向公司索取解任後的工資或其他報酬又或賠償金。 | 第 167 條：董事在股東大會之決議下可隨時被解任，但有任期之規定時，如無正當之事由而在期滿前解任，該董事可向公司索取因此發生之損害索賠。 |
| 第 228 條：股東大會可由監查人或特別選定之代理人對董事或監查人提出訴訟。 | 第 178 條：於股東大會議決或否決起訴董事之情況下，如有達資本總額十分之一的股東向監查人呈請時，公司必須在決議或呈請日開始一個月內提出起訴。前項呈請之股東，必須向公司交出其股票託管。且在監查人要求時提供相當之擔保。當公司敗訴時，上列之股東，需對公司負上損害賠償之責。 |
| 第 229 條：擁有不少於公司資本總額二十分之一之股東，可由特別選定之代理人對董事或監查人提出訴訟，但各股東不論是使用自己名義或作為訴訟參與人之一，於裁判所而言，皆不會妨礙其權利之保護。 | 同上。 |

## (五) 以上各條款較為值得注意之處

(1) 舊法在誠信要求方面較新法詳細，用語亦接近傳統強調的盡本分道義責任，即日語的「義理」。新法不見此類要求。

(2) 舊法的董事連帶無限責任似為上述義理的表現，在新法裏亦淡出不見。這點應該是舊法和新法之間的重要差異。

(3) 新法對誠信的表達基本上是不違反規定而已。

(4) 立法防止董事作自我交易，舊法無而出現在新法，或因這種行為已變得普遍而需要加以規管。

(5) 新舊法相較，在股東權益保障條款方面新法較詳細，但反而可能對董事有利，例如解任董事時間不合理或沒有足夠理由時，董事得向公司索償。

(6) 舊法持股額達5%的股東已可對董事提出訴訟，新法則增至10%。這明顯地有助減少訴訟。

(7) 舊法在確保股東知情權方面遠不如新法詳細。

(8) 新法規定股本虧損至50%時董事必須召集股東大會，報告狀況。舊法無此規定。

# 五、1904年《公司律》與<br>1914年《公司條例》董事問責條款

以下將相關條款同樣按 (1) 誠信要求；(2) 防利益衝突；(3) 股東知情權保障；及 (4) 股東權益保障四類表列出來，以資比較。

## (一) 誠信要求

表10.5：1904年《公司律》與1914年《公司條例》誠信要求條款

| 舊律 | 條例 |
| --- | --- |
| 第17條：凡創辦公司之人，不得私自有非分之利益隱匿，以欺眾股東。倘有此項情弊，一經查出，除追繳所得原數外，並按照第126條罰例辦理，以示懲警。 | 第163條第1節：董事於公司業務應遵照章程妥慎經理。如違背此義務，致公司受損時，對於公司應負賠償之責。 |
| 第73條：董事遇有以下各事，即行退任。一、倒賬；二、被控監禁；三、患瘋癲疾；四、董事局會議時並未商明他董事接任，三月不到。 | 條例無。 |
| 第126條：公司創辦人、董事、查賬人、總辦、或總司理、司事人等，有犯以下所列各款者，依其事之輕重，罰以少至5圓多至500圓之數。……<br>十一、公司創辦人有違第17條，私自得有非分之利益。 | 條例無。 |

| 舊律 | 條例 |
| --- | --- |
| 第128條：董事總辦、或總司理人、司事人等違背商律及公司章程，被人控告商部，商部應視其事之輕重，罰以少至5圓，多至50圓之數。 | 條例無。 |
| 第129條：董事總辦、或總司理人、司事人等有偷竊虧空公司款項，或冒騙他人財物者，除追繳及充公外，依其事之輕重，監禁少至一月，多至三年，或罰以少至1000圓，多至10000圓之數，若係職官，其詳參革職。 | 條例無。 |
| 舊律無。 | 第163條第2節：董事如有違背法令或公司章程之行為，雖係由股東決議而行者，對於第三者不得免損害賠償之責。但已於股東會陳述異議，或已通知其意見於監察人，不在此限。 |

## （二）防利益衝突

表10.6：1904年《公司律》與1914年《公司條例》防利益衝突條款

| 舊律 | 條例 |
| --- | --- |
| 第74條：董事未經眾股東會議允許，不得作與該公司相同之貿易。 | 第157條：董事之執行業務，除章程有訂明外，以其（股東會）過半數決之。<br>第162條：董事得監察人之允許，得為自己或他人與本公司為商行為。 |

## (三) 股東知情權保障

表 10.7：1904年《公司律》與1914年《公司條例》保障股東知情權條款

| 舊律 | 條例 |
|---|---|
| 第76條：公司虧蝕股本至半，應即召集眾股東會議，籌定辦法。 | 第249條：公司執行業務之股東、發起人、董事、監察人及清算人，有左列各款情事，科以10元以上至1000元以下之罰金。<br>一、對於官廳或股東會之陳述不盡不實。…… |
| 第126條：公司創辦人、董事、查賬人、總辦、或總司理人、司事人等，有犯以下所列各款者，依其事之輕重，罰以少至5圓多至500圓之數。……<br>二、不將律定佈告各事佈告，或佈告不實。……<br>七、不遵律設立股東姓名冊，或不依第55條開載，或開載不實。<br>八、股票不遵依第28條所定開載，或開載不實。<br>九、不遵第54條及第110條，將公司創辦合同、或記載眾股東歷次會議之事之冊、或股東總單、公司物業總賬、總結、年報、贏虧總賬、公積賬、分息賬、分存總號、分號，或以上各件開載不全，或開載不實。<br>十、虧蝕至半，不遵依第76條招集股東會議。 | 第248條：公司執行業務之股東、發起人、董事、監察人、及清算人，有左列各款情事，科以5元以上至500元以下之罰金。……<br>二、不照本條例所定之期限公告及通知，或公告通知不實。……<br>三、阻難本條例所定之調查。……<br>八、違本條例第129條、第196條、第209條之規定，於股份、公司債之記載，不盡不實。……<br>十、公司定款、股東會決議、損益計算書、有關分派贏餘利與提存公積金之議案，不備置於本店及支店，又於以上各件之記載，不實不盡。<br>十一、違本條例第161條第1項、第189條之規定，不召集股東會。<br>條例第249條：公司執行業務之股東、發起人、董事、監察人及清算人，有左列各款情事，科以10元以上至1000元以下之罰金。<br>一、對於官廳或股東會之陳述不盡不實。…… |

## (四)股東權益保障

表10.8：1904年《公司律》與1914年《公司條例》保障股東權益條款

| 舊律 | 條例 |
|---|---|
| 第72條：董事辦事不妥，或不孚眾望，眾股東可於會議時決議即行開除。 | 第156條：公司因正當理由，不論何時，得以股東會議開除董事。如無正當理由而開除之，董事得向公司要求損害賠償。但董事無正當理由而告退，於公司有不利時，對於公司宜負損害賠償之責。 |
| 第75條： 公司股本及公司各項銀兩，係專做創辦合同內所載之事者，不得移作他用。 | 條例無。 |
| 第127條：公司人等不論充當何職，如不遵以上第75條，將公司股本或公司各項銀兩移作他用者，除追繳移用之款外，並罰以少至1,000圓多至5,000圓之數。 | 條例無。 |
| 第53條：眾股東會議時，如有議決之事，董事或股東意為違背商律或公司章程者，均准赴商部稟控核辦。惟須在一月以內呈告，逾期不理。至股東稟控，必須將股票呈部為據。 | 第164條：股東會決議控告董事，或雖否決而由總股份十分之一以上股東向監察人聲請時，公司應自決議或聲請之日起，盡一月內，即行照議呈控。聲請呈控之股東，須繳存其股票至訟事了發還。前項聲請呈控之股東，因監察人之要求，應給相當之擔保。訟事斷結，公司如有失敗，聲請呈控之股東對於公司應負損害賠償之責。 |
| 舊律無。 | 第161條： 公司虧折總資本至半數時，董事應即召集股東會報告。公司財產顯有不足抵償債務時，董事應即呈請宣告破產。 |

## (五)以上各條款較為值得注意之處

(1)舊律在誠信要求方面較條例詳細，用語亦如明治舊法般接近傳統的道德話語，如「不得私自有非分之利益隱匿」、「欺眾股東」、「偷竊虧空」、「冒騙」等。條例有關此類要求，只說應「妥慎經理」及不違法令或公司章程而已。

(2) 舊律及條例俱無明治舊法的董事連帶無限責任條款。可能受明治新法影響。也説明舊律立法時，股份有限公司董事對外債務的信用問題，並非亟待解決的制度障礙。

(3) 舊律及條例均規管董事作自我交易，但後者稍為詳細。這點明治舊法無而始於新法，應受明治新法影響。

(4) 舊律在確保股東知情權方面，遠不如條例詳細。

(5) 舊律及條例均規定股本虧損至50%時董事必須召集股東大會，報告狀況。條例更規定若資不抵債時應即呈請破產。

(6) 舊律開除董事條件較寬，辦事不妥或不孚眾望即可，都比較主觀而主權在股東。條例要求因正當理由，則較客觀，同時訂明若無正當理由則需作賠償。舊律沒有對董事的這一層保障。這點應來自明治新法。

(7) 舊律明文規定不得挪用公款作其他用途，條例刪去這樣的規定，可能反映了問題變得沒有以前那麼嚴重。

(8) 關於股東會議決控訴董事一節，舊律要求是股東會決議，即需要50%股東，而且限於違反商律或公司章程。條例引入類似明治新法的10%要求，訴訟較諸舊律為容易，而且沒有限於違背商律或公司章程。

## 六、小結：公司法一體化的歷史視野

從以上中日兩國四套公司法的董事誠信條款觀察，很難看到一套清晰的普遍性公司法模式在發生主導性作用。明治新舊法之間的爭議尤其值得注意，因為當時政府內部、帝國議會、工商界、傳媒界以至學術界，都對應接納英國還是法國法律系統的商法，出現嚴重的分歧。雖然最後是中央集權的勝利，但在立法上畢竟作出了不少協調，明治新法對商事習慣的重視，尤可見其包容本土文化的開放取向。相對而言，1920年代以前，中國繼受西方公司法比較簡單。先是由具有英國普通法背景的伍廷芳主筆草擬第一份公司律，然後是商會推動而

僱用一批中國專家，提出理由詳盡的草案，供政府審查是否接納，當時參考了德日等國的最新公司法理，配合全國性的商業習慣調查以照顧本國的商業風俗傳統，也吸收《公司律》的經驗和教訓。[18]1914年的《公司條例》因而避免了明治商法那場幾乎激動全國政商學精英的大爭辯。

綜觀以上討論，雖然取徑不一樣，但兩者起步時同樣有需要向西方展示法律改革的成功，同時必須為國家振興企業和經濟而提供有效的法律框架。也就是說，一方面是全球化或西化的外緣性規範移植，另一方面亦涉及新企業法制度的本土調適，以達致企業的效益及普及。這種公司法一體化的張力在中國，沒有明治日本強烈，原因可能是新文化運動及五四運動大大削弱了中國傳統社會結構及倫理規範所致。相反，明治日本的本土社會結構仍相當緊密，傳統道德倫理對商業的制約還有很強的力量，公司法及企業經營對人際關係的衝擊，較中國顯然嚴重得多。「株式会社亡國論」這種思想，在1930年代的中國法學界是不可思議的論題。「公司法一體化前傳」在中國和日本出現的分流，可說主要是由本土文化本身相異的變化軌跡而形成。

## 註 釋

1　內閣官房局編：《法令全書》（東京：內閣官房局，1912），第34冊，明治二十三年(1890)3月《法律》第32號〈商法〉。1892(明治二十五年)年底通過並於翌年實施的法例，內容略有更動，但與本章相關部分大體沿用無異。見同書第45冊，明治二十六年(1893)3月《法律》第9號。我們為以下條文作出了中文翻譯。感謝遲王明珠博士提供了很大的幫助。

2　內閣官房局編：《法令全書》（東京：內閣官房局，1912），第66冊，明治三十二年(1899)3月《法律》第48號〈商法〉。下文中譯由著者提供。

3　商務印書館編：《大清光緒新法令》。

4　商務印書館編：《最新編訂民國法令大全》。

5　蘇基朗、蘇壽富美：〈近代中日公司法條文的比較——以明治商法及晚清民初公司立法董事誠信問責條款的繼受為中心〉，載高祥編：《當代法律交往與法律融合》（北京：中國政法大學出版社，2013），頁302–311。

6　相關主流論述的精要評論，見Curtis J. Milhaupt and Katharina Pistor, *Law and Capitalism: What Corporate Crises Reveal about Legal Systems and Economic Development around the World* (Chicago, IL: University of Chicago Press, 2008), pp. 17–21. 將這個論述應用於中國的，參考黃仁宇：《資本主義與二十一世紀》（台北：聯經出版事業公司，1991）。

7    Milhaupt and Pistor, *Law and Capitalism*, pp. 21–44.

8    Debin Ma and Jan Luiten van Zanden eds., *Law and Long-term Economic Change: A Eurasian Perspective* (Stanford, CA: Stanford Economics and Finance, 2011).

9    Kirby, "China Unincorporated," pp. 43–56.

10   方流芳：〈試解薛福成和柯比的中國公司之謎〉，頁 280–326。

11   志田鉀太郎：《日本商法典の編纂と其改正》，復刻版（東京：明治大學出版部，1995 年複刻；1933 年原版），頁 8–30。

12   三枝一雄：《明治商法の成立と變遷》（東京：三省堂，1992）。這種觀點大抵可以説是 30 年後「株式会社亡國論」的濫觴。參考高橋亀吉：《株式会社亡國論》（東京：萬里閣書房，1930）。

13   帝國議會辯論時，國務大臣山縣有朋發言痛陳会社法的迫切，説到當時因為經濟發展而出現大量会社，可是沒有法律規管，導致倒閉、恐慌及投機壟斷等失序現象，故此有必要馬上立法規管，以匡正会社危機對社會的禍害。《第四回帝國議會貴族院議事速記錄第二號》（明治二十五年 12 月 2 日），頁 15。

14   志田鉀太郎：《日本商法典の編纂と其改正》，頁 46–54；梅謙次郎：《改正商法講義（会社法、手形法、破産法）》，載《日本立法資料全集》，復刻版（東京：信山社，1998），別卷十八（1893 年講義），頁 447–458；三枝一雄：《明治商法の成立と變遷》，頁 95。

15   梅謙次郎：《改正商法講義（会社法、手形法、破產法）》，頁 447–453。

16   見本書前章。其他重要的中文著作可參考張忠民：《艱難的變遷》；李玉：《晚清公司制度建設研究》；楊在軍：《晚清公司與公司治理》；楊勇：《近代中國公司治理 —— 思想演變與制度變遷》及朱蔭貴：《中國近代股份制企業研究》等。

17   見本書前章。按〈公司律調查案理由書〉，載張家鎮等編：《中國商事習慣與商事立法理由書》。

18   前引〈公司律調查案理由書〉提供了詳細的理由，清楚説明其斟酌取捨的用心所在。

第 11 章

# 近代出版企業管治的多樣性
## 東京、上海、倫敦、紐約四家公司個案*

## 一、前言

前兩章已討論近代中國和日本的西方近代公司法立法及其對資本主義式股份有限公司制度的規範。本章將考察東京金港堂株式会社、倫敦麥美倫公司（即麥美倫等人公司，倫敦；Macmillan & Company, London）、紐約麥美倫公司（即麥美倫公司，紐約；Macmillan Company, New York）及上海商務印書館股份有限公司這四家知名出版公司的企業管治模式。它們分別於 1893、1896、1896 和 1906 年註冊，商務則在 1914 年重新註冊。四家公司分屬不同國家，儘管置身於趨同的西方近代公司法框架，管治模式卻不盡相同。

本書第 1 章已經簡述了金港堂及商務的歷史。本書第 7 及 8 章曾引用過紐約麥美倫公司的財務報表，也提及倫敦麥美倫公司。下文第五及六節將先敘述它們的簡史，然後作相關分析。

---

\* 本章取材自 Billy K. L. So and Sufumi So, "The Corporate Governance of the Shanghai Commercial Press in Historical and Comparative Perspective," Paper presented at the Workshop on Chinese Business History, The University of Hong Kong, Hong Kong, October 19, 2023。文章初稿曾在其他學術會議宣讀過，例如 The 4th Eurasia Trajeco Conference on "Empires, Cosmopolitan Cities, and Merchants in Eurasia, 10th–20th Century," Paris, November 18—19, 2016 及 The 19th World Economic History Congress, Paris, July 25–29, 2022 等。承與會學者如 François Gipouloux、Leonard Blussé、Ron Harris、Elizabeth Köll、Zhiwu Chen 等指正及鼓勵，謹致謝忱。

　　本章嘗試論證，這些管治模式的差異體現了公司領導層在作出管治決策時理性計算的結果，不過他們同時受制於自己的精神風格、思維方式、價值觀及不斷變化的當地營商環境和文化背景，以及和其他參與公司管治者之間的互動關係。本文聚焦於企業管治模式的比較，利用赫伯特・西蒙（Herbert Simon）「受制約的理性」（bounded rationality）概念（它也被納入道格拉斯・C・諾斯〔Douglass C. North〕新制度經濟學理論框架），觀察全球化與本土化在這四家公司創業時對公司管治模式的抉擇所發揮的作用。

　　我們的比較研究將提出兩個關鍵問題：其一，企業管治在當時法律框架的規範下如何能夠保護企業家的利益，使他們願意成立股份有限公司並成為董事？其二，企業管治又如何保護其他投資股東的利益？

　　我們主要依據這四家公司的章程及一些有約束力的協議，呈現董事在企業管治中扮演的角色，以及為保障股東對抗經營管理權而對董事施加的約束。針對此問題，下文首先比較東京金港堂與上海商務，也是本書主角的雙龍，並特別關注公司章程在以下方面的規定：(1) 董事忠誠義務；(2) 董事利益衝突；(3) 股東知情權；(4) 股東權益保障；(5) 股權轉移。[1] 至於兩家西方出版社，在本章的主要作用是提供一個全球及西方的參照點。對於私人有限公司倫敦麥美倫公司，我們僅需依據公司章程的相關規定，來確認這類封閉的家族所有制模式。紐約麥美倫公司這種相對開放的非家族有限公司，則還涉及公司設立時所依據的董事與大股東間簽署的協議條款。我們關注紐約麥美倫公司如何建構其企業管治，使倫敦麥美倫公司得以通過貸款利息和倫敦董事所持優先股和普通股的股息，保證倫敦麥美倫公司董事的收入源源不斷，但在維護了倫敦麥美倫公司家族利益的同時，還能夠給予紐約本地投資者足夠的動機，讓他們在經營規模和所有權的擴張中，不斷謀取他們的合理利潤。

# 二、金港堂案例

## (一) 1893年《金港堂会社定款堂》

以下條款摘自1893年《金港堂会社定款堂》[2]（《金港堂公司章程》），並將儘可能與1890年（1893年實施）或1899年的明治《商法典》[3]中有關股份有限公司的規定並列，方便比較。

## (二) 董事忠誠義務

這一條文使董事與公司利益之間建立起聯繫，並要求董事對於損失負上「連帶責任」。這是一個法律術語，表示任何董事都需要對全部損失承擔責任，並在其他董事無法賠償的情況下負責作出全部賠償。這對於每一位董事而言，都是後果嚴重的責任。連帶責任在1890年《商法典》第189條有提及，但僅是一種可能的安排，並非強制實施的規則。

> 《会社定款》第23條：董事違反法律、命令、章程及股東大會決議而損害公司利益，須負上連帶無限責任，並作出賠償。
> 《商法典》第188條：董事對公司所負的責任，是克盡職分上的責務，及在遵守公司之章程與決議上，為公司負上自己的責任。
> 《商法典》第189條：董事對公司所負擔之義務，與各股東所負責任無異。然而依據章程或股東大會決議內容，於董事任內衍生之義務方面，可在預先訂定之情況下，令董事負上連帶之無限責任，此責任在其退任滿一年後解除。

## (三) 董事利益衝突

這一條款禁止董事透過購買公司持有的其他公司的債券或股票，獲取私利。

《会社定款》第36條：依商業方便，董事會可決定購入公債證書及其他会社股份。但由此賺取的利息及配當金（紅利派息），必須計算在公司的利益金（利潤）之內。

《商法典》沒有相關條款。1899年新《商法典》始有相關條款規定。

## （四）股東知情權

《会社定款》沒有相關條款，但第35條作出了間接的規定。即特定基本財務報告，須經股東大會確認。不過沒有提及股東在其他時間查閱的權利。

《会社定款》第35條：每年一月需提供前年一月一日至十二月三十一日的決算書、財產目錄、貸借對照表、事業報告書、利潤分配計劃予監查人檢查，並經一般股東大會確定。

《商法典》沒有相關條款。1899年新《商法典》則有相關條款規定。

## （五）股東權益保障

如從下引1899年金港堂持股模式所見，其中只有幾名原氏家族的成員持有超過100股。原亮三郎夫婦持有超過90%的股份（見下文），還意味著夫妻兩人即可完全控制公司股東大會的任何表決。

《会社定款》第17條：董事由持百股以上……股東之中，經股東大會選出。

《会社定款》第30條：變更章程及刻意豁除某些條款，均須經半數以上股東以及半數以上股權同意，決議執行。其他事項的決議，須在股東大會上經全體股權四分之一以上以及出席具議決權股東過半數決議，通過執行。

《会社定款》第42條：本章程的修正，如有所增減等，須經股東大會決議，再由官廳檢定登記，始能生效。

《商法典》第197條：董事或監查人在股東大會之決議下，可隨時被解任，被解任者不得向公司索取解任後的工資、或其他報酬、又或賠償金。

## (六) 股權轉移

股權轉移在金港堂並不受嚴格限制，無須經過董事會批准。僅有的轉讓手續，是通知公司更新記錄。由於原亮三郎夫婦持股在90%以上，根本不必擔心股權轉讓的問題。

《会社定款》第11條：出售或者轉讓股份時，應向公司提交雙方蓋章的股權轉讓申請書。但是，股東死亡且股權轉移而由繼承人繼承的，應當在原持股人〔蓋章〕處，填上原持股人已死亡及已備案。應有兩名親屬，共同簽署〔作為見證人〕。

《会社定款》第12條：公司收悉定款第11條所述申請書後，當及時更新股東名冊，並經審核後備案。

《商法典》第181條：僅當新的股權所有人的姓名出現於出資證明書上，並記載於股東名冊時，股權轉讓始能生效。

## (七) 金港堂的所有權結構

關於金港堂股權結構的信息，來自1899年的公司記錄，[4]本書第2章亦曾提到。以下表11.1列出其管理層人員8人，表11.2展示其大股東的股權結構。從同一資料可見，金港堂當時的總股份額為10,000股，資本額共500,000円，其中大股東持有總數10,000股內的99.5%，董事長夫婦原亮三郎和禮子共持有9,180股，佔總股數的91.8%；其兒子們合共持有640股，佔總股數的6.4%；其他員工持有178股，佔總股數的1.78%。股東共12人，役員並使用人 (管理層及僱員) 共31人。

表11.1：管理層架構

| 董事長 | 原亮三郎 |
| --- | --- |
| 董事 | 原亮一郎、原亮五郎 |
| 監事 | 原亮二郎、加藤駒二 |
| 經理 | 大野富士松、岩田儔太郎 |
| 副經理 | 堀田梅太郎 |

表11.2：大株主（大股東）的股權結構

| 大株主 | 株（股） | 佔大股東股總數百分比（%） |
| --- | --- | --- |
| 原亮三郎 | 7,182 | 72.20 |
| 原れい〔禮子〕 | 2,000 | 20.10 |
| 原亮一郎 | 500 | 5.03 |
| 原亮五郎 | 100 | 1.01 |
| 岩田儔太郎 | 50 | 0.50 |
| 大野富士松 | 46 | 0.46 |
| 原亮二郎 | 40 | 0.40 |
| 加藤駒二 | 30 | 0.30 |
| 總數 | 9,948<br>其餘小股東四人共持股52股 | 100.00 |

註：大股東佔總股東人數8/12（66.6%），佔總股權99.5%。

# 三、1914年《商務印書館公司章程》和 1914年《公司條例》

## （一）1914年《商務印書館公司章程》

由於無法查閱商務印書館1906年註冊時的章程，本章能夠處理的僅有報紙上登載的商務1914年《公司章程》。[5]這是一份新的公司管治文件，是1914年日資股份全部被華資收購後重新登記時所用的，亦是配合1914年生效的《公司條例》而設計的。[6]

## （二）董事忠誠義務

董事會乃商務的權力中心，總經理只能處理尋常事件，重大事件則須交由董事會議決。董事由股東選出，但被選資格門檻很低，只需

持有10股。條例要求董事對公司負有忠誠義務，在經理公司業務時，應該遵守規章並妥善慎重，否則若引致虧損時，董事應負賠償之責，除非決議時該董事曾作異議。若董事行為有違法律或公司章程，引致第三者損失，即使曾由股東大會議決而執行，則仍負賠償之責。這些規範董事行為的公司法條款，均沒有收入商務的公司章程。

> 《公司章程》第14條：本公司由股東會就股東中選舉董事，至多不得逾十三人，至少七人。凡有本公司股份十股以上者，皆有被選為董事之資格。……

> 《公司章程》第18條：本公司尋常事件由總經理經理酌核辦理。遇有重大事件，由總經理經理請董事會議決辦理。

> 《公司條例》第163條第1節：董事於公司業務應遵照章程妥慎經理。如違背此義務，致公司受損時，對於公司應負賠償之責。

> 《公司條例》第163條第2節：董事如有違背法令或公司章程之行為，雖係由股東決議而行者，對於第三者不得免損害賠償之責。但已於股東會陳述異議，或已通知其意見於監察人，不在此限。

## (三) 董事利益衝突

董事會及總經理必須執行股東大會的議決，獲章程清晰確認。但條例規定董事執行的所有業務，若非章程另有規定，均須經董事會議決，可見商務章程對董事的權限，其實已經放寬不少。又章程列明，未經股東會允許，董事不得經營與公司業務相同的貿易；總經理及經理則須得到董事會允許，較條例規定更嚴格。章程要求出版著作，亦須經董事會確認不妨礙公司貿易，始得進行。針對董事的利益衝突問題，章程與條例互見寬嚴，但公司對董事的管制，總體上仍算嚴格。

> 《公司章程》第13條：本公司舉行股東年會及臨時會，應將所議各事由書記記錄列冊。凡議決之事，一經股東會議長簽押後，董事會及總經理等必須遵行。如有股東因事不能到場會議者，得具證書委託他股東為代表。

《公司章程》第15條：董事非經股東會議允許，不得營與本公司相同之貿易。總經理經理非經董事會允許，不得營與本公司相同之貿易。惟著作出版經董事會認為與本公司貿易無妨者，不在此限。

《公司條例》第157條：董事之執行業務，除章程有訂明外，以其（股東會）過半數決之。

《公司條例》第162條：董事得監察人之允許，得為自己或他人與本公司為商行為。

## （四）股東知情權

條例的資本折虧過半即須召開股東大會報告、資不抵債須宣告破產等規定，是保障股東知情權的最後防線。商務公司章程中沒有明確規定，但是第23條規定董事會每年須將指定的賬目佈告於各股東，稍有補充的作用。

《公司章程》第23條：本公司總經理經理等每年應將賬目詳細揭算造具冊，於次年由董事會布告於各股東。

《公司條例》第161條：公司虧折總資本至半數時，董事應即召集股東會報告。公司財產顯有不足抵償債務時，董事應即呈請宣告破產。

## （五）股東權益保障

《公司條例》有通過股東會議開除董事的條款。商務的章程則沒有這樣的規範，但有需要時，仍可援用章程第25條，按《公司條例》第156條處理。

《公司章程》第24條：本章程如需修改之時，得由董事會或有股份總數十分之一之股東提議召集股東會決議施行。

《公司章程》第25條：本公司章程有未盡之處，悉依公司條例辦理。

《公司條例》第156條：公司因正當理由，不論何時，得以股東會
議開除董事。如無正當理由而開除之，董事得向公司要求損害賠
償。但董事無正當理由而告退，於公司有不利時，對於公司宜負
損害賠償之 。

## （六）股權轉移

股權能否自由轉移，對公司的管治影響甚大。法例規定轉讓無需
經公司允許，同時亦要求記名股份需要登記始生效。此外，條例亦容
許個別公司章程另作規定。商務章程根據這兩條規定，要求股份轉移
需要得到公司允許發給轉單，始能過戶註冊，所以股東自由轉移股份
時，實質上需要先取得公司董事會的允許。

《公司章程》第7條：本公司股份為記名式，如股東欲將股份轉讓
於他人時應先向本公司聲明，俟本公司允許填給轉單方可過戶註
冊，凡未經註冊者本公司仍認原股票署名之人為股東。

《公司條例》第130條：公司之股份，除章程別有訂明外，不待公
司允許，可以轉讓於他人。

《公司條例》第131條：股份為記名式者，以之轉讓時，非將承受
人之姓名、住址記載於股東名簿，并將其姓名記載於股票，不得
以其轉讓，對抗公司及其他第三者。

## （七）商務印書館的股權結構

1903年，商務印書館與金港堂成立了一家合資企業商務印書館股
份有限公司，並由清廷根據1904年《公司法》設立的商務局註冊為總部
設在上海的一家股份制有限責任公司。[7]該公司迅速從1903年成立合資
企業時的20萬元資本，擴張到1905年末的40萬元資本。自1906年以
來，股東的數量和多樣性也有所增加，1913年的公司資本達到130萬
元，股東超過130人，[8]股東大多是公司的員工、員工親友、有志的作家
以及現有的和潛在的業務聯繫人。到1914年1月收回日資時，公司資

本又增至150萬元，每股100元，共15,000股，當中日股共3,781股，佔25%，分別由16位個人及一位法人所持有。其中金港堂的堂主原亮三郎及其長子原亮一郎兩人即佔1,570股，即日股的42%，加上他兩位女婿山本條太郎及山口俊太郎，四人共持有日股的72%。換言之，股東數量大量增加，公司對公眾投資的開放程度也加大了，但參股的仍限於相關人士的關係網絡之內。[9]

## 四、金港堂與商務印書館的比較

金港堂雖然已實際登記註冊為股份有限公司，但根據1890年《明治商法典》，仍要求董事承擔連帶無限責任。雖然非董事股東可在企業管治中享有承擔有限責任的待遇，但是董事的風險則與在合夥企業中無異。由於擔任董事的風險過高，選任董事的意義並不大。這樣的設計模式，反而助長了家族對企業的控制。理論上，有限股份責任制有利拓展投資者的成分，引來大規模公眾資金，有助於開發企業規模，使之成為更開放的公眾公司。反觀商務印書館即沒有要求其董事承擔這類法律責任，1914年的《公司條例》也沒有這樣的要求。實際上，1899年明治新《商法典》也刪除了該條款。尚不清楚金港堂是否隨後修改了《会社定款》的相關條文，但從公司1900年代的記錄來看，金港堂的所有權仍為原氏家族全面控制。公司創始人原亮三郎夫婦合共持股超過91%，他的幾個兒子另持有約6%。對於金港堂而言，修改條款與否的意義不大。相信金港堂這種無限連帶責任，更多是要表明原氏一力承擔公司責任，生意夥伴大可高枕無憂。

金港堂的資本被分為10,000股，而商務印書館為15,000股。每股的權重，前者高於後者。鑑於金港堂堂主夫婦持有91.8%的份額，則創始人實際上對公司享有完全的控制權，那麼在作出任何決定時，都無需顧慮董事會或股東大會的挑戰。這正是為西式企業所詬病的純粹的家族企業。按原氏沒有任何商業家世背景，全憑原亮三郎持續作出正確的

商業決策，讓公司在1875至1900年間良好營運，創造了商業上的奇跡。到1900至1910年代，公司作出了一系列災難性的決策，經營和聲譽都受到沉重的打擊，再不能恢復增長勢頭，公司資產也出現螺旋式下滑。此時原氏家族對企業的控制仍然不變，直到1920年代始分散所有權，讓外人收購金港堂股份。股權開放的結果，是企業迅速被其他投資者掌控。到1940年代，原氏家族完全喪失了對金港堂的控制，公司於第二次世界大戰後亦不復存在。與之形成鮮明對比，商務印書館的股份所有權相當多樣化。在原有的持股模式中持續增加新股，董事會的領導層也不時變更。公司的方針和政策不斷推陳出新，往往取決於瞬息萬變的周遭環境、領導層權力架構以及領導之間的權力鬥爭。無論如何，董事都要為其作出的錯誤決策承擔責任，這也將影響一個董事在公司內的影響力和權力。錯誤的商業決策更多是對機會利潤產生影響，但不一定破壞企業的基礎。股東所有權的多樣化，使公司變得更開放且更易問責，這可能正是商務在20世紀前20年長期成功的原因。

兩家公司的家庭取向和多樣化取向，同樣反映在董事的任職資格上。金港堂要求持股1%，而商務印書館僅要求0.07%。

關於股東的知情權，兩家公司都符合法律的較低標準。例如，它們沒有規定當業務損失超過公司資本一半時董事會必須立即召開股東會。金港堂這樣的安排，對股東而言不存在問題，因為企業本為家族所有，不管發生什麼事，家庭成員都將分擔共同的命運。而商務印書館具有多樣化的所有權，股東在此種情況下則無法獲得足夠的保護。但是，該問題似乎並沒有被嚴肅對待。這可能是因為公司在盈利和派發豐厚股息上取得了巨大成功。人們甚至把商務印書館當作儲蓄銀行來存放他們的儲蓄，即使沒有任何銀行法規框架對其進行監管。商務印書館的聲譽和品牌，至少到1930年代，都是公司最重要的無形資產，足以減輕股東對風險的擔憂。

股東知情權的一個重要內容是年度財務報告。金港堂要求在股東會確認前，須經由監事審查；而商務印書館僅要求董事會在股東會上

宣讀財務報告。本書第7章所見的1929年財務報告，當年文件曾由頂級會計師事務所核實無訛。

最後應該指出，兩家公司均提供股份給自己的職員。不難理解，這是確保職員忠誠度的有效手段。在金港堂的案例中，股份僅僅提供給最為關鍵的少數家族成員及職員。然而，認股權並沒能阻止有影響力的主編三宅米吉離開，他回到了學術界，不久後擔任東京師範大學校長。相反，商務印書館多樣化的舉措以及為更大範圍的職員提供持股似乎更加成功，為職員製造了作為商務印書館人的自豪感和極強大的歸屬感。這也是非常成功的品牌建立過程，最終將人們匯集在商務麾下，即使領導層不斷變更，廣大職工對商務的忠誠卻未曾減損，造就了一個長壽的現代出版企業。反觀金港堂的命運，在日本不僅消失得無影無蹤，而且在人們的記憶中，除了教科書貪污案，也不復遺下什麼痕跡。

## 五、倫敦麥美倫公司

### (一) 倫敦麥美倫公司簡史

作為一家出版商和圖書銷售公司，麥美倫出版社的歷史可以追溯到1843年。[10]出身自蘇格蘭農場家族的丹尼爾·麥美倫 (Daniel Macmillan) 和亞歷山大·麥美倫 (Alexander Macmillan) 創業，開設一家小型書店，在倫敦經營圖書銷售和出版業務，幾個月後在劍橋開設分店。丹尼爾於1857年去世，麥美倫出版社在亞歷山大的領導下，進一步拓展海外業務至紐約、印度和澳大利亞，並通過出版很多不同領域的知名作者如路易斯·卡羅爾 (Lewis Carroll) 和阿爾弗雷德·馬歇爾 (Alfred Marshall) 的作品，以及出版包括《麥美倫雜誌》(*Macmillan Magazine*) 和《自然》(*Nature*) 在內的期刊，從而鞏固其在文學和社會科學出版界以及綜合雜誌和科學期刊領域的領先地位。但在整個19世紀，它都是一家合夥企業 (partnership)。

1896年是公司領導和管治架構的分水嶺。亞歷山大在該年去世，標誌著第一代領導的結束。亞歷山大逝世後，公司正式註冊為麥美倫等人有限公司（倫敦）（Macmillan & Company, London），本書稱為「倫敦麥美倫公司」。丹尼爾的兒子弗雷德里克‧麥美倫（Frederick Macmillan）接替其叔父亞歷山大，成為公司的關鍵人物。他加上兩個堂兄弟喬治‧麥美倫（George Macmillan）和莫里斯‧麥美倫（Maurice Macmillan），從此成為公司掌舵人物。新公司第四位領導人喬治‧L‧克萊科（George L. Craik），則是亞歷山大的親信，自1865年起已經是公司的合夥人之一。克萊科在公司領導層直至1905年逝世為止。

倫敦麥美倫公司成立的首兩個目的，是「收購及接管倫敦市內生意興隆的出版商和書商的業務」，並經營「出版商、書商、報業主、廣告代理商、文具商、打印機、平版印刷機、刻板機、電動打字機、打字機、裝訂機、設計師以及繪圖員」等業務。[11] 啟動資本為24萬英鎊，分成1,400股優先股和1,000股普通股。每股價值100英鎊。[12] 公司有四位董事，即前述的弗雷德里克、喬治、莫里斯和克萊科，其中弗雷德里克擔任第一任董事長。董事必須最少持有價值5,000英鎊的股票。《公司組織大綱》賦予董事在管理層面和決策制定層面上的權力。作為公司的董事，他可以選任董事，也可以拒絕轉讓優先股和普通股。董事還可以代表公司簽訂合同，並在他參與的合同簽訂中，收取適當數額的報酬。

由於新公司的決策權力，經《公司組織大綱》規定完全歸於董事們，大部分商業決策，結果都是由家庭成員作出。這些決策和討論很多時候混雜在家書中，公私不分。[13] 每個董事負責一部分核心業務，弗雷德里克負責紐約與加拿大的擴張，莫里斯則因對英屬殖民地很有興趣，幫助公司將業務擴展至印度和澳大利亞，印度的教育市場很大且有利可圖。[14] 雖然有一位非家族董事成員，出版社很大程度上仍舊是一門家族企業。領導權由家族成員傳遞給下一代成員。年輕一代成員則加入企業中接受父輩的栽培。例如，第三代成員很早就接受第二代成

員的訓練。莫里斯的兒子丹尼爾·德·門迪·麥美倫 (Daniel de Mendi Macmillan) 於 1911 年加入企業;丹尼爾的兄弟哈羅德·麥美倫 (Harold Macmillan),即後來的斯托克頓伯爵 (Earl of Stockton) 以及 1950 年代英國首相,於 1920 年進入企業。哈羅德在他的自傳中回憶叔父弗雷德里克對他的訓練,也提到後者將公司一些主要作者的溝通事務交給他處理,如托馬斯·哈代 (Thomas Hardy) 以及拉迪亞德·吉卜林 (Rudyard Kipling) 等。[15]1936 年,麥美倫家族的領導層遭受了沉重的打擊,弗雷德里克、莫里斯和喬治三人於同一年相繼去世,標誌著第二代的終結以及第三代領導的開始。

前述公司於 1896 年註冊為私營有限公司,當時依據的是 1862 至 1890 年間生效的英國《公司法》。倫敦麥美倫公司的《公司章程》(*Articles of Association*) 仍保存在卡迪夫的英國公司註冊總部。[16]我們獲得了文件副本,但是有部分闕頁,所以我們目前掌握的信息並不完整。儘管如此,仍可見《公司章程》中有充分的規定,明確賦予以麥美倫家族成員為主體的董事團很大的權力,從而達致家族對公司的全面控制。以下是一些條款,或明或暗地展現了此種董事權力。文中〔〕內的文字,是原檔案標於條款旁邊的副標題。此外,《章程》沒有董事會 (board of directors) 的機制,只提到董事們 (Directors),以示其集體決定權。

## (二) 倫敦麥美倫公司的企業管治架構

從董事義務條款看董事權力可見第 131 條、第 132 條。這兩個條款意在確保董事免於為商業決策承擔責任,其中沒有提及對股東承擔責任的忠誠義務。這是可以理解的,因為他們自己正是公司的大股東,而且他們無意引入更多家族以外的投資者成為股東。

〔賠償〕第 131 條:董事們須負責以公司的公款,支付每位董事、經理、秘書及其他高級管理人員或受僱人,因以下原因而導致或承擔上責任的一切費用、損失及開支。包括高級管理人員或受僱人訂立任何合約而產生的義務;或以其高級管理人員或受僱人身

份而作出的任何行為或事宜；或由於履行其職責而產生的負擔，包括差旅費在內。

〔董事的個人責任〕第132條：公司董事或其他高級管理人員，對任何其他董事或高級管理人員的行為、收款、疏忽或違約，無須擔責；若因為參與收款、或參與其他任何合法行為、或為基於董事命令、或為代表公司而造成任何財產所有權的喪失、或者使財產所有權出現毛病，從而為公司帶來任何損失、或任何費用，均無須承擔責任；公司任何款項的投資缺乏擔保、或擔保有缺陷、或因任何人破產或資不抵債而產生的任何損失或損害、或因任何款項、證券或財物保管人的侵權行為、或因在執行其各自的職務、或與之相關的職責時發生的任何損失、損害或不幸，「公司董事或其他高級管理人員」均無須擔責，除非上述事件是出於其故意的行為或違約而發生的。

**董事權力亦可見於董事權力的定義條款第94條和95條。第95條具體羅列了17項具體權力。**

第94條：公司業務的管理權屬於董事們。董事們除行使本章程明確授予他們的權力和職權外，可行使公司權限以內的一切權力以及一切行為和事宜，無須列於章程中，或不必公司經過股東大會作出決議，始能行使或實施。這些權限不得違反法令及本章程的規定，也不得違反隨時由公司經股東大會訂立的任何規則；前提是據此訂立的規則，不得影響訂立規則前已經生效的董事們的行為，使其失效。

第95條：……董事具有如下權力……

(1) 以其認為適宜的價格以及條款和條件，為公司購買或以其他方式獲取公司有權獲得的任何財產、權利或特權。

(2) 自行酌定以全部、或部分現金、或股份、有價證券、公司債券、或公司的其他證券的形式，支付向公司提供服務者應獲得的任何權益。任何此類股份可按實繳金額、或按照約定記

入貸方視為實繳的金額發行，而對於此類有價證券、公司債券或其他證券，既可以將公司的全部、或任意部分財產、或者催繳資本另做抵押，也可以不抵押。

(3) 通過按揭或抵押公司全部、或任何財產以及其當時的催繳資本，或以他們認為適宜的其他方式，確保公司訂立的任何合約或約定得以履行。

(4) 在其認為適宜的任何時候，委任、免去或中止某些經理、秘書、高級管理人員、文員、代理人及受僱人的臨時、永久或特別職務……

(5) 為公司委任一人或多人，接受及以受託形式，持有任何屬於公司、或公司於其中受有利益、或具有任何其他目的的財產，並執行和實施與該信託相關的所有事宜。

(6) 在公司或其高級管理人員提起的，或針對公司或其高級管理人員提起的任何法律程序中，作出起訴、進行訴訟、提供辯護、進行和解或者放棄相關法律程序……

(7) 將公司所作出、或針對公司提起的任何索償聲請，訴諸仲裁，並遵守和履行裁決。

(8) 對於公司收到的應收款項及索償聲請款項出具收據、放款以及進行其他解除。

(9) 決定有權代表公司簽署公司票據、本票、收據、承兌匯票、背書、支票、轉讓、合同和文件的人選。

(10) 隨時以其認為適當的方式，就公司在海外的事務管理作出決定，尤其是委任任何人為公司的律師或代理人，依據其認為適當的條款，該律師或代理人具有其認為適當的權力（包括委派代表的權力）。

(11) 可按其認為適當的方式，將公司不即時使用於本身目的的款項，用於投資或進行某些證券交易，並隨時可以改變或轉讓出這些投資項目。

(12) 按其認為適當的情形，以本公司的名義並代表公司，為公司財產（現在及將來）設立按揭，受益人為任何董事或其他可以、或即將為本公司的利益而擔負法律責任的人，該按揭可包括出售權及各方同意的其他權力、契約和條款。

(13) 給予公司僱傭的任何高級管理人員、或其他人員傭金或公司一般利潤的一份，該傭金或利潤的一份須視為公司運營費用的一部分。

(14) 在建議分紅之前，可從公司利潤中留存一筆適當的款項，作為儲備金，用於應付突發事件、或者補償股息，以修復、發展和維持公司的任何財產，以及用於任何其他董事們認為對公司有利的、正當的目的；可將該留存的部分款項，投資於適當的投資項目中（但不能購買公司股份），並可為公司的利益，處置該款項的全部或部分；以及可按其認為適當的方式將該儲備金撥入專項基金中，並可將構成該基金的資產，用於公司的業務中，而無須將該資產與其他資產區分。

(15) 隨時更改及廢止規範公司運營、其高級管理人員及受僱人、或公司成員、或其中任何部門的章程細則。

(16) 以公司的名義並代表公司，就其認為有需要的任何事宜、或與公司目的相關的任何事宜，進行談判及訂約、撤銷及變更合約。

(17) 對印章的安全保管作出規定，使得只有在事先獲得董事們的授權，並至少有一名董事在場的情況下，才得以使用該印章。在場董事須在蓋有印章的每份文書上簽名，每份文書均須由秘書或董事委任的其他人副署。

董事對董事任命的控制見第69、70、71、72條。前兩條條款進一步確定了董事的權力範圍，其餘兩條條款界定了他們控制未來董事任命的權力，有效地將領導層限制在麥美倫家族之內。

〔董事人數〕第69條：董事人數不得少於二人，且不得超過八人。

直到1896年5月1日，《公司組織大綱》(Memorandum of Association) 上的認股人應被視為公司的董事，隨後直至1896年召開股東大會常會時，以下人員均應為董事，即：

喬治・里利・克萊科 (George Lillie Craik)……

弗雷德里克・奧里奇・麥美倫 (Frederick Orridge Macmillan)……

喬治・奧古斯丁・麥美倫 (George Augustin Macmillan)……

莫里斯・克勞福德・麥美倫 (Maurice Crawford Macmillan)……

〔董事任命其他董事的權力〕第70條：董事有權在1896年普通股東大會召開前的任何時候任命任何一人或多人擔任董事，但董事總人數在任何時候均不得超過上述確定的最高人數，且只有經其中三分之二董事同意，該項委任才有效。

〔董事資格〕第71條：在前述1896年5月1日後，每位董事的資格須為持有面值5,000英鎊的公司普通股。

〔董事薪酬〕第72條：至1900年6月30日，具有第71條所述資格的董事，每年應獲得相當於公司當年淨利潤20%的薪酬，該薪酬從優先股股東獲得6%優先股息後剩餘的盈餘中支付，該薪酬可按董事們隨時決定的份額，在他們之間進行分配。1900年6月30日之後，除非上述條款另有規定，董事薪酬應隨時通過股東大會由公司決定。

沒有條款規範董事的利益衝突，如董事的借貸權(第38條)及自我簽約權(第75條)。在這兩項條款中，董事被賦予全權行使向公司借款和與公司訂立合同的權利。

〔(董事)借貸權〕第38條：董事可基於公司目的，隨時自行決定籌集或借貸任何金額的款項，但是進行這類籌集或借貸時，除非經股東大會決議批准，每一次所負金錢債務的數額，不得超過名義上的資本金。然而貸款人或者其他與公司進行交易的人，沒有義務審查或者詢問，交易是否遵從該項限制。

〔董事有權與公司訂立合同〕第75條：董事不因與公司訂立供應商或採購商合同的資格，而喪失其董事資格。董事從這類合約或安排中獲利，不管交易對手方由本公司或其他董事代表簽約、或有意簽約，均無須由於其董事職位或董事誠信義務，而向公司繳交其所獲的利益。但若獲利已成事實，董事必須在通過訂立上述合同或安排的董事們會議上，披露其獲利的性質，否則必須在獲利後的第一次董事們的會議上，披露獲利的性質。此外，任何董事不得在涉及與其有利害關係的前述合同或安排的決議中，以董事身份投票。即使進行投票，其投票將不被計入。

股東知情權方面，保護股東知情權見第107、108、109條。公司成員每年在普通股東大會上有權查閱損益表、資產負債表以及董事會的公司業績報告。其他財務信息能否對他們公開則完全由董事們來決定。

〔股東審查(賬目)〕第107條：董事們得隨時決定，是否和在何種程度上、何時何地、按何種條件或規定，讓股東審查公司的全部或部分賬目和賬簿。非獲法令或董事們授權，或經公司股東大會決議，任何股東均無權審查公司的任何賬目、賬簿或文件。

〔年度報表和資產負債表〕第108條：在周年股東會議上，董事們須向公司提交一份損益表和一份資產負債表。該資產負債表，應包含截至會議召開前五個月內編製的公司財產和負債摘要。起始日期為自上次賬目和資產負債表編制之日起，或公司成立時的第一份賬目和資產負債表起。

〔董事年度報告〕第109條：每份資產負債表均須附有董事們的報告，述明公司的狀況及狀態，以及建議以股息或紅利方式從利潤中，撥付予股東的款額，以及董事們擬撥入儲備金的款額（如有的話）。賬目、報告和資產負債表，應由兩名董事簽字，並由秘書副署。

股東權益保障方面，董事們利用普通股東大會對董事的控制，保障股東權益的主要機制工具是股東大會，但是依據會議規定，每股享

有一票表決權以及允許代表投票表決，意味著同時身為董事的大股東，完全控制著任何股東大會的決議結果。見第51、52、61條。

〔常會事務〕第51條：股東大會常會的事務，應包括知悉和審議損益表和負債表、董事們和審計師的報告、為按時輪替的董事和其他高級管理人員，進行選舉、宣佈股息以及處理本章程規定的股東大會常會應當處理的任何事務，以及由董事們的報告提出且已在會議通知中列出的任何議題。

〔法定人數〕第52條：對於總裁人選、宣佈分紅以及休會的決定，股東大會的法定人數，須有三名親自出席的股東。對於其他目的，股東大會的法定人數為不得少於五名親自出席的股東，且其持有或者由其他股東代理人代表的股數，不少於公司已發行普通股的 1/10……

〔股東投票〕第61條：每位股東對其持有的每一普通股享有一票表決權。

股權轉移方面，除非符合非常嚴苛的股權轉讓條件，並經董事們批准和登記，否則股份不得易手給現任股東以外人士。見第3、24、27條。

〔股份分配〕第3條：在不違背章程第24條的前提下，股份應由董事們控制，依據董事們認為適當的規定和條件、在其認為適當的時間，將股份分配或以其他方式配置給適當的人選。如果部分或全部配股，須以分期方式支付，則持股人應在每筆支付分期到期時，支付給公司。

〔股份轉讓限制〕第24條：在1898年6月30日前，未經董事們同意，除非股東死亡或破產，否則不得轉讓普通股或優先股；對於普通股，則在任何時候，凡有普通股股東提出以同等合理價格購買的，未經董事們同意均不得轉讓給普通股股東以外的人，價格存有爭議時由董事們裁定。該價格截至1898年6月30日時為每股不少於100英鎊。在該日後，則不少於就該股份所應支付的款

項，或者按八年股息計算所得款項，其中每股年息按最近三年股息的年均值計算，兩種算法以總額較高者為準。任何普通股股東（如前所述）、或者任何死亡或破產普通股股東的法人代表、或破產管理人，可以就該股份出售或配置給任何其他普通股股東。但是不得將其出售或配置給其他任何人，除非他們在出售前，先由公司秘書處向其他普通股股東招投最高競價不果，此價格不能低於前述經過確認的合理價格。

〔董事會可以拒絕登記擁有留置權的轉讓〕第27條：董事們可以拒絕登記公司擁有留置權的任何股份的轉讓。

股權證明書的發放，也完全由董事們控制，見第7條。

〔頒發證書〕第7條：股權證明書應由公司蓋章並由兩名董事簽署，且由秘書或董事們指定的其他人士副署。

## (三) 倫敦麥美倫公司股權結構

倫敦麥美倫公司資產負債表，現存於大英圖書館的未編目檔案中。 如下列表11.3所示，這些資料提供了窺探企業1895、1896、1897、1910、1919、1929、1930、1931及1936年所有權結構的一瞥。[17]我們基於多種理由選取這些年份：1895年顯示了公司在1896年註冊前的所有權結構；1896和1897年表示公司成立後一年內的變化。1910年展示了一戰後的情況，1929至1931年顯示出大蕭條帶來的影響以及顯示紐約麥美倫公司於1931年獨立時的情況。[18]1936年是標誌弗雷德里克領導時代結束的年份。

概言之，倫敦麥美倫公司的所有權結構在公司註冊成立的過程中使主要家族董事的持有變得更加均衡，並在公司成立後持續穩定，至少在1919年前，資本總額沒有什麼增加。1929年一次過增加差不多三倍，以後直至弗雷德里克三位堂兄弟同年去世的1936年，資本總額一直沒有再增加。1936年的資產總值，仍不及1896年公司成立時的一倍。

表11.3：倫敦麥美倫公司1895、1896、1897、1910、1919、1929、1930、1931、1936年的資本（Capital）、資產（Asset）和商譽（Goodwill）

| 會計年度結束 | 6% 累計優先股（每股100英鎊） | 普通股（每股100英鎊） | 職工配股（每股1英鎊） | 資本發行總額（英鎊） | 資產總額（英鎊） | 商譽（英鎊） |
|---|---|---|---|---|---|---|
| 1895.06.30 | 1,400 | 1,000 | | 240,000 | 524,969 | 140,000 |
| 1896.06.30 | 1,400 | 1,000 | | 240,000 | 575,529 | 140,000 |
| 1897.06.30 | 1,400 | 1,000 | | 240,000 | 570,609 | 140,000 |
| 1910.06.30 | 1,400 | 1,000 | 4,850 | 248,500 | 561,388 | 118,800 |
| 1919.06.30 | 1,400 | 1,100 | 4,850 | 258,500 | 645,719 | 87,408 |
| 1929.06.30 | 1,400 | 5,750 | 25,000 | 740,000 | 1,105,536 | 145,000 |
| 1930.06.30 | 1,400 | 5,750 | 25,000 | 740,000 | 1,187,396 | 145,000 |
| 1931.06.30 | 1,400 | 5,750 | 25,000 | 740,000 | 1,179,627 | 145,000 |
| 1936.06.30 | 1,400 | 5,750 | 25,000 | 740,000 | 1,034,276 | 145,000 |

設立股份有限公司的決策，似乎在1896年1月26日亞歷山大逝世前獲得了其同意，現存標註日期為1896年1月1日的亞歷山大遺囑和協議文件提供了證據。這些文件是由麥克斯韋爾‧巴特利等人的事務律師事務所（Maxwell Batley and Company [Solicitors]）撰寫及執行，收入倫敦大都會檔案館所藏該事務所麥美倫家族檔案1896年2月29日的卷宗之內。內容如下：

遺贈物包括：留給妻子珍妮‧芭比‧艾瑪‧麥美倫（Jeanne Barbe Emma Macmillan）的遺產和年金，包括所有個人和家用物品；位於布朗肖特、漢普郡和特倫舍姆，以及位於薩里被稱為「The Chase」的土地和房屋，歸妻子所有；各種現金、書籍和藝術品，歸孩子和侄兒們所有；受託人投資20,000英鎊並將所得支付給兒子馬爾科姆‧金斯利‧麥美倫（Malcolm Kingsley Macmillan）和他的繼承人；位於劍橋三一街的永久業權房產，歸於侄子羅伯特‧鮑斯（Robert Bowes）；麥美倫等人公司（Macmillan and Co.）的合夥份額，屬於兒子喬治‧奧古斯丁‧麥美倫（George Augustin Macmillan）；出售剩餘不動產和個人財產所得，平均分配給女兒瑪麗（Mary）、瑪格麗特（Margaret）和奧利弗（Olive）以及兒子喬治‧奧古斯丁（George Augustin）和約翰‧維克多（John Victor）。

執行人和受託人：兒子喬治‧奧古斯丁‧麥美倫（George Augustin Macmillan）、英國地質調查局局長阿奇博爾特‧蓋基（Archibald Geikie）以及住在白廳廣場〔聖馬丁教堂〕的事務律師約翰‧霍普古德（John Hopgood）。

遺囑附件包括：兒子馬爾科姆‧金斯利‧麥美倫（Malcolm Kingsley Macmillan）失蹤的話，如未能在遺囑被確認前出現，則推定為死亡；阿奇博爾特‧蓋基（Archibald Geikie）拒絕執行遺囑的話，妻子珍妮將代替其作為遺囑執行人；1896年1月9日，貝德福德街〔聖保羅教堂考文特花園〕和紐約的麥美倫等人公司，很快會轉變為股份有限公司。遺囑訂立人現在希望兒子喬治‧奧古斯丁（George Augustin）有權在新公司中購買訂立人可能有權購買的任何股份。

日期：1896年2月29日

管理／生平背景：亞歷山大·麥美倫（Alexander Macmillan）是大衛·麥美倫（David Macmillan）（1813–1857）的兄弟，是書商和出版商。1843年，大衛在倫敦的奧爾德斯蓋特街開了一家商店，不久就接管了劍橋三一街的一家老店。兩兄弟是合夥人，奧爾德斯蓋特街上的店鋪，一度由亞歷山大經營：見《國家人物傳記辭典》。[19]

弗雷德里克和喬治的持股比例在公司設立過程中大幅增加，而莫里斯1895年從父親亞歷山大處獲得的股權佔比卻大幅下降了。我們對此的解釋是，這可能是出於亞歷山大與丹尼爾之間作出的家族內部安排，丹尼爾的股權份額可能在其去世後，以亞歷山大作為保管人而置於其名下。這可能是一個完全基於信賴與血緣關係而沒有契約約束的家族內部安排。換言之，1896年公司的成立，將合夥制企業下一直不清晰的所有權結構，轉變為一種有規範的股份所有制結構，使得家族成員間的所有權，通過法律作出清晰的界定。這種新公司管治架構，和增加公眾股東投資拓展業務，風馬牛不相及。但為第二代家族的集體領導經營，創造了團結息爭的條件。倫敦麥美倫公司結果在弗雷德里克領導下的30年間沒有出現內部矛盾，並且在出版品質和聲譽方面，取得驕人的成就。當日家族毅然成立股份有限公司，似乎是上策。

# 六、紐約麥美倫公司

## (一) 紐約麥美倫公司

紐約麥美倫公司在倫敦麥美倫公司的歷史上固然重要，在美國出版史上也曾扮演過舉足輕重的角色，[20]權威出版史家John Tebbel評其為1920到1930年代美國最大的出版社，後來才被Doubleday超越。[21]紐約麥美倫成立於1869年，是總部位於倫敦的麥美倫公司的第一家海外辦

事處,由喬治·布雷特(George Brett)經營,主要扮演著代理人的角色。紐約辦事處在成立的最初20年裏,既沒有處理什麼重量級的手稿,也沒能開拓美國市場,更多地扮演著分店的角色,並致力於執行倫敦公司派來的任務。1890年老喬治·普拉特·布雷特(George Platt Brett, Sr.,下稱老布雷特)接替父親管理紐約麥美倫辦事處,情況才有所改變,紐約公司變成一家獨立的合夥公司。合夥資本結構由克萊科、亞歷山大和弗雷德里克各佔20%,喬治和莫里斯各佔15%,老布雷特則佔10%。[22]不久,弗雷德里克開始不滿老布雷特掌控了紐約的合夥公司,使該公司的前景一度不太明朗。[23]弗雷德里克在1895年11月27日一封致老布雷特的信中,指示老布雷特與世紀公司(The Century Company)接洽,建議合併紐約麥美倫合夥公司與世紀公司,成立一家名為麥美倫世紀公司(Macmillan Century Company)的新企業。在這封信中,他還安慰老布雷特說,他們對紐約合夥公司的前途遲遲沒有作出決定,並不是要把紐約公司給關了,而是在想別的辦法。[24]這種安慰對老布雷特不知發揮多大作用?但信息倒是清楚的,即倫敦方面正在考慮重整紐約公司。不久,1896年1月果然成立了紐約的麥美倫公司。這似乎是倫敦的麥美倫家族探索過各種選擇,深思熟慮後作出的決定,而最終的決定還是在新公司成立不久之前才作出的。至少,在1895年11月27日給老布雷特的信件內仍無片言隻字提到這麼重要的公司改組決定。

前述倫敦麥美倫公司創始人亞歷山大·麥美倫於1896年1月去世。麥美倫家族的第二代領導人弗雷德里克、莫里斯和喬治進行了業務重組,根據英國公司法註冊為有限責任公司,結束了在該公司50多年的合夥企業經營。同年,美國辦事處也在紐約州註冊成立股份有限公司,註冊名稱仍為麥美倫公司(Macmillan Company),有別於英國剛註冊的麥美倫等人公司(Macmillan & Company)。為方便讀者,本書將兩者分別稱為「紐約麥美倫公司」及「倫敦麥美倫公司」。[25]老布雷特出任紐約麥美倫公司總裁(President),在位直至1931年。在紐約麥美倫

公司的董事會中，有五名成員居住在北美，四名居住在倫敦，其中包括麥美倫家族的三名成員和倫敦公司的長期合夥人喬治‧克雷克（George Craik）。

與倫敦麥美倫公司相比，紐約麥美倫的股權結構更為開放。然而，在公司成立並至少在表面上獨立後很長一段時間裏，它都未能確定自己的業務方向。儘管紐約麥美倫不再僅僅是倫敦麥美倫公司的美國辦事處，而是像其母公司一樣成為一家獨立的出版社，但紐約麥美倫仍然被倫敦的麥美倫家族成員（同時也是紐約麥美倫的大股東）控制著。這種控制看似間接卻不容質疑，因此這兩家公司維持著密切又微妙的關係。例如，它們會各自出版並銷售自己版本的麥美倫圖書，而這些圖書也會向對方出口，就像不相統屬的兩家書商一樣。1930年代中期，紐約麥美倫的獨立性逐漸浮現出來，並以其自身的實力，成為美國最負盛名的出版社之一，擁有900萬美元的業務，更在紐約第五大道交接第十二和第十三街之間，擁有一座宏偉的八層大廈。[26]分店遍及芝加哥、達拉斯、波士頓、亞特蘭大和三藩市，覆蓋美洲大陸的不同地區。20世紀初，倫敦麥美倫業務拓展到印度、加拿大和澳洲等全球市場，紐約麥美倫為此作出了重要貢獻，因為它與倫敦麥美倫微妙的關係發揮了平衡作用。根據美國人口普查局的統計，1929年，印刷出版業佔美國製造業主要部門總資本的4%，約為27億美元。[27]紐約麥美倫能夠在圖書出版領域做成美國最大的品牌，確實是了不起的成就。

簡言之，在最終超越倫敦母公司業績的道路上，紐約麥美倫與英國總部的關係一直不穩定，直到1931年11月之後，老布雷特才找到了一種方法，不僅讓自己成為一名成功的圖書貿易商和出版商，而且重新塑造了公司管理結構。[28]麥美倫家族成員仍然是紐約麥美倫的大股東，他們也仍舊能從對公司的投資中獲得可觀的經濟回報，但公司的所有權和管理權得以分離。

## (二) 1896年紐約麥美倫公司的企業管治

前述1896年，麥美倫家族的第二代成員弗雷德里克、莫里斯和喬治，在其創始人亞歷山大同年1月去世前後，進行了業務重組，根據英國公司法註冊為有限責任公司。同年，美國的合夥公司也在紐約州註冊成立有限公司，即紐約麥美倫公司。由老布雷特任公司總裁，在位至1931年。在紐約麥美倫公司的董事會中，有五名成員居住在北美，四名居住在倫敦，其中包括麥美倫家族的三名要員和克萊科。與倫敦麥美倫公司相比，紐約麥美倫公司的股權結構更為開放。然而，這家獨立的公司，很長一段時間裏都受倫敦的麥美倫家族大股東的控制。

關於1896年紐約麥美倫公司從過去的合夥經營方式，改為註冊成立股份有限公司的一批文件，收藏於大英博物館的麥美倫檔案館Add.MS. 54883。下列一些文檔揭示了這家紐約麥美倫公司開始時的管治結構。

(1)《關於合夥經營轉變為公司經營的協定》：「1896年2月28日；協議人：喬治·克萊科 (George Craik)、弗雷德里克·麥美倫 (Frederick Macmillan)、喬治·麥美倫 (George Macmillan)、莫里斯·麥美倫 (Maurice Macmillan) 和喬治·布雷特 (George Brett) 之間」：

> 鑒於本協議各方，在過去多年，通過合夥或與亞歷山大·麥美倫 (Alexander Macmillan) 合作，以 Macmillan & Co. 店名或名義，經營出版和售書業務，近年生意稍減；以及鑒於上述業務及其資產目前以同等份額，歸屬於尚存的合夥人，即他們每人有權獲得其中四十分之八的股份；以及鑒於除上述每一名合夥人的股份外，按經營利潤的百分之四年利率計算所得的款項，將作為對他們的負債，分別記在合夥企業的賬簿上，並可在提前十二個月發出書面通知後支取……
>
> 各方同意及聲明如下：
>
> 1. 一間名為 "Macmillan & Co" 或 "The Macmillan Company" 的美國有限責任公司，將根據紐約州法律而成立。其為公司，藉以收購以及經營以上所述的業務。

2.　公司的《公司註冊證書》或《公司章程》，須確定股本為25萬5千美元，分為1,450股優先股和1,100股普通股，每股100美元。

3.　公司章程……應包括……下列條款：

（1）前述喬治‧普拉特‧布雷特（George Platt Brett）將為第一任董事長兼總經理……

（2）前述的喬治‧里利‧克萊科（George Lillie Craik）、弗雷德里克‧奧里奇‧麥美倫（Frederick Orridge Macmillan）、喬治‧奧古斯特‧麥美倫（George August Macmillan）、莫里斯‧克勞福德‧麥美倫（Maurice Crawford Macmillan）和喬治‧普拉特‧布雷特（George Platt Brett）以及居住在紐約而由本協定各方提名的、足夠數量的人士，將被任命為第一屆董事。

（3）總裁及董事們……任期一年，或連選連任，或由股東在公司股東大會年會上委任其他人代替……。但總裁及本公司的所有或任何董事或高級管理人員可隨時被免職，任何其他一人或多人可經本公司特別股東大會通過的股東決議，受委任代替其職位。

（4）任何普通股股東或持有總計100股股份的股東，可在任何時間或地點，召集公司臨時股東大會，但居住在美國的任何普通股股東，不得行使該權力，除非提前兩個月，向所有其他股東發送是次會議的通知。

（5）每名普通股股東均有權在公司的任何會議上就任何問題委託投票，且每名普通股股東有權就其持有的每一普通股投一票。

（6）未經在任總裁或經普通股股東授權的人員事先認可，董事們的任何行為，對公司沒有效力或約束力。

（7）董事們有權立即通過發行第一抵押債券或公司債券，籌集15萬美元，用於清償公司現時欠倫敦麥美倫等人有

限公司的債務，並將上述6,199英鎊的本票，支付給亞歷山大‧麥美倫的執行人。該第一抵押債券或公司債券，須在公司成立後30年內以黃金繳足，並須按4%的年利率，每半年支付一次利息。公司有權自1906年1月25日起於任何一年年底，通過償付所擔保本金的二十分之一的金額（連同截至償付日期的利息），以贖回上述第一抵押債券或公司債券。

(8) 優先股股東應……

(9) 對於普通股，凡有普通股股東提出以同等合理價格購買的，則在任何時候均不得轉讓給或者投資於普通股股東以外的人，價格存有差額時，由股東洽定。但該價格截至1899年1月25日時，每股不少於100英鎊。在該日後，則為每股不少於100美元，或者按八年股息計算所得的款項，每股年息按最近三年股息的年均值計算，兩者以總數數額較高者為準。其中任何普通股股東，可以將該股份出售或配置給任何其他普通股股東，但是不得將其出售或配置給其他任何人，除非他們在出售前，先由公司秘書處向其他普通股股東招投最高價競投不果，此價格不能低於前述經過確認的合理價格。

(2)《麥美倫公司註冊證書》：「1896年5月21日；喬治‧布雷特（George Brett）、勞頓‧沃爾頓（Lawton Walton）、亞歷山大‧鮑爾福（Alexander Balfour）、愛德華‧肯尼特（Edward Kennett）和勞倫斯‧戈德金（Lawrence Godkin）」：

……

第七：董事會人數為九人。

第八：第一屆董事的名單和郵箱地址如下：

喬治‧普拉特‧布雷特（George Platt Brett）

勞頓・沃爾頓（Lawton L. Walton）

亞歷山大・B・鮑爾福（Alexander B. Balfour）

愛德華・J・肯尼特（Edward J. Kennett）

勞倫斯・戈德金（Lawrence Godkin）

喬治・里利・克萊科（George Lillie Craik）

弗雷德里克・奧里奇・麥美倫（Frederick Orridge Macmillan）

喬治・奧古斯丁・麥美倫（George Augustin Macmillan）

莫里斯・克勞福德・麥美倫（Maurice Crawford Macmillan）

第九：認股人的郵箱地址和各自同意持有公司股份的股數如下：

喬治・普拉特・布雷特（George Platt Brett）193 股優先股；

296 股普通股

勞頓・沃爾頓（Lawton L. Walton）　　　　　1 股普通股

亞歷山大・B・鮑爾福（Alexander B. Balfour）　1 股普通股

愛德華・J・肯尼特（Edward J. Kennett）　　1 股普通股

勞倫斯・戈德金（Lawrence Godkin）　　　　1 股普通股

(3)《麥美倫公司章程細則，一家根據紐約州商業公司法註冊成立的公司》：「1896 年 5 月 29 日；喬治・布雷特（George Brett）、勞頓・沃爾頓（Lawton Walton）、亞歷山大・鮑爾福（Alexander Balfour）、愛德華・肯尼特（Edward Kennett）和勞倫斯・戈德金（Lawrence Godkin）」：

第 VI 條：股票和股息

……普通股股東可將其股份出售、或配置給任何其他普通股股東，但該股份不得由股東、或其繼承人、執行人或管理人出售、或配置給公司普通股股東以外的任何其他人，除非該股份事先通過公司秘書處授權，向至少持有一股普通股的其他所有股東出售，最終將其出售給競投價格最高的普通股股東；但是，為了使

普通股的任一股東均有權購買此類股票，而不受外部公眾的影響，所提供的價格必須至少為該股票的合理價格，直至1899年1月25日為止，該合理價格為不得低於每股一百美元（$100），或等於最近三年每年平均股息的八倍，兩者以數額較高者為準。

從以上文件所見，紐約麥美倫公司的股權架構設計，自始即旨在確保倫敦董事在不承擔任何商業風險的情況下獲得豐厚的收入。雖然紐約公司的大部分啟動資產，是從倫敦公司購買過來的，但轉移的財產將為借貸給新公司的有息貸款提供擔保。這意味著倫敦公司創建了這家新公司，並擁有絕大部分優先股和普通股，且可從借貸給新公司的資產中，獲得可觀的利息。即便在新公司破產倒閉的情況下，倫敦董事所承擔的責任也不會超過其持有的普通股，對於優先股甚至在債務償還中，還享有優先受償權。這似乎是對新的公司法律框架的明智運用，規避了新公司對倫敦母公司造成的風險。與此同時，倫敦董事亦不得不在一定程度上，賦予紐約公司自行拓展北美業務的決策權，以為自己帶來更多收益。老布雷特因此得以在北美股東支持之下，儘量利用管治結構的操作空間，爭取紐約公司最大的市場發展以及最高的利潤收入。

## 七、小結

本章論證四家企業管治案例的差異，更多地反映了企業領導層在管治決策中理性計算的結果，但企業家的精神風格、思維取向，以及他們個人在不斷變化的當地商業環境和文化背景中，與其他公司管治參與者的互動關係，都是塑造個別企業具體管治架構特色的重要因素。本章聚焦於公司管治模式的比較，並試圖論證這些模式蘊含著企業家對於特定而又往往受制於文化和社會因素的願景的理性計算。我們運用諾斯的新制度經濟理論及西蒙的受制約理性的概念，來解釋受本土文化和價值觀約束的企業家的理性市場行為。本章審視的公司管治文件表

明，他們建構其企業法律框架中所選擇的法律保護，不僅僅服務於自身的牟利目的，同樣服務於公司的其他股東。這一切現象，均表明制度的移植或採納過程，在不同的社會和文化背景下產生差異。本章所見的四間公司案例，顯示企業家個人的選擇，往往是建構企業框架的決定因素。同時，他們的管治決策，也左右著企業的長期命運。

　　本章的討論，對所謂西方近代資本主義制度股份有限公司的理論議題，可以帶來不少啟發。最根本的問題，便是不論中外或東西，企業家在運用這個新興而以公司法律加以規範的商業組織制度時，其出發點或許各有因緣，千差萬異，不必限於吸收沒有人事背景的公眾投資而擴大營運規模而已。

## 註　釋

1　關於這些觀察框架，前兩章已經使用過。參看 Lee, "Law, Economic Theory, and Corporate Governance"。

2　《金港堂書籍株式会社定款》(本文簡稱《会社定款》)共42條，1893年東京府勸業課批准登記。定款載註冊資本50萬円，分1萬股，每股50円。全文收稻岡勝：〈明治検定期の教科書出版と金港堂の経営〉，頁135–143。原文見東京都文書館藏：〈工部会社の部·定款認可願書進達案·金港堂書籍株式会社〉(明治二十六年 (1893) 11月2日；收錄先簿冊の資料ID：000120993；檢索手段：府明 II 明26-028，D334；16mm MFコマ番号：0474–0477；收錄先の請求番号：620·D5·18；電磁的記録媒体番号：D334-RAM)。定款中文翻譯得到遲王明珠博士大力協助，謹致謝忱。

3　有關《明治商法典》立法和實施的曲折過程以及其譯文，見本書第10章。

4　東京興信所：《銀行會社要錄：附·役員錄》，第三版，頁418–419。

5　據《公司條例》經農工商部註冊，章程共25條，《申報》，1914年6月3日。章程列明登記資本150萬元，分15,000股，每股100銀元。

6　關於1914年的《公司條例》，見本書前章及第9章。

7　在商務局註冊為一家上海公司之前，商務或曾於1905年啟動過在香港註冊的程序，見本書第12章。

8　長洲：〈商務印書館的早期股東〉，頁650；商務印書館：《商務印書館成績概略》(1914)，頁3–4；《申報》，1914年2月1日。

9　汪家熔：〈商務印書館日人投資時的日本股東〉，載汪家熔：《商務印書館史及其他》，頁32–36；樽本照雄：《初期商務印書館研究》，頁368–372。

10　公司史見 Charles Morgan, *The House of Macmillan (1843–1943)* (London: Macmillan & Co., 1943; New York: Macmillan Company, 1944); Elizabeth James ed., *Macmillan: A*

*Publishing Tradition* (Basingstoke & New York: Palgrave, 2002); Ruth Panofsky, *The Literacy Legacy of the Macmillan Company of Canada: Making Books and Mapping Culture* (Toronto, Buffalo, London: University of Toronto Press, 2012); Alexis Weedon, *Victorian Publishing: The Economics of Book Production for a Mass Market 1836–1916* (London and New York: Routledge, 2016; first published 2003 by Ashgate Publishing)。公司的大事年表見John Handford, "Macmillan Chronology, 1843–1970," in *Macmillan: A Publishing Tradition*, ed. Elizabeth James (Basingstoke & New York: Palgrave, 2002), pp. xxv–xxvii。

11  Articles of Association. Companies Registration files: Macmillan & Co. Limited, Ref. 46694, Companies Registration Office, Cardiff.

12  Companies Registration files: Macmillan & Co. Limited, Ref. 46694, Companies Registration Office, Cardiff.

13  Macmillan Archives, British Library, Add.MS.54788, ff. 11, 83, 87–90.

14  Rimi B. Chatterjee, "Macmillan in India: A Short Account of the Company's Trade with the Sub-Continent," in *Macmillan*, ed. James, p. 153, 159, 163.

15  Harold Macmillan, *Winds of Change, 1914–1939* (London: Macmillan, 1966), p. 199.

16  Articles of Association. Companies Registration files: Macmillan & Co. Limited, Ref. 46694, Companies Registration Office, Cardiff.

17  我們感謝大英圖書館手稿部的Joanna Norledge和Gregory Buzwell協助我們查閱未編目的材料。我們特別感謝麥美倫國際出版有限公司旗下麥美倫檔案館的檔案管理員Alysoun Sanders，感謝她給我們提供了關於這些材料的信息，並安排授權，使我們可以進行研究。

18  見Macmillan Co. Ltd., *The Macmillan Company: The Story of an American Publishing House* (Rare book collected at Houghton Library, Harvard University)。該書沒有標明出版年份，但由捐贈者於1935年將該書贈予哈佛大學圖書館。內容涉及1931年發生的事件，故當出版於1931至1935年間。書中提及1931年的事件：「1931年，布雷特（Brett）成為董事長，他的兒子喬治‧普拉特‧布雷特（George Platt Brett），也即小布雷特，任公司總經理。兩家出版社從那時起開始獨立經營」（頁4–5）。

19  London Metropolitan Archives: City of London, Ref. no. ACC/1394/016 (Maxwell Batley & Company [Solicitors] – Macmillan family – "Probate of will and five codicils of Alexander Macmillan of Bedford Street, [St. Paul] Covent Garden, and 21, Portland Place, [St. Marylebone], publisher; will made, 1 July 1889, codicils, 19 Oct. 1881-1 Jan. 1896," being documented on 29 Feb. 1896).

20  下文主要基於以下著作：Morgan, *The House of Macmillan (1843–1943)*, pp. 163–192; Elizabeth James, "Letters from America: The Bretts and the Macmillan Company of New York," in *Macmillan*, ed. James, pp. 170–191; John Tebbel, *A History of Book Publishing in the United States: Vol.3: The Golden Age between Two Wars 1920–1940* (New York: R.R. Bowker Co., 1978), pp. 101–103, 535–537; Panofsky, *The Literacy Legacy of the Macmillan Company of Canada*, pp. 21–64; Weedon, *Victorian Publishing*, pp. 180–182; Jonathan Martin, "Macmillan, Inc.," in *International Directory of Company Histories*, ed. Paula Kepos (Farmington Hills, MA: St James Press, 1993), vol. 7, pp. 284–286。我們還查閱了Macmillan Co. Ltd., *The Macmillan Company*。

21 Tebbel, *A History of Book Publishing in the United States*, p. 535。Tebbel還提供了定量資料：1928年紐約麥美倫出版了752種圖書，佔當年193家美國出版商出版的五種或五種以上圖書總數的9.5%，而這些出版商平均出版書籍數量只有41.21本（pp. 666–667）。紐約麥美倫至1980年代仍為美國六家最大出版社之一，同為聯邦貿易委員會針對書業不公平競爭時的調查對象。參考Laura J. Miller, *Reluctant Capitalists: Bookselling and the Culture of Consumption* (Chicago, IL: The University of Chicago Press), p. 176。

22 James, "Letters from America," pp. 170–176.

23 James, "Letters from America," p. 189, note 24.

24 Frederick's letter to Brett Sr. on November 27, 1895, British Library, Manuscripts and Archives, ADD 54805, ff. 40–42.

25 公司名稱在人名Macmillan後有"and"字樣，意指麥美倫及相關的人，本書譯作麥美倫等人公司。

26 Morgan, *The House of Macmillan (1843 – 1943)*, p. 164. Tebbel, *A History of Book Publishing in the United States*, p. 101贊同小布雷特（George Platt Brett Jr.）對自己麥美倫公司的描述，即它堪稱為「所有出版商中最大、最富有的」。1947年，小布雷特對後來成為英國首相的哈樂德·麥美倫（Harold Macmillan）說，紐約麥美倫在祖父喬治·愛德華·布雷特（George Edward Brett）和父親老布雷特（Brett Sr.）領導下，生意額才5萬美元。到了20世紀30年代中期，生意額卻增至900萬美元。引自James, "Letters from America," p. 170。

27 U.S. Bureau of Census, *Historical statistics of the United States: Colonial Times to 1957* (Washington D.C.: U.S. Bureau of Census, 1960), P82, P110, p. 412.

28 James, "Letters from America," pp. 177–184扼要地描述了銳意進取的美國辦事處和保守穩健的倫敦大股東之間的不穩定關係。1931年被看作是紐約麥美倫公司獨立的轉捩點，前引該公司於1931至1935年間出版的宣傳小冊子證實了這一點，見Macmillan Co. Ltd., *The Macmillan Company*, p. 5。關於紐約麥美倫公司與倫敦麥美倫公司之間的長期複雜關係，至1950年代後者出售前者業務時，即出現是否讓紐約公司沿用麥美倫家族名字的複雜爭議。據Suan Greenberg的精彩研究，除理性考量之餘，亦不乏感情上的糾纏不清。參考Susan L. Greenberg, "History with Feeling: The Case of Macmillan New York," *Logos* 31.1 (2020): 7–26。

# 第 12 章

# 早期商務在香港註冊？
## 從香港檔案說起*

## 一、前言

　　本章旨在通過檔案記錄等史料，探索早期商務印書館在香港註冊的問題。上海商務印書館成立於 1897 年，沒有爭議。但商務什麼時候正式註冊成為股份有限公司，文獻上卻有不太清楚的地方，其中最重要的一點，就是有記載說 1905 年 5 月商務可能曾經在香港註冊為股份有限公司，該年 11 月始決定注銷香港註冊，旋議定在商部註冊，並於翌年 1 月通過註冊股本由香港註冊時的 50 萬兩增至 100 萬兩。[1] 但這個商務曾於 1905 年在香港註冊的故事，到底是否真確？下文第二、三節分別處理記載商務 1905 年在香港註冊的中日文史料問題；第四、五節通過香港政府檔案處所藏史料，驗證 1905 年商務曾否在香港註冊。我們的結論是從香港政府史料看，這事並沒有發生過。

*　　本章初稿見蘇基朗、蘇壽富美：〈早期商務在香港註冊的商榷〉，《上海學》，第 4 期（2016），頁 32–44。承吳海傑教授提示如何有效使用香港政府檔案，謹致謝意。另本章部分日文史料在更早的一篇文章曾作初步討論，見尤怡文、遲王明珠、蘇基朗、蘇壽富美：〈金港堂與商務印書館：中日近代教科書出版業的互動〉，載吳偉明編：《在日本尋找中國：現代性及身份認同的中日互動》（香港：香港中文大學出版社，2013），頁 205–222。根據我們後來發現的材料，本書對該篇文章的觀點，作出了修正。

## 二、1905年商務在香港註冊的日文史料

本書第3章提及商務印書館成立股份有限公司,當在1903年11月,當時是與金港堂合資,資本20萬,華資日資各半。該年底在教科書編寫及印務上已經全面展開合作。[2]但商務正式在商部辦理註冊為股份有限公司,應在1905年11月,而獲得批准則在1906年4月。[3]關鍵之處是1903年11月至1905年11月之間共20多個月,當時作為股份有限公司而存在的商務,有沒有任何註冊行為?

晚清在1904年1月頒佈《公司律》(見本書第9章),商務1905年11月始按《公司律》辦理註冊,已經在新法律實施差不多兩年之後。換言之,期間一直沒有向清政府申辦註冊手續。在1904年《公司律》實施前後,很多自稱股份有限公司的企業都沒有註冊(見本書第9章),所以商務沒有註冊也不是很異常。那麼商務印書館股份有限公司是否也根本不必主動註冊?我們認為作為中日合股企業的重要投資者,金港堂原亮三郎不可能不要求註冊。第一,他個人在日本商法《会社法》提前於1893年部分實施時,馬上將金港堂書籍註冊成金港堂書籍株式会社。他也一直充分利用股份有限公司制度的法律保障,從事各種企業投資,包括銀行、製紙、機器製造等產業,並且十分成功(見本書第1章)。他對股份有限責任公司的法律規範很熟悉。不註冊的話,作為股東的有限責任,並無任何法律保障,這對他來說風險太大。第二,沒有法律保障的合股企業,只能在雙方非常熟稔及極為互信的情況下,才可以成事。金港堂與商務諸人素不相知,僅通過原亮三郎女婿山本條太郎與印有模兩人在其他合股企業中建立的夥伴關係(見本書第3章),如何令原亮三郎相信他對商務的投資,不致變成日後無底債務深淵?所以合股伊始,新的股份有限公司內部必然有很大壓力,要求儘快取得正式法律地位,也就是要找有西式公司法律的地方進行正式註冊,保障股東的有限責任。對在上海經營的商務而言,1904年1月《公司律》頒佈前,註冊地方的選擇只有香港或日本。1904年7月《公司律》實施以後,則多了在清商部註冊的選擇。[4]

當時到底發生什麼事？1908年東亞同文會所編的中國經濟情報《支那經濟全書》有一段記述商務，談到主要撮成其事的人是山本條太郎，接著提到在香港註冊：

應留意到，（華人股東）以登記手續麻煩之表面藉口（不願意在日本登記註冊），而在香港登記設立成為英國籍公司，（華人股東擔心）不這樣做的話，實權會落入日本股東之手，也會引起官方批評。其後，（日本股東）為使他們徹底相信日本股東的誠意，公司又重新跟從清國法，公司由英籍轉變（為華籍），並將店舖全部交華人股東經營，日本股東只掌握股東的責任和權利。[5]

稍晚的日本《揚子江報》1914年9月20日也有相類的記載：

公司發起人考慮到公司設立時的情況（選擇註冊地點）時，由於華人股東擔心實權落入日本股東之手，為避免股東間爭持不下，招致政府的批評，故以在日本登記手續繁縟為理由，前往香港登記。又為避免華人誤解，在清國農工商部登記，作為清國公司，以謀業務擴張。[6]

不管實情是否如此，這故事至少印證了兩件事：(1)中外合資的信任問題，當時的人確不無戒心；(2)日方投資者的理解是：商務先在香港按英國殖民地公司法例註冊，然後轉到上海按大清《公司律》註冊。

東亞同文會的情報，是從上海日僑社區收集而來的情報。情報的來源，應該是商務的日籍僱員。該社區內不少日僑，就是金港堂從日本派到商務印書館工作的日籍商務印書館員工。他們和當地日僑經常往來，例如日籍要員長尾雨山與駐滬日本傳媒記者即時相過從（見本書第4章）。這個敘事至少代表在1905至1915年間，上海日僑圈子裏流傳的一種說法。根據這個說法，當時因為雙方未建立互信基礎，為爭取華人資方信任，原亮三郎同意不在日本註冊而到香港註冊，後來為了相同的理由，又同意轉回上海註冊，並且讓華人股東控制了公司的管理權。

本書第3章曾經論述，中日合資項目的關鍵人物，其實是山本條太郎。因為山本在大正時期成為日本政經界的紅人，他在1936年病逝後，上司舊屬們為他編輯了一部上千頁的洋洋巨著《山本条太郎伝記》（《伝記》）。在敘述山本出任上海三井洋行支店長時期的業績時，有專節記載他在商務印書館成立過程所扮演的角色。[7]其中還徵引了山本本人有關商務成立一事的一番講話，來自1904年8月17日在東京三井所召開的談話會發言稿，[8]這段講話沒有提及1905年商務在香港註冊。至於《伝記》有關商務成立過程的其他文字，雖然詳細到連計劃聘請漢學名家內藤湖南不果等事，都臚列出來，可是對香港註冊的事，卻隻字不提。

此外，《伝記》詳細敘述了山本在上海果斷地向露清銀行貸款以30萬兩購入興泰紗廠，改為上海紡績廠，辦成日資在華主要紡織企業之一。《伝記》引述山本當時在上海的下屬幡生彌治郎的回憶說，上海紡績廠1902年12月28日在香港註冊，名為上海紡績有限公司，董事四人是山本條太郎、Horacio Robertson、印錫章（即印有模）、吳麟書。資本金50萬兩。理由是當時日本公司法沒有規定如何處理日資與外資合辦企業，所以無法在日本領事館登記，但山本認為在國際都會上海辦企業，由日資獨佔經營不符合對外政策，所以主張在「不帶排他色彩」（即較為中立）的香港註冊，並委任了半數以上的非日籍董事。上海紡績至1920年始改從日本公司法在日本註冊，資本累增至400萬兩云。[9]關於上海紡績在香港註冊的事，下文談香港檔案時再論，這裏暫當是《伝記》所接受的事實。根據《伝記》引幡生氏的說法，在香港註冊的做法，是山本條太郎個人國際視野的產物，所謂中立之意，和《全書》記商務在香港註冊的動機十分吻合。雖然這是上海紡績有限公司而不是商務的註冊，但其邏輯並沒有分別。既然如此，為什麼《伝記》完全不提商務在香港註冊？按理《伝記》旨在舉例證明山本的國際視野高人一籌，如加上商務在香港註冊的例子，絕對有利於增強這個形象。《伝記》出版在1942年，其編者必定參考過東亞同文會刊物和《揚子江報》

等資料，之所以不提商務在港註冊，恐怕就是因為他們知道在港註冊
的事有疑點，不能盡信。

值得注意的是，1908年出版的東亞同文會《支那經濟全書》在敘述
日本書籍在華被隨意翻譯而缺乏版權保護時，提到金港堂因尋求版權
保障，乃與華人股東共同於上海和香港設立商務印書館。[10]所以東亞同
文會的編者在討論版權時，又引入了另一個商務的故事。在這個故事
裏，同樣發生了香港註冊一事，但動機變為保護版權而不是增強雙方
的互信。這個版本和以下中文史料可以互相參照。

## 三、1905年商務在香港註冊的中文史料

目前已發表的商務印書館股東會紀錄，對香港註冊一事，也有清
晰的記錄。以下先節引相關的文字，再加以討論。

1905年3月31日股東常會（光緒三十一年乙巳二月二十六日）

> 三、癸卯年十月初一（光緒二十九年，1903年11月19日）改
> 為有限公司起，至年底只三個月，……

> 五、（己）以上情形需款甚巨，現擬續添股本三十萬元。先盡
> 老股。前後共計五十萬元。先收十萬元，中日各認一
> 半，一月內付清。其餘二十萬元俟需用之時，再由各股
> 東妥議定奪。[11]

1905年6月10日非常股東會（光緒三十一年癸卯五月初八日）

> 一、按英國公司章程，注冊後四個月內應舉行第一次會議。
> ……

> 三、公舉印錫璋、原亮三郎、夏瑞芳、加藤駒二為本年值年
> 董事。又公舉張桂華、田辺輝雄為稽查本年賬目董事。[12]

1905 年 11 月 22 日非常股東會（光緒三十一年癸卯十月廿六日）

一、本年四月內（按陽曆約 5 月）本館已於香港注冊。

（甲）重慶、廣東等處已有人將本館書籍翻印。前經本館律師函致該二處英領事禁止翻印。詎該英領事並不顧問，倘竟疲頑日久，各處效尤，大為本館之害。

（乙）香港注冊後，本館係按英國公司章程辦理，不得翻印或翻譯已入同盟會各國洋書。而本館惟恪守，此外竟不翻印。無如現在內地同業，紛紛翻印本館書籍者，無法禁止。故擬將香港注冊事注銷。[13]

1905 年 11 月 28 日非常股東會（光緒三十一年癸卯十一月初二日）

一、已經將香港注冊事注銷後，擬在本國商部按照欽定商律注冊。（甲）如在商部注冊後，本館書籍隨時呈請商部保護版權，並咨行各省督撫飭屬購用。且無論何處內地有人翻印本館書籍情事，隨時呈報地方官查禁，或逕呈請商部通飭禁止。（乙）已在商部注冊，係屬中國公司，本館所出教科各書，應隨時呈請學務大臣審定頒發。……[14]

1906 年 1 月 16 日十二月非常股東會（光緒三十一年癸卯十二月廿二日）

本館在香港注冊係五十萬元，此次在商部注冊，擬改為一百萬元有限公司。客歲除前收三十萬元外，明歲當添收十萬元。將來至多以收足五十萬元為止。再，現有京、外官場與學務有關，可以幫助本館推廣生意，又助本館辦事之格外出力，擬酌留三萬餘元股份，任其附入。此外六萬餘元，擬將本年所有贏餘先分官利，餘利作為股本，如有多餘由老股公攤。[15]

1907年5月22日四月股東常會（光緒三十三年丁未四月十一日）

　　一、議，本館股份上年已集至四十萬零三千五百元，分館已
　　　　設十處。現擬添設三處，推廣生意存貨應須多備，加之
　　　　購置地基、新造廠屋、添購機器等件，用款較繁。現擬加
　　　　收股份洋三十四萬六千五百元。除器械館并入股份二萬
　　　　五千五百元，及各股東由餘利內撥入七萬餘元，准由各
　　　　股東及有關於本館利益之人認購約二十四萬餘元。至欲
　　　　附股者必須先行報名，商諸董事允可後方能附入。此項
　　　　股份至多以集至七十五萬元為額。或收未足數，董事可
　　　　隨時會議以收新股。[16]

　　根據以上的商務印書館股東會議紀錄，則在香港註冊的細節是：
(1) 1903年11月成立股份有限公司；(2) 1905年5月在香港註冊，資本
由20萬增至50萬，暫收30萬；(3) 同年6月召開第一次股東會；(4)
同年11月22日股東會報告謂在香港註冊後，曾通過律師致信重慶及廣
州英國領事，請協助禁止當地翻印商務館書館出版書籍，但不獲受
理；(5) 同會議決定取消在香港的註冊；(6) 同年11月28日股東會報
告，已經取消在香港的註冊，並決定在清商部註冊；(7) 1906年1月
16日法定增資至100萬， 實收40萬；(8) 1907年5月22日股東會決
定，資本實收增至75萬。

　　據這批股東會材料所載，1905年商務確曾在香港註冊半年。註冊
動機是希望取得英國版權法律的保護，但後來發現英國在華領事不受
理版權事，故此取消香港註冊而改在大清商部註冊。該材料頁32註2
有汪家熔的註釋，進一步解釋說，商務決定在香港註冊，以圖得到英
國版權法律的保護，是因為清朝1898年的著作權法令，並無具體罰
則。換言之，1905年商務在香港註冊六個多月，上海中日文獻記載一
致。不同的是動機。股東會紀錄說是因為版權保護的考慮。日文調查
紀錄則說是日資股東為了讓華資股東安心，但也有版權論的另一矛盾
故事。

## 四、香港檔案文獻能否證實1905年商務在港註冊？

若商務確曾在香港公司註冊處註冊，那麼在香港的政府檔案也總該找到相關的記載。可是查閱香港公司註冊處的資料，卻發現在1904至1906年間，沒有任何商務印書館註冊的痕跡。香港公司註冊處的註冊編號辦法，是按登記先後作順序排列的。如第一家記公司編號是000001，第二家就是000002。就算其中某家公司後來取消註冊，其註冊編號不會移作另外一家公司的編號。即是說一個編號一經分配給一家公司，以後同一編號永不會分配給另一公司。今天香港公司註冊處的查閱系統，容許我們檢索從000001起，順序而下的所有公司編號，列出每個編號的登記公司名稱和註冊日期。以下表12.1列出自1904至1906年，所有曾在該處登記註冊的公司名稱，編號由0000060至0000075，三年內共註冊了16家公司。

表12.1：1904至1906年所有曾在香港公司註冊處登記註冊的公司

| | 公司編號 | 成立日期 | 公司名稱 | 已告解散日期 |
|---|---|---|---|---|
| 1 | 0000060 | 1904年1月27日 | Philippine Company Limited | 1921年3月3日 |
| 2 | 0000061 | 1904年5月17日 | Anglo Chinese Education Trust Co. Ltd | 1925年5月13日 |
| 3 | 0000062 | 1904年7月11日 | Yokohama United Club –The– | 1960年7月27日 |
| 4 | 0000063 | 1904年10月8日 | Clifford Wilkinson Tansan Mineral Water Co. Limited –The– | 2015年仍註冊 |
| 5 | 0000064 | 1904年11月1日 | Wiseman Limited | 1923年2月21日 |
| 6 | 0000065 | 1904年12月31日 | Hirano Mineral Water Company Ltd –The– | 1926年11月19日 |
| 7 | 0000066 | 1905年4月14日 | Royal Hong Kong Yacht Club –The– | 2015年仍註冊 |
| 8 | 0000067 | 1905年6月13日 | Union Waterboat Company Limited | 2005年1月27日 |
| 9 | 0000068 | 1905年10月18日 | Peak Tramways Company, Limited | 2015年仍註冊 |
| 10 | 0000069 | 1906年1月5日 | Sze Yap Steamship Company Ltd –The– | 1953年9月1日 |
| 11 | 0000070 | 1906年6月9日 | China Mail Limited –The– | 1952年10月4日 |
| 12 | 0000071 | 1906年7月6日 | Pharmacy (Fletcher) & Company Ltd. –The– | 1958年4月8日 |
| 13 | 0000072 | 1906年9月4日 | Union Estate & Investment Co. Ltd –The– | 1951年9月14日 |
| 14 | 0000073 | 1906年9月27日 | Welden House Limited –The– | 1934年6月15日 |
| 15 | 0000074 | 1906年11月22日 | Jardine, Matheson & Co., Limited | 1906年11月22日 |
| 16 | 0000075 | 1906年11月29日 | Hongkong Iron Mining Co. Ltd. –The– | 1948年9月3日 |

資料來源：公司註冊處綜合資訊系統(ICRIS)的網上查冊中心，https://www.icris.cr.gov.hk/csci/。

由上表所見，1905年商務印書館在香港註冊一事，香港公司註冊處記錄上沒有出現。從香港法律上說，有註冊就一定有註冊記錄，沒有記錄亦即沒有註冊。當年註冊的公司只有三家，均順序編號，從0000066至0000068。商務不在其內，無可置疑。

前述《山本條太郎伝記》載，上海紡績有限公司於1902年12月在香港註冊。雖然在東京的三井董事會檔案可以看到有關議決的紀錄，但在香港公司註冊處那一年有編號的登記公司名單上，一樣找不到這家公司的記錄。換言之，山本條太郎確曾建議在香港註冊，而三井物產總部也確曾批准這個建議，但最終沒有付諸執行。亦可能最後還是在領事館成功註冊為日資公司。[17]

## 五、1928至1932年政府檔案處檔案<br>「商務印書館購置房產事由」

按在香港政府檔案上，沒有商務在香港註冊痕跡這一點，還可以用一份繫於1928至1932年的政府檔案處檔案，來作為旁證。[18]這份檔案共七頁紙，全部是英文打字副本，總標題是「商務印書館購置房產事由」。(1)第1–2頁含殖民地政府布政司 (Colonial Secretary) 與公司註冊主任 (Companies Registrar) 有關「的近律師行」(Messrs. Deacons) 1928年4月17日致布政司函件的內部討論摘要，及香港總督會同行政局的相關議決摘要。(2)第3頁含殖民地政府布政司與公司註冊主任有關的近律師行1930年11月7日函件的內部討論摘要，及香港總督會同行政局的相關議決摘要。(3)第4頁是前述的近律師行1928年4月17日信件副本。(4)第5頁是布政司1930年8月9日致的近律師行針對其1930年11月7日函件的回覆副本。(5)第6頁是田土廳將相關記錄收入外國公司檔案的紀要。(6)第7頁收一封田土廳1932年11月3日致「霍爾‧布拉頓律師行」(Messrs. G. K. Hall Bratton & Co.) 的信稿。(1)至(6)各部分材料大意如下：

(1) 此件標題為「的近律師行 1928 年 4 月 17 日致布政司函件」。含以下各政府內部通信記錄：(i) 1928 年 4 月 18 日布政司政務官愛因斯沃斯 (T.W. Ainsworth) 致公司註冊主任 (Registrar of Companies) 及田土廳長 (Land Officer) 詢問有關的近律師行 1928 年 4 月 17 日信件 (副本見下文 (3)) 的意見。(ii) 1928 年 5 月 1 日公司註冊主任休‧尼斯比特 (Hugh A. Nisbet) 覆布政司辦公室謂根據法律並不反對；並説：

> 此公司的章程允許其講買地產。它已經按 1911 年香港法例第 58 號《公司條例》第 252 段第 1 條第 (a)、(b) 及 (c) 節，[19] 向我提交了規定的必需文件。案卷已轉交田土廳。

(iii) 1928 年 5 月 1 日田土廳廳長伊夫斯 (F. Eaves) 覆布政司辦公室亦謂沒有反對。(iv) 1928 年 5 月 3 日愛因斯沃斯致布政司詢問此案是否需要傳給行政局成員閱覽，　並説據 1911 年香港法例第 50 章 (按為 58 章之誤)《公司條例》第 253 (1) (c) 節，[20] 這重考慮程序是有需要的。(v) 1928 年 5 月 4 日布政司夏理德 (E. R. Hallifax) 致華民政務司 (Secretary for Chinese Affairs，或略作 S. C. A.) 查問：「商務印書館是什麼 (機構)？」(vi) 華民政務司政務官員諾斯 (R. A. C. North) 覆布政司謂：「我相信就是上海那家大印刷及出版公司。」(vii) 行政局紀錄檔第 462 號 (E. O. Jacket No.462)：「行政局同意商務印書館應獲許購買名為砵甸乍街 26、28 及 30 號。」署名人為行政等局書記 (Clerk of Councils) 麥克爾德里 (S. B. B. McElderly)。日期 1928 年 5 月 16 日。(viii) 提到兩封信，其一是 1928 年 5 月 12 日的近律師行來函，其二是 1928 年 5 月 22 日致的近律師行信，但沒有説明兩封信的內容或附副本。(ix) 以下四條記錄是布政司官員朗 (J. Lang) 致工務處處長哈羅德克里西 (Harold T. Creasy)、高級法院註冊官 (Registrar of the Supreme Court) 休‧尼斯比特 (Hugh A. Nibet) 及田土廳廳長伊夫斯，請他們將以上兩封信記錄在案。

(2) 此件標題為「的近律師行 1930 年 7 月 11 日致布政司函件」。此件含以下各政府內部通信記錄：(i) 1928 年 7 月 15 日布政司政務官漢米

爾頓 (E. W. Hamilton) 致公司註冊主任及田土廳廳長詢問有關的近律師行1930年7月11日信件的意見。(ii) 1930年7月16日公司註冊主任墨爾本 (C. D. Melbourne) 覆布政司辦公室謂根據法律並不反對。(iii) 1930年7月16日田土廳長菲利普·傑克斯 (Philip Jacks) 覆布政司辦公室亦謂沒有反對。(iv) 1930年7月17日漢米爾頓致布政司詢問此案是否需要傳給行政局成員閱覽。(v) 1930年7月17日布政司夏理德覆漢米爾頓説「是的。」(vi) 行政局紀錄檔第1130號 (E. O. Jacket No.1130)：「香港總督會同行政局允許商務印書館購買殖民地地產，地段編號2918及2919。」署名人為行政等局書記特拉特曼 (D. W. Tratman)，日期繫於1930年8月6日。(viii) 提到一封信，即1930年8月9日致的近律師行信 (副本見下文 (6))。(ix) 以下一條記錄是布政司官員朗致田土廳廳長、公司註冊主任及工務署署長，請他們將以上事由記錄在案。

(3) 的近律師行1928年4月17日致布政司函，副本內容：

我們受託代表商務印書館，申請批准購買不動產產業，名為砵甸乍街26號、28號及30號，座落於田土編號13及14小段落 (subsection) 以及海旁地段 (Marine Lot) 13號B段落 (section) 的剩餘地面。商務印書館有限公司在華註冊並獲其章程授權購置不動產。它已經向公司註冊主任呈交 (《公司條例》) 第252段第1條第 (a)、(b) 及 (c) 節所規定的文件及資料。現在懇請港督會同行政局給予允許。

(4) 布政司政務官漢米爾頓1930年8月9日致的近律師行，就其1930年11月7日函件作覆，副本內容：

我受命致函閣下，就1930年11月7日關於商務印書館來信的事作覆。並通知 (閣下) 港督會同行政局樂於允許上述公司購買本殖民地內陸地段編號2918及2919。

(5) 田土廳廳長洛克史密斯覆布政司謂已記錄在案，登入外籍公司名冊。案件並已知會高級法院註冊主任。

(6) 田土廳廳長伊夫斯1932年11月3日致霍爾·布拉頓律師行信副本。此信件左上角註:「1408/1932」,日期1932年11月3日。標題「內陸地段編號2918及2919」,內容如下:

> 關於由班好(Bang Haw)及周宋汪(Chou Sung Waung)售予商務印書館股份有限公司和標題地段有關的轉讓契約(Assignment)備要134,311號,售賣條件第2752號(Conditions of Sale),列明此協議(Agreement)由利安律師行(Messrs. Leigh & Orange)代班好及周宋汪簽署。售賣條件第五段規定:「在售賣合約上買家(Purchaser)位置簽署的人,即為當事人(Principal)。除非在簽署時他聲明只是代理人(agent),並將一名或以上當事人的姓名加入合約之內。」轉讓契約的敘文(recital),令現在改變原約必須獲英王御准。同時,按目前情況所見,轉讓契約看來並沒有付印花稅。故此在補付「從價印花稅」(Ad valorem duty)前不能登記。

由這些檔案文件,可以窺見若干要點:(一)1928年時,在香港公司註冊處的確沒有任何商務印書館曾在香港註冊的記錄,否則不會有以上(1)(v)及(vi)的對答。(二)當時商務要在香港購置房產,須視作外地註冊公司處理,向公司註冊主任提供基本公司信息,並獲港督會同行政局批准。(三)1928年購地的事,由的近律師行代理,看來很順利。(四)1930年購地的事,先由的近律師行申辦,已經取得港督會同行政局的允准,其後發生法律糾紛,轉由霍爾·布拉頓律師行代理,從檔案遺留紀錄看,法律問題到1932年仍未解決。最後能否成交,目前並不清楚。不管如何,1920年代末的香港政府檔案內,沒有商務在香港註冊過的記錄,殆可無疑。

當然上述政府內部討論檔案並不齊全。有些商務購地的官方內部討論文件,顯然沒有保存下來。例如商務1914年起在皇后大道中開業的香港分館、堅尼地城的廠房、以及1932年宣佈在北角興建佔地約一萬平方米的新廠址,都是合法購買而在香港英文《南華早報》上可以見到的公開信息。[21] 按香港商務印書館網頁公司歷史資料一欄,提供了以下的說明:

香港商務印書館建於1914年，是商務在上海之外最早設立的分館之一，起初在中環設立門市部，經銷教科書、中西辭典、兒童書、文具等。成立後不久，即承印發售香港課本。1924年香港商務在西環吉席街開辦印刷廠，1933年在香港北角營建新廠房，北角「書局街」因此得名。[22]

即商務在香港的歷史始於1914年，當可無疑。這與在香港政府檔案處沒有公司註冊記錄，或許亦不矛盾，因為在香港營業的很多華資企業，都沒有在公司註冊處註冊。[23]不論如何，上述香港檔案例子，仍足以說明，商務在1905年沒有在香港政府註冊。

## 六、小結

從上海中日文材料所見，商務印書館最早正式註冊為股份有限公司是在1905年5月於香港註冊。日僑圈子傳聞，是為了讓華方股東安心。商務股東會議紀錄謂，是希望得到英國版權法律保護。目前其他中文材料不太看到在香港註冊的記載。但在香港政府的公司註冊處記錄上，1905年商務肯定沒有註冊過。這些記錄上的矛盾怎樣解決？

可能的解釋，是當時華資日資的主事者都曾經同意到香港註冊，動機較複雜，各有想法，也各自表述。在商務股東會上，雙方口徑一致，說1905年5月已經在香港註冊，並且在六個月後說，通過律師聯絡英國駐華領事以求版權保護不果，故此改在商部註冊。實則商務該年最後並沒有在香港完成註冊。股東會的報告，或出諸對在香港註冊執行上的誤會，誤以為已經完成註冊，或由於雙方在註冊問題一直上未能取得共識，需要以到香港註冊為由，爭取半年時間，以談判出中日雙方對公司治理的共同取向？當然這些解釋都沒有史料可以查證，姑且存疑，以待他日更多商務史料面世時，再作考察。

# 註 釋

1 如范軍、何國梅：《商務印書館企業制度研究 (1897–1949)》，頁90。

2 見本書第3章。梁長洲整理：〈商務印書館股東會記錄〉，載宋原放主編：《中國出版史料：近代部分》，第3卷，頁6記光緒三十一年 (1905年) 商務印書館股東常會：「三、癸卯年十月初一改為有限公司起，至年底只三個月。」

3 最重要的證據如1914年3月6日《申報》上所刊載的「(來件) 完全華商股份商務印書館有限公司章程」(民國三年一月三十一日臨時股東會議定) 第四條，記「本公司於前清光緒三十一年(1905)十二月遵照註冊章程呈請商部註冊三十二年(1906)三月十二日奉商部批准給照」；又台北市中央研究院近代史研究所檔案館藏，國民政府實業部商業司公司登記檔案「商務印書館 (1933–1936)」卷，有商務印書館股份有限公司變更登記稿底。在登記日期項下，有「前清光緒三十二年 (1906) 三月十二日經商部批准」的記載 (文件編號：17-201-72-09-034)。按陰曆光緒三十二年3月12日即陽曆1906年4月5日。

4 李玉：《晚清公司制度建設研究》，附表4引《商務官報》戊申年第4期頁12所記，《公司律》頒佈後，最早註冊的是北京工藝商局，日期為1904年7月27日。

5 東亞同文會編：《支那經濟全書》，第12輯 (東京：東亞同文會，1908)，頁465。又東亜同文会編：《東亞同文會第九期調查旅行報告書 (1915)》(微型膠卷Reel No.1-0821)，外務省外交史料館，戰前外務省記錄，1門6類1項〈東亞同文会ノ清国内地調査一件/第九期調査報告書第四卷〉，頁530有類似文字，或出自1900年代東亞同文會同一次調查的相同記錄。引文按日語原文翻譯。見尤怡文、遲王明珠、蘇基朗、蘇壽富美：〈金港堂與商務印書館〉，頁215。

6 揚子江通訊社：《揚子江報》，第17號(1914年9月20日)，引文按日語原文翻譯。見尤怡文、遲王明珠、蘇基朗、蘇壽富美：〈金港堂與商務印書館〉，頁215。

7 山本条太郎翁伝記編纂会：《山本条太郎伝記》，頁174–177。

8 從山本条太郎翁伝記編纂会：《山本条太郎伝記》，頁156–157可見那次談話會的重要。會議由政府要人井上馨主持，大藏相及農商務相列席，三井在中國所有支店長均出席，就中日貿易陳述意見。山本這段發言，強調商務印書館在中國文化和教育界的強大影響力，也反映了山本和金港堂在商務草創期的角色。見本書第3章。

9 山本条太郎翁伝記編纂会：《山本条太郎伝記》，頁160–161。按樽本照雄：〈商務印書館と山本条太郎〉，頁104–105認為這段傳記的敘事，沒有可疑之處。他並引用了《三井事業史》所收1903年3月31日董事會紀錄，説該會議議決了上海紡績股份有限公司據英國法律在香港註冊云云，見頁105。這事的疑點見下文相關討論。

10 東亞同文會編：《支那經濟全書》，第12輯，第4篇〈出版業〉，第2章〈版權〉，頁449。

11 梁長洲：〈商務印書館股東會記錄〉，頁6–7。

12 梁長洲：〈商務印書館股東會記錄〉，頁9。

13 梁長洲：〈商務印書館股東會記錄〉，頁9–10。

14 梁長洲：〈商務印書館股東會記錄〉，頁10。

15 梁長洲:〈商務印書館股東會記錄〉,頁10。

16 梁長洲:〈商務印書館股東會記錄〉,頁10。

17 遠山景直編:《上海》,頁394臚列出明治三十九年(1906年)「上海在留日本人營業案內」公司名單,內含上海紡績会社,負責人名小野兼基。又東亞同文書院編:《支那經濟全書》,第1輯,頁132–134舉出由三井洋行經理的上海紡績会社為例,説明這家日資工廠勞工待遇,較其他華資工廠如上海燮昌自來火廠好得多。又同書第12輯頁416–417記,1908年上海由外國人經營的主要紡織業股份有限公司,為瑞記、怡和、老公茂、鴻源及上海五家,均是外國註冊的新式股份有限公司,股東有華人及外國人,但屬外國在華公司。可見1900年中期東亞同文會調查中國經濟時,上海紡績会社無疑是日本註冊公司。按燮昌自來火廠在商部完成登記是1905年1月7日,地址在漢口,這裏應該是上海分廠。見李玉:《晚清公司制度建設研究》,附表4。

18 香港政府檔案處,檔案編號HKRS58-1-143-14: "I.LS. 2918 & 2919 – THE COMMERCIAL PRESS LIMITED APPLICATION TO ACQUIRE IMMOVABLE PROPERTY IN THE COLONY." 17.04.1928 — 03.11.1932. (Record ID: HKRS58-1; Title: C.S.O [Colonial Secretary Office] Files in the Land Office; Immediate Source of Acquisition: Registrar General's Department, Land Registry; Original Reference No. CSO 347/1928)。

19 第252段第1條:「所有在香港殖民地以外地方成立而要在本殖民地立足營業的公司,必須在成立營業一個月之內,向公司註冊主任提供以下文件: (a) 一份經有效驗證的公司章程(charter, statutes, or memorandum and articles of the company)或類似文件(other instrument constituting or defining the constitution of the company);若原文非英語,則須附一份經有效驗證的英語翻譯文本。(b) 一份公司董事名冊。(c) 一名或以上香港殖民地居民的姓名和地址。此居民應獲授權代該公司處理相關公務及接收相關公函。若上述章程、董事名冊或本地居民姓名地址等有任何變更,該公司必須在指定時間內向公司註冊主任申報。」1911年《公司條例》見香港大學香港舊法例網上資料庫(Historical Laws of Hong Kong Online),網址:http://oelawhk.lib.hku.hk/exhibits/show/oelawhk/searchresult?stext=Companies+Ordinance&x=23&y=10&sfield=TI&edition=1912&no_result=10。

20 第253段第1條:「若不能滿足以下三個條件,所有在香港殖民地以外地方成立的公司,不得在本殖民地購置不動產。這三個條件是: (a) 公司章程賦予公司權力以購置不動產。(b) 公司已按第252段第1條向公司註冊主任提供了 (a)、(b) 及 (c) 所指定的文件。(c) 公司購產之舉,必須獲得港督會同行政局的特別批准。」同上註。

21 見《南華早報》(South China Morning Post) 1928年5月5日商務印書館廣告及1932年12月16日訪問王雲五報道。按《南華早報》為香港主要西文報章之一,殖民地官員每天必讀的報紙。故此在這裏出現的商務印書館信息,必難逃當地官員的耳目。

22 香港商務印書館網站「關於商務——發展歷程」,網址:http://www.commercial press.com.hk/ww/milestones.html。

23 例如1877年由何崑山(何獻墀)與前大英輪船公司買辦郭甘章在香港創業的海上貿易保險企業「安泰保險有限公司」,在華東及美國西岸運輸保險業務曾一度相

當活躍，在香港及舊金山報章上時有刊登廣告、啟示等，也算是1870至1880年代中國十多家重要民族保險企業先驅之一。參考童偉明、何英：〈晚清保險機構發展基本脈絡〉，《中國銀行保險報》，2017年10月20日，http://shh.cbimc.cn/2017-10/20/content_245360.htm。但根據洗玉儀教授對安泰的深入研究，發現安泰並沒有在香港公司註冊處檔案留下任何註冊記錄，待考。據 Elizabeth Sinn, "Forgotten Pioneer: The On Tai Insurance Company Limited of Hong Kong (1877–1900)," paper presented at Chinese Business History Webinar Series, Chinese business History Cluster, Hong Kong Institute for the Humanities and Social Sciences, the University of Hong Kong, 24 November 2023, https://www.youtube.com/watch?v=ALqnaFdsT1c&list=PL0kAAPbOi0tRFzHZJligqU6rf_S0KltYY&index=1。

第 13 章

# 近代商事仲裁的移植
## 以東京與上海書業為中心 *

## 一、前言

本章主旨在探討中日在輸入西方解決商業糾紛的仲裁（arbitration）制度時，本土化路徑對近代書業發展的作用。商業行為衍生商業糾紛，古今中外皆然。在近代市場經濟，商業糾紛一般通過訴訟（litigation）、

* 本章初稿曾在以下研討會宣讀："Workshop on Towards a Theory of Arbitration: A Decentering Approach to Globalization," co-hosted by Harvard-Yenching Institute and Faculty of Law, The Chinese University of Hong Kong, Hong Kong, June 27–28, 2014; the Third Annual Summit of World Chinese Legal Philosophy, organized by Western Sydney University law School and the Law School of Tsinghua University, Sydney, November 1–2, 2014; Ninth Annual General Conference European China Law Studies Association on "Making, Enforcing and Accessing the Law," Hong Kong, November 15–16, 2014; the 2nd Eurasia Trajeco Conference on Connected Histories—Trading Networks Across the Eurasian Continent: Structures, Practices, and Socio-Economic Impact, 11th–20th Century, organized by École des hautes études en sciences sociales, Paris, November 28–29, 2014; the 17th World Economic History Congress, Kyoto, August 2–6, 2015; the 3rd Eurasia Trajeco Conference on Connected Histories—Trading Networks Across the Eurasian Continent: Structures, Practices, and Socio-Economic Impact, 11th–20th Century, jointly organized by École des hautes études en sciences sociales and the European University Institue, Florence, October 23–24, 2015。其中上海部分曾以英文發表在 Yun Zhao and Michael Ng eds., *Chinese Legal Reform and Global Legal Order: Adoption and Adaptation* (Cambridge: Cambridge University Press, 2017), pp. 238–256。我們由衷地感謝 Gabrielle Kaufmann-Kohler, Fan Kun, Xi Chao, Yu Chao, Yu Xingzhong, Zhu Zheming, Michael Ng, Shiba Yoshinobu, Pearl Chih, Christian Lamouroux, Joe McDermott, Sui Wai Cheung, Hamashita Takashi, Ron Harris, Patrick O'Brien, Kent Deng, François Gipouloux, Wang Fei-hsien, 以及 周武、鄒振環、馬軍、濱下武志等學者，在不同場合為本章初稿提出了寶貴的意見。

仲裁（mediation）或調解（conciliation）三種途徑之一來解決。在類型上，一般分庭內解決或庭外解決，庭內解決就是中文所謂「打官司」或「訴訟」；但法庭判斷之外，亦有法庭作出的調解，稱司法調解（judicial mediation）；庭外解決包括不通過法庭的調解或仲裁等制度，簡稱 ADR（Alternative Dispute Resolution）。這些解決糾紛的機制，對市場經濟能否順利運作，起著關鍵作用。在江戶時期，日本商業糾紛由民間調解處理，日語稱「內濟」或「扱」，甚少訴訟。明治維新以後，受到西方法制的影響，才出現了重大的變革。中國社會直至19世紀後期，商業糾紛除民間調解之外，訴訟亦十分普遍。在清代，大部分的商業訴訟都在縣級裁決，亦有少數案件上訴到縣級以上的地方政府。晚清民初受到西方法律的衝擊，這方面的情況也出現了劇變。對中日的商業糾紛解決機制而言，重點無疑在於從西方輸入的仲裁制度及其本土化，因為它介乎法庭訴訟與民間調解之間，而且不是中國或日本的傳統。

大體而言，西式仲裁制要求爭議兩造自願選擇以仲裁作為解決糾紛的辦法，並且簽訂仲裁合約。一經簽約，兩造必須同意不管裁決結果如何，都要無條件地接納，而且除非裁決過程違反法律規定，當事人不能上訴到法庭。仲裁的決定，法庭將予以承認並執行。在商事訴訟方面，中日均通過立法成立新的西式法庭系統，使用新的法律及程序，重新定義商業糾紛及其訴訟的裁判原則。

在中日商業近代化的發展上，書業扮演著文化傳輸的重要角色。[1]作為本書主角的兩家中日書業龍頭，在這種制度變遷和本土化過程中，其左右大局的實力也自然與其在市場所佔的份額成正比。在下文的細節之處，他們的影子將會常常浮現。

本章第二至三節討論日本仲裁法律移植及東京書業商會組織的相關規章制度與實踐。第四至五節簡述中國公斷法律（即仲裁法律）與上海書業商會組織的規章制度與實踐。這些在東京和上海出現的商會就是具體執行仲裁的機構，分別是1887年（明治二十年）成立的「東京書

籍出版営業者組合」、1902年(明治三十五年)成立的「東京書籍商組合」以及於1905年(光緒三十一年)同年組成的「上海書業公所」與「上海書業商會」。第六及七節提供一些上海的具體公斷或訴訟案例，以反映當時實際的情況。第八節將從比較的角度，探討中日仲裁法律移植的本土化路徑差異。

## 二、明治時期仲裁制度之移植

### (一) 明治時期仲裁制度與商業會議所制度的移植

　　菊井維大對明治時期仲裁制度的移植作了扼要敘述。[2]簡言之，1890年(明治二十三年)制定民事訴訟法時，該法典首次就仲裁制度進行立法。民事訴訟法的初擬草案，由民政局司法部的南部甕男於1884年(明治十七年)起草。此時外務大臣井上馨正發起廢除日本與西方列強簽訂治外法權的運動。在德國顧問Hermann Techow的幫助下，於1884至1886年(明治十九年)修訂了民事訴訟法草案。明治政府隨後成立「法律調查委員會」，審議該法律草案。審議過程中，發現遺漏了德國某些法律條文，其中包括仲裁程序。法律調查委員會建議在日本新的民事訴訟法典中，納入這些仲裁條款，提案隨後經立法程序獲得通過。因此，當民事訴訟法典於1890年頒佈時，即包含了仲裁一節，各條文直接譯自德國1877年(明治十年)民事訴訟法典的仲裁章。

　　菊井維大對立法過程中納入仲裁制度感到困惑。儘管有調查委員會的審議記錄，他感到真正的意圖仍不清晰。[3]民事訴訟法迅速出台的主要原因，是為了廢除不平等條約與治外法權，但他認為仲裁程序與條約或治外法權的關係其實不大，因為連德國顧問Techow也認為沒有必要移植這方面的法律。菊井認為，1870年德國統一之前，由於商事糾紛解決制度十分重視地方習俗，而德國民事仲裁制度正是以當地解決糾紛的習俗為基礎而建立起來的，因而成為1877年德國民事訴訟法的一部分。他推測日本將仲裁制度納入法律，可能希望西式仲裁也成

為解決爭端的選項，避免只剩下法庭裁決一途。法庭訴訟的對抗性，與日本傳統商業文化的和諧社會價值觀，顯然是衝突的。德國仲裁制度的引入，因而是一個主動且有選擇地移植西方法律的過程，目的在保留日本商業傳統的和諧價值觀。[4]

民事訴訟法典所規定的仲裁制度，其文字與德國民事訴訟法典的仲裁制度完全一致。一旦爭議雙方通過契約協議，同意訴諸仲裁制度來解決糾紛，他們便放棄了訴訟的權利，並準備接受任何仲裁結果。在西方法律規範中，解決商事爭端的仲裁，須通過成熟可靠的商事組織，進行公正不阿的第三方仲裁，始能令當事人信服。這種帶有近代西式仲裁法律背景的商業組織，在明治日本被稱為「商業會議所」或「商業組合」，即中國所謂「商會」。商業會議所的組織形式早在1878年（明治十一年）引入日本，但是直至新仲裁法作為民事訴訟法一部分被頒佈的1890年，才頒佈了《商業會議所條例》，規定商業會議所為所在地或行業的商事糾紛進行仲裁，這樣才有實施仲裁制度的平台。《商業會議所法》作為一部國家法律，最終於1902年（明治三十五年）頒佈，更全面地規範商業會議所並賦予明確的法律地位。仲裁作為商業會議所的重要職能之一，也在這一過程中逐漸成形。[5]

## （二）日本仲裁制度的早期運作情況

明治時代商業會議所仲裁實踐的範圍和細節資料很少。[6]菊井維大給出了29起案件的不完整統計，其中17起發生在東京。[7]顯然，這僅是那些能夠進入官方記錄的案件而又倖免於東京大火災及二戰摧毀，最終能夠保存在今日政府檔案館的倖存者。更多案件可能發生在商業會議所的層面但記錄不全，或時至今日僅留下些許文獻痕跡。無論如何，仲裁制度在明治時代似乎並未受到紛爭的當事各方普遍歡迎。

另一方面，在1890年民事訴訟法典公佈後，新移植的明治法庭系統成為解決民事糾紛的重要手段。1872（明治五年）至1890年間，新的民事法庭系統形成，通過訴訟裁決或者勸解制度（司法調解）處理民事

糾紛。[8]勸解制度處理的案件由1875年的16,000餘宗，增加至1883年（明治十六年）逾百萬宗，隨後在1890法典引入前的幾年間降至約30萬宗。[9]1880年代早期，最低一級法庭的民事訴訟案件數量為每年15萬至20萬宗，但在1885年（明治十八年）降至5萬餘宗，[10]並在1890法典頒佈前夕，維持在4萬餘宗左右。[11]隨著1890法典的實施，先前實行的勸解制度被廢棄了。1891年（明治二十四年）提交至法庭的民事案件增加至6萬餘宗。在這些民事案件中，超過八成在1891年被歸類為錢債案，其中一半以上涉及金錢借貸。[12]根據新法，爭議各方現今僅能訴諸訴訟、仲裁或「和解」（訴訟前或中途作出庭外和解）。[13]最後一類案件在1891年時仍有8萬餘宗，但在隨後的20年間急劇下降，至1900年代前期，降至每年僅數百宗。

換言之，明治時期的日本存在著大量糾紛，特別是在交易相關的領域。這些問題須在爭議當事各方之間以某種方式解決。當新的法庭裁決、勸解或庭外和解等為法律承認的處理方式提供了可行的平台時，糾紛案件有時會激增，甚至超過百萬宗。儘管如此，與法庭訴訟和傳統的法外和解相比，仲裁沒有成為爭議者樂於選擇的方案。法外和解一般不會呈報官府而留下檔案記錄，實際上該和解渠道很可能已經消化了相當大比例的爭議事件。這些事件在1890年前可能出現在勸解案件中，其後少數亦可能出現在仲裁案件中。

即便在第二次世界大戰之後，法律規定仲裁員須具有正式的法律資格，意味著他們大多具有律師資格，也未能令仲裁成為一種更受青睞的商事糾紛解決手段。仲裁至今在日本仍然更多屬於一種解決國際商事爭端的手段，而非用來解決本地商業糾紛。[14]谷口安平的解釋代表了主流的文化論觀點，他認為大多數糾紛通常私下解決，其目的是讓各方能夠保持長期的良好關係。有時，由爭議雙方共同委託第三方進行調解。訴訟通常不在考慮之列，除非當事各方決定關係從此決裂而變成長期的敵人。仲裁與訴訟類似，程序上會帶來公開抗辯。既然敵對關係變得無可避免的話，便不如訴諸法庭，而不必走仲裁的門

徑。[15]不過近年亦有不同的意見，認為日本文化抗拒訴訟的論述，可能言過其辭，抗辯式訴訟與否，文化因素以外的各方利害關係，也值得進一步探索。[16]參考中國的經驗，我們覺得另一個可能的因素是：仲裁程序一錘定音，沒有上訴渠道，而在訴訟中仍可以上訴兩次，但這仍須進一步的考察。另一方面，法庭外的民間調解自1920年代以後漸漸制度化，亦開始受法律規範，稱「調停」制度。[17]調停制度的發展，亦減弱了仲裁的吸引力。所有這些因素結合的後果，有助説明何以仲裁在日本至今仍不受歡迎。

## 三、東京出版社商業會議所及其仲裁規則

菊井維大曾慨嘆明治時期商業會議所仲裁規則以及仲裁案件的史料，今天已經十分珍稀。[18]有關出版業，我們幸而在其行業商業會議所的章程中，找到1887、1890和1902年的仲裁規則。這些法規在制度變遷的三個節點上，顯示了出版社商業會議所仲裁職能的演變。下文將説明並探討這三組法規對書業糾紛的作用，從而表明它們是如何遵循明治日本的一般做法，忠實地移植西方法律制度。第一組於1887年成立，回應了1885年《東京府同業組合準則》的要求，第二組是回應1890年民事訴訟法中的仲裁法規而作出的修訂，第三組是因應1902年《商業會議所法》的仲裁規定而引入的。

1887年《東京書籍出版營業者組合規約》的條文中，第5條強調的是維護組合員間的順暢交易，但第7條也對損害組合員或其他同業的不負責任行為如拖欠或漏賬等，給予制裁；第12條針對侵犯著作權；第40條列出由組合委員會評議作出制裁的規範，形式可能是受到全體同業組合員的抵制，或因違反組合規條而被科以違約金。[19]

這在《東京書籍出版營業者組合規約》1890年的修訂條文中得以強化，新文本第5條更加強調促進商業共同利益的必要性，以及成員之間「德義」的重要性；第7條強調了同業組合解決組合員間糾紛的權

威，由組合的委員會對案件作出決議然後付諸執行；第12及13條確立了涉及版權以及委託專賣零售安排的規範；第40條制裁規則明言組合委員會有「議決」之權，較1887年規約的「評議」，更具權威。[20]

依據《商業會議所法》仲裁規則，1902年《東京書籍商組合規約》為組合的仲裁制度提供了更具體的框架。[21]第4條組合成立目的第六項，就是通過仲裁解決組合員間的營業糾紛。[22]第9至13條列明組合在處理組合員間違背合同延遲付賬行為的權威性。[23]此外第16及17條列明組合員行為有損組合聲譽、破產、犯破廉恥罪而判刑入獄，以及侵犯著作權者，均會遭組合除名。[24]

規約的整個第7章，包括第52至63條，制定了成員間仲裁的程序框架。[25]據此，涉及爭議當事各方，可訴諸組合尋求仲裁（第52條）；他們需要簽訂一份仲裁協議，放棄對仲裁結果的爭議權（第53條）；組合的仲裁範圍，限於能夠和解的權利爭議點（第54條）；每個案件選出五名仲裁員組成仲裁庭，選出其中一名作為主席，仲裁庭的決定採用多數決（第55至56條）。仲裁員不得存在利益衝突（第57條）；爭議當事各方聽證期間，經允許可派代表出庭（第58條），通常在仲裁啟動後三週內作出仲裁決定（第59條）。在某些限定條件下，可申請另選新的仲裁庭進行二次仲裁；當事各方應分擔的仲裁費用，由仲裁庭決定（第61至63條）。第60條恰與我們的討論最為相關，此條明確規定當事各方，不得於仲裁後針對同一案件再次提起訴訟。[26]

最後，規約第6章提供了懲處框架，包括第64至69條。[27]第64條允許成員對其他未能履行合同義務的成員提出申訴，該條款落實了第9條，該條將處理成員間延遲付賬爭議指定為組合職能之一。其後的各項條文，規定了可以導致除名或罰款的違規行為以及處理程序等事項。其中第65條第3款列明違反上述第60條有關仲裁的規定，亦構成除名的違規行為。

上述涉及仲裁的具體規定，主要依據西方法律規範而來。作為西方文化輸入明治日本的主要渠道，現代日本出版業又是否可以衝破傳

統商事糾紛解決方式，在邁向更西式的商業規範進程中，扮演先驅產
業的角色？若從仲裁的實際作用來觀察，即便在最熟悉西方知識的出
版界，仲裁制度的使用看來仍是有限的。從組合本身編輯的史料顯
示，終明治之世，僅有幾宗涉及委托代銷違約糾紛的仲裁案件而
已。[28]因此，在明治時期的商界土壤上，東京書業和其他行業無異，對
西方移植過來的仲裁制度，也沒有表現出熱衷的態度。

## 四、近代中國商業糾紛解決機制的法律變遷

### (一)傳統法律框架內的商業糾紛解決機制

范金民對明清的法律框架作了扼要的分析。當出現商業糾紛
時，人們一般先往親族、近鄰、鄉坤、地保、宗教組織或行會這些非
官府的社會組織尋求調解。這類民間調解成功的話，相信是各方所
樂見。如果這類調解不果，案件則可能被告狀到官府，由官員 (如知
州或知縣) 來裁決。[29]范氏提供了大量的證據，顯示出明清時期商人
們對告狀到官方司法機構來解決各類商事爭議，沒有太多猶豫。司
法判決常基於情理、涉事社區的情況、當地的貿易慣例，以及各種法
律條文。根據范金民的論述，理論上打官司可以快速解決糾紛，爭
議各方一般也遵守官府的判決，所以成為商事糾紛的一個常見出路。
但不同意官府判決的情況也不罕見，爭議各方可以事後反悔，不再承
認之前認同的決定，反覆提出上訴，力謀推翻之前不利自己的判決，
通過長期不斷訴訟，以期獲得最終的勝訴。明清法律上並沒有一種
終審性的、有絕對約束力和執行力的機制，一勞永逸地解決長期爭訟
不已的商業糾紛。[30]總括而言，傳統中國社會解決商業糾紛，有兩種
相反的文化傾向，其一是息爭甘結的和諧文化，以及告官力爭公道的
爭訟文化。從儒家倫理、士大夫官員仕途、政府管治成本等角度，
無疑必須大力提倡前者，貶抑甚至懲罰後者。對一般百姓及商人角
度而言，則除了維持良好商業關係、社會和諧之外，亦必須符合天

理、公道。一旦感覺自己受委屈，就往往要求討回公道、大理。具
體做法就是打官司，要求官府還個公道。這就是中國傳統社會用訴
訟來解決商業糾紛的正當性。

## (二) 解決商業糾紛的新法律框架

自清末法律改革開始，逐漸引入西式法庭系統。[31] 新法庭系統其中
一個特徵，是採用三審終審制，[32] 意味著捲入商業糾紛中的商人們，不
能再無休止地反覆訴訟，他們必須接受法庭的裁判結果。與傳統地方
官員辦案不同，新的法庭具有終結糾紛的最終權威，這也使得商人們
在將糾紛帶入法庭前，不得不考慮面臨不利結果的風險。此外，移植
而來的現代法律概念和原則，對於中國商人而言是非常陌生的，與他
們習以為常的價值觀和社會習俗往往格格不入。他們會感到西式法庭
系統充滿風險和不確定因素。新的系統也面臨司法人員和資金同時短
缺的困難，導致案件積壓。新的司法制度因此陷於巨大壓力之下，反
使得庭外的糾紛解決方式得以發展。[33]

當然，在法律改革尚未啟動前，在上海這類條約港城市，協助商
人打官司的律師專業群體早已出現，初時以外國律師為主，後來本土
和海外培養的華人律師漸增。中外律師群體的出現，提高了法律服務
的質素，讓不諳新法律及新法庭的商人，仍然可以使用新的現代西式
法律系統解決他們的糾紛。[34] 可是法律服務成本高昂，只有能夠負擔得
起費用的富商，才願意聘用律師以增加在法庭勝訴的機會，所以在訴
訟以外，建立起一套解決糾紛的ADR制度，仍有需求。

## (三) 新ADR框架對商事糾紛解決的重要意義

前述傳統ADR主要是由非司法機構的社會組織來進行調解息
爭，這些機制一直沒有成為正規法律的一部分。在府縣級地方政府打
官司時，官員可能考慮到案件曾否經過調停的努力，但法外調停並非
必然的司法程序，也缺乏明確的法律基礎。由1900年代開始，仲裁

制度正式輸入中國，最初稱為「公斷」，下文將會討論這個詞彙的文化
含意。Fan Kun對這過程作過深入的分析，[35]范金民亦對新式商會解決
商事糾紛的作用，作出了精彩的論述。[36]Fan指出這個繼受過程非常錯
綜曲折，在翻譯及概念的理解上，均出現了很多困難和混淆。在移植
之初，不論律文的精確修訂或是有效的實施方面，都和西方標準相距
甚遠。

　　理論上，在中國社會推行西式法庭制度，意味著法律的現代化。
然而這樣的現代化並未能在中國商界普及起來。作為一種折衷方案，
公斷制度既模仿了西方法律框架，同時又延續了不少法外解決商業糾
紛的傳統。這制度讓商人在商人組織（即商會）設立公斷處進行公斷，
而非由法庭作出裁決。對商人而言，這也是一個學習過程，但較學習
新法庭及新法律容易得多。他們通過參與公斷實踐，也逐步將本土的
文化和慣例，融入其裁決的案件之內。公斷制度從法律上說，是根據
商會法律而納入商會的章程之內，並且由商會依法實施。[37]後來商會的
仲裁機構被稱為「法定專屬機關」，即此意。[38]此外，公斷制不單讓商
人參與公斷機制的運作和發展，它同時帶有民主性質，讓使用機制的
人也有機會選舉操作公斷的人。這與爭議者訴諸法庭大相逕庭，因為
庭訟的話，與訴人是無權選定法官的。每個涉及糾紛而同意接受公斷
決定的涉案商人，理論上都有機會成為下一宗公斷案件的評議員（仲裁
員），而這次作評議員的，卻可能成為下次接受公斷的涉案商人。職是
之故，商人在決定採用公斷抑或訴訟時，前者可以掌握的社會和人事
因素，無疑多於後者。

## （四）公斷制度的重要特徵

　　作為清末大規模法律改革的一部分，西式仲裁制度於1904年（光
緒三十年）以新設商會職責的形式，正式成為法律的一部分。該年的
《商會簡明章程》確立了公斷的法定地位，其中與我們的討論最為相關
的三項條款如下：

第7款：商會總理、協理，有保商、振商之責。故凡商人不能伸訴各事，該總、協理宜體察屬實，於該地方衙門代為秉公伸訴，如不得直，或權力有所不及，應即稟告本部核辦。該總、協理設有納賄偏徇、顛倒是非等情，或為會董及各商所舉發，或經本部覺察，立予參處不貸。

第15款：凡華商遇有糾葛，可赴商會告知總理，定期邀集各董秉公理論，以眾公斷。如兩造尚不折服，任其具稟地方官核辦。

第16款：華洋商人，遇有交涉齟齬，商會應令兩造各舉公正人一人，秉公理處，即酌行剖斷。如未允洽，再由兩造公正人合舉眾望夙著者一人，從中裁判。其有兩造情事商會未及周悉，業經具控該地方官或該管領事者，即聽兩造自便。設該地方官領事等判斷未盡公允，仍准被屈人告知商會，代為伸理，案情較重者，由總理稟呈本部，當會同外務部辦理。[39]

辛亥革命後，1913年頒佈《商事公斷處章程》（下文簡稱《公斷處章程》）進一步訂明公斷規則。[40]公斷仍舊屬於商會需要履行的重要職能之一。以下《公斷處章程》條文顯示了公斷機制的一些特徵。[41]

第1條：商事公斷處應附設於各商會。

第2條：公斷處對於商人間之爭議，立於仲裁地位，以息訟和解為主旨。受商人之聲請，或法院之委託，亦得辦理清算事宜。

第7條：處長評議員均為名譽職，但得酌贈酬金。書記員之薪金，由公斷處各就地方情形，即事務繁簡，酌量給予。

第8條：評議員、調查員各於商會中互選之。非有會員總數過半數到會，不得投票。票用無記名連記投票法，以得多數者為當選。

第17條：評議員之公斷，必須雙方同意方發生效力。

第18條：雙方對於評議員之公斷如不願遵守，仍得起訴。

第19條：評議員於公斷後，雙方均無異議應為強制執行者，須函請管轄法院為之宣告。

第29條：公斷之判決，以投票行之，取決於多數可否，同數評議
長有決定之權。

第33條：遇有應迴避、引避或據卻時，處長應另行簽訂。

第36條：公斷處之職員違背職守義務，致當事人受損害時，負賠
償之責。

隨後頒佈了《商事公斷處辦事細則》（下文簡稱《公斷處辦事細
則》），再予以補充如下：[42]

第5條：公斷處評議事件，得依據各該地方商習慣及條理行之，
但不得與現行各法令中之強制規定相抵觸。

第10條：選舉確定後，由商會備具證書，函請當選人收受任事，
並將當選人姓名、年齡、籍貫、住址、職業及得票數目，報門地
方長官，呈請本省最高行政長官，咨部備案。其已設法院地方，
並應報明法院備案。

第19條：公斷未結之案，在調停和息者，應由雙方將和息情形各
具願書，聲請註銷。如係已經起訴者，由公斷處取具雙方願書，
稟送受訴法院。

第48條：公斷之結果，並非得雙方同意時，不生效力。其不表同
意之當事人，仍得自由起訴。

第49條：公斷之結果，並得雙方之同意時，即為理結。雙方須親
自簽。既經理結，其公斷即發生效力，此後非發見其公斷根據事
實有重大錯誤，或有顯然與該公斷抵觸之新證據時，不得再有異
議。

以上第49條清楚顯示，公斷機構被賦予極高的權威。一旦爭議各
方簽署公斷協議，案件將依據協議條款被永久並不容置疑地終結。雖
然重啟案件並非完全不可能，但條件非常嚴苛。總之，該制度有效地
防止了訴訟的拖延。

從上述機制觀察，當西式仲裁模式初次移植到中國時，便失去了某些最根本的特徵，包括需要訂立仲裁合約，預先約定接受最終仲裁決定。[43]中國的公斷制度，兩造在公斷裁決事後訂立合約，而非事前，而且兩造任何一方均可以拒絕接受公斷結果而訴諸法庭，這是明顯有別於日本及西方仲裁之處。Fan 的解釋是，不完全移植是整合兩種獨立文化的一次嘗試，即蘊藏著制裁風險的法律文化，與注重通過溫和的方式解決糾紛以維護社會和諧的傳統本土文化的融合。下文將概述上海書業在移植公斷制度最初 20 年中的發展狀況。

## 五、公斷制度在上海書業的變遷

20 世紀早期，上海書業內傳統書店和現代圖書企業並存。第 1 章提到 Reed 論述了印刷資本主義如何通過吸納西方先進技術和制度，在上海這類新興商業城市首先發展起來，並且如何使傳統行業公所轉型為現代行業商會，處理及推廣行業集體利益，包括處理日益增多的版權糾紛。[44]Wang Fei-hsien 的深入研究顯示，上海的出版行會提供了一種保護版權的自治機制，有效地處理版權糾紛。[45]本章以上海書業作為實證案例來進行考察，但著眼點和 Reed 及 Wang 不一樣。我們的焦點是上海書業的企業家，如何利用新的法庭系統以及法定的公斷制度，解決包括版權在內的各種書業商務糾紛。

最早出現按西式法規成立新式商會的中國城市，當然包括上海。上海總商會依據法律規定，設計了一套詳盡的公斷執行制度。[46]他們僱用外國法律顧問和律師，以確保公斷制度運行有度，並且建立良好聲譽。[47]同時，相關法律也允許一些當地商人群體依法成立其行業商會，並設置公斷處，這是有關上海書業公斷故事的背景。

上海書業的傳統同業組織可追溯至太平天國時期，當時大量蘇州書業者因避戰亂從蘇州移居上海，乃有上海書業崇德公所之設。[48]崇德公所與其他傳統同業公所一樣，為成員排難解紛，但沒有近代意義的

仲裁機制。Reed的研究指出，類似商會的「上海書業公所」（下稱「公所」）於1905年已經組成，1906年訂立其章程，公所於1907年在政府註冊後，開始正式運作。公所設立的目的，在於應對1905年晚清教育改革後出現在技術、財政、社會和法律各方面的挑戰。公所保留了傳統公會的部分功能，如培訓學徒、高級技工以及專業人士。[49]另一個名為「上海書業商會」（下稱「商會」）的近代化行業組織，也於1905年組成，並在1906年註冊運作，其成立目的與公所類似，它們之間的領導層也有重疊。[50]商會發行的雜誌《圖書月報》說會員主要為出版者，但也包括一些不從事出版的書商。[51]所以，公所和商會的性質和會員構成十分類似，但《圖書月報》表明，商會的首要作用是保護會員的版權。[52]1914年出版的商會十周年紀念冊，記錄了一些有關版權糾紛的商會公斷裁判，可見商會在解決版權糾紛的過程中，支持會員對抗國內或外國業者。[53]換言之，商會扮演著雙重角色：解決會員間的糾紛以及支持會員對抗外人，尤其是外國商人，這與公所較專注於上海同業業務，兩者重點亦稍有異。由1907年起，上海也出現過一些小規模書業商會組織，但或沒有註冊，或無疾而終，所以上海書業近代組織當以公所及商會為中心。[54]

　　公所與商會發揮相似的功能，具有相似的屬性，只是重點有異，但它們實際上獨立運作，兩者之間並不存在正式組織關聯，後者的領導層往往因商會所具有的現代性視野而引以為傲，商會也樂於與較傳統的公所作出區分。兩個組織各自有其的認同感是顯而易見的，而且傾向於否認與另一方存在關聯。[55]但是，它們似乎並不互相競爭，甚至在必要時樂意合作。至少在一個時期，兩個組織曾與其他行業商會聯手草擬呼籲保護書業利益的請願書。[56]如前所述，公所與商會的領導層和成員存在重合，因此兩個組織的董事會中均有商務印書館和中華書局的代表，便不足為奇，因為這兩個出版機構的資本相對龐大。[57]這些代表對同業的影響不言而喻。[58]

1906年《上海書業公所章程》規定該組織的設立宗旨，在於召集會員共同制定貿易原則，相關事項包括謹防盜版、查處非法書刊雜誌與出版物，以及公斷裁判行業內糾紛，其中最後一項與本章討論最為相關。章程作了明確的要求，例如，盜版的懲罰措施，需要經過多數公所會員的決議，糾紛也可在公所通過公斷方式獲得解決。然而如採取後一途徑，公所無權對爭議各方作出有約束力的裁決，僅可為解決糾紛的選擇方式提供建議。如果建議遭任一爭議方拒絕，公所就無權採取進一步的執行措施。[59]類似條款同樣見於1913年《上海書業公所章程》中，[60]與前述1913年《商事公斷處章程》一致。然而，公所可以對嚴重違反規則的違法成員施加一定的非正規制裁，如開除會籍或發動所有成員集體抵制它們的商業活動。[61]商會也有類似的條款，遵循1904年《商會簡明章程》所建構的法律框架。[62]

## 六、上海書業糾紛案例：訴訟與仲裁之間的選擇

本章選取七個書業糾紛案例，觀察上海書業糾紛解決途徑的選擇：案例1、2是公所會員之間的版權糾紛公斷案；案例3是兩個會員間的誹謗爭議，不接受調解或公斷而訴諸庭訟；案例4涉及會員間不當行為的公斷案；案例5及6涉及會員與外國公司的版權爭議；案例7是外國公司與會員版權爭議訴諸上海總商會調解不果。雖然上海市檔案館也保存了其他類型的糾紛，如合同交付日期不符、支付違約以及價格戰等，但本章討論的七個案例，應當足以說明20世紀初，上海書商捲入商事紛爭時，除私下和解外，會從公斷或訴訟這兩種新出現的西式糾紛解決機制，選擇對本身最有利的途徑，一方面減低敗訴風險，一方面謀求最大的勝算。亦由於有這兩種官方及半官方解紛渠道的存在，可能使私下和解的動機大為增強。最後從這些案例所見，不管結果是否如願，他們看來亦十分尊重這些新遊戲規則。[63]

## (一) 公所會員之間的版權糾紛

**案例1 (1923) — 商務印書館向公所訴世界書局盜版案：**是案商務印書館向公所投訴世界書局，盜版其小學地理教科書一種，侵犯其版權。該案件通過公所公斷，得以和解結案。被告人世界書局承認盜版行為，將庫房中的2,688本盜版書上繳公所。公所代表原告將其銷毀。[64]

**案例2 (1906至1914年間) — 蜚英館向商會訴點石齋盜版案：**是案蜚英館訴點石齋翻印其《三希堂法帖》發售，有侵犯版權之嫌。商會查明涉案書籍是點石齋從施子謙原拓片印出，雖然書籍內容相同，但並非由蜚英館印本複印，因此點石齋並沒有盜版行為。雙方接受公斷裁判，原告撤回控訴，糾紛得以和解。[65]《書業商會十年概況》評此案時自許云：「蓋處事一秉至公，群情乃能悅服也。」可見公斷制度必須立足於大公無私的聲譽，始能發揮ADR的功能。

## (二) 公所及商會會員間的誹謗爭議

**案例3 (1919) — 商務印書館入稟會審公廨訴中華書局誹謗案：**這是當時最著名的兩個出版商之間的誹謗案件。雙方均提出一系列指控和反指控，1910年代媒體對此進行了廣泛的報道，最終觸發商務在1919年向上海會審公廨起訴中華書局誹謗。原訴人稱被訴人在1919年7月通過出版圖書的方式，對商務發表誹謗性言論，相關材料廣為傳播。訴訟程序從1919年末持續到1920年初。根據樽本照雄的敘事，1912年初成立的中華書局，為對其主要競爭對手商務進行負面宣傳，主力攻擊商務與日本金港堂合作，其出版的教科書的愛國精神成疑。商務華資1914年1月回購所有日資股份並轉型為全華資公司。[66]中華對商務的負面宣傳策略，至1919年五四運動時，再重施故技，值反日民族主義情緒高漲之際，效果不難想像。1919年東京商界流行的日文雜誌《実業之日本》，在其第22卷第13號 (6月15日) 出版了「支那問題號」，收入24篇文章，其中一位署名「中華道人」的匿名作者，發表一

篇題為〈日支合辦事業と其經營者〉的文章(頁160–166)。該文章不實
地報道,說1919年時主要日中合辦企業之中,包括商務與金港堂在
1903年合資成立的上海商務,合辦已十多年,近年其日資背景備受批
評云云。這敘事與事實不符,因為商務與金港堂的合作,早於1914年
初經已終止。當商務知悉《実業之日本》的錯誤報道時,馬上要求更
正,《実業之日本》編者亦同意,但更正啟示遲至該雜誌22卷第16號(8
月1日)始刊出。同年7月初,中華書局出版一部小書《日本人之支那
問題》,收入《実業之日本》「支那問題號」中13篇文章的中譯本,包括
上述中華道人的文章,並且全國郵遞廣為發行。中華書局一直使用的
負面宣傳,本已使商務蒙受很大的商業損失。中華書局發行《日本人
之支那問題》後,商務情況更形險峻。開始時,商務仍不肯定《日本人
之支那問題》作者及出版者為何人,遂在《申報》懸賞一千元,追緝此
惡意誹謗書籍的來源,而中華旋在同報章刊登廣告,直認是該書出版
者,並要求商務將千元賞金捐給全國學生聯合會。雙方在報上展開爭
辯,商務印書館要求中華書局公開道歉,而中華書局則斷然拒絕。其
間滬上書報業各方均希望事件能儘快平息,行內影響力鉅大的《申報》
報主史量才,亦曾嘗試調停,建議兩造協商或通過公所公斷解決這趟
糾紛。商務印書館拒絕了這一提議,決定直接向上海會審公廨入稟,
起訴中華書局誹謗,尋求民事救濟。經過一個月的初審判決及上訴判
決,中華書局最終敗訴,被判向商務公開道歉、撤回有關書籍,並支
付商務賠償金1萬元。[67]這在當時是相當可觀的一筆懲罰賠償,1920年
商務印書館的資本額才300萬元,中華書局1917及1918年間經營不
善,尚有出售於商務之議,可見1萬元賠償,對雙方而言,都不是小
數目。[68]最終商務將一萬元賠償金捐贈全國學生聯合會。事件落幕後,
兩家企業亦沒有因此勢同水火,雙方在中國的近代教育及文化事業
上,時有合作,各創輝煌。

## (三) 會員間不當行為的公斷案

案例4 (1906) — 李迪凡向公所訴商務印書館行為不當公斷案：此案是支那書店「伙掮客」李迪凡向公所投訴商務印書館人員，指其「為購書引誘道路、誣指翻版、扣留書籍、捏串竊書」。此案起初兩造各執一詞，互相詆毀。據後來公所調查報告，事緣商務人員在一個鴉片館中，偶爾見到李迪凡所攜帶預備出售的一批書籍，其中包括可能盜印自商務的書籍；翌日商務派員誘使李迪凡答應出售給他們一批同類圖書，並運送至一個偽託的地址，而商務印書館則位於運送必經之路。李迪凡送貨途經商務門前時，若干商務人員即從館中衝出，將李迪凡連人帶貨強行推進商務物業之內。商務人員隨即仔細檢查有關圖書，看是否盜印，但最終證明屬商務自己出版而非他人盜版。但商務仍不讓李迪凡離館，繼續盤問其圖書的來歷是否盜竊；經李氏申明書籍購自何書店後，又迫李同意在商務人員押同下，前往購書的書店，討取證明文件，以確認這批圖書是否合法生產，且可在中國市場銷售。結果有關書店開具文件，證實了李的圖書合法購入，合法販賣。李氏獲釋後不忿，乃訴諸公所。該案件由公所的公斷評議機制處理，委派了多達六名公所領導人員擔任調查員，如點石齋的葉九如、江左書局的徐鴻雲等，分別進行獨立實地調查，收集了很多目擊證人供詞。雖然各份報告對事件細節的敘事略有出入，但他們似乎不約而同認為商務印書館理曲。調查員之一，甚至曾一度說服李迪凡同意和解銷案。[69] 據Wang的研究，有證據顯示最終公所公斷裁定李迪凡無過，而商務則須向李作出賠償，並且為這次不當行為，向李以及同業公開道歉。[70] 公所處理此案時，並不因為李迪凡是位卑微的掮客而商務則是公所管理層最重要成員而有所偏袒。這說明了公道的價值觀，在公斷制度起著關鍵的作用。強勢如商務，亦不得不順從眾議，賠償道歉了結。有關「公」的討論見下文。

## （四）會員與外國公司的版權爭議

**案例 5（1908）—齋藤秀三郎入稟會審公廨訴至誠書局盜版案：**此案日人齋藤秀三郎告至誠書局於上海會審公廨，謂其盜印所著及在日本出版發行的日文《正則英文教科書》。此書先有留美學生劉成禹及留日學生但燾譯為漢文出版，在中國昌明公司寄售。後劉、但兩人與馬華甫開設至誠書局，將書取回自售，風行一時。由於書在日本印刷，齋藤告於公廨，並請日領事永瀧要求公廨查究。至誠書局為商會會員，乃向商會求助。商會為至誠書局出面，抗辯謂 1903 年（光緒二十九年）中日通商行船續約第 5 款有日本臣民為中國人備用起見，以中國語文著作書籍、地圖、海圖等，均有印書之權，並由中國國家定一章程保護等條文。商會認為條約列明「以中國語文著作」，則以日文或他國語文著作者，自不在內。《正則英文》原本專備日本人之用，以英日語寫成，固不在條約保護之列。即使由原文翻印亦無侵權，何況業已漢譯並經刪改。基於中國仍未加入版權同盟，除條約指定外，所有外國書在中國法律上，均不受版權保護，故此齋藤的控訴並無法律基礎。商會據此力爭於清朝學部、外務部、農工商部、江蘇總督及巡撫署以及會審公廨，獲各方批示，認為理由正當。上海道台及公廨一再照會日本領事將案注銷，但日領堅持要求傳訊。結果商會為至誠書局延聘高易律師辯護。齋藤決定不出庭，最終訟事不了了之。[71]

**案例 6（1911）—經恩公司（Ginn & Company）經美領事要求上海道台諭商務印書館停止翻版案：**是案美國出版商經恩公司以商務翻印其《歐洲通史》一書，請美國領事要求上海道台傳諭商務印書館停止。商務向商會申訴，商會以為中國翻印歐美書籍出版，原為灌輸文明補助教育，歐美人士向以中國未加入版權同盟而不予干涉。另 1903 年中美商約第 11 款謂，必須是專備為中國人民所用之書籍、地圖、印件、鐫件、或譯成華文之書籍、經美國人民所著作、或為美國人民之物業，始由中國政府極力保護。商會認為《歐洲通史》一書，並非專備中國人民之用，按條約即不在中國享受版權保護。為此，商會致函清政

府的學部、外務部、農工商部及江蘇總督、巡撫乃至上海道台力爭。此案最終由外交部據約駁拒，而經因公司亦撤回爭議。[72]

## (五) 外國公司與會員版權爭議要求調解案

案例7 (1919)，**American Textbook Publishing House 向上海總商會訴商務印書館盜版要求調解案**：該案美國公司向上海總商會指控商務印書館，謂其未經允許在中國出版並銷售原告具有獨佔所有權的一本歐洲歷史書。原告起初就該案件向美國駐華商會提出呈請，要求向美國駐華大使館施壓，使其通過與中國外交部談判協商解決本案。案件隨後轉交給上海總商會調查和處理。總商會通知商務印書館相關的盜版指控。商務方律師不同意原告的指控，引用經恩公司訴商務印書館案 (案例6)，堅決抗辯，並希望通過訴訟解決糾紛。最終，美國出版商撤回了呈請，案件也就沒有進入訴訟程序。此案值得注意的是，外國的爭議者尋求和解協商，被指侵犯版權的中國公司卻選擇訴訟程序。[73]

# 七、上海書業糾紛案例的一些觀察

前述七個發生在20世紀早期上海的商業糾紛案件，顯示出上海書商適應上的靈活性。全部七個商業糾紛均在新引入的法律框架內採用合法的處理方式，靈活地得以解決。顯然，主要的上海書業公司基於利益最大化的考慮，都願意接受法庭和公斷處這類的新式機構。法律程序以及結果，無論是在法庭亦或在公斷處，其公正性都獲得糾紛的兩造認可。公所或商會公斷處所選的評議員，通常也可能是下一次捲入糾紛的公司的人員，但他們並沒有因調查結果可能對自身的將來不利，而對糾紛解決程序施加不當影響。正是因為公斷制度的中立公正，使其能夠被涉及糾紛者所接受，也因此享有很高的聲譽。通過觀察這七個糾紛案例，可以說，法律與公斷機制、觀念與價值的繼受，在理論和規範層面對近代中國的法律改革發揮了重要作用。然而，舶

來制度的標準與機制，並非全盤複製，而是以企業家通過與本土文化相協調的方式，逐漸調整和實踐。事實上，企業家常常利用新制度追求他們自己的商業利益。在這個過程中，他們還扮演著推動變革者的角色，通過實際操作，影響著新制度的發展。這有點像實用主義式的新舊混合產物，類似今日涉及國際商事仲裁的法律制度中所謂的「調─仲」(med-arb) 或「仲─調」(arb-med) 模式。[74] 從上海書業的例子看，西式法律機制與中國傳統法律淵源之間的矛盾，由於企業的靈活實踐得到調和，讓兩者有機地結合成一套新的商業糾紛解決系統。

西式仲裁制度，晚清時中文翻譯為「公斷」，值得稍作分析。「公斷」的「公」字，與很多正面含意的中文詞彙相關：公平、秉公、公義、公正、公道、公眾、公私之公、公開透明、人之常情、情理，以及習慣。「公斷」在傳統中國法律制度中，本指官員在官府審裁時的裁決。[75] 然而，19世紀末翻譯《國際公法》時，將「arbitration」一詞譯作「公斷」，使其獲得了新的西方法律含義。[76] 當民國時期近代法律制度開始建立起來時，該術語正式地與法院審判的「裁決」或「裁判」區分開來，[77] 也不再強調國際仲裁的含義。「公斷」這個詞語，突顯了20世紀早期中式仲裁的混合屬性，是一種具法律地位但又不屬司法機關一部分的機制。

值得注意，日本明治時期通過翻譯西方資料創造出很多基於漢字的日本詞語或「和製漢詞」，以滿足近代社會的需要。例如「經濟」(keizai)、「政治」(seiji) 和「科學」(kagaku) 等詞語，很多進入了當代漢語。 然而，「公斷」並不是和製漢詞。 本章前述日本明治時期，arbitration 日文譯作「仲裁」(chūsai)。《日本民法典》有「仲裁裁判」(chūsai saiban) 一詞。這是經過一場曠日持久的討論後，從「裁定」(saitei)、「裁決」(saiketsu) 和「判斷」(handan) 等語中選出的。[78] 隨著時間的推移，日本詞彙「仲裁」(chūsai) 在中國的使用日益普遍，並最終完全取代「公斷」一詞，但直至1920年代，「仲裁」的使用仍屬有限，主要用於國際仲裁或國內勞資糾紛之類的事件。[79]

## 八、上海與東京書業早期仲裁制度的對照

中國的法制現代化為上海出版業企業家，帶來了解決商事糾紛的新遊戲規則。他們現在有三個選擇：(1) 向新的法庭系統提出訴訟；(2) 由商會或公所公斷；以及 (3) 傳統的私下調解。

公斷制度在書業的移植與其他行業相同，均未能符合西方仲裁法律規範的一個關鍵要素，即當事各方通過協議建立起新的契約關係。就這點而言，新的公斷制度是不完備的仲裁制度，可能削弱了此制度在執行時的法律效果。縱然如此，由於公斷的執行人並非法律專業的法官及律師，而是重要的同業商會領袖人士，所以在公斷過程中，同行之間仍會運用共同的價值觀和商業慣例。制度操作者和使用者均來自同業的小社群，彼此熟悉，經常往來，而且大家都有可能成為公斷裁決者或受公斷的對象，角色可能互換。企業家選擇公斷方式解決糾紛，結果的可預測性高於法庭裁判，解紛成本也較訴訟成本大為降低。同時，他們還享有不接受公斷決定的靈活性，因為未經與訴人一致同意，公斷是沒有法律約束力的。相對於日本仲裁制度，公斷制度更為中國企業家所樂用。他們既是建立和維護新公斷制度的變革動力，同時也是這一新制度的使用者。他們在這個過程中，表現得積極投入，也就不難理解了。

日本仲裁制度的發展，與此構成鮮明的對照。國家在立法時忠實地輸入了德國民事訴訟法典的仲裁法規，東京出版業企業家們建構商會仲裁章程時則忠實地遵守國家法律。這是西方仲裁模式的忠實移植。然而，在實踐上，儘管商會章程載有規範爭端解決的仲裁規則，但爭議各方積極使用新制度的文獻記載，卻非常罕見。這與其他行業趨勢相一致，即西方模式的仲裁制度雖然是全面設立了，但在現實生活中，卻並未成為流行的解決糾紛手段。與仲裁相反，新設立的法庭訴訟機制，反而成為解決民事糾紛的一種有效途徑，尤其應用在商事糾紛中。當然，民間調停仍然是最主要的民事和商業糾紛

的解決方法，反映為1920年代以後出現的受司法規範的調停制度。這意味著訴訟或民間調解實際上仍是更受當事各方歡迎的選擇，而介於兩者之間的仲裁制，則無法成為類似中國的公斷的替代方案。可能的解釋是，日本避免對抗的傳統文化，在法律現代化過程中仍然具有強大的生命力，除非當事各方決定不再需要維繫長遠的關係，否則不會採用公開對抗的仲裁制度。當後一情形發生時，他們寧可選擇訴諸法庭判決。

# 九、結語

移植而來的法律與本土文化之間，與其說是一種持續的緊張關係，不如說是一種互動和相互適應的動態關係。單從西方法律或本土文化的片面角度考量的話，可能不足以說明移植的結果。除了知識分子、政治精英以及法律專業人士外，企業家作為變革的動力及使用者，在移植過程中也發揮了不可忽視的作用。企業家在東京和上海那種新舊價值觀並存的新都市商業環境下，受到千差萬異的東西古今價值觀和知識所衝擊，遊走於慣例、政治意識形態、西方經濟學所提倡的私利等心態之間，不斷塑造他們的商業理性思維。比較明治日本與20世紀早期中國書業ADR制度轉型，可說展示出兩個社會近代轉型異同的一個重要側面。

本章討論了西方法律機制在明治日本及20世紀早期中國的移植，以及東京、上海書業對這些新制度的繼受過程。我們嘗試闡明，中國的公斷機制設立於新式商會之內，如上海書業公所和上海書業商會。新引入的公斷服務，儘管缺乏西方仲裁模式的關鍵制度要素——兩造公斷前訂立自願接受任何裁決的契約，在現實中仍然經常被用來解決商業糾紛。在中國，訴諸法庭審判似乎也是一種較常見的做法。公斷和法庭程序之間的選擇，很大程度上取決於對自身利益、公道感以及形勢判斷的理性分析。這種選擇當然也受傳統文化下兩種相反但並存

的傾向所左右,即息爭甘結的和諧文化以及訴諸公道的爭訟文化。相比之下,明治時期的東京書業組合,在實踐中卻極少使用在民事訴訟法典內明文輸入的仲裁法規來解決商業糾紛,私下調停仍舊是解決商業糾紛的優先選擇,即使真的沒法調停,亦很少利用商業組合的仲裁制度,反而直接訴諸法庭裁判。這與江戶時代商事糾紛,罕有訴諸公庭討個公道,或許不無關係。

## 註 釋

1  「書業」這一術語在本章所指行業包括出版、印刷和圖書銷售,是20世紀早期上海最常見的圖書相關業務的運作方式。「書業」與「出版業」兩詞分野在清末民初並不清晰,甚至互相通用,但個別書商可以僅從事出版或售書兩者之一,或兩者兼營。僅從事印刷業務的企業,一般則不列入書業或出版業,但規模較大的書業或出版業者如商務、中華則出版、售書及印刷三者兼營。

2  菊井維大:〈明治期仲裁管見〉,《法律時報》,第54卷第8號(1982),頁8–15。亦參見村本一男:《法窓つれづれ草》(東京:酒井書店,1964);小山昇:〈仲裁法の沿革の概観とその余恵〉,《北大法学論集》,第29卷第3、4號(1979),頁349–400。關於Techow參與民事訴訟法典的起草過程以及法典的制定,參見鈴木正裕:《近代民事訴訟法史・日本》(東京:有斐閣,2004),第2和3部。園尾隆司:《民事訴訟・執行・破産の近現代史》(東京:弘文堂,2009)對江戶時代到平成時代的民事訴訟體系進行了簡要的考察,並對明治時期民事訴訟程序改革進行了充實的討論(第3–4章)。感謝林真貴子教授對明治仲裁法相關學術研究的寶貴建議。關於明治時期仲裁制度的法律研究,參見成道斎次郎:〈仲裁手續及仲裁契約ヲ論ス〉,《明治學報》,第102號(1906),頁14–31。

3  關於將德國仲裁文本翻譯為明治民事訴訟法典的仲裁文本,參見〈民事訴訟法草案議案意見書第51号〉,載法務大臣官房司法法制調查部編:《日本近代立法資料叢書》,第22卷《現行民事訴訟手続ニ対スルカークード氏意見書・現行民事訴訟手続及カークード氏意見書・民事訴訟法草案議案意見書・法律取調委員会民事訴訟法草按議事筆記》(東京:商事法務研究会,1985),頁173–175。參見同一卷中的〈法律取調委員會民事訴訟法草案議事筆記第53回〉,頁589–605,此部分涉及委員會對將德國仲裁程序納入明治民事訴訟法典的討論。

4  關於明治維新以前日本的傳統民間糾紛解決機制,參考 Dan Fenno Henderson, *Conciliation and Japanese Law: Tokugawa and Modern* (Seattle, WA: University of Washington Press; Tokyo: University of Tokyo Press, 1965), vol. 1。

5  安中半三郎編:《商業會議所條例》(長崎:虎與號,1893)第四條列出會議所事務權限共七項,最後一項即須為所在地商業糾紛進行仲裁(頁4);第二十條會議所定款(章程)內容共五項,最後一項即「仲裁規則」(頁9)。關於1902年(明治三十五年)《商業會議所法》的意義、管轄範圍、懲罰執行以及文本,參見寺田四

郎、引地寅次郎著:《商業會議所法》(東京:宇都宮出版部,1913),第1、4、
11章以及頁197–206涉及1902年法律的部分。關於商業法典的引入以及東京商
業會議所的建立,參見永田正臣:《明治期経済団体の研究:日本資本主義の確
立と商業会議所》(東京:日刊労働通信社,1967),第8章;三和良一:〈商法制
定と東京商業会議所〉,載大塚久雄等編:《資本主義の形成と發展:山口和雄
博士還暦記念論文集》(東京:東京大学出版会,1968),頁149–162。

6   菊井維大:〈明治期仲裁管見〉,頁12。

7   菊井維大:〈明治期仲裁管見〉,頁14。

8   Yasunobu Sato, *Commercial Dispute Processing and Japan* (The Hague: Kluwer Law
International, 2001), pp. 69–71. 關於明治民事訴訟作為建立近代國家的事業之
一,見杉浦智紹:〈民事訴訟の立場より見た日本の近代化──主として制度の近
代化について〉,《比較法学》,第1卷第1號(1964),頁137–166。

9   園尾隆司:《民事訴訟・執行・破産の近現代史》,頁122–126。Sato, *Commercial
Dispute Processing and Japan*, pp. 74–75。

10  司法省:《司法省民事統計年報(第四至第十一)》,(東京:司法省,1879–1886)。
Sato, *Commercial Dispute Processing and Japan*, p. 74。

11  司法省法務局:《日本帝国司法省第十六民事統計年報》(東京:司法省法務局,
1891),頁16。

12  司法省法務局:《日本帝国司法省第十六民事統計年報》,頁17。從司法省:《司
法省民事統計年報(第四至第十一)》所引用的統計年報中可以發現,在1880年
代比例高的是有關金錢的爭議,其中主要為商事糾紛。

13  「和解」散見《民事訴訟法》(東京:有斐閣,1891)第65條(頁27)、第79條(頁
35)、第99條(頁41)、第130條(頁50)、第221條(頁79)、第381條(頁130)、
第557條(頁191)及第786條(頁267)。Henderson, *Conciliation and Japanese Law*,
vol. 2, p. 210。

14  石本泰雄:〈明治期における仲裁裁判──若干の考察〉,《大阪市立大学法学雑
誌》,第9卷第3–4號(1963),頁168–183。

15  谷口安平:〈国内仲裁と国際仲裁──日本の商事仲裁の現状と今後〉,《JACジャー
ナル》,第50卷第4號(2003),頁10–16。Sato對明治至二次大戰後日本仲裁制度
長期不發達的解釋是:其一,社會以和為貴的文化;其二,商業受制於政府的政
策而不能自主;其三,文化上認為裁判應歸公權力而不信任由仲裁制度的私權力
對私人糾紛作出判決,見Sato, *Commercial Dispute Processing and Japan*, p. 74。關於戰
後日本社會不認同爭訟的文化解釋,見Takeyoshi Kawashima, "Dispute Resolution in
Contemporary Japan," in *Law in Japan: The Legal Order in a Changing Society*, ed. Arthur
Taylor von Mehren (Cambridge, MA: Harvard University Press, 1963), pp. 41–72。

16  John O. Haley, "The Myth of the Reluctant Litigant," *Journal of Japanese Studies* 4.2 (1979):
359–390.

17  調停制度及法律的發展,見Henderson, *Conciliation and Japanese Law*, v. 2, pp. 208–
234。「調停」一詞他英文翻譯作statutory conciliation,表示其法定效力。從跨國
比較討論日本的調停制度發展,參考池田寅二郎:《仲裁と調停》(東京:岩波書
店,1932),頁113–156。

18 菊井維大：〈明治期仲裁管見〉，頁13僅從「日本船主同盟會」發現四篇關於仲裁的文章。

19 本文所用的文本來源於行業協會1887年（明治二十年）提交於政府而留存下來的法規複印件。藏於東京都公文書館，文件編號：D320-RAM-617.D3.07（002）。同一法規在另一文獻中存有一份手寫版本，編號：D048-RAM-616.D5.07（011-01）。以下引文仍據原文不加標點。「第五條 當組合ノ目的ハ善良ナル書籍ノ出版ヲ計リ便利ナル販賣ノ方法ヲ設ケテ以テ文化ノ進步ニ裨補セント欲スルニ在リ故ニ書籍ノ編著其ノ製本ノ改良ニ注意シ且ツ組合員中各自ノ業務ヲ着實ニシ相互ノ取引ヲ圓滑ニセンコヲ要ス……第七條 當組合員相互ノ間ハ勿論他ノ同業者ト雖モ當組合員中ト取引ヲナシ勘定等ヲ懈怠シタルㇵ（トキ）ハ被害者ヨリ其旨ヲ事務所ヘ申出ツヘシ其處為組合員ニ出ㇵ（トキ）ハ違約ヲ以テ處分シ組合員ノ所為ニアラサルㇵ（トキ）ハ事務所ハ之ヲ當組合一統ニ通知ス組合員ハ此通知ヲ受ケタル後ハ其者ニ對シ一切取引ヲ為サゞ（ザ）ルモノトス …..第十二條 組合員ハ勿論組合外ノ書肆ニ㇒（シテ）組合員中ノ偽版ヲナシ或ハ其ノ事情ヲ知リテ該書ヲ取扱ヒタル者アリテ被害者ヨリ之ヲ其ノ筋ヘ訴ヘタルㇵ（トキ）ハ直チニ事務所ニ通知スヘシ事務所ニ於テハ之ヲ組合員中ニ通報シテ爾後一切取引ヲナサゝルモノトス……第四十條 組合員ニ於テ此規約ニ違背シタル者アルㇵ（トキ）ハ委員會ノ評議ヲ以テ其ノ情狀ヲ量リ金五拾円以內ニ於テ相當ノ違約金ヲ差出サシムルモノトス 但シ違約者ノ氏名ハ其ノ時々組會員ニ報告スヘシ」檔案頁52–53、57。

20 「第五條 當組合ノ目的ハ善良ナル書籍ノ出版ヲ計リ便利ナル販賣ノ方法ヲ設ケテ以テ營業上ノ福利ヲ增進シ且ツ組合員中各自德義ヲ重シ業務ヲ着實ニシ相互ノ取引ヲ圓滑ニセンコヲ要ス……第七條 當組合員相互ノ間ハ勿論他ノ同業者ト雖モ當組合員中ト取引ヲナシ勘定等ヲ懈怠シタルㇵ（トキ）ハ被害者ヨリ其旨ヲ事務所ヘ申出ツヘシ其處為組合員ニ出タルㇵ（トキ）ハ違約ヲ以テ 分シ組合員ノ所為ニアラサルトキハ事務所ニ於テハ委員會決議ニ依リハ之ヲ當組合一統ニ通知ス組合員ハ此通知ヲ受ケタル後ハ其者ニ對シ一切取引ヲ為サゝルモノトス……第十二條 組合員ハ勿論組合外ノ書肆ニ㇒（シテ）組合員中ノ偽版ヲナシ或ハ其ノ事情ヲ知リテ該書ヲ取扱ヒタル者アリテ被害者ヨリ之ヲ其ノ筋ヘ訴ヘタルㇵ（トキ）ハ直チニ事務所ニ通知スヘシ事務所ニ於テハ委員會ノ決議ニ依リ之ヲ組合員中ニ通報シ時宜ニ依リ一方ニ向テ取引ヲ為サゝルモノトス……第十三條 出版者其圖書ノ專賣ヲ組合員中ノ甲者ニ托シ置キ又更ニ組合員中ノ乙者ニ委托セ□□□ルㇵ（トキ）ハ乙者ハ一應甲者ニ照會シ故障ノ有無ヲ明ニスヘシ……第四十條 組合員ニ於テ此規約ニ違背シタル者アルㇵ（トキ）ハ委員會ノ決議ヲ以テ其ノ情狀ヲ量リ金五拾円以內ニ於テ相當ノ違約金ヲ差出サシムルモノトス但シ違約者ノ氏名ハ其ノ時々組會員ニ報告スヘシ」東京都公文書館，文件編號：D320-RAM-617.D3.07（002），檔案頁8–10、14。按引文中加底線者為原文所有，顯示新增條文。

21 東京書籍組合編：《東京書籍商伝記集覽》（東京：青裳堂書店，1978），頁5–15。該書原名《東京書籍組合史及組合員概歷》（東京：東京書籍組合事務所，1912）。

22 「第四條　本組合ノ目的ヲ達センガ為メ左ノ事項ヲ執行ス：一　圖書ノ出版及販賣ニ關スル利害得失ヲ調査研究シ其改良ヲ圖ルコト；二　組合ノ機關雜誌及ビ圖書目録書籍商名簿ヲ發行スルコト；三　組合員出版圖書ノ競賣會ヲ舉行スルコト；四　圖書出版ニ關スル諸法令ノ制定及ビ改廢ニ關シ意見ヲ官廳若クハ議會ニ開申スルコト；五　組合員中ノ雇人ヲ奬勵スルコト；六　組合員間ノ營業上ニ關スル紛議ヲ仲裁スルコト；七　前各號ノ外本組合ノ目的ヲ達スルニ必要ト認ムル事項」。東京書籍組合編：《東京書籍商伝記集覽》，頁5–6。

23 「第九條　組合員相互ノ商取引ハ特ニ圓滑ヲ期シ必ズ支拂ヲ延滯スベカラズ；第十條　組合員ニ對シ商取引ノ支拂ヲ延滯シタル者アルトキハ被害者ヨリ其處分ヲ組合事務所ニ請求スルコトヲ得；第十一條　前條ノ請求アリタル場合ニ於テ被請求者組合員ナルトキハ此規約ニ依リテ處分シ組合員外ナルトキハ別ニ定メタル細則ニ依リテ處分ス；前項ノ場合ニ於テ取引停止ノ處分ヲ受ケタル者ニ對シ組合員ハ其解除ノ通知ヲ得ルニ非ザレバ之ト商取引ヲ為スコトヲ得ス；第十二條　東京市内ニ店舗ヲ有スル組合員外ノ同業者ニシテ前條取引停止中ノ者ト商取引ヲ為スモノアルトキハ組合ハ其商取引中止ヲ要求スベシ；前項ノ要求ニ應ゼザルトキハ別ニ定メタル施行細則ニ依リ處分ス；第十三條　組合員ハ著作者又ハ藏版者ヨリ其圖書ノ發行若クハ販賣ヲ組合員ノ一人又ハ數人ニ特約アル場合ニ於テハ其契約解除ノ後ニ非ザレバ該圖書ノ發行若クハ販賣ノ依託ヲ受クルコトヲ得ズ但前約者ト協商シタル場合ハ此限ニ在ラズ」。東京書籍組合編：《東京書籍商伝記集覽》，頁7–8。

24 「第十六條　組合員ハ組合ノ品位ヲ汚損スルガ如キ行為アルベカラズ；第十七條　組合員ニシテ破產ノ宣告ヲ受ケ又ハ破廉恥罪ニ依リ重禁錮以上ノ刑ニ處セラレ若クハ著作權侵害ニ因リ處分ヲ受ケタル者ハ組合員ノ資格ヲ失フ」。東京書籍組合編：《東京書籍商伝記集覽》，頁8。

25 東京書籍組合編：《東京書籍商伝記集覽》，頁14–15。

26 「第七章－仲裁：第五十二條　組合員間ニ於テ營業上ニ關シ紛議ヲ生ジタルトキハ當事者ノ一方若クハ双方ヨリ此規定ニ依テ本組合ニ仲裁ヲ請求スルコトヲ得；第五十三條　仲裁ノ請求書ニハ双方本組合ノ仲裁規定ヲ遵守スルコト及ビ其仲裁ニ對シテ後日異議ヲ申立テザルコトヲ明記シ署名捺印スルヲ要ス；第五十四條　本組合ノ仲裁ハ當事者ニ於テ和解ヲ為ス權利アル事件ニ限ル；第五十五條　本組合ノ仲裁ハ役員會ニ於テ役員中ヨリ選出シタル五人ノ委員ヲシテ之ヲ判斷セシム；第五十六條　仲裁委員ハ其互選ヲ以テ委員長一人ヲ置キ其判斷ハ委員ノ過半數ニ依リ可否同數ノルトキハ委員長ノ裁決ニ依ル；第五十七條　仲裁委員ハ左ノ事由アルトキハ其任ヲ回避スベシ：一　仲裁事件ニ利害ノ關係ヲ有スルトキ；二　當事者ノ一方ト親族又ハ雇人、後見人等ノ關係ヲ有スルトキ但其消滅シタルトキト雖モ亦同ジ；前各號ノ場合ニ於テハ當事者ヨリ之ヲ忌避スルコトヲ得；第五十八條　當事者ハ仲裁委員ノ指揮ニ從テ進退シ又ハ關係書類ヲ提供スベシ；當事者ハ仲裁委員ノ許可ヲ得テ代人ヲ出スコトヲ得但代人ハ其家族又ハ商業代務人ニ限ル；第五十九條　仲裁判斷ハ事件收受ノ日ヨリ三週間以内ニ審理宣告ス但繁雜ナル事件ハ期間ヲ延長スルコトヲ得；第六十條　本組合ノ仲裁判斷ニ對シテハ裁判所ニ起訴スルコトヲ得ズ；第六十一

條　左ノ場合ニ於テ仲裁宣告ノ日ヨリ二週間以内ニ當事者ノ申立アルトキハ再
審スルモノトス：　一　宣告中法律ニ抵觸シタル事項アルコトヲ發見シタルト
キ；二　此仲裁規定依ニラズシテ審理又ハ宣告シタルトキ；第六十二條　前條
ノ場合ニ於テハ第一審ニ干與シタル委員ヲ總テ改選ス；第六十三條　仲裁判斷
ニ要シタル費用ハ當事者ノ負擔トス但其負擔ノ割合ハ仲裁判斷ト同時ニ宣告ス
ベシ」。東京書籍組合編：《東京書籍商伝記集覽》，頁 14–15。

27 「第八章－違約者處分：第六十四條　第九條ノ規定ニ違背シテ商取引ノ支拂ヲ
息リタル者ハ其完濟ニ至ルマデ組合員間ノ取引ヲ停止セラル但此處分ハ被害者
ノ申告ニ依ル；第六十五條　左ニ記載シタル者ハ本組合ヲ除名セラル；一　第八條
ノ規定ニ違背シテ三箇月以上組合費ヲ納メザル者；二　第十六條ノ規定ニ違背
シテ組合ノ品位ヲ汚損シタル者；三　第六十條ノ規定ニ違背シテ裁判所ニ起訴
シタル者；四　違約料ノ處分ヲ受ケ其徵收ニ應セザル者；五　取引停止若クハ三
回以上違約料ニ處セラレタル者；第六十六條　左ニ記載シタル者ハ壹圓以上百
圓以下ノ違約料ニ處セラル；一　第十一條及第十二條ノ規定ニ違背シテ取引停
止中ノ者ト取引シタル者；二　第十三條ノ規定ニ違背シテ發行若クハ販賣ノ依
託ヲ受ケタル者；三　第十四條ノ規定ニ違背シテ從業者ヲ雇入レタル者；第六
十七條　第二十四條ノ規定ニ違背シ正當ノ事由ナクシテ當選ヲ辭シタル者ハ三
箇年間役員ノ被選權ヲ停止セラル；就任シテ引續キ六回以上故ナク役員會ヲ缺
席シタル者亦同ジ；第六十八條　違約ニ依リ除名處分ヲ受ケタル者ト雖モ悔悛ノ
實アルトキハ處分後六箇月ヲ經テ復歸ヲ許スコトアルベシ但此場合ハ組合員二
人ノ保證アルコトヲ要ス；第六十九條　本章ノ處分ハ總テ役員會ノ決議ヲ經テ組
長之ヲ宣告ス。」東京書籍組合編：《東京書籍商伝記集覽》，頁 15–17。

28 東京書籍組合編：《東京書籍商伝記集覽》，頁 5–15。

29 范金民：《明清商事糾紛與商業訴訟》(南京：南京大學出版社，2007)，第 1 至 3 章。

30 范金民：《明清商事糾紛與商業訴訟》，第 1 至 3 章。參見 Philip C. C. Huang, *Civil
Justice in China: Representation and Practice in the Qing* (Stanford, CA: Stanford University
Press, 1996); Philip C. C. Huang, *Code, Custom, and Legal Practice: The Qing and the
Republican Compared* (Stanford, CA: Stanford University Press, 2001)；夫馬進編：《中
国訴訟社会史の研究》(京都：京都大学学術出版会，2011)；最近的力作見尤陳
俊：《聚訟紛紜：清代的「健訟之風」話語及其表達性現實》(北京：北京大學出版
社，2022)。這些實證研究成果，推翻了上個世紀一個普遍的錯誤觀點，認為在
傳統中國社會，民事商業糾紛不會通過司法系統來處理。

31 新的法庭系統雖已確立，但是在 1912 至 1937 年間並不穩定，時而四級，時而三
級。中央最高法院以及省高級法院相對穩定，地區及各初審法院或各審判和起
訴機構則較不穩定，因時因地而存在差異。參見 Billy K. L. So, "Law Courts, 1800–
1949," in *Encyclopedia of Modern China*, ed. David Pong (Detroit, MI: Charles Scribner's
Sons, 2009), vol. 2, pp. 438–440。對於中央政府和長江三角洲地區的司法改革，可
參見 Xu, *Trial of Modernity*, pp. 61–83；東亞同文會編：《支那經濟全書》，第 4 輯，
頁 178–201。

32 此三審終審的上訴制度具有確定性，每一個案件只能向更高級的司法機關提出
兩次上訴，參 Xu, *Trial of Modernity*, pp. 81–82。

33　Xu, *Trial of Modernity*, pp. 75–76。

34　陳同：《近代社會變遷中的上海律師》(上海：上海辭書出版社，2008)；孫慧敏：《制度移植：民初上海的中國律師 (1912–1937)》(台北：中央研究院近代史研究所，2012)。

35　Fan Kun, "Glocalization of Arbitration: Transnational Standards Struggling with Local Norms Through the Lens of Arbitration Transplantation in China," *Harvard Negotiation Law Review* 18 (2013): 175–219。亦可參見 Fan Kun, *Arbitration in China: A Legal and Cultural Analysis* (Oxford: Hart, 2013)。

36　例如范金民所敘述的20世紀早期案例，說明了通過商會解決商業糾紛的困難。參范金民：《明清商事糾紛與商業訴訟》，第5章。

37　有關晚清商會的商事仲裁(公斷)研究甚多，例如馬敏：〈商事裁判與商會——論晚清蘇州商事糾紛的調處〉，《歷史研究》，第1期 (1996)，頁30–43；朱英：〈清末蘇州商會調解商事糾紛述論〉，《華中師範大學學報》，第1期 (1993)，頁89–94；任雲蘭：〈論近代中國商會的商事仲裁功能〉，《中國經濟史研究》，第41期 (1995)，頁117–124；付海晏：〈民初蘇州商事公斷處研究〉，載章開沅編：《近代史學刊》，第1輯 (武漢：華中師範大學出版社，2001)，頁70–96；付海晏：〈清末民初商事裁判組織的演變〉，《華中師範大學學報 (人文社會科學版)》，第2期 (2002)，頁88–95；鄭成林：〈清末民初商事仲裁制度的演進及其社會功能〉，《天津社會科學》，第2期 (2003)，頁132–137；虞和平：〈清末民初商會的商事仲裁制度建設〉，《學術月刊》，第4期 (2004)，頁85–95；常健：〈清末民初商會裁判制度：法律形成與特點解析〉，《華東政法大學學報》，第5期 (2008)，頁52–61；趙婷：〈民國初年商事調解機制評析——以商事公斷處章程為例〉，《江西財經大學學報》，第1期 (2008)，頁109–113；張松：〈民初商事公斷處探析：以京師商事公斷處為中心〉，《政法論壇》，第3期 (2010)，頁31–40。關於18、19世紀中國開始出現的新興工商業團體及其解紛功能，參考邱澎生：《十八、十九世紀蘇州城的新興工商業團體》(台北：國立台灣大學出版委員會，1990)。關於中國近代商會的研究不少，可參考 Chen, *Modern China's Network Revolution*。

38　如1917年上海商業總會致上海臨時法院信。上海市檔案館，檔案編號：S-179-1-201。

39　范金民：《明清商事糾紛與商業訴訟》，頁234–235。

40　商務印書館編：《中華民國現行法規大全》(上海：商務印書館，1933)，頁805–812。

41　商務印書館編：《中華民國現行法規大全》，頁805–812。

42　商務印書館編：《中華民國現行法規大全》，頁805–812。

43　Fan, "Glocalization of Arbitration," pp. 205–207.

44　關於上海出版行業的簡要介紹，參見 Reed, *Gutenberg in Shanghai*, chaps. 4–5。

45　Wang, *Pirates and Publishers*, pp. 158–211.

46　徐鼎新、錢小明：《上海總商會史 (1902–1929)》(上海：上海社會科學院出版社，1991)。

47　東亞同文會編：《支那經濟全書》，第4輯，頁40–81。

48　〈上海書業崇德公所創建書業公所啟〉，載宋原放主編：《中國出版史料：近代部分》，第3卷，頁497–500。

49 Reed, *Gutenberg in Shanghai*, pp. 174–181. 許靜波：〈近代知識生產與傳播控制：以上海書業公所為例（1886–1930）〉，《傳播與社會學刊》，第29期（2014），頁177–206。並見上海市檔案館，檔案編號：S313-1-132-22。

50 根據1906年出版的第1期《圖書月報》，上海書業商會會員於1905年末開始商議，並於1906年初選出第一屆董事會，1906年在政府註冊後，即實際開始運行。見《圖書月報》，第1期（1906），載吳永貴編：《民國時期出版史料彙編》，第16冊。關於第一屆董事會的資料，見上海市檔案館，檔案編號：S313-1-27。另可參見Reed, *Gutenberg in Shanghai*, pp. 181–183。

51 《圖書月報》，第1期。

52 《圖書月報》，第1期，頁126–129說明了商會如何區別於老式的出版商兼書商的同業公所。商會的誕生同樣見於中華書局1914年出版的紀念冊《書業商會十年概況》（上海：中華書局，1914），頁1，載上海市檔案館，檔案編號：S313-4-1。

53 中華書局：《書業商會十年概況》，頁2–6。

54 關於兩個組織變遷的簡要概述，詳見Wang, *Pirates and Publishers*, pp. 165–194。參見Reed, *Gutenberg in Shanghai*, p. 181；汪耀華：〈上海書業同業公會研究〉，載氏著：《上海書業同業公會史料與研究》（上海：上海交通大學出版社，2010），頁255–320。

55 見上海市檔案館，檔案編號：S313-1-4-24。一封1915年由商會寄給上海總商會的信件表明，商會和公所是自主運作的獨立組織，彼此沒有直接關聯。當然實際上，由於兩個商會的領導層有重疊，有沒有公務上的來往意義不大。關於兩者在保護版權方面的平行作用，見Wang, *Pirates and Publishers*, pp. 194–204。

56 見上海市檔案館，檔案編號：S313-1-88。

57 例如根據市政府的調查報告，開明書店是1932年上海四大出版社中規模最小的一個，其資本為25萬元，營業額為42.5萬元；同年第三大的世界書局資本為73.5萬元，營業額為180萬元；第二位的中華書局資本為200萬元，營業額為400萬元。商務印書館排四大出版社之首，在1932年初資本為500萬元。公司雖然在「一‧二八」上海事變中受到日軍轟炸而有大量資產化為烏有，但在1932年的前11個月，僅上海總部的營業額也仍然達到550萬元。相比之下，另一個著名的出版社千頃堂書局，資本僅有1萬元，營業額僅3.7萬元，與四大書店間的資本及營業額差距之大，可見一斑。見上海市檔案館，檔案編號S313-1-128-67。

58 見上海市檔案館，檔案編號：S-313-1-4-1、S313-1-27和S313-1-132-22。商務印書館在這兩個組織的管理團隊中，均有一名以上代表。

59 宋原放主編：《中國出版史料：近代部分》，第3卷，頁502。

60 上海市檔案館，檔案編號S-313-11。

61 上海市檔案館，檔案編號S-313-11，第45條。

62 上海市檔案館，檔案編號S-313-1-4-1。

63 Wang, *Pirates and Publishers*, pp. 158–210提供了很多精彩的版權爭議案例故事。

64 上海市檔案館，檔案編號S313-1-121。該案並收入莊志齡、徐世博整理：〈上海書業公會關於版權糾紛案檔案輯錄（二）〉，載上海市檔案館編：《上海市檔案史料研究》，第18輯（上海：上海三聯書店，2015），頁185–187。

65 中華書局：《書業商會十年概況》，頁3。案件沒有繫年，但該書所載內容包含1906年至該書出版的1914年。

66 關於兩間公司在 1910 年代中期以前的負面廣告戰，見沢本郁馬：〈商務印書館と中華書局の教科書戦争〉，《清末小説》，第 19 號 (1996)，頁 65–101。

67 樽本照雄：〈商務印書館と金港堂の合弁解約書〉，頁 68–111。這一事件在上海的《申報》中有詳細的報道，張元濟的《張元濟日記》下冊，1919 年相關月份部分對案件過程亦有記載，不贅。

68 上海興信所編：《中華全國中日実業家興信録 (上海の部)》上卷，載不二出版編：《戦前期海外商工興信録集成》，第 5 卷，頁 386。

69 上海市檔案館，檔案編號：S313-1-75。上海市檔案館中關於這個案件的文字記錄十分零碎，其中部分文字不易辨識。調查員聽取不同證人的證言時，具體細節上出現差異。不過總的來看，調查報告中的資料信息，基本上具有連貫性，可供重構案情之用。該案相關文檔基本上已收入莊志齡、徐世博整理：〈上海書業公會關於版權糾紛案檔案輯錄 (一) 〉，載上海市檔案館編：《上海市檔案史料研究》，第 17 輯 (上海：上海三聯書店，2014)，頁 201–206。一件 7 月 21 日重要的公所文件稱：「商務書館誣指陳允升、李迪凡串銷贓貨、半路截扣，揆諸公理，實有不容，應請全體同業諸君秉公理結，以平公情而全名譽」(頁 205) 及 7 月 26 日陳允升、李迪凡致公所信：「逕啟者：曾於七月十二日報告公所為商務交涉一事，現經沈靜安、陳咏和先生業已和平勸結。理合聲明，即請公所將首報告注銷」(頁 206)。全案敘事細節的重構，可參見 Wang, *Pirates and Publishers*, pp. 186–193。

70 Wang, *Pirates and Publishers*, p. 193。Wang 的證據來源是上海市檔案館，檔案編號：S313-1-100。

71 中華書局：《書業商會十年概況》，頁 3–5。

72 中華書局：《書業商會十年概況》，頁 5–6。

73 張靜廬輯註：《中國現代出版史料甲編》(北京：中華書局，1954)，頁 327–344。

74 Fan, "Glocalization of Arbitration," pp. 212–215。

75 如 1881 年 12 月 11 日《申報》有「公堂涉訟，請賜公斷」語。

76 如 1872 年 11 月 16 日《申報》有「准萬國公法例，託旁國公斷也」語。

77 Fan, "Glocalization of Arbitration," pp. 209–211.

78 參見〈法律取調委員会民事訴訟法草按議事筆記〉，載法務大臣官房司法法制調查部監修：《日本近代立法資料叢書》，第 22 冊，頁 600–602。

79 如上海市檔案館所收仲裁案件，大部分涉及國際仲裁或本地勞資糾紛，其中一些涉及外國的商業利益。

# 餘 緒

　　本書「雙龍記」及金港堂與商務的大小故事，至此落幕。作為敘事者，我們感觸良多，但同時欣見無窮希望。感觸的是近代商業及其敘事如此錯綜複雜，變幻無常；希望的是唯人能在善施「商術」及奉行「商法」之餘，亦能弘揚「商道」。「商道」指引為何求財，「商術」指示如何求財，「商法」界定何財可求，三者皆事在人為而已。〈餘緒〉以下僅舉「難問」(perplexity) 三條，稍抒我們在本書敘事過程中，逐漸醞釀的一些並不成熟但縈繞胸際的疑惑及思緒，俾作日後繼續努力探討的出發點。

　　**首先，中日兩國近代企業的成敗，可否以傳承傳統文化多寡論英雄？**上世紀一段長時間內，學界主流觀點偏向以傳統為近代企業的絆腳石，以為近代商業的興盛與傳統因素殘存多少應成反比。數十年來，這種觀點經歷了新增實證知識及各種新興史觀挑戰，雖然在學界仍有一定影響力，但已經失去作為真理的光環。中國及日本傳統商業價值觀，對近代企業牟利致富而言，究竟是助力還是障礙？這個問題放諸今天較上世紀顯得更加複雜。何謂近代企業？何謂企業成敗？何謂傳統文化？何謂傳承？凡此上世紀看來簡單不過的概念，今天都難言有什麼天經地義的共識，都需要我們重新思考，尋求更扎實的界定、更積極的意義。就動機而言，古今求財，或許本無重大差異。雖然中日傳統文化都沒有提倡牟利致富作為人生追求的最高價值，但除了個別時局、人物、言論外，總體上並非排斥經商求財，更不用説是

「反商業」。不過，「生財」也不能任意妄為，條件就是「有道」。廣義來說，即不能干犯國法，或違背天理、人情（即人之常情）。孔子說：「富與貴是人之所欲也，不以其道得之，不處也。」（《論語‧里仁第四》第5章）又說：「富而可求也，雖執鞭之士，吾亦為之。」（《論語‧述而第七》第12章）可見孔子認為嗜富好財，亦不外人之常情，無庸鄙視。這與亞當斯密承認人受私欲驅動，本非罪惡，豈無共通之處？牟利而必由「其道」，與後者論「私利」猶受「無形之手」駕馭，最終驅動「公益」，於公私之際，豈非異曲同工？從商術致富的角度看，近代企業無疑較傳統商業組織具有更強的工具理性，更能創造財富，故此成為近代中日企業家新增的路徑選項，亦理所當然。但視乎衡量的標準及手段，商業成敗往往取決於時勢與人為，而不為傳統強弱所左右。本書「雙龍記」及其他大小敘事，對此或許不無啟示。這樣看來，傳統與企業成敗的因果關係這一問題本身，值得我們更深度的反思。

**其次，弱肉強食的叢林法則，是否近代營商牟利的唯一真理？**今天似乎很多人相信，現代商場與叢林無異，弱肉強食就是硬道理，就是現實，就是真理；扶持、救濟弱者、敗者，無若逆天行道，理應任其衰亡，順應自然選擇的現實法則。在近代商業文化語境中，弱肉強食的叢林法則，造成商術獨大，商道、商法皆淪為附庸。商術就是運用最理性、最科學化的手段，在「多、快、好、省」等指標下，追求最大的商業回報、利潤、財富等物質所有。這種理型上的商術，若以牟利為最終目的，則容易變成不擇手段、唯利是圖、淘汰是尚，姑名之為「叢林商術」，亦即今天經濟學所謂「壟斷」。以最大利潤為本、作為附庸的商道，自當揭櫫求財私利極大化的價值觀，作為超越其他道德倫理的最高價值；作為附庸的商法，亦只會順應及保護商術強者行事，不礙其生財。這樣商道、商術、商法實際上都變成求取私利最大化的手段。在中日傳統商業社會，不論實踐及言論，叢林商術並沒有缺席，只是從未佔據重要的文化地位，被視為與儒道神佛等主流社會文化及以天命或皇統為本的帝制政治體制扞格不入，不可兼融。因

此，叢林商術從未成為中日主流社會提倡的經商路徑選項。孔子認為若能倡致富而「博施於民」及「濟眾」，則不止是行仁，更是堯舜不及的聖人（《論語‧雍也第六》第30章），這是以商道公益濟商術的私利。亞當斯密論私利正當性及市場競爭帶來公益，同時強調公益等道德倫理規範的重要，自無意鼓吹叢林商術。待達爾文進化論演化出社會達爾文主義後，弱肉強食的叢林商術始借「科學」之名在西方風靡一時，為托辣斯（Trust）壟斷資本主義的興起，創造了社會及文化的土壤，猶幸西方宗教與倫理文化傳統力量強大，法律文化亦能堅守其獨立傳統，故此猶可抗衡這種為所欲為、貪得無厭的人性。近年全球化商業倫理越來越重視利潤以外的商業社會價值；又如邁克爾‧桑德爾（Michael Sandel）等學者，也質疑叢林商術、金錢萬能的文化是否我們所期待的幸福之道。中日在19世紀後期引進近代企業等西方商術時，不免挾帶了達爾文式叢林商術的選項；在本土化過程中，企業家對叢林商術的接受程度，則視乎中日傳統及近代西方商道對其左右的力量有多少。與此同時，中日均進行十分徹底的商法改革，但兩者亦通過輸入的新法律理念——「習慣法」，保留了兩國相當重要的商法文化傳統。職是之故，中日近代企業登台之際，雖有叢林商術的信徒，但這種取向並未被普遍奉為圭臬。個別人士出現叢林傾向在所難免，但很難得到輿論的首肯。換言之，從中日及西方傳統承傳並演化出來的近代商道與商法，原是抑制近代資本主義商術演變成叢林商術的有效藩障。以叢林商術為唯一真理，近代商道與商法即失去抑制之效。這樣的財富觀，能否增進個人的幸福？能否促進社會的福祉，或亞當斯密所說的社會公益？

**最後，財富聚散無常，時也命也，是否古今如一，無可逃遁？**成功企業催生財富，失敗企業摧毀財富；企業贏虧有起落，財富多寡無定時。理性的商術，雖號稱科學，但能否確保永遠有效生財，仍屬未知之數。可知的是古今中外，企業聚財富於一時的不啻恆河沙數，但常聚久興的則猶如鳳毛麟角。企業企望長期持續興旺發達，往往事與

願違，難以掌控。隨著科技和數學的進步，使用或然率及風險管理等方法，理論上可以減低風險，延長企業財富增長的軌跡。但減低風險不等於永無風險，高風險不等於不盈利，低風險亦不保證沒有虧蝕。況且企業領袖不可能長生不老，能否代代承傳賡續前人的鴻圖偉略，百世不衰，亦非風險管理所能掌控的人事風險。所以企業財富的聚散無常，是否仍逃不開命運的宰制？本書敘事所見，商道、商術、商法三者縱橫交錯，因緣湊合，「雙龍」則各順其命，亦可見一斑。儘管如此，對於命運這種似乎難以控制的東西，企業及企業家態度不一，或置之不理，聽天由命；或自認運氣永遠站在自己一邊，仿如孔子論子貢「賜不受命，而貨殖焉，億則屢中」(《論語‧先進第十一》第19章)；或通過宗教信仰，爭取超自然力量如上帝的恩賜；或相信命理、風水之術，解釋甚至改造命運；或抱持儒釋道有關善惡功過的因果報應觀，而將命運好壞疏解為倫理實踐的後果等等。凡此種種傳統文化，在不同程度上為如何處理企業命運的問題，提供了精神出路。而這些傳統文化，正是傳統商道的構成部分。近代企業的商道、商術、商法是否可以產生更源源不斷的企業財富增長？換句話說，今天流行的「可持續」發展，如何能夠與傳統商道融會貫通，創化性地創造出新的企業文化，力能擺脫命運的左右，達致真正「可持續」的財富增長？對這個關乎命運的難問，我們沒有答案，只有信念。信的是人的智慧與勇氣，終能將命運掌握在自己手中；信的是命運與否，亦不外乎「事在人為」而已。

# 參考書目

中文書目及檔案編號 (按筆劃排列)

〈公司律調查案理由書〉，載張家鎮等編：《中國商事習慣與商事立法理由書》。北京：中國政法大學出版社，2003。

《上海商務印書館董事會議錄》，第八冊，1928年9月至1931年5月。亦題名《商務董事會議錄工運史料擇錄》，手抄本。周武先生藏本。

《申報》。

《東方雜誌》。

《商務印書館股份有限公司結算報告，中華民國十八年份》，載《實業部》，〈上海，特種工業，商務印書館 (免稅) 民國19年1月–23年3月〉，台北中央研究院近代史研究所檔案館藏，文件編號：17-22-030-01，頁181–187，https://archivesonline.mh.sinica.edu.tw/detail/f5045dafd2dc16f28fb5a30d50270228/。

《農商公報》。

《圖書月報》，第一期 (1906)，再版於吳永貴編：《民國時期出版史料彙編》，第16卷。北京：國家圖書館出版社，2013。

《實業部》，〈上海，特種工業，商務印書館 (免稅) (民國十九年一月–二十三年三月) —— 商務印書館股份有限公司結算報告，民國二十一年份〉，中央研究院近代史研究所檔案館藏，館藏編號：17-22-030-01，頁93–100。

《實業部》，〈上海中華書局 (民國二十二年二月–二十四年三月) —— 中華書局股份有限公司第二十二次股東常會紀略〉，中央研究院近代史研究所檔案館藏，館藏編號：17-23-01-72-09-099，頁8–16。

上海市造紙公司史志編纂委員會編：《上海造紙志》。上海：上海社會科學院出版社，1996。

上海市檔案館，檔案編號：313-1-128-79。

上海市檔案館，檔案編號：313-1-161。

上海市檔案館，檔案編號：3-4267-1-26-82。

上海市檔案館，檔案編號：6-268-1-606。

上海市檔案館，檔案編號：6-4279-1-265-44。

上海市檔案館，檔案編號：S-179-1-201。

上海市檔案館，檔案編號：S-313-11。

上海市檔案館，檔案編號：S313-1-121。

上海市檔案館，檔案編號：S313-1-128-67。

上海市檔案館，檔案編號：S313-1-132-22。

上海市檔案館，檔案編號：S313-1-27。

上海市檔案館，檔案編號：S-313-1-4-1。

上海市檔案館，檔案編號：S313-1-4-24。

上海市檔案館，檔案編號：S313-1-75。

上海市檔案館，檔案編號：S313-1-88。

上海市檔案館，檔案編號：S313-4-1。

上海圖書館編：《上海圖書館藏盛宣懷檔案萃編》。上海：上海古籍出版社，
　　2008年。

上海圖書館藏《盛宣懷檔案》，檔案編號：015822-13。

上海圖書館藏《盛宣懷檔案》，檔案編號：013020-21。

上海圖書館藏《盛宣懷檔案》，檔案編號：015822-3。

上海圖書館藏《盛宣懷檔案》，檔案編號：016897。

上海圖書館藏《盛宣懷檔案》，檔案編號：016993。

上海圖書館藏《盛宣懷檔案》，檔案編號：065259-27。

上海圖書館藏《盛宣懷檔案》，檔案編號：065363-2。

上海圖書館藏《盛宣懷檔案》，檔案編號：073241。

上海圖書館藏《盛宣懷檔案》，檔案編號：102343。

上海圖書館藏《盛宣懷檔案》，檔案編號：102380-1。

上海圖書館藏《盛宣懷檔案》，檔案編號：111172-7。

大隈重信主編：《開國五十年史》(中文)。東京：開國五十年史發行所，1909；
　　另載商務印書館萬有文庫，1929。

《大生系統企業史》編寫組編：《大生系統企業史》。南京：江蘇古籍出版社，
　　1990。

中央研究院近代史研究所檔案館，文件編號：17-201-72-09-034。

中央研究院近代史研究所檔案館，文件編號：17-22-030-01。

中央研究院近代史研究所檔案館，文件編號：18-23-01-72-08-040。

中國社會科學院經濟研究所等編：《中國近代造紙工業史》。北京：科學出版
　　社，2018；1989初版。

中國國民經濟研究所編：《日本對滬投資》，載張肖梅等編：《外人在華投資資料
　　六種(二)》。台北：學海出版社，1972。

中華書局：《書業商會十年概況》。上海：中華書局，1914。

公司註冊處綜合資訊系統 (ICRIS) 網上查冊中心，https://www.icris.cr.gov.hk/csci/。

孔敏編：《南開經濟指數資料匯編》。北京：中國社會科學出版社，1988。

尤陳俊：《聚訟紛紜：清代的「健訟之風」話語及其表達性現實》。北京：北京大
　　學出版社，2022。

方流芳：〈試解薛福成和柯比的中國公司之謎──解讀1946年和1993年公司法的國企情意結〉，載梁治平編：《法治在中國：制度、話語與實踐》。北京：中國政法大學出版社，2002。

王余光、吳永貴：《中國出版通史──民國卷》。北京：中國書籍出版總社，2008。

王建軍：《中國近代教科書發展研究》。廣州：廣東教育出版社，1996。

王建輝：〈舊時商務印書館內部關係分析〉，《武漢大學學報（人文科學版）》，第55卷第4期（2002），頁503–509。

王雲五：《岫廬八十自述》。台北：台灣商務印書館，1967。

───：《商務印書館與新教育年譜》。台北：台灣商務印書館，1973。

王韜著，王思宇點校：《淞隱漫錄》。北京：人民文學出版社，1983。

付立慶：〈日本近現代刑法的制定、修改及其評價〉，《南京大學法律評論》，第2號（2016），頁207–222。

付海晏：〈民初蘇州商事公斷處研究〉，載章開沅編：《近代史學刊》，第1輯。武漢：華中師範大學出版社，2001。

───〈清末民初商事裁判組織的演變〉，《華中師範大學學報（人文社會科學版）》，2002年第2期，頁88–95。

任雲蘭：〈論近代中國商會的商事仲裁功能〉，《中國經濟史研究》，第41期（1995），頁117–124。

全國經濟委員會編：《製紙工業報告書》。南京：全國經濟委員會，1936。

安克強（Christian Henriot）著，袁燮銘、夏俊霞譯，《上海妓女：19–20世紀中國的賣淫與性》。上海：上海古籍出版社，2004。

朱英：〈清末蘇州商會調解商事糾紛述論〉，《華中師範大學學報》，第1期（1993），頁89–94。

朱蔚伯：〈商務印書館是怎樣創辦起來的〉，載文史資料研究會編：《文化史料叢刊》，第2輯。北京：文史資料出版社，1981。

朱蔭貴：《中國近代股份制企業研究》。上海：上海財經大學出版社，2008。

朱積煊：《製紙工業》。上海：中華書局，1936。

朱鴻達編：《現行十大工商法詳解彙編》。上海：世界書局，1934。

吳小鷗：《中國近代教科書的啟蒙價值》。福州：福建教育出版社，2011。

吳永貴編：《民國時期出版史料彙編》。北京：國家圖書館出版社，2013。

吳承洛：《今世中國實業通志》。上海：商務印書館，1929。

吳相：《從印刷作坊到出版重鎮》。南寧：廣西教育出版社，1999。

李一翔：《近代中國銀行與企業的關係：1897–1945年》。台北：東大圖書公司，1997。

李玉、熊秋良：〈論清末的公司法〉，《近代史研究》，第2期（1995），頁95–98。

李玉：《晚清公司制度建設研究》。北京：人民出版社，2002。

李俊：〈清光緒律與公司法（上）〉，《政大法學評論》，第10號（1974），頁171–222。

───：〈清光緒律與公司法（下）〉，《政大法學評論》，第11號（1974），頁163–209。

李家駒：《商務印書館與近代知識文化的傳播》。香港：香港中文大學出版社，
　　2007。

李國勝：《浙江興業銀行研究》，上海：上海財經大學出版社，2009。

李華興：《民國教育史》。上海：上海教育出版社，1997。

杜恂誠：《中國金融通史（第3卷）：北洋政府時期》。北京：中國金融出版社，
　　2002。

汪了翁：《上海六十年花界史》。上海：時新書局，1922。

汪家熔：〈主權在我的合資〉，載宋原放主編：《中國出版史料：近代部分》，第3
　　卷。武漢：湖北教育出版社，2004。

───：《大變動時代的建設者──張元濟傳》。成都：四川人民出版社，1985。

───：《民族魂：教科書變遷》。北京：商務印書館，2008。

───：《近代出版人的文化追求：張元濟、陸費逵、王雲五的文化貢獻》。南
　　寧：廣西教育出版社，2003。

───：《商務印書館史及其他──汪家熔出版史研究文集》。北京：中國書籍
　　出版社，1998。

───：《晴耕雨讀集：出版史札記》。北京：人民出版社，2015。

汪耀華：〈上海書業同業公會研究〉，載氏著：《上海書業同業公會：史料與研
　　究》。上海：上海交通大學出版社，2010。

───：《商務印書館簡史：1897–2017》。上海：上海書店出版社，2020。

沈家五：《張謇農工商總長任期經濟資料選編》。南京：南京大學出版社，1987。

沢本郁馬著、筱松譯：〈商務印書館與夏瑞芳〉，載商務印書館編：《商務印書館
　　館史資料》（內部刊物），第22輯（1983年7月20日），頁16–32。

周見：《近代中日兩國企業家比較研究：張謇與澀澤榮一》。北京：中國社會科
　　學出版社，2004。

周其厚：《中華書局與近代文化》。北京：中華書局，2007。

周武：《張元濟：書卷人生》。上海：上海教育出版社，1999。

周武、陳來虎編：〈商務印書館董事會議錄（三）（1923–1926）〉，載周武編：《上
　　海學》，第3輯。上海：上海人民出版社，2016。

周武、陳來虎整理：〈商務印書館董事會議錄（一）（1909–1910）〉，載周武編：
　　《上海學》，第1輯。上海：上海人民出版社，2015。

法律編查會編：《公司法草案》，載修訂法律館編：《法律草案彙編》。北平：修
　　訂法律館，1926。

邱澎生：《十八、十九世紀蘇州城的新興工商業團體》。台北：國立臺灣大學出
　　版委員會，1990。

金林祥、于述勝：《中國教育制度通史》。濟南：山東大學出版社，2000。

長洲：〈商務印書館的早期股東〉，載商務印書館編：《商務印書館九十五年》。
　　北京：商務印書館，1992。

姚霏：〈近代上海公共浴室與市民階層〉，載上海市檔案館編：《上海檔案史料研
　　究》，第3輯。上海：三聯書店，2007。

姜偉：〈論股份有限公司制度在清末民初的演進〉，《南京師範大學學報（哲學社
　　會科學版）》，第1期（2000），頁36–43。

柳和城:〈夏瑞芳被刺真相〉,載氏著:《橄欖集:商務印書館研究及其他》。北京:商務印書館,2020。

———〈商務印書館為浙江興業銀行兩次印鈔考〉,載上海市檔案館編:《上海檔案史料研究》,第13輯。上海:三聯書店,2012。

———《橄欖集:商務印書館研究及其他》。北京:商務印書館,2020。

———編著:《葉景葵年譜長編》。上海:上海交通大學出版社,2017。

胡懷琛:〈滬娟研究書目提要〉,載上海通社編:《上海研究資料》。上海:上海書店,1984。

范金民:《明清商事糾紛與商業訴訟》。南京:南京大學出版社,2007。

范軍、何國梅:《商務印書館企業制度研究(1897–1949)》。武漢:華中師範大學出版社,2014。

范軍:〈出版生活史視野中的張元濟——談談張元濟的飯局〉,《出版史料》,2017年,http://www.cnpubg.com/news/2017/1228/37577.shtml。

孫瑜:〈論偽滿時期日本對中國東北造紙工業的掠奪〉,《吉林師範大學學報(人文社會科學版)》,第1期(2021),頁53–59。

孫慧敏:《制度移植:民初上海的中國律師(1912–1937)》。台北:中央研究院近代史研究所,2012。

徐家力:《中華民國律師制度史》。北京:中國政法大學出版社,1998。

徐鼎新、錢小明:《上海總商會史,1902–1929》。上海:上海社會科學院出版社,1991。

馬寅初:《馬寅初演講集》。上海:商務印書館,1925。

馬敏:〈商事裁判與商會——論晚清蘇州商事糾紛的調處〉,《歷史研究》,第1期(1996),頁30–43。

高哲一(Robert Culp):〈為普通讀者群創造「知識世界」——商務印書館與中國學術精英的合作〉,載張仲民、章可編:《近代中國的知識生產與文化政治——以教科書為中心》。上海:復旦大學出版社,2014。

高鳳池:〈本館創業史〉,載宋原放主編:《中國出版史料:近代部分》,第3卷。武漢:湖北教育出版社,2004。

商務印書館:《商務印書館成績概略》(1914),載吳永貴編:《民國時期出版史料彙編》,第1冊。北京:國家圖書館出版社,2013。

———:《商務印書館志略》(1929)。上海:上海印書館,1929。

———編:《大清光緒新法令》。上海:商務印書館,1909。

———編:《中華民國現行法規大全》。上海:商務印書館,1933。

———編:《商務印書館大事記(九十周年)》。北京:商務印書館,1987。

商務印書館(香港):〈關於商務——發展歷程〉,http://www.commercialpress.com.hk/ww/milestones.html。

商務印書館編譯所:《最新編訂民國法令大全》。上海:商務印書館,1924。

商務印書館善後辦事處:《上海商務印書館被毀記》。上海:商務印書館善後辦事處,1932。

常健:〈清末民初商會裁判制度:法律形成與特點解析〉,《華東政法大學學報》,第5期(2008),頁52–61。

張人鳳、柳和城編：《張元濟年譜長編》。上海：上海交通大學出版社，2011。

張人鳳：〈讀《初期商務印書館の謎》後的補充與商榷〉，《清末小說》，第17號（1994），頁55–68。

———：《張元濟年譜》。台北：台灣商務印書館，1995。

張元濟：《張元濟日記》。北京：商務印書館，1981。

———：《張元濟全集》。北京：商務印書館，2008。

張孝若：《南通張季直先生傳記》。上海：中華書局，1930。

張忠民：〈產權、治理結構：近代中國企業制度的歷史走向〉，《成大歷史學報》，第47號（2014），頁155–194。

———：《艱難的變遷：近代中國公司制度研究》。上海：上海社會科學院出版社，2002。

張松：〈民初商事公斷處探析：以京師商事公斷處為中心〉，《政法論壇》，第3期（2010），頁31–40。

張後銓：《漢冶萍公司史》。北京：社會科學文獻出版社，2014。

張家鎮等編：《中國商事習慣與商事立法理由書》。北京：中國政法大學出版社，2003。

張偉：〈長尾雨山與商務印書館〉，載氏著：《西風東漸：晚清民初上海藝文界》。台北：要有光，2013。

張富強：《近代法制改革者：伍廷芳》。廣州：廣東人民出版社，2008。

張雲樵：《伍廷芳與清末政治改革》。台北：聯經出版事業公司，1987。

張銘新、王玉潔：〈略論清末公司律的產生及特點〉，《法學評論》，第3期（2003），頁148–152。

張學繼：《嗜書、藏書、出書的一生：張元濟傳》。北京：團結出版社，2018。

張樹年、柳和城、張人鳳、陳夢熊等編：《張元濟年譜》。北京：商務印書館，1991。

張樹年、張人鳳編：《張元濟蔡元培來往書信集》。香港：香港商務印書館，1992。

張靜廬輯註，《中國現代出版史料甲編》。北京：中華書局，1954。

張謇著，張怡祖編：《張季子九錄》。台北：文海出版社，1965。

梁長洲：〈商務印書館歷屆董事名錄〉，載宋原放主編：《中國出版史料：近代部分》，第3卷。武漢：湖北教育出版社，2004。

———整理：〈商務印書館股東會記錄〉，載宋原放主編：《中國出版史料：近代部分》，第3卷。武漢：湖北教育出版社，2004。

梁啟超：〈敬告中國之談實業者〉，載氏著：《飲冰室合集》。上海：中華書局，1941；載《飲冰室文集之二十一》，第7冊。北京：中華書局，2015。

畢苑：《建造常識：教科書與近代中國文化轉型》。福州：福建教育出版社，2010。

盛承洪主編，易惠莉編著：《盛宣懷與日本：晚清中日關係的多面相》。上海：上海書店出版社，2014。

莊志齡、徐世博編：〈上海書業公會關於版權糾紛案檔案輯錄（一）〉，載上海市檔案館編：《上海市檔案史料研究》，第17輯。上海：三聯書店，2014。

———編：〈上海書業公會關於版權糾紛案檔案輯錄（二）〉，載上海市檔案館編：《上海市檔案史料研究》，第18輯。上海：三聯書店，2015。

許靜波：〈近代知識生產與傳播控制：以上海書業公所為例 (1886–1930)〉，《傳播與社會學刊》，第29期 (2014)，頁 177–206。

郭太風：〈橡皮股票風潮〉，載信之、瀟明編：《舊上海社會百態》。上海：上海人民出版社，1991。

陳文哲：《普通應用物理教科書》。上海／東京：昌明公司，1907；北京國家圖書館藏。

陳同：《近代社會變遷中的上海律師》。上海：上海辭書出版社，2008。

陳定山：《春申舊聞》。台北：世界文物出版社，1971。

陳真編：《中國近代工業史資料（第四輯）：中國工業的特點，資本，結構等和工業中各行業概況》。北京：三聯書店，1957–1961。

陸典：〈《東方雜誌》的定名〉，載商務印書館編：《商務印書館館史資料》（內部刊物），第7輯 (1981年3月20日)。

溫溪紙廠籌備委員會編：《中國造紙股份有限公司計劃書》。南京：溫溪紙廠籌備委員會，1935。

湖南省調查局：《湖南商事習慣報告書》。長沙：湖南教育出版社，2010。

賀聖鼐：〈三十五年來中國的印刷〉，載莊俞著：《最近三十五年之中國教育：商務印書館創立三十五年紀念刊（卷上、下）》。上海：商務印書館，1931；載吳永貴編：《民國時期出版史料彙編》，第2冊。北京：國家圖書館出版社，2013。

賀蕭 (Gail Hershatter) 著，韓敏中、盛寧譯：《危險的愉悅——20世紀上海的娼妓問題與現代性》。南京：江蘇人民出版社，2003。

黃仁宇：《資本主義與二十一世紀》。台北：聯經出版事業公司，1991。

黃東蘭：〈自我想像中的他者——日本近代歷史教科書的中國表述〉，載張仲民、章可編：《近代中國的知識生產與文化政治》。上海：復旦大學出版社，2014。

楊大金：《現代中國實業誌》。上海：商務印書館，1940。

楊在軍：《晚清公司與公司治理》。北京：商務印書館，2006。

楊志洵：〈公司利弊說〉，《商務官報》，第13期 (1907)，頁 1a–4b。

楊勇：《近代中國公司治理——思想演變與制度變遷》。上海：上海人民出版社，2007。

楊揚：《商務印書館——民間出版業的興衰》。上海：上海教育出版社，2000。

楊蔭溥：《上海金融組織概要》。上海：商務印書館，1930。

葉再生：《中國近代現代出版通史》。北京：華文出版社，2002。

葉宋曼瑛著，張人鳳譯：〈早期中日合作中未被揭開的一幕——一九〇三年至一九一四年商務印書館與金港堂的合作〉，《出版史料》，第3期 (1987)，頁73–82。

葉宋曼瑛著，張人鳳、鄒振環譯：《從翰林到出版家》。香港：商務印書館，1992。

董麗敏：《商務印書館與中國文化的「現代」轉型 (1902–1932)》。北京：商務印書館，2017。

虞和平：〈清末民初商會的商事仲裁制度建設〉，《學術月刊》，第4期（2004），頁85–95。

虞曉波：《比較與審視：「南通模式」與「無錫模式」研究》。安慶：安徽教育出版社，2003。

趙俊邁著，汪班、袁曉寧譯：《典瑞流芳：民國大出版家夏瑞芳》。台北：台灣商務印書館，2014。

趙婷：〈民國初年商事調解機制評析──以商事公斷處章程為例〉，《江西財經大學學報》，第1期（2008），頁109–113。

蔡謙：《近二十年來之中日貿易及其主要商品》。上海，商務印書館，1936。

蔣維喬：《蔣維喬日記摘錄》，載商務印書館編：《商務印書館館史資料》（内部刊物），第45輯（1990年4月20日）；第46輯（1990年9月20日）。

蔣維喬著，汪家熔校注：《蔣維喬日記，1896–1914》。北京：商務印書館，2019。

蔣維喬著，林盼、胡欣軒、王衛東整理：《蔣維喬日記》，上海：上海人民出版社，2021。

鄭成林：〈清末民初商事仲裁制度的演進及其社會功能〉，《天津社會科學》，第2期（2003），頁132–137。

鄭孝胥：《鄭孝胥日記》。北京：中華書局，1993。

鄭鶴聲：〈三十年來中央政府對編審教科書的檢討〉（1935），載吳永貴編：《民國時期出版史料彙編》，第16冊。北京：國家圖書館出版社，2013。

賴英照：〈中國公司立法之回顧與前瞻〉，載賴英照：《公司法論文集》。台北：中華民國證券市場發展基金會，1988。

遲王明珠：《明治金融風雲：正金銀行的人治與法治》。北京：社會科學文獻出版社，2020。

總稅務司署統計科編：《中國海關民國十九年華洋貿易總冊》，上卷《報告書及統計輯要》。上海：上海通商海關總稅務司署，1931；載中國第二歷史檔案館、中國海關總署辦公室編：《中國舊海關史料（1859–1948）》，第108冊。北京：京華出版社，2001。

───編：《中國海關民國十八年華洋貿易總冊》，下卷《進出口貨物類編附表》。上海：上海通商海關總稅務司署，1930；載中國第二歷史檔案館、中國海關總署辦公室編：《中國舊海關史料（1859–1948）》，第106冊。北京：京華出版社，2001。

薛理勇：《上海妓女史》。香港：海峰出版社，1996。

謝振民：《中華民國立法史》。北京：中國政法大學出版社，2000。

羅元旭：《東成西就：七個華人基督徒家族與中西交流百年》。香港：三聯書店香港有限公司，2012。

蘇基朗、李樹元：〈1904–1929年中國的企業法制建設：制度和法律的創新與延續〉，載蘇基朗、馬若孟編，成一農、田歡譯：《近代中國的條約港經濟：制度變遷與經濟表現的實證研究》，杭州：浙江大學出版社，2013。

蘇基朗、蘇壽富美：〈20世紀初上海中日文化交往的一個側面：從商務印書館某位日員的通信説起〉，載鄒振環、黃敬斌編：《變化中的明清江南社會與文化》。上海：復旦大學出版社，2016。

———：〈早期商務在香港註冊的商榷〉，載周武編：《上海學》，第4期。上海：
　　上海人民出版社，2016。

———：〈近代中日公司法條文的比較——以明治商法及晚清民初公司立法董事
　　誠信問責條款的繼受為中心〉，載高祥編：《當代法律交往與法律融合》。北
　　京：中國政法大學出版社，2013。

———：〈公司法一體化前傳——以明治商法及晚清民初公司立法的董事誠信問
　　責條款為中心〉，載王保樹編：《商事法論集》，第23卷。北京：法律出版
　　社，2013。

———：《有法無天：從加藤弘之、霍姆斯到吳經熊的叢林憲法觀》。香港：香
　　港中文大學出版社，2023。


日文書目及檔案編號（按筆劃排列）

《太政官布告》第36号刑法，明治十三年（1880年）。

《日本勧業銀行法》，載日本勧業銀行調査課：《日本勧業銀行法並定款沿革》。
　　東京：日本勧業銀行調査課，1933。

《司法省官制改正第一條·御署名原本·明治二十六年·勅令第百四十三号》，
　　https://www.digital.archives.go.jp/file/156591.html。

《民事訴訟法》。東京：有斐閣，1891。

《官報》。

《金港堂書籍株式会社定款》，載稲岡勝：〈明治検定期の教科書出版と金港堂の
　　経営〉，《東京都中央図書館研究紀要》，第24號（1994），頁135–143。

《金港堂書籍株式会社定款》，東京都文書館藏：〈工部会社の部·定款認可願書
　　進達案·金港堂書籍株式会社〉（1893年〔明治二十六年〕11月2日；收錄先
　　簿冊の資料ID：000120993；検索手段：府明II明26-028, D334；16mm MF
　　コマ番号：0474-0477；收錄先の請求番号：620·D5·18；電磁的記録媒
　　体番号：D334-RAM）。

《時事新報》。

《教育界》。

《教育報知》。

《第四回帝國議會貴族院議事速記録第二號》。明治二十五年（1892）12月2日。

《朝日新聞》

《裁判所構成法》，《法令全書》明治二十三年（1890）第6號《官報》2月10日〈法
　　律〉。東京：內閣官房局，1890。

《萬朝報》。

《讀賣新聞》。

人事興信所編：〈川淵龍起〉，載人事興信所編：《人事興信錄》。東京：人事興
　　信所，初版，1903。

人事興信所編：〈花井卓藏〉，載人事興信所編：《人事興信錄》。東京：人事興
　　信所，初版，1903。

三井文庫編：《三井事業史·資料篇4下》。東京：三井文庫，1972。

三田商業研究会編：《慶應義塾出身名流列傳》。東京：実業之世界社，1909。

三和良一：〈商法制定と東京商業会議所〉，載大塚久雄、山口和雄編：《資本主義の形成と發展》。東京：東京大学出版会，1968。

三枝一雄：《明治商法の成立と變遷》。東京：三省堂，1992。

川淵龍起：《川淵龍起自歷譜》手稿，載梶山雅史：〈明治教科書疑獄事件再考〉，載本山幸彦教授退官記念論文集編集委員会編：《日本教育史論叢：本山幸彦教授退官記念論文集》。東京：思文閣，1988。

上海興信所編：《中華全国中日実業家興信録（上海の部）》，上卷。上海：上海興信所，1936。載不二出版編：《戦前期海外商工興信録集成》，第5卷。東京：不二出版，2010。

下村哲夫、大江健：〈官員收賄被告事件〉，載《大審院「教育關係判例總集成」》，第5卷。東京：（株式会社）エムテイ出版社，1991。

久保田裕次：〈明治後期における三井物産と大陸政策──山本條太郎を中心として〉，《日本史研究》，第506號（2009），頁62–66。

土屋洋：〈清末の修身教科書と日本〉，並木頼寿、大里浩秋、砂山幸雄編：《近代中国・教科書と日本》。東京：研文出版，2010。

大日本帝国議会誌刊行会編：《大日本帝国議会誌》，第五卷。東京：大日本帝国議会誌刊行会，1927。

大隈重信主編：《開國五十年史》。東京：原書房複印，1970。

───主編：《開國五十年史》。東京：開國五十年史發行所，1907，上卷。

───主編：《開國五十年史附錄》。東京：開國五十年史發行所，1908。

大審院：〈官吏收賄の件（明治三十六年（れ）第1082號；明治三十六年6月29日宣告）〉，大審院：《大審院刑事判決録》，第4冊第9輯。東京：新日本法規出版株式会社，縮印版，1969–1970。

大審院藏版：《大審院刑事判決録》。東京：新日本法規出版株式會社，縮印版，1970。

大橋新太郎：〈支那の出版業〉，《東京經濟雜誌》，第1324號第53卷（明治三十九年〔1906〕2月），頁18–19。

大橋彌市編：《濃飛人物と事業》。岐阜：大橋彌市，1916。

小山昇：〈仲裁法の沿革の概観とその余恵〉，《北大法学論集》，第29卷第3、4號（1979），頁349–400。

小田中聡樹：〈明治後期司法制度概説〉，載我妻栄等編：《日本政治裁判史録・明治後》。東京：第一法規出版株式会社，1969。

山口孤剣：《明治百傑伝》，第1編。東京：洛陽堂，1911。

山本助治郎：《日本全國五萬圓以上資產家一覽（全）》。東京：中央書房，1902。

山本条太郎翁伝記編纂会編：《山本条太郎伝記》。東京：原安三郎，1942；原書房複製，1982。

山野金蔵編：《新旧刑法対照》。東京：有斐閣，1908。

川上哲正：〈清末民国期における教科書〉，載並木頼寿、大里浩秋、砂山幸雄編：《近代中国・教科書と日本》。東京：研文出版，2010。

川口由彦：《日本近代法制史》。東京：新世社，1998。

川口清栄：《政機線上之人物：一名・代議士人物評》。東京：現代社，1909。

不二出版社編集部編：《買売春問題資料集成〔戦前編〕》，第17卷《買売春管理
　　政策編IV〔1924~1925年〕》。東京：不二出版社，編集復刻版。資料編號
　　445・〈売笑婦ノ実情調査ノ件〉(機密第16號)・在上海総領事・1925年2
　　月，頁145–146。

中村忠行：〈檢証：商務印書館・金港堂の合弁(1)~(3)〉，《清末小説》，第12
　　號(1989)，頁93–111；第13號(1990)，頁79–96；第16號(1993)，頁51–
　　64。

———：〈《绣像小说》と金港堂主・原亮三郎〉，載故神田喜一郎博士追悼中國
　　学論集刊行会編：《神田喜一郎博士追悼中國学論集》。東京：二玄社，
　　1986年。

井山孫六：《明治民衆史を歩く》。東京：新人物往來社，1980。

內山克已：〈主なる教育専門誌に見える実業教育論——明治初期実業教育施策
　　史研究附説(3)〉，《長崎大学教育学部教育科学研究報告》，第19號(1972)，
　　頁1–6，

內務省內閣統計局編纂：《国勢調査以前日本人口統計集成》8(明治三十六年–
　　三十七年)。東京：東洋書林，1993。

內閣官房局編：《法令全書》。東京：內閣官房局，1912。第34冊，明治二十三
　　年(1890)3月《法律》第32號《商法》。

———編：《法令全書》。東京：內閣官房局，1912。第66冊，明治三十二年
　　(1899)3月《法律》第48號《商法》。

———編：《法例全書》(1867–1911)。1974年原書房重印出版，共45冊。1899
　　年株式会社法收第32冊第2部，1899年3月7日，新商律。

天海謙三郎：《中華民國實業名鑑》。上海：東亞同文會編纂部，1934。

夫馬進編：《中国訴訟社会史の研究》。京都：京都大学学術出版会，2011。

文部省官房：《教科書國定ニ就テ》。非賣品，1903年7月5日印刷，7月8日發行。

文部科學省：《学制百年史》，資料編，《小学校令施行規則(抄)(明治三十三年
　　八月二十一日文部省令第十四号)》，https://www.mext.go.jp/b_menu/hakusho/
　　html/others/detail/1318017.htm。

———編著：《学制百年史》，https://www.mext.go.jp/b_menu/hakusho/html/others/
　　detail/1317552.htm。

———編著：《学制百年史》，第一編「近代教育制度の創始と拡充」，第二章「近
　　代教育制度の確立と整備(明治十九年~大正五年)」，第二節「初等教育」，
　　一、小学校令の制定，https://www.mext.go.jp/b_menu/hakusho/html/others/
　　detail/1317616.htm。

———編著：《学制百年史》，第一編「近代教育制度の創始と拡充」，第二章「近
　　代教育制度の確立と整備(明治十九年~大正五年)」，第二節「初等教育」，
　　二、小学校制度の整備，https://www.mext.go.jp/b_menu/hakusho/html/others/
　　detail/1317617.htm。

———編著：《学制百年史》，第一編「近代教育制度の創始と拡充」，第二章「近
　　代教育制度の確立と整備(明治十九年~大正五年)」，第二節「初等教育」，

五、国定教科書制度の成立，https://www.mext.go.jp/b_menu/hakusho/html/others/detail/1317624.htm。

文學社編輯所編：《尋常日本修身書》。東京：文學社，1901，https://nieropac.nier.go.jp/lib/database/KINDAI/EG00014541/900097308.pdf。

日本力行会編纂：《現今日本名家列伝》。東京：日本力行会，1903。

日本文部科學省国立教育政策研究所教育図書館「近代教科書テジタルアーカイブ」，https://www.nier.go.jp/library/textbooks/。

日本現今人名辞典発行所：《日本現今人名辭典》，第3版。東京：日本現今人名辞典発行所，1903。

木塲貞良：〈行政學問題トシテノ教科書問題〉，《國家學會雜誌》，第197號（1903年7月20日），頁1–43。

王子製紙株式会社編：《王子製紙社史：本編1873–2000》。東京：王子製紙株式会社，2001。

―――編：《王子製紙社史：合併各社編》。東京：王子製紙株式会社，2001。

王子製紙株式会社販売部調査課編：《日本紙業綜覽》。東京：王子製紙，1937。

王鉄軍：〈近代における日本と欧米諸国との不平等条約改正について〉，《中京大学大学院生法学研究論集》，卷20（2000），頁1–38。

加藤純二：〈明治教科書疑獄事件と根本正代議士（後編）〉，《根本正顕彰会会報》，第71號（2012），頁2–6，https://nemotosyo.secret.jp/k71.pdf。

司法省：《司法省民事統計年報第4–第11》。東京：司法省，1879–1886。

司法省法務局：《日本帝国司法省民事統計年報第16》。東京：司法省法務局，1891。

四宮俊之：〈明治中期～大正期における王子製紙と富士製紙－寡占的な発展をもたらした経営戦略を中心に－〉，《経営史学》，第10巻第3號（1976），頁42–62。

―――：《近代日本製紙業の競爭と協調》。東京：日本経済評論社，1997。

永田正臣：《明治期経済団体の研究：日本資本主義の確立と商業會議所》。東京：日刊労働通信社，1967。

田所美治編：《菊池前文相演述九十九集》。東京：大日本図書，1903。

矢作勝美：《大日本図書百年史》。東京：大日本図書，1992。

石本泰雄：〈明治期における仲裁裁判－若干の考察－〉，《法学雜誌》，第9卷第3–4號（1963），頁168–183。

安中半三郎編：《商業會議所條例》。長崎：虎與號，1893。

安田銀行六十周年記念事業委員会編：《安田銀行六十年誌》。東京：安田銀行，1940。

寺田四郎、引地寅次郎：《商業會議所法》。東京：宇都宮出版部，1913。

成道齋次郎：〈仲裁手續及仲裁契約論〉，《明治學報》，第102號（1906），頁14–31。

朱熹著，長尾槇太郎編：《朱子集註殘稿》。京都：長尾槇太郎，1918。

池田寅二郎：《仲裁と調停》。東京：岩波書店，1932。

竹田進吾：〈三宅米吉の歴史教育論と金港堂の歴史教科書〉,《日本教育史研究》,第26卷 (2007),頁1–37。

西山由理花：《松田正久と政党政治の発展：原敬・星亨との連携と競合》。京都：ミネルヴァ書房,2017。

西原春夫：〈刑法制定史にあらわれた明治維新の性格——日本の近代化におよぼした外国法の影響・裏面からの考察〉,《比較法学》,第3卷第1號 (1967年2月),頁51–94。

佐佐木清綱：《大審院刑事判例批評》。東京：巖松堂書店,1926。

国民教育奨励会編：《教育五十年史》。東京：日本図書センター,1982。

尾佐猛：《日本憲法制定史要》。東京：育生社,1938。

志田鉀太郎：《日本商法典の編纂と其改正》。東京：明治大學出版部,1995年複刻,1933年原版。

杉浦智紹：〈民事訴訟の立場より見た日本の近代化——主として制度の近代化について〉,《比較法学》,第1卷第1號 (1964),頁137–166。

毎日通信社：《東京社會辭彙》。東京：毎日通信社,1913。

亀城逸士：〈怪傑山本条太郎〉,《實業倶樂部》,第1卷第1號 (1911),頁2–5。

雨宮昭一：〈日糖事件—汚職事件と検察権の拡大—〉,載我妻栄等編：《日本政治裁判史録・明治後》。東京：第一法規出版株式会社,1969。

花井卓藏：〈教科書事件〉,載氏著：《訟庭論草〔第一〕・雞肋集》。東京：春秋社,1930。

———:《空前絕後之疑獄》。東京：鍾美堂書店,1906。

宮地正人：〈教科書疑獄事件—教科書國定過程—〉,載我妻栄等編：《日本政治裁判史録・明治後》。東京：第一法規出版株式会社,1969。

後藤武夫：《子爵清浦奎吾伝》。東京：日本魂社,1924。

高垣寅次郎：〈福沢諭吉の三つの書翰〉,《三田商學研究》,第4卷第4期 (1961),頁1–18。

高橋亀吉：《株式会社亡國論》。東京：萬里閣書房,1930。

高野義夫：《明治大正昭和東京人名録上卷》。東京：日本図書センター,1989。

国立国会図書館：《レファレンス協同データベース》,https://crd.ndl.go.jp/reference/detail?page=ref_view&id=1000046202。

時事新報：〈半世紀の財界を顧る(1) [その二]：大財閥の揺籃時代：紙幣整理期を背景に〉,《神戸大學新聞記事文庫》,日本,第23卷,記事番號43,《時事新報》1931年4月1日至1931年4月18日,https://da.lib.kobe-u.ac.jp/da/np/0100382760/?lang=0&mode=1&opkey=R170134557942600&idx=1&chk_schema=20000&codeno=&fc_val=&chk_st=0&check=00,頁80b。

実業之世界社編輯部編：《財界物故傑物伝》。東京：実業之世界社,1936。

実業之日本社：《實業家奇聞録》。東京：実業之日本社,1900。

若月保治：《政治家の犯罪》。東京：聚芳閣,1924。

松本烝治：〈欽定大清商律ヲ評ス〉,《法學協會雜誌》,第22卷第10號 (1904),頁1419；第22卷第11號 (1904),頁1561；第23卷第1號 (1905),頁55；

第23卷第4號（1905），頁512；第23卷第5號（1905），頁677；第23卷第7號（1905），頁961。

青柳篤恒：〈清國に於ける出版事業〉，《中央公論》，第20卷第8號（1905年〔明治三十八年〕8月），頁55–56。

村本一男：《法窓つれづれ草》。東京：酒井書店，1964。

沢本郁馬：〈初期商務印書館の謎〉，《清末小説》，第16號（1993），頁1–50

———：〈商務印書館と中華書局の教科書戦爭〉，《清末小説》，第19號（1996），頁65–101。

———：〈商務印書館と金港堂の合弁解約書〉，《清末小説》，第27號（2004），頁93–133。

谷口安平：〈国内仲裁と國際仲裁－日本の商事仲裁の現狀と今後－〉，JACジャーナル，第50卷第4號（2003），頁10–16。

長谷井千代松編：《第一銀行五十年小史》。東京：第一銀行，1926。

長尾甲（槙太郎）編：《丁巳壽蘇錄》。東京：長尾槙太郎，1920年。

栂井義雄：〈三井物産における山本条太郎と森恪－その中国での活動を中心に〉，《社会科学年報》，第5號（1971），頁105–136。

帝国秘密探偵社：《大衆人事録》，第13版。東京：帝國秘密探偵社，1939。

帝國教育會：〈教科書事件に関する建議〉，《東京經濟雜誌》，第1168號（1903年1月），頁23–24。

唐澤冨太郎：《教科書の歴史：教科書と日本人の形成》。東京：創文社，1956。

島田正郎：《清末における近代的法典の編纂》。東京：創文社，1980。

東亜同文会編：〈商務印書館〉，載《東亜同文会ノ清国内地調査一件/第九期調査報告書第四卷》（1-6-1-31_9_004）〈第十號 其四／上海事情第五篇上海ニ於ル新聞雑誌並印刷出版業4〉，JACAR（アジア歴史資料センター），Ref. B03050536700，外務省外交史料館，https://www.jacar.archives.go.jp/aj/meta/listPhoto?LANG=default&BID=F2006092114231897539&ID=M2006092114232097569&REFCODE=B03050536600。

東京興信所：《銀行会社要録》，第3版。東京：東京興信所，1899。

東京銀行集会所編：《全國銀行一覽（銀行通信録第195號）》。東京：東京銀行集会所，1902。

東京書籍株式会社社史編集委員会編：《教科書の變遷：東京書籍五十年の步み》。東京：東京書籍株式会社，1959。

東京書籍商組合編：《東京書籍商組合五十年史》。東京：東京書籍商組合，1937。

東京書籍組合編：《東京書籍商伝記集覽》。東京：青松堂書店，1978；該書原名《東京書籍組合史及組合員概歷》，東京書籍組合事務所1912出版。

東京都公文書館，文件編號：D048-RAM-616.D5.07（011-01）。

東京都公文書館，文件編號：D320-RAM-617.D3.07（002）。

東亞同文書院編：《支那經濟全書》，第1輯。東京：丸善株式会社，1907。

東亞同文會：《支那經濟全書》，第12輯。東京：東亞同文會，1908。

─────：《東亞同文會第九期調查旅行報告書（1915）》，外務省外交史料館：戰
　　前外務省記錄、1門6類1項、東亞同文会ノ清国内地調査一件・第九期調
　　査報告書，第四卷，頁530。見國立公文書館，外務省外交史料館，微型膠
　　卷 Reel No.1-0821。

法務大臣官房司法制調查部編：〈民事訴訟法草案議案意見書第51号〉，載法務
　　大臣官房司法制調查部編：《日本近代立法資料叢書》，第22卷《現行民事
　　訴訟手続ニ対スルカークード氏意見書・現行民事訴訟手 及カークード氏意
　　見書・民事訴訟法草案議案意見書・法律取調委員会民事訴訟法草按議事筆
　　記》（東京：商事法務研究会，1985），頁173–175；〈法律取調委員會民事訴
　　訟法草案議事筆記第53回〉，同卷，頁589–605。

牧原憲夫：《明治七年の大論争：建白書から見た近代国家と民衆》。東京：日
　　本経済評論社，2003。

明石照男、鈴木憲久：《日本金融史》。東京：東洋経済新報社，1957–1958。

飯山正秀編：《成功名家列伝・第3編》。東京：國鏡社，1908。

國立公文書館藏檔案《叙位裁可書・明治四十四年・叙位卷二》第19件文書〈檢
　　事從五位勳五等羽佐間栄治郎等旨叙位ノ件〉，1911年2月27日，https://
　　www.digital.archives.go.jp/DAS/meta/listPhoto?LANG=default&BID=F000000000
　　0000050277&ID=&TYPE=dljpeg

國光社編輯所編：《國民修身書：尋常小學校用》。東京：國光社，1902，https://
　　nieropac.nier.go.jp/lib/database/KINDAI/EG00014747/900099416.pdf。

國鏡社編輯部：〈眾議院議員辯護士花井卓藏君〉，載飯山正秀編：《成功名家列
　　伝・第3編》。東京：國鏡社，1908。

宿利重一：《乃木希典》。東京：魚庵記念財団，1929。

─────：《児玉源太郎》。東京：國際日本協會，1942。

梅謙次郎：《改正商法講義（会社法、手形法、破産法）》，載《日本立法資料全
　　集》。東京：信山社，1998複刻版；1893年講義；別卷十八。

梶山雅史：〈明治教科書疑獄事件再考〉，載本山幸彦教授退官記念論文集編集
　　委員会編：《日本教育史論叢：本山幸彦教授退官記念論文集》。東京：思文
　　閣，1988。

─────：《近代日本教科書史研究：明治期検定制度の成立と崩壊》。東京：ミネ
　　ルヴァ書房，1988。

渋沢青淵記念財団竜門社編：《渋沢栄一伝記資料》，第16卷。東京：渋沢栄一
　　伝記資料刊行会，1957。

渋沢栄一：〈王子製紙株式会社回顧談〉，載《デジタル版『渋沢栄一伝記資料』》，
　　第11卷，頁8–10，https://eiichi.shibusawa.or.jp/denkishiryo/digital/main/index.
　　php?DK110002k_text。

富井政章：〈法制史略〉，載大隈重信編：《開国五十年史》，上卷。東京：開国
　　五十年史発行所，1907。

揚子江通訊社：《揚子江報》，第17號（1914年9月20日）。

曾根松太郎：〈菊池大麓君〉，載氏著：《當世人物評》。東京：金港堂，1902。

森山守次、倉社明義:《児玉大將伝》。東京:星野暢,1908。

渡邊政吉編:《修正日本修身書:尋常小學用》,修正3版。東京:金港堂書籍株式會社,1901,https://nieropac.nier.go.jp/lib/database/KINDAI/EG00014560/900097475.pdf。

菊井維大:〈明治期仲裁管見〉,《法律時報》,第54卷第8號(1982),頁8–15。

菊池大麓:〈序〉,《菊池前文相演述九十九集》。東京:大日本図書,1903。

———:《教科書國定ニ就テ》。東京:文部省官房,1903。

週刊朝日編集部:《值段の明治・大正・昭和風俗史》。東京:朝日新聞社,1981。

園尾隆司:《民事訴訟・執行・破産の近現代史》。東京:弘文堂,2009。

鈴木正裕:《近代民事訴訟法史・日本》。東京:有斐閣,2004。

圖書月報:〈清國向の書籍出版概況及東亞公司設立情況〉,《圖書月報》(雜錄),第3卷第5號,1905(明治三十八年)2月23日,頁74–78

實藤惠秀:《日本文化の支那への影響》。東京:蛍雪書院,1940。

遠山景直編:《上海》。東京:國文社,1907(明治四十年)。

関壯一郎:《政界疑獄史》。東京:日本書院出版部,1930。

墨堤隱士:《明治富豪致富時代》。東京:大学館,1902。

稻岡勝:〈金港堂小史〉,《東京都立中央図書館研究紀要》,第11號(1980),頁63–135。

———:〈明治前期教科書出版の實態とその位置〉,《出版研究》,第16號(1985),頁72–125。

———:〈明治前期文部省の教科書出版事業〉,《東京都立中央図書館研究紀要》,第18號(1987),頁1–53。

———:〈「原亮三郎」伝の神話と正像－文献批判のためのノート〉,《出版研究》,第18號(1988),頁128–143。

———:〈金港堂の七大雜誌と帝國印刷〉,《出版研究》,第23號(1993),頁171–211。

———:〈明治檢定期の教科書出版と金港堂の経営〉,《東京都立中央図書館研究紀要》,第24號(1994),頁1–144。

———:〈中日合弁事業の先驅、金港堂と商務印書館の合弁－1903–1914〉,《ひびや・東京都立中央図書館報》,第38號(1996年3月),頁25–34。

———:〈図解・出版の歴史(5)明治檢定教科書の供給網と金港堂——『小林家文書(布屋文庫)』の特約販売契約書〉,《日本出版史料》,第9期(2004),頁107–127。

———:〈教科書疑獄事件とジャーナリズム〉,《國文学論考》,第40號(2004),頁98–107

———:《明治出版史上の金港堂:社史のない出版社「史」の試み》。東京:皓星社,2019。

樽本照雄:〈金港堂・商務印書館・繡像小説〉,《晚清小説研究》,第3號(1979),頁300–399。

———:〈商務印書館と山本條太郎〉,《大阪経大論集》,第147號(1982),頁98–112。

———：〈長尾雨山は冤罪である〉，《大阪経大論集》，第47巻第2號（1996），頁1–20。

———：〈長尾雨山の帰国〉，《書論》，第30號（1998），頁180–186。

———：〈辛亥革命時期的商務印書館和金港堂之合資経営〉，《大阪経大論集》，第53巻第5號（2003），頁141–153。

———：《初期商務印書館研究》，修訂版。大津：清末小説研究會，2004。

———：〈長尾雨山と上海文芸界〉，《書論》，第35號（2006），頁192–199。

———：《商務印書館研究論集》。大津：清末小説研究會，2006。

澤全雄編：《製糖會社要鑑》。東京：澤全雄，1917。

観風庵主人：《商界の人物》。大阪：小谷書店，1903。

豊田久和保編：《勧業銀行三十年志》。東京：日本勧業銀行，1927。

瀬川光行：《商海英傑伝》。東京：瀬川光行，1893。

瀬岡誠：〈三井物産の企業者史的研究：山本条太郎の社会化の過程〉，《彦根論叢》，第255、256號（1989），頁257–280。

## 西文書目及檔案編號（按字母排列）

Articles of Association. Companies Registration Files: Macmillan & Co. Limited, Ref. 46694, Companies Registration Office, Cardiff.

Baum, Harold, and Eiji Takahashi. "Commercial and Corporate Law in Japan." In *History of Law in Japan Since 1868*, edited by Wilhelm Röhl, pp. 330–401. Leiden: Brill, 2005.

Bebchuk, Lucian A. "A Rent-Protection Theory of Corporate Ownership and Control." National Bureau of Economic Research, Working Paper No. 7203, 1999.

Befu, Harumi. "Gift-Giving in a Modernizing Japan." *Monumenta Nipponica* 23.3/4 (1968): 445–456.

Benedict, Ruth. *The Chrysanthemum and the Sword: Patterns of Japanese Culture*. Boston: Houghton Mifflin Co., 2005.

Bergère, Marie-Claire. *The Golden Age of the Chinese Bourgeoisie, 1911–1937*. Cambridge: Cambridge University Press, 1989.

Berle, Adolf A., and Gardiner Means. *The Modern Corporation and Private Property*. New York: Macmillan, 1932.

Black, Bernard. "Does Corporate Governance Matter? A Crude Test Using Russian Data." *University of Pennsylvania Law Review* 149.6 (January 2001): 2131–2150.

———. "The Corporate Governance Behavior and Market Value of Russian Firms." *Emerging Markets Review* 2.2 (June 2001): 89–108.

British Library Macmillan Archive, ADD MS 54881.

British Library Macmillan Archive, ADD MS 54882.

British Library Macmillan Archive, Part II (uncatalogued).

British Library Macmillan Archive, ADD MS 54789–54882.

Cassel, Pär. *Grounds of Judgment: Extraterritoriality and Imperial Power in Nineteenth-Century China and Japan*. New York: Oxford University Press, 2012.

Chan, Wellington K. K. "Chinese Entrepreneurship since Its Late Imperial Period." In *The Invention of Enterprise: Entrepreneurship from Ancient Mesopotamia to Modern Times*, edited by David S Landes, Joel Mokyr, and William J. Baumol, pp. 469–500. Princeton, NJ: Princeton University Press, 2012.

———. "Personal Styles, Cultural Values and Management: The Sincere and Wing on Companies in Shanghai and Hong Kong, 1900–1941." *Business History Review* 70.2 (1996): 141–166.

———. "The Origins and Early Years of the Wing On Company Group in Australia, Fiji, Hong Kong, and Shanghai: Organization and Strategy of a New Enterprise." In *Chinese Business Enterprise in Asia*, edited by R. Ampalavanar, pp. 80–95. London: Routledge, 1995.

———. "Tradition and Change in the Chinese Business Enterprise." *Chinese Studies in History* 31.3–4, (1998): 127–144.

Chandler, Alfred D. *The Visible Hand: The Managerial Revolution in American Business*. Cambridge, MA: Belknap, 1977.

Charles, Morgan. *The House of Macmillan (1843–1943)*. London: Macmillan & Co., 1943; New York: Macmillan Company, 1944.

Chartier, Roger, ed., Lydia G. Cochrane trans. *The Culture of Print*. Princeton, NJ: Princeton University Press, 1989.

Chatterjee, Rimi B. "Macmillan in India: A Short Account of the Company's Trade with the Sub-Continent." In *Macmillan: A Publishing Tradition*, edited by Elizabeth James, pp. 153–169. Basingstoke & New York: Palgrave, 2002.

Chen, Zhiwu. "Capital Markets and Legal Development: The China Case." *China Economic Review* 14 (2003): 451– 472.

Chen, Zhongping. *Modern China's Network Revolution: Chambers of Commerce and Sociopolitical Change in the Early Twentieth Century*. Stanford, CA:  Stanford University Press, 2011.

Cheng, Linsun. *Banking in Modern China: Entrepreneurs, Professional Managers, and the Development of Chinese Banks, 1897–1937*. Cambridge: Cambridge University Press, 2003.

Chien, Florence. "The Commercial Press and Modern Chinese Publishing 1987–1949." MA thesis, University of Chicago, 1970.

Coffee Jr., John C. "The Rise of Dispersed Ownership: The Roles of Law and the State in the Separation of Ownership and Control," *The Yale Law Journal* 111.1 (2001): 16–21.

Chu, Samuel C. *Reformer in Modern China: Chang Chien, 1853–1926*. New York: Columbia University Press, 1965.

Clark, Paul H. *The Kokugo Revolution: Education, Identity, and Learning Policy in Imperial Japan*. Berkeley, CA.: Institute of East Asian Studies, University of California, Berkeley, 2009.

Cochran, Sherman. *Encountering Chinese Networks: Western, Japanese, and Chinese Corporations in China, 1880–1937*. Berkeley: University of California Press, 2000.

Culp, Robert. *Articulating Citizenship: Civic Education and Student Politics in Southeastern China, 1912–1940*. Cambridge, MA: Harvard University Asia Center, 2007.

————. *The Power of Print in Modern China: Intellectuals and Industrial Publishing from the End of Empire to Maoist State Socialism*. New York: Columbia University Press, 2019.

Curran, Thomas D. *Education Reform in Republican China: The Failure of Educators to Create a Modern Nation*. New York: Edwin Mellen Press, 2005.

Dairoku, Kikuchi. *Japanese Education*. London: John Murray, 1909.

Darnton, Robert, and Daniel Roche, eds., *Revolution in Print: The Press in France, 1775–1800*. Berkeley, CA: University of California Press, 1989.

Decey, A. V. *Introduction to the Study of the Law of the Constitution*. London: Macmillan & Co., 1885.

Ding, Gang. "Nationalization and Internationalization." In *Education, Culture, and Identity in Twentieth-Century China*, edited by Glen Peterson, Ruth Hayhoe, and Yongling Lu, pp. 161–192. Hong Kong: Hong Kong University Press, 2001.

Drège, Jean-Pierre. *La Commercial Press de Shanghai, 1897–1949*. Paris: Institut des hautes études chinoises, Collège de France, 1978.

Duke, Benjamin. *The History of Modern Japanese Education*. New Brunswick, NJ: Rutgers University Press, 2009.

Easterbrook, Frank H., and Daniel R. Fischel. *The Economic Structure of Corporate Law*. Cambridge, MA: Harvard University Press, 1991.

Fan, Kun. "Glocalization of Arbitration: Transnational Standards Struggling with Local Norms Through the Lens of Arbitration Transplantation in China." *Harvard Negotiation Law Review* 18 (2013): 175–219.

————. *Arbitration in China: A Legal and Cultural Analysis*. Oxford: Hart, 2013.

Faure, David. *China and Capitalism: A History of Business Enterprise in Modern China*. Hong Kong: Hong Kong University Press, 2006.

————. "Company Law and the Emergence of the Modern Firm." In *Chinese Business Enterprise*, vol.4, edited by R. Ampalavanar, pp. 263–281. London: Routledge,1996.

————. "The Mackay Treaty of 1902 and Its Impact on Chinese Business." *Asia Pacific Business Review* 7.2 (2000): 87–90.

Feather, John. *A History of British Publishing*. London: Routledge, 1988.

Federal Reserve Board. *Federal Reserve Bulletin*, December 1929 issue. Washington, DC: Federal Reserve Board, 1929.

Fogel, Joshua. *Articulating the Sinosphere: Sino-Japanese Relations in Space and Time*. Cambridge, MA: Harvard University Press, 2009.

Gluck, Carol. *Japan's Modern Myths: Ideology in the Late Meiji Period*. Princeton, NJ: Princeton University Press, 1985.

Goetzmann, William N. and Elisabeth Köll. "The History of Corporate Ownership in China: State Patronage, Company Legislation, and the Issue of Control." In *A History of Corporate Governance around the World: Family Business Groups to Professional Managers*, edited by Randall K. Morck, pp. 149–184. Chicago, IL: University of Chicago Press 2005.

Government Records Service (Hong Kong), File no.: HKRS58-1-143-14: "I.LS. 2918 & 2919 - THE COMMERCIAL PRESS LIMITED APPLICATION TO ACQUIRE IMMOVABLE PROPERTY IN THE COLONY." 17.04.1928–03.11.1932. (Record

ID: HKRS58-1; Title: C.S.O [Colonial Secretary Office] Files in the Land Office; Immediate Source of Acquisition: Registrar General's Department, Land Registry; Original Reference No. CSO 347/1928).

Greenberg, Susan L. "History with Feeling: The Case of Macmillan New York." *Logos* 31.1 (2020): 7–26.

Haley, John O. "The Myth of the Reluctant Litigant." *Journal of Japanese Studies* 4.2 (1979): 359–390.

Hamilton, Gary G., ed., *Business Networks and Economic Development in East and Southeast Asia*. Hong Kong: Centre of Asian Studies, University of Hong Kong, 1991.

Handford, John. "Macmillan Chronology, 1843–1970." In *Macmillan: A Publishing Tradition*, edited by Elizabeth James, pp. xxv–xxvii. Basingstoke & New York: Palgrave, 2002.

Hannah, Leslie H. *The Rise of the Corporate Economy*, 2nd ed. Baltimore: Johns Hopkins University Press, 1983.

Harris, Ron. *Going the Distance: Eurasian Trade and the Rise of the Business Corporation, 1400–1700*. Princeton, NJ: Princeton University Press, 2020.

Henderson, Dan Fenno. *Conciliation and Japanese Law: Tokugawa and Modern*. Seattle, WA: University of Washington Press; Tokyo: University of Tokyo Press, 1965, vol. 1.

Hong Kong Company Ordinance 1911: http://oelawhk.lib.hku.hk/exhibits/show/oelawhk/searchresult?stext=Companies+Ordinance&x=23&y=10&sfield=TI&edition=1912&no_result=10。

Huang, Philip C. C. *Civil Justice in China: Representation and Practice in the Qing*. Stanford, CA: Stanford University Press, 1996.

———. *Code, Custom, and Legal Practice: The Qing and the Republican Compared*. Stanford, CA: Stanford University Press, 2001.

Husbands, Christopher T. *Sociology at the London School of Economics and Political Science 1904–2015*. London: Palgrave Macmillan, 2019.

Iga, Mamoru and Morton Auerbach. "Political Corruption and Social Structure in Japan." *Asian Survey* 17.6 (1977): 556–564.

James, Elizabeth. "Letters from America: The Bretts and the Macmillan Company of New York." In *Macmillan: A Publishing Tradition*, edited by Elizabeth James, pp. 170–191. Basingstoke & New York: Palgrave, 2002.

———, ed. *Macmillan: A Publishing Tradition*. Basingstoke & New York: Palgrave, 2002.

Jayasuriya, K. "Introduction: A Framework for the Analysis of Legal Institutions in East Asia." In *Law, Capitalism and Power in Asia*, edited by K. Jayasuriya, pp. 1–27. London: Routledge, 1999.

Kawashima, Takeyoshi. "Dispute Resolution in Contemporary Japan." In *Law in Japan: The Legal Order in a Changing Society*, edited by Arthur Taylor von Mehren, pp. 41–72. Cambridge, MA: Harvard University Press, 1963.

Kirby, William. "China Unincorporated: Company Law and Business Enterprise in Twentieth Century China." *Journal of Asian Studies* 54.1 (1995): 43–56.

Kobrak, Christopher. "The Concept of Reputation in Business History." *Business History Review* 87.1 (Winter 2013): 763–786.

Köll, Elisabeth. *From Cotton Mill to Business Empire: The Emergence of Regional Enterprises in Modern China*. Cambridge, MA: Harvard University Asia Center, 2003.

Lee, Albert Shu Yuan. "Law, Economic Theory, and Corporate Governance: The Origins of UK Legislation on Company Directors Conflicts of Interests, 1862–1948." PhD diss., University of Cambridge, 2002.

Lee, Leo Ou-fan. *Shanghai Modern: The Flowering of a New Urban Culture in China, 1930–1945*. Cambridge, MA: Harvard University Press, 1999.

Lincicome, Mark E. *Principle, Praxis, and the Politics of Educational Reform in Meiji Japan*. Honolulu, HW: University of Hawai'i Press, 1995.

London Metropolitan Archives: City of London, Ref. no. ACC/1394/016. Maxwell Batley & Company [Solicitors] - Macmillan family.

Ma, Debin, and Jan Luiten van Zanden, eds. *Law and Long-term Economic Change: A Eurasian Perspective*. Stanford, CA: Stanford Economics and Finance, 2011.

Macmillan Archives, British Library, Add.MS.54788.

Macmillan Co. Ltd. *The Macmillan Company: The Story of an American Publishing House*. Rare book collected at Houghton Library, Harvard University; possibly created between 1931 and 1935.

Macmillan, Harold. *Winds of Change, 1914–1939*. London: Macmillan, 1966.

Marshall, Byron K. *Learning to Be Modern: Japanese Political Discourse on Education*. Boulder, CO: Westview, 1994.

Martin, Jonathan. "Macmillan, Inc." In *International Directory of Company Histories*, vol. 7, edited by Paula Kepos, pp. 284–286. Farmington Hills, MA: St James Press, 1993.

McLaren, Walter Wallace. *A Political History of Japan During the Meiji Era 1867–1912*. London: Frank Cass, 1965; first pub. by Allen & Unwin, 1916.

Mihalopoulos, Bill. *Sex in Japan's Globalization, 1870–1930*. London: Pickering & Chatto, 2011.

Milhaupt, Curtis J., and Katharina Pistor. *Law and Capitalism: What Corporate Crises Reveal about Legal Systems and Economic Development around the World*. Chicago, IL: University of Chicago Press, 2008.

Miller, Laura J. *Reluctant Capitalists: Bookselling and the Culture of Consumption*. Chicago, IL: The University of Chicago Press.

Mitchell, Richard. *Political Bribery in Japan*. Honolulu, HW: University of Hawai'i Press, 1996.

Mumby, Frank Arthur. *Publishing and Bookselling: A History from the Earliest Times to the Present Day*, 5th ed. London: Jonathan Cape, 1974. Part Two, authored by Ian Norrie.

Ng, Michael. "Borrowing without Banks: Deposit-Taking by Early Twentieth-Century Chinese Firms (1920s–1930s)." *Business History Review* 97.4 (March 2024): 809–838.

North, Douglass C. *Institutions, Institutional Change, and Economic Performance*. Cambridge: Cambridge University Press, 1991.

———. *Understanding the Process of Economic Change*. Princeton, NJ: Princeton University Press, 2005.

Oda, Hiroshi. *Japanese Law*, 3rd ed. Oxford: Oxford University Press, 2009.

Ōkuma, Shigénobu, compiled, Marcus B. Huish ed., *Fifty Years of New Japan*. London: Smith, Elder, & Son., 1909.

Panofsky, Ruth. *The Literacy Legacy of the Macmillan Company of Canada: Making Books and Mapping Culture*. Toronto, Buffalo, London: University of Toronto Press, 2012.

Paton, William Andrew, and Ananias Charles Littleton. *An Introduction to Corporate Accounting Standards*. Chicago, IL: American Accounting Association, 1940.

Pomeratz-Zhang, Linda. *Wu Tingfang (1842–1922): Reform and Modernization in Modern Chinese History*. Hong Kong: Hong Kong University Press, 1992.

Porta, Rafael La, Florencio Lopez-de-Silanes, Andrei Shleifer, and Robert Vishny. "Law and Finance." *Journal of Political Economy* 106.6 (December 1998): 1113–1155,

———. "Investor Protection and Corporate Governance." *Journal of Financial Economics* 58.1–2 (2000): 3–27.

Reed, Christopher A. *Gutenberg in Shanghai: Chinese Print Capitalism, 1876–1937*. Vancouver: University of British Columbia Press, 2004.

Reynolds, Douglas R. *China, 1898–1912: The Xinzheng. Revolution and Japan*. Cambridge, MA: Council on East Asian Studies, Harvard University, 1993.

Richter, Giles "Marketing the Word: Publishing Entrepreneurs in Meiji Japan, 1870–1912." PhD diss., Columbia University, 1999.

Richter, Giles. "Entrepreneurship and Culture." In *New Directions in the Study of Meiji Japan*, edited by Helen Hardacre and Adam L. Kern, pp. 590–602. Leiden: Brill, 1997.

Rimer, J. Thomas. "Iwanami Shigeo's Meiji Education." In *New Directions in the Study of Meiji Japan*, edited by Helen Hardacre and Adam L. Kern, pp. 136–150. Leiden: Brill, 1997.

Roe, Mark J. "Political Preconditions to Separating Ownership from Corporate Control." *Stanford Law Review* 53.3 (December 2000): 539–606.

———. *Strong Managers, Weak Owners: The Political Roots of American Corporate Finance*. Princeton, NJ: Princeton University Press, 1994.

Rose, David C., and J. Ray Bowen II. "On the Absence of Privately Owned, Publicly Traded Corporations in China: The Kirby Puzzle." *Journal of Asian Studies* 57.4 (1998): 442–452.

Rupp, Katherine. *Gift-Giving in Japan: Cash, Connections, Cosmologies*. Stanford, CA: Stanford University Press, 2003.

Ruskola, Teemu. "Conceptualizing Corporations and Kinship: Comparative Law and Development Theory in a Chinese Perspective." *Stanford Law Review* 52.6 (2000): 1599–1729.

———. *Legal Orientalism: China, the United States and Modern Law*. Cambridge, MA: Harvard University Press, 2013.

Sato, Yasunobu. *Commercial Dispute Processing and Japan*. The Hague: Kluwer Law International, 2001.

Schneider, Axel. "Nation, History, and Ethics: The Choices of Postimperial Historiography in China." In *Transforming History: The Making of a Modern Academic Discipline in*

*Twentieth Century China*, edited by Brian Moloughney and Peter Zarrow, pp. 271–302. Hong Kong: The Chinese University Press, 2011.

Sheehan, Brett. *Trust in Troubled Times: Money, Banks, and State-society Relations in Republican Tianjin*. Cambridge, MA: Harvard University Press, 2003.

Shi, Chenxia. *The Political Determinants of Corporate Governance in China*. London: Routledge, 2012.

Shiroyama, Tomoko. "The Shanghai Real Estate Market and Capital Investment, 1860–1936." In *The Treaty Port Economy in Modern China: Empirical Studies of Institutional Change and Economic Performance*, edited by Billy K. L. So and Ramon H. Myers, pp. 47–74. Berkeley, CA: Institute of East Asian Studies, University of California at Berkeley, 2011.

So, Billy K. L. "Law courts, 1800–1949." In *Encyclopedia of Modern China*, vol. 2, edited by David Pong, pp. 438–440. Detroit, MI: Charles Scribner's Sons, 2009.

———. "Modern China's Treaty Port Economy in Institutional Perspective: An Introductory Essay." In *The Treaty Port Economy in Modern China: Empirical Studies of Institutional Change and Economic Performance*, edited by Billy K. L. So and Ramon H. Myers, pp. 1–32. Berkeley, CA: Institute of East Asian Studies, UC Berkeley, 2011.

So, Billy K. L., and Albert S. Lee. "Legalization of Chinese Corporation, 1904–1929: Innovation and Continuity in Rules and Legislation." In *Treaty-Port Economy in Modern China: Empirical Studies of Institutional Change and Economic Performance*, edited by Billy K. L. So and Ramon H. Myers, pp. 185–210. Berkeley, CA: Institution of East Asian Studies, UC Berkeley, 2011.

So, Billy K. L., and Sufumi So. "Entrepreneurship in the Textbook Business in Modern East Asia: Kinkōdō of Meiji Japan and The Commercial Press of Early Twentieth-Century China." *Bulletin of the School of Oriental and African Studies* 80.3 (2017): 547–569.

So, Billy K. L., Sufumi So, and Michael H. K. Ng. "A Glimpse into the 1929 Corporate Performance in the Book Industry: A Comparative Analysis of Balance Sheets of Two Companies in New York and Shanghai." Paper presented at New Frontiers and Directions in Chinese History, held by the Hong Kong Institute for the Humanities and Social Sciences and Department of History, University of Hong Kong, June 23–24, 2023.

*South China Morning Post.*

Soyeda, Juichi. *A History of Banking in Japan*. Surrey: Curzon Press, 1994; a reprint of the 1896 ed., published by the *Journal of Commerce and Commercial Bulletin*, New York.

Tam, On Kit. *The Development of Corporate Governance in China*. Cheltenham: Edward Elgar, 1999.

Tamaki, Norio. *Japanese Banking: A History, 1859–1959*. Cambridge: Cambridge University Press, 1995.

Tebbel, John. *A History of Book Publishing in the United States: Vol. 3: The Golden Age between Two Wars 1920–1940*. New York: R.R. Bowker Co., 1978.

*The Economist.*

U.S. Bureau of Census. *Historical Statistics of the United States: Colonial Times to 1957*. Washington DC: U.S. Bureau of Census, 1960.

U.S. Geological Survey National Minerals Information Center Staff. *Metal Prices in the United States Through 2010*. Reston, VA: U.S. Geological Survey National Minerals Information Center, 2013.

Verma, Shraddha, and Sid J. Gray. "The Development of Company Law in India: The Case of the Companies Act 1956." *Critical Perspectives on Accounting* 20.1 (2009): 110–135.

Wang, Fei-hsien. *Pirates and Publishers: A Social History of Copyrights in Modern China*. Princeton, NJ: Princeton University Press, 2019.

Weedon, Alexi. *Victorian Publishing: The Economics of Book Production for a Mass Market 1836–1916*. London and New York: Routledge, 2016; first published by Ashgate Publishing, 2003.

Wray, William D. "Japan's Big-Three Service Enterprises in China, 1896–1936." In *The Japanese Informal Empire in China, 1895–1937*, edited by Peter Duus, Ramon H. Myers, and Mark R. Peattie, pp. 31–64. Princeton: Princeton University Press,1989.

Wu, Tingfang. *America through the Spectacles of an Oriental Diplomat*. London: Duckworth, 1914.

Xu, Xiaoqun. *Trial of Modernity: Judicial Reform in Early Twentieth-Century China, 1901–1937*. Stanford, CA: Stanford University Press, 2008.

Yasko, Richard. "Bribery Cases and the Rise of the Justice Ministry in Late Meiji–Early Taiso Japan." *Law in Japan: An Annual* 12 (1979): 57–68.

———. "Hiranuma Kichirō and Conservative Politics in Pre-War Japan." PhD dissertation, University of Chicago, 1973.

Yu, Guanghua. *Comparative Corporate Governance in China: Political Economy and Legal Infrastructure*. London: Routledge, 2012.

Zarrow, Peter. "Discipline and Narrative." In *Transforming History: The Making of a Modern Academic Discipline in Twentieth Century China*, edited by Brian Moloughney and Peter Zarrow, pp. 169–207. Hong Kong: The Chinese University Press, 2011.

———. *Educating China: Knowledge, Society and Textbooks in a Modernizing World, 1902–1937*. Cambridge: Cambridge University Press, 2015.

Zelin, Madeleine. "A Deep History of Chinese Shareholding." *Law and History Review* 37.2, (2019): 325–351.

———. "The Firm in Early Modern China." *Journal of Economic Behavior & Organization* 71.3 (2009): 623–637.

———. *The Merchants of Zigong: Industrial Entrepreneurship in Early Modern China*. New York: Columbia University Press, 2005.

Zinder, Yvonne Schula. "Propagating New 'Virtues'—'Patriotism' in Late Qing Textbooks for the Moral Education of Primary Students." In *Mapping Meanings: The Field of New Learning in Late Qing China*, edited by Michael Lackner and Natascha Vittinghoff, pp. 687–710. Leiden: Brill, 2004.